CHINA REAL ESTATE YEARBOOK 2020

2020年
中国房地产人物年鉴

乐居财经 编

机械工业出版社
CHINA MACHINE PRESS

本书是由中国房地产行业协会指导，乐居财经具体编撰，记录房地产行业年度人物的大型工具书，对2020年中国600多家房地产开发企业的资料进行汇编，旨在记录中国地产人奋斗的足迹，展现时代人物精神风貌，记载房地产企业的发展轨迹，为记录中国房地产历史积累资料。全书内容包括：2020年年度地产人物、中国房地产企业及高管、中国地产经理人报告等。本书附录中首次收录家居、物业十大年度CEO和经理人100强。本书可供读者从宏观和围观层面对中国房地产行业在2020年度的发展状况进行探究、学习和查询。

图书在版编目（CIP）数据

2020年中国房地产人物年鉴 / 乐居财经编. — 北京：机械工业出版社，2021.6
ISBN 978-7-111-68066-6

Ⅰ. ①2… Ⅱ. ①乐… Ⅲ. ①房地产业—经纪人—中国—2020—年鉴 Ⅳ. ①F299.233.55-54

中国版本图书馆CIP数据核字（2021）第072106号

机械工业出版社（北京市百万庄大街22号　邮政编码100037）
策划编辑：朱鹤楼　　责任编辑：朱鹤楼　李佳贝
责任校对：李　伟　　责任印制：孙　炜
北京联兴盛业印刷股份有限公司印刷

2021年5月第1版第1次印刷
210mm×285mm·33印张·2插页·1046千字
标准书号：ISBN 978-7-111-68066-6
定价：598.00元

电话服务　　　　　　　　　　网络服务
客服电话：010-88361066　　机　工　官　网：www.cmpbook.com
　　　　　010-88379833　　机　工　官　博：weibo.com/cmp1952
　　　　　010-68326294　　金　书　网：www.golden-book.com
封底无防伪标均为盗版　　　　机工教育服务网：www.cmpedu.com

《2020年中国房地产人物年鉴》编委会

编辑说明

一、《2020 年中国房地产人物年鉴》（以下简称《年鉴》）是中国房地产业协会指导，由乐居财经具体编撰，记录房地产行业年度权威人物的首部大型工具书。本版《年鉴》旨在记录中国地产人的奋斗足迹，展现时代人物的精神风貌，记载房地产企业的发展轨迹，也为续修中国房地产历史积累资料。

二、本版《年鉴》提供 2020 年地产高管从业大数据报告、中国房地产开发企业的公司高管名录及"中国地产经理人年度评选"全榜单等权威数据查询。其中，2020 年年度人物部分以文字和图片为主，中国房地产企业及高管部分以文字和图表叙述为主，并首次收录了 2020 中国十大物业年度 CEO 榜单、2020 年中国物业经理人 100 强、2020 年中国十大家居年度 CEO 榜单、2020 年中国家居经理人 100 强。

三、本版《年鉴》主要收录 2020 年 1 月 1 日至 2020 年 12 月 31 日期间的 700 家房地产开发企业，其中绝大多数被机构授予"中国房地产开发企业综合实力 TOP500"荣誉称号。收录截至 2021 年 1 月 13 日，资料来源于地产开发企业官网和公告、市场公认的权威机构以及媒体公开报道。

四、本版《年鉴》按照企业简称和人物姓名首字母排序法进行编辑。其收录 2020 年中国地产影响力人物超过 2000 人，其中包括创始人及董事长、CEO、高级经理人等人物类别。与此同时，经过数据采集、科学分析、大众投票、权威评审后，延续将中国地产经理人评选中产生的"中国十大地产年度 CEO 榜单"和"中国地产经理人 100 强"也收录于内。

五、本版《年鉴》选用的文稿由乐居财经多个部门协力提供，由专人撰写，经领导审阅，事实、数据都经过反复核对，各部门主要审稿人姓名统一列在编纂机构和编审人员中。统计资料来源于统计机构和行业专业研究机构。

六、本版《年鉴》使用的各类数据，凡属统计部门所发布数据，以统计局提供的为准；统计局未做统计的数据，以主管部门提供的为准。本书所使用的各大企业数据，因收录时间点不同而稍有差别，以企业最终更新的数据为准。

七、本版《年鉴》的编写工作得到中国房地产业协会、行业专家和资深媒体人、乐居控股各部门和有关单位的热情支持，在此深表谢意。由于编辑水平所限，疏漏之处在所难免，欢迎提出宝贵意见，并希望继续得到社会各界的关心和帮助。

《2020 年中国房地产人物年鉴》编委会

2020 年 1 月

目录

第一篇

2020 年年度地产人物

一
篇

2020年年度地产人物

评选背景介绍

2020年以来，针对房地产行业，从中央到地方、从需求管理到供给管理都体现出了高度的政策协同，将着力稳地价、稳房价、稳预期，保持房地产市场平稳健康发展。长期坚持"房住不炒"的定位，不把房地产作为短期刺激经济的手段，继续稳妥实施房地产市场平稳健康发展的长效机制方案。在这样复杂的形势下，中国房地产业表现出比以往更积极的活力。那些在房产、家居、物业行业甚至中国居住历史进程中做出巨大贡献的杰出CEO和奋斗于行业发展一线的优秀经理人功不可没，他们通过 "中国地产经理人评选"被时代铭记。他们的典型案例和示范精神将通过活动更好地展现、构筑、传递，成为行业的新时代楷模。

2017—2020年，由乐居财经、新浪财经、中国企业家、中房网、中物研协联合主办，该评选由中国房地产业协会、中国物业管理协会、全国工商联家具装饰业商会三大行业协会进行指导，克而瑞研究中心、易居研究院和乐居财经研究院提供研究支持的"中国地产经理人评选"已经连续举办了四届，覆盖中国上百个城市，每年参选人数近十万人，参与品牌企业数量达到数千家，网上有效票数在2020年突破1.4亿。

2020年中国地产人物评选，在全国200多位行业协会领导、资深行业专家学者以及媒体负责人担纲专家评审后，最终产生"2020年中国十大地产年度CEO""2020年中国地产经理人100强""2020年中国十大家居年度CEO""2020年中国家居经理人100强""2020年中国十大物业年度CEO""2020年中国物业经理人100强"等年度六大榜单。全行业经理人评选，旨在挖掘中国泛房地产行业内的优秀人才，推动中国房产、家居和物业人物库建设和行业健康发展。

2020 年中国十大地产年度 CEO 榜单

姓名	职位
凌　克	金地集团董事长
张亚东	绿城中国董事会主席
林　峰	旭辉控股 CEO
朱荣斌	阳光城集团执行董事长、总裁
迟　峰	蓝光发展副董事长、首席执行官
王海洋	雅居乐控股公司副总裁、地产集团总裁、房管集团联席董事长
陈　茵	华发股份董事局副主席、总裁
许华芳	宝龙集团执行董事、总裁
陈弘倪	祥生控股（集团）有限公司执行董事、行政总裁
张　鹏	当代置业（中国）有限公司执行董事、总裁，第一摩码资产管理（北京）有限公司董事长，第一服务控股有限公司董事长

凌克

2020 年中国十大地产

年度 CEO

凌克 金地集团董事长

凌克，男，1959 年生，华中科技大学电子工程专业工学学士，浙江大学管理工程专业硕士，高级经济师。现任金地（集团）股份有限公司董事长、金地商置集团执行董事，中国房地产业协会副会长。

教育经历

1978—1982 年就读于华中科技大学电子工程专业，获工学学士学位。

2002 年获浙江大学管理工程专业硕士学位。

工作经历

1982 年，任武汉长江有线电厂通讯专业助理工程师。

20 世纪 90 年代初期加入金地集团，先后担任集团副总经理、总经理职务。

1998 年，任金地集团董事长。

2001 年公司上市后，他带领金地集团进入全国化的发展阶段，当年进入北京，2002 年进入上海，2003 年进入武汉。后又进入沈阳、西安和杭州，完成全国七大区域的布局。

发展理念

凌克认为，一个地产开发商的品牌形象，主要由整体实力、建筑质量、企业信誉、内在特质、服务质量五大要素组成：

企业的整体实力是品牌的保证；企业信誉是品牌的市场通行证；建筑质量是品牌的根基；而内在特质是品牌价值的标志；服务质量是品牌不可缺少的附加值。

人物评价

他，是中国房地产行业领军人物。掌舵金地集团 20 余年来，他始终坚持平衡发展的独特战略思想，以打造中国最有价值的国际化企业为己任，带领金地集团成功上市、全国化发展，并不断以科技创新推动行业发展。

张亚东

2020 年中国十大地产

年度 CEO

张亚东　绿城中国董事会主席

张亚东，男，1968 年出生，绿城中国董事会主席。

2018 年 5 月加入绿城中国，2018 年 8 月 1 日被委任为公司执行董事、行政总裁，2019 年 7 月 11 日被委任为公司董事会主席。

教育经历

先后毕业于辽宁大学、大连工业大学、厦门大学，拥有博士学位。

工作经历

大连大汽企业集团总经理助理、副总经理、总经理。

大连高新区管委会主任助理、副主任。

辽宁省普兰店市委副书记、市长。

大连经济技术开发区党工委副书记、管委会副主任。

大连市城建局党委书记、局长。

大连市建委党组书记、主任。

大连市政府副市长。

大连市委常委、统战部部长。

中国城乡建设发展有限公司（为中交集团全资附属公司）董事、总经理。

在担任大连市政府副市长期间，负责城市建设与管理工作，分管范围涉及大连市国土资源与房屋局、城乡建设委员会、规划局、城市建设管理局及其他相关城建部门等，在城乡建设和房地产管理方面有丰富的经验。

人物评价

他，守正创新，以"真善致美"塑"六品"绿城，绘就"战略 2025"蓝图；他，顺势而为，从宏观视野到微观洞察，以"道、术、为"奠定绿城高质量发展之基。

林峰

2020 年中国十大地产

年度 CEO

林峰 　旭辉控股 CEO

林峰，男，旭辉控股（集团）有限公司 CEO，在房地产行业拥有超过 20 年的工作经验。

教育经历

1998 年 7 月毕业于厦门大学，获得国际贸易系学士学位。

2001 年 7 月获邓迪大学（University of Dundee）颁发的工商管理硕士学位。

工作经历

2001 年加入旭辉控股。

2006 年任旭辉中国董事。

2011 年 5 月 20 日任旭辉控股董事。

2012 年 5 月 20 日任旭辉控股 CEO。

2018 年 7 月 25 日兼任永升生活服务集团有限公司非执行董事、董事会副主席。

社会职务

全国工商联房地产协会副会长。

第十一及第十二届中华全国青年联合会委员。

上海市青年联合会常务委员。

上海市普陀区青年联合会常务委员。

上海市工商联合会（商会）执行委员会委员。

上海市长宁区工商业联合会（商会）执常委。

上海市普陀区人大代表。

华东师范大学学校董事会成员。

上海福建商会副会长。

第五届中国城市房地产开发商业策略联盟总裁联席会轮席主席。

旭辉慈善基金常务理事。

个人荣誉

2013 年被授予"上海市五四青年奖章"，被评为"上海市普陀区优秀中国特色社会主义事业建设者"。

2017 年、2018 年及 2020 年，三次荣获乐居财经"中国十大地产年度 CEO"。

2018 及 2019 连续两年荣膺《哈佛商业评论》"中国百佳 CEO"。

人物评价

他，低调务实，日拱一卒，实现上市以来连续 8 年有质量的增长；他，开拓创新，将商业地产变得十分"有趣"；他，坚持长期主义，打造旭辉生态平台力，是中国地产行业的"模范生"。

朱荣斌

2020 年中国十大地产

年度 CEO

朱荣斌 阳光城集团执行董事长、总裁

朱荣斌，男，1972 年 12 月出生，任阳光城集团第九届董事局执行董事长、总裁，阳光控股有限公司执行董事。任广东省房地产协会常务副会长，拥有 20 余年房地产开发及相关业务经验，在业内享有较高声誉。国家注册监理工程师、国家注册造价工程师及高级工程师。

教育经历

就读于清华大学土木工程系，获硕士学位。

工作经历

1995—2008 年任职于中海地产，历任中国海外集团有限公司国内部副总经理、中海发展（北京）有限公司董事及副总经理、中海发展（广州）有限公司副总经理及总经理。

2008—2013 年任职于富力地产，曾任副总裁兼华南地区总经理。

2013 年起任职于碧桂园，曾任联席总裁、执行董事，负责为碧桂园拓展土地及推进产品标准化工作。

2017 年 11 月，加入阳光城集团，任执行董事长。

荣誉成就

2018 年 12 月 12 日，荣获"2018 中国十大地产年度 CEO"。

2019 年 12 月 12 日，荣获"2019 中国十大地产年度 CEO"。

人物评价

他，笃行"规模上台阶、品质树标杆"，倡导绿色健康建筑，品质革命成绩斐然；他，敢想敢为，突破职业经理人的局限，以企业家的意识和担当，成功引入战略投资。

迟峰

2020 年中国十大地产

年度 CEO

迟峰 蓝光发展副董事长、首席执行官

迟峰，男，1973 年出生。四川蓝光发展股份有限公司副董事长、首席执行官。

教育经历

1991—1995 年，就读于吉林大学国际经济法专业，获法学学士学位。

2008 年，获中欧国际工商学院工商管理硕士学位。

工作经历

1999 年，加入华润集团，任华润上海副总经理、华润新鸿基房地产无锡总经理。

2011—2012 年，任华润置地副总裁、江苏大区总经理。

2013 年，任华润置地高级副总裁（一级利润中心总经理级），先后兼任江苏大区总经理、华东大区总经理、物业总公司董事长。

2019 年 12 月，任四川蓝光发展股份有限公司首席执行官。

2020 年 5 月至今，任四川蓝光发展股份有限公司副董事长、首席执行官。

发展理念

企业要坚持长期主义，要做到好团队、好体系、好产品、好服务，让客户满意、员工满意、股东满意，赢得市场的尊重，赢得同行的尊重，赢得客户的尊重。

迟峰对蓝光发展提出 16 字经营方针：精准投资、卓越运营、资本突破、变革创新，正是对蓝光发展"长期主义"战略规划的一种解法。2021 年，蓝光发展践行"长期主义"，提出"精益管理战略年""数字科技战略年"。

人物评价

他，知行合一、狼性突破，调结构、调节奏，开启蓝光发展三次创业征程；他，沉着应战，以生意的逻辑，穿越行业周期；他以变迎变、锐意革新，明定位、开风气，勇做人居新时代的引领者。

王海洋

2020 年中国十大地产

年度 CEO

王海洋 雅居乐控股公司副总裁、地产集团总裁、房管集团联席董事长

王海洋，男，48 岁，中共党员，中国国家一级注册结构工程师、研究员级高级工程师。

任雅居乐控股公司副总裁、地产集团总裁、房管集团联席董事长，拥有房地产行业工作经验超 25 年。

工作经历

2011 年 7 月加入雅居乐地产集团，历任地产集团南京公司总经理及海南、云南区域总裁。

2017 年 8 月，任雅居乐控股公司副总裁、地产集团总裁、房管集团联席董事长。

荣誉成就

第六届海南省诚实守信道德模范。

2018 年、2019 年连续两年荣获"中国十大地产年度 CEO"。

人物评价

他，守正笃实，儒雅睿智，是"一生乐活"的践行者，"第二人生"的建设者。他，求精思变，推陈出新，以匠心炼品质，全面推动雅居乐产品战略升级和跨越。他，举棋若定，稳中求进，以坚如磐石的战略定力，带领雅居乐控股公司再攀高峰。

陈茵

2020 年中国十大地产

年度 CEO

陈茵 华发股份董事局副主席、总裁

陈茵，女，1970 年出生，博士学位，工程师，华发股份董事局副主席、总裁。

教育经历

1992 年，毕业于湖南大学建筑学系。

2011 年，获中山大学 EMBA 学位。

2017 年，获法国格勒诺布尔管理学院工商管理学博士学位。

工作经历

1999 年，任珠海英格仕房产开发有限公司总经理助理、工程业务部经理。

2002 年，加入珠海华发实业股份有限公司。任华发股份销售部经理、总经理助理、副总裁，现任华发股份董事局副主席、总裁。

人物评价

她，纵横捭阖，锐意开拓，布局全国"6+1"区域近 50 城，绘就华发股份从珠海走向全国的辉煌篇章；她，谋篇布局，聚焦未来，构建"一核两翼"多元发展格局，赋能城市，赋能美好生活。

许华芳

2020 年中国十大地产

年度 CEO

许华芳 宝龙集团执行董事、总裁

许华芳，男，42 岁，出生于澳门，厦门大学工商管理专业毕业，获长江商学院 EMBA 学位。

曾在宝龙集团基层工作，后历任副总经理、总经理、副总裁、常务副总裁、执行总裁等职务。现任宝龙集团执行董事、总裁，主要负责集团整体业务的经营管理工作。

社会职务

中华全国归国华侨联合会委员。

中华全国青年联合会委员。

中华海外联谊会理事。

上海市政协委员。

全国工商联房地产商会副会长。

福建省青年联合会副主席。

荣誉成就

曾先后荣获福建省十大杰出青年企业家、全国归侨侨眷先进个人、中国房地产上市公司十大金牌 CEO、壮丽 70 年中国房地产功勋人物、中国商业房地产百强人物等多项殊荣。

人物评价

他，勇于开拓，创立了独特的宝龙商业地产发展模式；他，奋发有为，带领宝龙集团实现了"地产＋商业"双上市；他，不断精进，致力于把宝龙集团打造为受人尊敬的百年企业，全球领先的城市空间运营商。

陈弘倪

2020 年中国十大地产

年度 CEO

陈弘倪 祥生控股（集团）有限公司执行董事、行政总裁

陈弘倪，男，1983 年出生，本科学历。为祥生实业集团创始人、董事长陈国祥之子。现任祥生控股（集团）有限公司执行董事、行政总裁、总裁，他拥有逾八年房地产业经验。

教育经历

2010 年 5 月获得美国福特海斯州立大学通识教育（商业管理）学士学位。

目前（2020 年 12 月），清华大学五道口金融学院 EMBA 在读。

工作经历

2012 年 11 月加入祥生实业集团。

2012 年 11 月任祥生实业集团酒店管理公司总经理，负责酒店的整体运营工作。

2014 年 11 月—2017 年 12 月任诸暨市分公司董事长，负责诸暨市内各项目公司管理及运营工作。

2017 年 12 月—2019 年 1 月任祥生地产执行总裁。

2019 年 1 月—2020 年 5 月任祥生地产总裁，负责统筹集团整体业务管理及物业项目运营工作。

2020 年 5 月至今任祥生控股（集团）有限公司执行董事、行政总裁。

社会职务

2016 年 7 月至今任诸暨市新生代企业家联谊会副会长。

人物评价

"80 后"的他，掌舵领航，主动创新变革，坚定实施"1+1+X"战略；他，扎根一线，为人低调内敛，做事崇本务实；他，从进入上海到挺进资本市场，带领祥生控股迈入更广阔的舞台，开启崭新的篇章。

张鹏

2020 年中国十大地产

年度 CEO

张鹏　当代置业（中国）有限公司执行董事、总裁
第一摩码资产管理（北京）有限公司董事长
第一服务控股有限公司董事长

张鹏，男，1975 年出生，任当代置业（中国）有限公司执行董事、总裁，全面负责实现公司战略经营目标和流程与运营，拥有独特的视角与眼界、深谙房地产项目管理、绿色科技地产开发管理、人力资源战略管理、绿色建筑规划设计、融资并购、资产运营、行销与品牌管理等。同时，任第一摩码资产管理（北京）有限公司董事长、第一服务控股有限公司董事长。

社会职务

中国房地产业协会第八届理事会名誉副会长。

中国房地产经理人联盟常务主席、第十二任轮值主席。

全经联副主席。

全国工商联房地产商会全装修产业分会会长。

全国工商联房地产商会数字城市分会副会长。

中国房地产业协会人居委员会主任委员。

全国工商联房地产商会副会长。

北京住宅房地产业商会名誉会长。

全国工商联房地产商会城市更新和既有建筑改造分会轮值会长。

西安文理学院特聘教授。

中国地产华表奖组委会聘请为终身名誉主席。

荣誉成就

中国地产华表奖"中国房地产功勋人物奖"。

2018 中国地产年度 CEO 30 强。

2019 中国科技创新创业优秀企业家。

2019 中国房地产公益慈善先进人物。

中国房地产行业贡献人物。

2020 中国房地产品牌贡献人物。

2020 年年度文旅时代人物。

2020 中国房地产绿色建筑卓越实践奖。

2018 中国房地产百强企业贡献人物。

2019 中国房地产品牌贡献人物。

中国房地产功勋人物。

2019 中国地产年度 CEO 30 强。

2020 中国房地产百强企业贡献人物。

2020 中国房地产年度风云人物。

中国房地产经理人联盟房地产创新大学联席校长。

人物评价

他，笃守绿色，躬身入局，劈波斩浪，初心不改，砥砺前行；带领当代追风前行；他，创新求变，雷厉风行，爱才好士，顺势进化锻造复合曲线标杆；他，简单专注，治企有方，风清气正，创立流程与运营护航当代。

2020 年中国地产经理人 100 强名单

姓名	职位
毕兴矿	中南置地南京区域总裁
边芳	润江集团副总裁
蔡亦忠	中骏集团海西区域公司总经理
蔡泽豪	华标集团总裁助理
曹辉	长沙市房地产开发有限公司总经理
曾志舜	祥源控股集团湖南公司总经理
陈德龙	北京嘉德投资集团董事、嘉都项目总经理
陈丽丽	甘肃永坤房地产开发有限公司总经理
陈尚焜	奥园地产集团安徽区域公司总经理
陈彦顺	宝能城发集团太原分公司城市总经理
陈因	奥山控股华东区域公司总经理
程晓辉	中海地产（沈阳）有限公司总经理
戴学君	中梁控股集团环南昌区域公司董事长
董其武	蓝光地产金融集团西北区域总裁
方轶群	旭辉集团副总裁、上海区域集团总裁
高先照	三盛集团烟威事业部总经理
耿毅	富力集团山西公司常务副总经理、太原公司总经理
韩杰	中南置地西郑区域公司总裁
韩恺	金科地产中原区域公司董事长
韩鹏	东原集团杭州公司总经理
洪灿哲	富力集团云南公司副董事长
胡泊	美的置业川渝区域重庆城市公司总经理
黄小达	阳光城集团广西区域总裁
黄鹰	新力地产沪苏区域总经理
贾丁	金侨投资控股集团董事、高级副总裁、华南区总裁
贾三英	唐山天河房地产经典温哥华总经理
江河	阳光城集团副总裁、上海大区总裁

姓名	职位
孔勇	卓越集团成都公司总经理
郎辉	融信福建区域集团总裁
李斌	中国金茂深莞公司总经理
李斌	银丰地产集团董事长
李剑宇	华发股份无锡公司总经理
李江	海伦堡中国控股华东区域总裁
李景申	融创中国西南区域集团副总裁、重庆地产公司总经理
李军	儒辰集团董事长
李镭	力高地产集团天津公司（兼管河北）总经理
李留安	中国铁建地产贵州公司总经理
李龙	融创中国华北区域集团长春公司总经理
李色金	京能置业天津有限公司董事长
李炜	金地集团东北区域哈尔滨公司总经理
李炜	雅居乐地产集团重庆区域总裁
李永强	绿地香港环沪公司总经理
李勇	富力（哈尔滨）房地产开发有限公司副董事长
林开创	宝能城发集团南京城市公司总经理
刘文柱	富力集团辽宁公司董事长
刘颖喆	华发股份执行副总裁、华东董事长，华中董事长、总经理
刘永明	深圳天地源房产开发有限公司董事长
刘咏庆	润达集团总裁
马冀	嘉福集团营销管理中心总经理
马琳	天朗控股集团副总裁、天朗地产公司总经理
马伟峰	融信集团河南区域总经理
梅霖	蓝光发展海西区域董事长
聂亚云	鑫苑集团副总裁、河南区域公司董事长
齐辉	合景泰富天津公司总经理

姓名	职位
邱胜华	华宇地产集团合肥公司总经理
沙欢	旭辉江苏区域集团总裁助理、苏州城市公司总经理
邵凯	力高地产集团助理总裁、华东投融中心总经理、江苏区域总经理
沈晓霞	碧桂园集团大连区域总裁
沈宇嵩	合生创展、珠江投资上海地区公司董事长、总经理
石龙	金地集团东北区域长春地产公司城市总经理
石伟	蓝光发展西北区域山西公司总经理
石永华	德信地产广东公司区域总经理
石源	卓越地产天津公司总经理
苏萧龙	锦艺置业集团副总裁、郑州城市公司总经理
苏新	首开股份福州城市公司党支部书记、总经理
陶坤宏	融创中国西南区域重庆置地公司总经理
滕鹏	禹洲集团武汉公司总经理
汪宏	华发股份华南区域总经理
王彬	中南置地苏北区域总裁
王楷翔	远洋地产华中事业部南昌公司总经理
王坤鹏	海伦堡中国控股云贵区域总裁
王立铭	美好置业合肥城市公司董事长、总经理
王立生	雅居乐地产集团西安区域总裁
王晓波	招商蛇口（成都公司）总经理
王学军	鄂旅投置业总经理
吴昊	新力控股（集团）有限公司广州区域公司总经理
吴进	金茂上海区域副总经理、苏州公司总经理
吴圣鹏	阳光城集团云贵区域总裁
吴学军	弘阳地产南昌区域公司总经理
奚洋	中铁建设集团大连创富公司执行董事、总经理
夏海平	康桥地产苏南城市公司总经理

姓名	职位
肖明	富力集团副总经理、广州公司董事长
谢滨阳	金科股份华北区域公司董事长、总经理
谢建峰	禹洲集团（福州）有限公司总经理
谢鑫	当代置业副总裁、西北区域公司总经理
谢岳来	绿城管理集团珠海项目群总经理
徐承	奥山控股副总裁、中部区域集团总裁
徐国宏	阳光城集团副总裁、福建大区总裁
徐文彬	富力地产杭州公司总经理
徐小兵	安居集团颐居建设总经理
徐渊	雅居乐地产集团上海区域总裁
严伟国	世茂集团苏沪地区公司助理总裁、南京城市公司总经理
颜亮	湖南保利房地产开发有限公司总经理
杨光	当代置业高级副总裁、华北当代区域总裁
杨瑞峰	华发股份长沙公司总经理
殷冀	奥园地产集团广州区域公司总经理
于红卫	宝能城发集团哈尔滨公司总经理
袁冰	俊发集团云南区域执行总裁
翟朝锋	雅居乐地产集团云南区域总裁
占威	大唐地产重庆公司总经理
张海明	雅居乐地产集团广州区域总裁
张金丽	沈阳百益龙地产有限公司副总经理
张金龙	富力集团山东公司董事长、山东省城市更新集团董事长
张晋曦	普罗中国总经理
张平	阳光城集团广州区域总裁
赵磊	雅居乐地产集团南京区域公司总裁
钟百灵	华发股份珠海区域总经理
周轶群	仁恒置地副总裁、上海公司总经理

2020 年中国地产经理人 100 强简介

毕兴矿

中南置地南京区域总裁

他，身经百战，操盘足迹遍布 60 余座大中城市，任职苏北区域期间业绩实现每两年以 4 倍的跨越式增长；他，赴任南京，运筹帷幄，聚焦战略、组织顶层设计，将精准高效融入组织血液；他，睿智精进，接连斩获环宁多宗优质地块，迅速打开南京市场，开拓宁镇扬、芜马滁战略新篇章！

边芳

润江集团副总裁

她，学建筑设计出身，拥抱挑战，来到了风云变幻的地产行业；她，谈吐专业，执行力强，对于品质方面的细节把控非常执着；她认为面对艰难的外部市场环境，最重要的是要修炼好自身的内功，要不断对产品进行更新迭代。

蔡亦忠

中骏集团海西区域公司总经理

他，锐意进取，以前瞻视野不断深化中骏海西区域深耕战略；他，运筹帷幄，在集团"双轨制"战略指导下，深入布局商业及住宅地产；他，带领团队勠力同心，2020 年前十个月销售额突破211亿元，再创业绩巅峰！

蔡泽豪

华标集团总裁助理

他，才德兼备，统筹团队，寻找营销增长新引擎；他，别具慧眼，远见卓识，利用头部效应，提升系统化效率，实现全局增量；他，坚持梦想，不断进取，保持华标集团始终运行在正确的轨道上，打造行业标杆。

曹辉

长沙市房地产开发有限公司总经理

他，具有高度的社会责任感，积极参与和开展各项有益的社会活动；他，运用丰富的房地产运营管理及营销实战经验，在长沙地产行业中异军突起；他，在追求营销业绩的同时，更积极弘扬企业文化，让企业在市场有口皆碑。

曾志舜

祥源控股集团湖南公司总经理

他，一位资深地产人，完成了一个又一个好口碑项目，引领楼市潮流；他，头顶多项头衔和荣誉，却习惯低调和亲和，始终坚守一份广结良缘的真性情；他，用细节呈现品质，以品质获得市场，引领房地产高品质潮流。

陈德龙
北京嘉德投资集团董事、嘉都项目总经理

他，运筹帷幄；低调实干，带领团队打造高品质房地产标杆项目；他，恪守初心，坚持匠心精神，抓住产品品质；他，锐意进取，成功将嘉德投资集团做成以地产为主业，其他相关产业为辅，具有多元化业务组合的企业。

陈丽丽
甘肃永坤房地产开发有限公司总经理

她，兼具美丽与智慧，切切实实为客户打造"好"房子；她，从基层到高层，一直都保持着严谨，以身作则，不忘初心，将业主放在第一位；她，高瞻远瞩，把最先进的建筑、住宅理念带进兰州，力求每一个项目都做到极致。

陈尚焜
奥园地产集团安徽区域公司总经理

他，锐意进取，稳扎稳打，率领团队开拓事业的版图；他，重视人才，团结一支"复仇者联盟"队，致力成为安徽区域有影响力的房企；他，以匠心致初心，秉承"构筑健康生活"的品牌理念，打造品质城市标杆项目。

陈彦顺
宝能城发集团太原分公司城市总经理

他，运筹帷幄，以身作则，带领宝能山西区域以稳健的步伐不断前行；他，锐意创新，眼光独到，以智慧和魄力在业内留下了良好的口碑；他，不忘初心，砥砺前行，以专业匠心与人文情怀，推动山西人居革新升级。

陈因
奥山控股华东区域公司总经理

他，拥有 15 年房地产开发运营经历；他是投融资界的高手，2018 年促成奥山首进长三角抄底摘地；他，运筹帷幄，胸有格局韬略，带领团队深耕华东，精益求精，先后匠筑"樾里"系迭代佳作，携团队一次次勇攀高峰。

程晓辉
中海地产（沈阳）有限公司总经理

他，开拓创新，锐意进取，追求企业高质量发展；他，率领沈阳公司迈入百亿俱乐部，全年销售合约额创历史新高；他，带领沈阳公司提升市场占有率，开发多个标杆项目，实现战略发展目标的同时更为城市发展添砖加瓦。

戴学君

中梁控股集团环南昌区域公司董事长

他，从事房地产行业 15 年，只建让老百姓住得美好、住得幸福、住得安全的房子；他，舍小家为大家，项目遍布江西省，行业内有口皆碑；他，坚信幸福是属于奋斗者的，带领团队攻坚克难，赢得一份份荣誉。

方轶群

旭辉集团副总裁、上海区域集团总裁

他，坚持长期主义可持续发展理念，与团队共同奋斗、共同成长；他，多年来历经市场风云洗礼，心中无畏艰险，承载旭辉勇者信念；他，看尽行业潮起潮落却始终不忘初心，以匠心为帆引领上海区域驶向发展新征途。

董其武

蓝光地产金融集团西北区域总裁

他，踏实勤恳，恪尽职守，践行奋斗者文化，高目标引领，挑战不可能；他，运筹帷幄，重视区域各职能体系化建设及多项核心能力的打造；他，带领蓝光深耕西北，以优质的产品与服务为客户带来更为崭新的生活体验。

耿毅

富力集团山西公司常务副总经理、太原公司总经理

她，谦虚低调，温柔坚毅，巾帼不让须眉，拥有超强的决策力和领导力；她，踏实稳健、用人唯贤，以行业领先的领导理念，运营管理团队有条不紊；她，至真至诚，力求完美，始终坚持以高品质与优服务回馈社会。

高先照

三盛集团烟威事业部总经理

他，拥有近 20 年地产从业经历，先后服务于裕龙集团、海尔集团；他，2015 年加入三盛集团，锐意创新，成绩卓著；他，现任烟威事业部经理，作为入驻港城的新力军，带领团队取得非凡业绩，打下了夯实的品牌基础。

韩杰

中南置地西郑区域公司总裁

他，高瞻远瞩，带领中南西郑区域团队向更高更远的目标不断前行；他，见识卓越，洞察力强，倡导"简单、信任、开放、透明"、无须扬鞭自奋蹄的企业理念；他，奋发有为、从容笃定，开发的楼盘屡次成为热销传奇。

韩恺

金科地产中原区域公司董事长

他是中原地产界的旗帜，他拥有"使命般的激情、永不妥协的职业精神、系统的卓越执行力"，带领团队攀登一座座高峰。他言传身教，践行"美好你的生活"的企业使命，率领金科中原走向辉煌！

韩鹏

东原集团杭州公司总经理

他，从营销到经营，以客户洞察反哺产品术道，引领杭州东原百亿新程；他，从杭州到浙江，以探险者的敏锐谋划新篇，开辟企业差异化竞争格局；他，从品质精筑到社区运营，以前瞻性、重特长、塑全优，琢东原发展之道。

洪灿哲

富力集团云南公司副董事长

他，谦逊务实、谋城有道，带领团队进驻云南后迅速开疆拓土；他，砥砺德行、锐意进取，深谙地产行业发展趋势，全力推进大盘项目落地；他，知人善任、远见卓识，组建团队并打造强凝聚力，使云南公司战斗力更上一层楼。

胡泊

美的置业川渝区域重庆城市公司总经理

他，与美的置业川渝区域3年同成长共进步；他，从南至北实现在重庆10盘快速布局；他，坚守"深练内功，品质先行"，并致力于推动5M智慧社区运用于各个生活场景，已在美的万麓府、金科美的原上一一呈现。

黄小达

阳光城集团广西区域总裁

他，从全面构建阳光城集团运营体系到主政一方取得傲人业绩；他，带领阳光城广西区域实现2017凤凰涅槃、2018一载百亿元、2019品质赋新的壮举；他，3年布局广西6城22个项目，剑指广西房地产领军企业的桂冠。

黄鹰

新力地产沪苏区域总经理

他，激流勇进，带领团队先后开拓苏州、上海、南通、徐州、泰州等地市场；他，坚守品质，钻研服务，以好产品为基石，让新力地产沪苏成为新力全国发力的新增长点；他，深入一线，以身作则，带领团队创造一个又一个奇迹。

贾丁

金侨投资控股集团董事、高级副总裁、华南区总裁

他，一位从业超过30年的"地产老兵"，一位有远见卓识的房地产企业家；他，始终奋斗在中国房地产开发经营的第一线；他，每一次身份的转变都恰逢其时，领趋势之先，是中国房地产行业发展的见证者和参与者。

贾三英

唐山天河房地产经典温哥华总经理

她，果断执着，坚守建造品质人居理念；她，不畏艰难，带领团队攻克重重地产难关；她，心怀美好，用高标准产品回馈广大业主；她，以客户所需为重点，成为一个"懂"客户的房地产人，为社会做出贡献。

江河

阳光城集团副总裁、上海大区总裁

他，顺应地产行业周期规律，把握市场发展契机，始终坚持多元化投资布局；他，带领团队实施"三全"战略，为公司实现跨越发展夯实基础；他，不断创新，精准布局，一路前行，为上海大区交出耀眼的成绩单。

孔勇

卓越集团成都公司总经理

他，运筹帷幄、低调实干，在集团"1＋1＋Ｘ战略"指引下，深耕成都；他，行事果断、雷厉风行，独立操盘和联合操盘都得心应手，业务突飞猛进；他，以人为本，谋定后动，引领公司在稳健中谋得有质量的快速增长。

郎辉

融信福建区域集团、总裁

他，执着品质，产品立意高瞻远瞩，实现融信五大产品全系落地；他，激情澎湃，带领融信人山海拓疆，锐意进取，一路行稳致远；他，运筹帷幄，使公司实现规模与品质平衡发展，成长为福建发展最快的房地产综合服务商之一。

李斌

中国金茂深莞公司总经理

他，围绕共创、共享、共成长的员工理念，打磨高效、务实团队；他，保持对市场的高度敏锐，4年实现中国金茂深莞公司两城六子发展布局；他，带领团队全力打造龙华金茂府项目，助力中国金茂在大湾区的品牌落地。

李斌

银丰地产集团董事长

他，笃志深耕，充满执着，将美好人居的理想照进现实；他，眼光独到，低调实干，时刻秉承"用户思维"，不断打造品质典范；他，以匠心精神打造品质，在实现更高社会价值的道路上稳扎稳打，携手银丰再谱传奇。

李剑宇

华发股份无锡公司总经理

他，无畏挑战，披荆斩棘，以严谨认真的工作风格将无锡华发首府打造为品质红盘；他，严于品质，精于细节，时刻谨记华发公司作为"国匠"的社会责任；他，坚持不懈，持之以恒，以匠心打造优质产品，构筑城市美好生活。

李江

海伦堡中国控股华东区域总裁

他，凭借敏锐的市场洞察力，带领团队开疆拓土、积极拿地；他，有着丰富的从业经验，快速区域布局，扎根长三角；他，不是为了跑得更快，而是要跑得更远，带领着华东区域公司稳健前行、不断提升。

李景申

融创中国西南区域集团副总裁、重庆地产公司总经理

他，肩负融创西南区域市场拓展重任，以精准的战略眼光深耕重庆市场；他，带领团队以城市共建者的姿态，为城市带来先进、优质的人居产品；他，坚持融创"至臻致远"的品牌理念，围绕"地产 +"全面布局美好生活。

李军

儒辰集团董事长

他，作为山东本土标杆企业领路人，历经 20 年，完成多个省市级项目；他，怀揣赤子之心，二次创业，向着康养产业全速转型；他，始终奉行"只为你用心"的人生信条，带领儒辰筑造美好生活，在齐鲁大地上全面绽放。

李镭

力高地产集团天津公司（兼管河北）总经理

他，是毕业于清华大学建筑设计专业的研究生；他，先后任职于多家百强房企，积淀了丰富的从业经验和广阔的眼界；他，兼管天津及河北业务，项目管控面积超百万平米。

李留安
中国铁建地产贵州公司总经理

他，始终践行责任央企使命，致力于为业主提供更好的生活方式；他，带领贵州公司不断扩张发展，将中国铁建系列优质产品遍布贵州；他，在为贵州市场带来差异化产品的同时，助力区域市场更新迭代，迎来蝶变。

李龙
融创中国华北区域集团长春公司总经理

他，2016年管理8个城市的近百个项目，连续两年获集团业绩第一名；2018年拓展长春市场，公司业绩首年跻身长春房地产公司前十，次年跻身前五；洋浦壹號项目连续两年获城市销售冠军，御湖宸院项目亦稳居城市前五。

李色金
京能置业天津有限公司董事长

他，深耕京津冀10余载，从北京到天津、从"四合上院"到"雍清丽苑"，每到一处都事必躬亲、全力以赴；他，在探索中尝试，在尝试中进取；他，作为京能置业天津有限公司掌舵人，不断赋予建筑新的文化内涵。

李炜
金地集团东北区域哈尔滨地产公司总经理

他用胆识攻坚克难、用创新引领发展、植根冰城；他用智慧运筹帷幄、用经验相机行事，携手团队创造一项项佳绩；他是团队的中流砥柱，是独具魅力的领导者，用两年时间锻造一支锋芒毕露的冰城铁军，打造品质人居标杆项目。

李炜
雅居乐地产集团重庆区域总裁

他，凭借高效的管理手段、精准的投资布局眼光和果敢的决策能力，实现重庆投资、业绩双线突破；他，敏锐捕捉市场信息，深耕重庆，拓展成都、贵阳；他，坚持因盘施策，预计2021年实现重庆签约额增长200%的业绩。

李永强
绿地香港环沪公司总经理

他，不惧挑战，运筹帷幄之下，绿城香港环沪公司2019年签约和回款额及完成率均为总部第一；他，精准研判，有效把控政府出地节奏，创下10日内获取3幅地块的骄人战绩；他，砥砺前行，以产品力为抓手，推动人居的革新升级。

32

李勇

富力（哈尔滨）房地产开发有限公司副董事长

他，勇立潮头，深入一线，三次北上助力集团开疆拓土；他，高效务实，屡创奇迹，带领冰城富力团队创下 39 亿元的历史最高销售业绩；他，勇于担当，恭谦诚恳，深耕地产 18 年，致力城市板块发展，让城市魅力焕发新生！

林开创

宝能城发集团南京城市公司总经理

他，高瞻远瞩，眼光卓绝，带领南京鹰击长空，谋篇华东布局；他，雷厉风行，敢于创新，以国际地标美学作品，开创南京展厅网红 IP；他，务实担当，严于律己，以产城融合思维，打造长三角产业标杆，加快城市更新进程。

刘文柱

富力集团辽宁公司董事长

他，毕业于哈尔滨工业大学，受母校校训"规格严格，功夫到家"影响深远；他，将做工程的严谨刻在了骨子里，融入打造的每个项目中；他，旨在创造更美好的人居环境，让富力真真正正做到"紧贴城市脉搏，构筑美好生活"。

刘颖喆

华发股份执行副总裁、华东董事长，华中董事长、总经理

他，高瞻远瞩，带领华东区域用 6 年时间实现了 13 城 39 盘的布局；他，谋新创造，实现了从单一住宅开发到城市更新、商业运营等多元领域的突破；他，以领先的战略思维，擘画了华东华中紧跟国家战略、深耕区域的蓝图。

刘永明

深圳天地源房产开发有限公司董事长

他，才气过人，热衷于中国传统文化的研究和弘扬；他，热心公益事业，积极投身社会环保、教育等各类公益活动；他，致力塑造天地源"文化地产"的品牌价值，力求为城市的健康人居发展做出积极贡献。

刘咏庆

润达集团总裁

他，勤勉敬业，务实肯干，带领润达团队打造江西商业新地标；他，阅历丰富，角逐蓝海，开辟企业差异化竞争路线，引领城市未来新发展；他，目光长远，运筹帷幄，带领润达集团成为中国商业地产领军企业。

马冀

嘉福集团营销管理中心总经理

他，关爱员工，致力创新发展，为集团培养出一批批出色的人才。他，深耕品质，打破思维定式，大胆创新，推动集团营销团队的建设与发展。他，立足当下，放眼未来，精准把握时机，为集团的发展做出了积极贡献。

马琳

天朗控股集团副总裁、天朗地产公司总经理

她，卓越不凡、砥砺前行，带领天朗控股集团（地产板块）不断开拓和转型新市场；她，德才兼备、虚怀若谷，在西安乃至整个大西北皆有影响力；她，坚持初心、矢志不移，以女性的柔和细腻致敬中国城乡美好生活。

马伟峰

融信集团河南区域总经理

他将海派匠筑带到中原大地，为河南区域的发展描绘浓墨重彩的画卷，他坚持长远布局、极致深耕，高效简洁地管理，使发展路径更加科学，他矢志不渝地践行着融信"美好生活服务商"的企业使命。

梅霖

蓝光发展海西区域董事长

他，行事干练，成熟稳重，面对市场变化能够把握合作资源，提前布局；他，秉承匠心，用心建筑，矢志领军品质地产，树立行业风范；他，雷厉风行、开疆辟土，历时两年带领蓝光海西团队完成三省八城25盘的深耕布局。

聂亚云

鑫苑集团副总裁、河南区域公司董事长

他带领团队稳步发展、砥砺创新，坚定信念、开拓进取、勇往直前！
他奉行信心第一、执行第二，在企业发展前进的道路上踏实前进，一步一个脚印！他让"科技＋地产"的智能人居生活在中原大地起航、腾飞！

齐辉

合景泰富天津公司总经理

他，有着十几年的房地产从业经历；他，带领合景泰富天津公司紧随天津城市规划布局的脚步，投资额已累计超过百亿元；他，还将引入集团其他业务板块，把物业与产业相结合，稳健发展，造福一方。

邱胜华
华宇地产集团合肥公司总经理

他，是业内公认的投资拿地王、营销大师，带领团队创造众多精品项目；他，秉承"责任筑造理想家"的使命，坚持从人居角度出发，做有温度的建筑；他，脚踏实地，以身作则，带领华宇合肥公司一路披荆斩棘、高歌猛进。

沙欢
旭辉江苏区域集团总裁助理、苏州城市公司总经理

他，务实奋进、虚怀若谷，是苏州地产男神，也是江苏旭辉最年轻的城市总经理；他，秉承旭辉行者精神，带领苏州团队一年内斩获四幅地块，补充土储约 160 亿元；他，坚持以人为本，死磕产品，开发的项目屡获大奖，备受赞誉。

邵凯
力高地产集团助理总裁、华东投融中心总经理、江苏区域总经理

他，锐意进取，以战略性眼光布局华东；他，力求精进，提升力高长三角知名度；他，睿智创新，通过资源整合，使力高长三角金融合作平台和产业合作平台已具不俗的战斗力。他将力高华东带到了全新的高度。

沈晓霞
碧桂园集团大连区域总裁

她，是资源的整合者，也是创新的推动者，更是机会的洞见者；她，善于利用杠杆并且能够妥善控制经营风险，掌舵公司持续深耕大连；她，以独特的战略眼光以及智慧，引领碧桂园集团大连区域不断开拓。

沈宇嵩
合生创展、珠江投资上海地区公司董事长、总经理

他，具有丰富的阅历与积淀；他，凭借自身丰富的地产从业经验，踩准市场节奏，带领团队精准布局、精耕细作；他，胸中自有丘壑，认为房地产行业里不应该有英雄，平台和团队才是关键。

石龙
金地集团东北区域长春地产公司总经理

他，同期管理在售 5 个项目，包括金地名悦、风华雅筑、江山风华、金地名著、金地悦湖。在营销管理方面，着眼于运营思维下的营销全流程管理，谋定而启动，传导精准价值，2020 年江山风华和金地名著双项目分别多次夺得南城销售冠军。

石伟
蓝光发展西北区域山西公司总经理

他，肩负重任，踏实稳健，始终在房地产行业中砥砺前行，迎难而上；他，身先士卒，用人唯贤，汇集房地产业精英人才，不断提高市场占有率；他，眼光独到，运筹帷幄，迅速将蓝光发展西北区域山西公司带入发展的新高度。

石永华
德信地产广东公司区域总经理

他，博学睿智高瞻远瞩，曾远征美国，为德信在美国的版图开疆拓土；他，勇往直前锐意进取，如今带领团队南下，携杭派精工理念，布局大湾区；他，运筹帷幄见解独特，从公开拿地到签约旧改，不到两年时间攻下华南3城4项目。

石源
卓越地产天津公司总经理

他，带领卓越地产天津公司从零开始一步一个脚印扎实稳健前行；他，既承担了集团拓土开疆的业绩重任，又有实力品牌开发商的竞争能力；他，作为津门卓越云门项目的掌舵人，深知肩上使命的分量。

苏萧龙
锦艺置业集团副总裁、郑州城市公司总经理

他尊重土地、尊重城市、尊重建筑"生命"，他让锦艺置业的企业使命融进中原沃土，带领团队在市场下行周期创造了令人瞩目的业绩。他坚持初心不变、信念不变、使命不变，用精益求精的品质、温暖用心的服务匠造好项目。

苏新
首开股份福州城市公司党支部书记、总经理

他，专业执着，深耕地产行业27载，出京入闽10年开疆拓土；他，自信从容，历练出集京城的儒雅和闽人的拼搏于一体的独特气质；他，敏锐前瞻，带领首开股份福州城市公司快速发展，开启10年21大经典项目恢宏篇章。

陶坤宏
融创中国西南区域重庆置地公司总经理

他，拥有近20年房地产从业经历，具备扎实的操盘能力和管理能力；他，加入融创11年，为融创重庆的战略布局出谋划策，完成品牌的扎根；他，带领团队以多盘齐发的姿态占领市场，实现融创业绩蝉联重庆第一。

滕鹏
禹洲集团武汉公司总经理

他，擅长用创新的理念经营企业和管理团队；他，坚信随时都有困难存在，但只要坚定信心，脚踏实地，就没有完成不了的目标；他，严肃又极具亲和力，敢于承担，完美诠释了一名优秀的职业经理人该有的高素养。

汪宏
华发股份华南区域总经理

他，深耕地产行业 20 余年，曾供职多家龙头房企；他，雷厉风行，为华发股份华南区域开疆拓土，至今已新进六座城市；他，独树一帜，标新立异，打造了多个高品质项目。

王彬
中南置地苏北区域总裁

他，运筹帷幄，深耕淮海经济圈，开拓苏皖两省六城布局，销售额破百亿元；他，砥砺求真，致力提升人居升级，以"健康 TED"理念服务超 5 万户业主；他，坚守初心，践行"美好就现在"理念，与城市共美好，与时代共进步。

王楷翔
远洋地产华中事业部南昌公司总经理

他，是优秀的引领者，带领团队使个体成长和企业目标完全地结合在一起；他，是勤恳的实干家，一头扎进项目现场，一步一个脚印，踏踏实实做好每件事；他，是纯真的梦想家，内心柔软有原则，身披铠甲有温度，编织着梦和未来。

王坤鹏
海伦堡中国控股云贵区域总裁

他，怀揣匠心、低调实干，践行海伦堡集团"区域深耕"的战略布局；他，广聚英才、凤凰鹏翔，带领团队乘风破浪，稳居昆明品牌房企第一梯队；他，志存高远、勇于开拓，从昆明到云贵区域全面提速，再登业绩新高峰。

王立铭
美好置业合肥城市公司董事长、总经理

他，低调务实，不忘初心，秉持产品是品牌最好的背书；他，20 余载如一日，打磨、构筑城市人居范本；他，坚持城乡建设服务者定位，做美好社区建设者，装配建筑智造者，城市建设引领者，用户满意的践行者。

王立生

雅居乐地产集团西安区域总裁

他，眼光精准，给西安区域公司发展制定良性运营的规划蓝图；他，开拓进取，带领团队稳扎陕西本土、提升河南口碑、拓展山西市场；他，独具匠心，提出"1+6"工作组团方法，实现内部优化短板、外部全面突围。

王晓波

招商蛇口（成都公司）总经理

他，卓越不凡、领导有方，带领成都公司快速成长；他，锐意进取，于天府新区恢宏拿地788亩，助力招商局集团西南总部落地；他，关注产品、低调实干，"招商时代公园"等项目相继面世，收获业绩与口碑。

王学军

鄂旅投置业总经理

他，用前瞻的眼光带领公司形成立足武汉、辐射全省的运营格局；他，科学安排、统筹推进，确保按期优质高效地完成年度任务；他，坚持"诚信、务实、卓越"的价值理念，深耕文旅地产，积极探索新型城镇化发展之路。

吴昊

新力控股（集团）有限公司广州区域公司总经理

他，高瞻远瞩，全力以赴，带领团队扎根湾区，布局珠三角；他，运筹帷幄、低调实干，以近乎严苛的珍品法则，携高端产品致敬广州，筑就城市名片；他，不忘初心，砥砺前行，助新力成为城市高品质运营商。

吴进

金茂上海区域副总经理苏州公司总经理

他，高瞻远瞩，确定金茂苏州"一核四翼"发展战略，8个项目同时落地；他，横刀立马，带领着金茂苏州团队屡创新高，成就金茂苏州百亿城市公司；他，恪守初心，与企业成长与共，让金茂品质扎根苏州。

吴圣鹏

阳光城集团云贵区域总裁

他，从行业现存问题和挑战出发，结合集团战略方针"一个坚持、两大方向、六个目标"，给出符合云贵区域的管理理念，他，以"了解、理解、谅解"的工作态度，促进泛团队跨界融合，实现所入城市全生态共生共荣。

吴学军
弘阳地产南昌区域公司总经理

他，运筹帷幄，追求卓越，使弘阳地产南昌区域公司品牌不断上升；他，兼修其位，引领了南昌楼市品质人居的价值新风尚；他，顺势而起，延伸了弘阳地产的辉煌篇章，以非凡的手笔为江西人实现美居梦想。

奚洋
中铁建设集团大连创富公司执行董事、总经理

他，运筹帷幄，稳扎稳打，促进中铁建设集团大连创富公司健康稳健发展；他，行远自迩，进取实干，始终秉承用高品质人居打动客户的运营理念；他，不忘初心，践行国匠担当，助力城市向上生长、焕新升级。

夏海平
康桥地产苏南城市公司总经理

他，16载行业精耕积累，秉承康桥品质筑家的理念，以"5+"好房体系打造人居作品；他，立足锡城矢志深耕，用行动践行"品质筑家，相伴一生"的企业使命；他，积极进取，立足苏南，为城市人居品质的创新与实现不断输出优质产品。

肖明
富力集团副总经理、广州公司董事长

他，深耕行业多年，运筹帷幄，带领广州团队攻坚克难、屡创佳绩；他，锐意进取，积极开拓，前瞻性地为品牌未来发展打下坚实基础；他，心系品质，精益求精，为用户打造美好生活，给社会奉献标杆作品，为城市赋能。

谢滨阳
金科股份华北区域公司董事长、总经理

他，实干逐梦，步伐铿锵，引领金科华北稳步发展；他，怀抱坚定的信心与信念，携手全体金科华北人乘风破浪，一往无前；他，是美好生活的营造者，秉承"敏锐执着、拼搏竞取、信任共赢"的金科精神不断铸造城市卓越人居。

谢建峰
禹洲集团（福州）有限公司总经理

他，从容自信，有着20年房企历练经验，屡屡创造瞩目业绩；他，睿智专注，执着于品质与情怀，对新时代的人居有独到的见解；他，远见卓识，始终秉持"以诚建城，以爱筑家"的品牌理念，为大众带来高品质理想生活。

谢鑫

当代置业副总裁、西北区域公司总裁

他，低调实干，年轻有为，敢于突破与重塑，与企业共成长；他，锐意进取，坚守匠心，以丰富的管理经验和深厚的专业知识，将绿色科技理念融入产品；他，聚焦区域，深耕城市，带领团队积极开拓西北区域。

谢岳来

绿城管理集团珠海项目群总经理

他，低调内敛，才华横溢，是毕业于清华大学的房地产行业学院派高才生；他，多面操盘手，曾以不同身份参与7个热销项目的操盘，成绩突出；他，能言善道，善于把房地产专业性的知识用生活化的事例灵活转变。

徐承

奥山控股副总裁、中部区域集团总裁

他，从业房地产20余载，深耕营销，精通运营，擅长管理；他，从住宅投资建设到冰雪商业开发运营，从集团总部多职能管理到区域集团业务开展；他，运筹帷幄，完美地展示了职业经理人所拥有的责任与担当。

徐国宏

阳光城集团副总裁、福建大区总裁

他，拥有16年地产管理经验，擅长运营体系打造及精细化管理；他，执行力强，率领阳光城福建精英团队，屡屡斩获区域楼市销售冠军；他，以"赋新城市未来"为使命，打造阳光城品牌在区域市场的核心竞争力。

徐文彬

富力地产杭州公司总经理

他，作为富力卓越经理人，在房地产行业深耕19载，蓄积深厚；他，带领富力有序推进在杭布局，落子逾10个项目，稳健发展；他，希望在杭州这个区域内深耕厚植，与城市共生、与时代共进，创造美好的未来。

徐小兵

安居集团颐居建设总经理

他，始终坚持敬业、阳光管理的理念；他，带领团队开疆拓土，深耕南京并广泛布局长三角、扬子江城市群等重要城市，达成千亿房企规模；他，坚定企业发展目标，致力于提升国有资本运营效率和效益，实现有质量的增长。

徐渊

雅居乐地产集团上海区域总裁

他，稳中求进、张弛有度，在变幻莫测的环境中为雅居乐品牌赢取殊荣；他，始终秉持"一生乐活"的人居地产理念，誓做长期主义的坚守者；他，匠筑多个时代经典，带领雅居乐地产上海区域一路开疆拓土、勇往直前。

严伟国

世茂集团苏沪地区公司助理总裁、南京城市公司总经理

他，高瞻远瞩，见证长三角地产20载风云变迁；他，开疆拓土，深耕金陵都市圈，操盘多个精品项目，坚守人居品质，口碑极佳；他，身经百战，带领团队突破多个难题，谋篇布局，把握城市发展脉络，引领南京世茂屡创佳绩。

颜亮

湖南保利房地产开发有限公司总经理

他，从业20余载，将新的生活方式播撒在广州、成都等城市的大地上；他，所到之处均创下骄人业绩；他，带领湖南保利实现了百亿门槛的跨越；他，笃定打造更多的公共产品，才是对这个社会更有价值的事情。

杨光

当代置业高级副总裁、华北当代区域总裁

他，温文尔雅，言辞严谨又不失亲和；他，用10余年的光阴与当代置业同行，将当代置业"科技建筑、绿色家园、城市向美"的企业使命融入职场血液中；他，相信当代置业未来一定能受到更多客户的青睐。

杨瑞峰

华发股份长沙公司总经理

他，一个负责任的城市建设领舞者，用心建筑，曾操盘多个城市的标杆豪宅项目；他，成功开创了长沙顶尖豪宅发展新高度；他，将所有不可能变成可能，领军品质地产，为长沙的住宅品质提升做出了积极的贡献。

殷冀

奥园地产集团广州区域公司总经理

他，高屋建瓴，眼光犀利，为高净值客户筹划优质活动，从圈层邻里文化中寻找新的增长点；他，开疆拓土，势如破竹，布局珠三角合纵连横，以自主创新夯实核心竞争力。他，身经百战，遇强更强，在大湾区不断取得新突破。

于红卫
宝能城发集团哈尔滨公司总经理

他深耕地产业 20 余载，经验丰富，无私达观；他，务实高效、勇于担当，肩负宝能"发展产业，回报社会"的使命，携宝能首入龙江；他运筹帷幄，开拓进取，带领团队奋发努力，为新区发展助力，为哈尔滨腾飞添彩！

袁冰
俊发集团云南区域执行总裁

他，儒雅内敛、沉稳果敢，先后参与俊发多个城市更新项目；他，不忘初心、攻坚克难，带领团队克服新冠肺炎疫情影响，积极完成项目的投资和销售目标；他，凝心聚力、砥砺奋进，践行俊发"品质筑就生活"的企业使命。

翟朝锋
雅居乐地产集团云南区域总裁

他，深耕不辍、匠心永存，参与开发海南清水湾、云南西双林语、原乡等多个万亩大盘；他，着眼未来、志存高远，持续稳固雅居乐"云南文旅领军者"地位；他，审时度势、精益求精，贯彻"文旅＋城市双轮驱动"战略。

占威
大唐地产重庆公司总经理

他，带领团队以雷霆之速布局重庆主城热门板块，并在川渝地区连续落地 5 个项目；他，熟悉土地拓展之道，让大唐入渝首年进入重庆新增土储 TOP10，并在次年取得不俗业绩。他，怀揣对城市人居的尊重，打造美好生活居住范本。

张海明
雅居乐地产集团广州区域总裁

他，锐意进取，带领团队开疆拓土，激活存量产能；他，深谋远虑，打破常规，以精准的战略拓展眼光，强化产品，深耕湾区；他，秉承"敢梦、敢拼、敢战"的精神，实现土地储备量及销售业绩双线稳健提升。

张金丽
沈阳百益龙地产有限公司副总经理

她，从业 17 年，拥有 13 年高管经验，带领近百人开发管理团队深耕沈阳；她，采用创新营销模式，创下销售佳绩，树立本土房企的标杆；她，作为政协委员，怀着强烈的社会责任感，积极参加社会公益活动。

张金龙
富力集团山东公司董事长、山东省城市更新集团董事长

他，2016 年空降齐鲁大地，拓展 8 城 11 个标杆项目，历任富力集团山东公司总经理、董事长；他，追随富力 10 余载，南征北战，屡立战功；他，统筹地产、建筑、城市更新等多个领域，游刃有余，思维卓越。

张晋曦
普罗中国总经理

她是一位独具魅力的女经理人，温柔与刚毅在她身上完美地融合体现。她的作品匠心独运，与其说是产品，更像是一件艺术品，令人赏心悦目。她用初心和坚守续写了普罗的传奇，前进的道路上不畏艰难，坚定执着！

张平
阳光城集团广州区域总裁

他，儒雅睿智，运筹帷幄，沉着应对市场变幻，问鼎销售冠军；他，知行合一，笃定前行，开疆拓土深耕湾区，致力多元化创新与融合；他，意气风发，勇猛精进，打造"品质可靠、绿色健康、便捷安全"的产品，带领团队更上新规模。

赵磊
雅居乐地产集团南京区域公司总裁

他，精于品质，高瞻远瞩，时刻秉承工匠精神；他，纵横捭阖，守正出新，始终坚持责任为先、人居为本；他，持续赋能"商业＋产业＋住宅"模式，迭代全品类产品升级，率领南京区域实现"规模增长＋全域作战"。

钟百灵
华发股份珠海区域总经理

他，博学多才，毕业于清华大学土木工程系，被业界称为全能型人才；他，睿智创新，全面负责华发大本营房地产开发运营业务，有口皆碑；他，锐意进取，所带领的珠海华发项目 2020 年销售业绩斐然，稳居珠海市场前列。

周轶群
仁恒置地副总裁、上海公司总经理

他，洞悉行业趋势，顺应市场变化，深谙企业发展之道；他，用前瞻性的眼界，实现公司销售业绩连年攀升、稳步前进；他，恪守"极致人性化"的生活箴言，着力将仁恒品牌打造成 品质地产的引领者。

第二篇
中国房地产企业及高管

2020 年房地产企业及高管

上海爱家集团

上海爱家集团（简称"爱家集团"）成立于 1982 年，总部位于上海，作为一家有着 38 年发展历程的现代化企业集团，现已形成以"地产＋小镇"双轮驱动，物业、教育和消费创新产业多元发展的产业链布局。爱家集团致力于成为最值得尊崇和信赖的"生活美学服务商"。

爱家集团基于"地产＋"的战略布局，以上海为中心辐射长三角、中三角、环渤海、延伸至中西部区域，并逐步由全国向海外拓展。目前，深耕细作 30 余城，业务呈高速发展态势。

爱家集团以国家城市发展战略为导向，以稳健的步伐迈入公众的视野，以卓越的品质赢得专业机构的认可，更以用心的服务获得用户的信赖。同时，爱家集团将社会责任与企业发展相融合，努力在教育、文化等公益慈善事业上奉献自己的力量，承担社会责任，热心公益事业。

未来，爱家集团将继续以稳如磐石的坚韧力和锐意进取的责任感，传承对产品品质的追求与生活品位的执着，建设幸福人居社区，践行"从心·发现爱"。

- **2020 爱家集团部分高管名录**

姓名	职务
李笙安	董事长
薛宸好	副董事长
李彦漪	总裁
段　静	执行总裁
周宏奕	鞍山公司总经理

上海爱建集团股份有限公司

上海爱建集团股份有限公司（简称"爱建"，SH600643）的前身是上海市工商界爱国建设公司，是 1979 年 9 月 22 日创建的中国改革开放后首家民营企业。"爱建"即"爱国建设"之意，是公司的创业宗旨，也是传家宝。公司于 1992 年 9 月 22 日改制，并于 1993 年 4 月 26 日在上海证券交易所挂牌上市。

改制上市以后，爱建的业务得到快速发展，经济效益大幅增长。其中，爱建信托成功发行了国内首个规范的资金信托产品——上海外环隧道项目集合资金信托计划；爱建房产开发建设的"田林爱建园"项目荣获代表中国土木工程界最高荣誉的"詹天佑大奖——优秀住宅小区金奖"等。

经过多年的发展，爱建逐渐成为一家同时拥有信托、证券两张金融执照，并拥有房地产、实业、进出口等业务板块，颇具知名度的综合类上市公司，曾先后入选"道·琼斯中国88指数""上证30指数"等样本股。

2012 年，公司明确了 3 个三年分步走的目标：2012—2014 年"打基础"，2015—2017 年"上台阶"，2018—2020 年"亮品牌"。

截至 2019 年年末，公司总股本 16.22 亿股，净资产 107.79 亿元，总资产 267.47 亿元，每股净资产 6.65 元。2019 年，公司实现净利润 13.19 亿元，比上年同期增长 13.88%。

• 2020 爱建部分高管名录

姓名	职务
王均金	董事长
范永进	副董事长、董事
冯 杰	副董事长、董事
蒋海龙	总经理、董事
马 金	常务副总经理、董事
侯学东	董事会秘书、副总经理

重庆爱普地产（集团）有限公司

重庆爱普地产（集团）有限公司（简称"爱普地产"）前身为 2002 年在重庆创建的隆鑫地产，为中国建设系统企业信誉 AAA 单位。具有国家房地产开发一级资质、国家物业管理企业一级资质。

爱普地产目前下辖重庆、成都、海南、贵州、云南等地区公司，业务领域涉及地产开发、商业运营和物业服务三大板块。

• 2020 爱普地产部分高管名录

姓名	职务
何才有	董事长
刘 杰	总裁
孙高磊	董事
张剑峰	董事
陈再丽	监事

烟台安德利房地产开发有限公司

烟台安德利房地产开发有限公司（简称"安德利地产"）是安德利集团所属企业，注册资本 1.5 亿元。公司是由山东安德利集团有限公司和张伟先生联合投资的内资企业。

安德利地产公司先后投资开发安德利花园、安德利迎海花园和山水名郡等项目。安德利花园首开烟台市东部高层住宅之先河，先后获得了"最具影响力楼盘"和"十佳设计楼盘"称号。安德利迎海花园项目系2010年开工的项目，该项目位于烟台市滨海东路与牟平区通海路交汇处，是滨海新区开发的示范工程。安德利地产公司还投资开发了龙泉温泉项目，项目因典雅的西班牙风格备受用户青睐。如今，安德利地产公司又与中国实力雄厚的联想集团旗下的融科智地地产公司联合开发滨海精品楼盘，首期占地430亩的项目将于2020年开工，公司下一步将重点开发安德利花园二期B地块。

安德利地产自成立以来，先后获得了烟台市"房地产开发优秀企业"、2009 年、2010 年蝉联牟平区"综合信誉评价第一名"，并取得烟台市"3A 级信用企业"的光荣称号。

• 2020 安德利地产部分高管名录

姓名	职务
王 安	董事长
张 伟	董事、总经理
杨 晓	董事
王 伟	监事

安徽万兴投资集团

安徽万兴投资集团（简称"安徽万兴"）是具有国家房地产开发一级资质的企业，总部设在合肥，是一家从事房地产开发、市政建设、物业管理、养老服务的综合性企业集团。

历经十余载时光的磨砺，在"激情、卓越、诚信、共赢"的核心理念驱动下，万兴集团深耕皖省市场，已在多座城市开发 20 个项目，累计开发面积超 300 万平方米，形成立足省会、多元化发展的业务格局，成长为安徽知名开发企业。

在住宅产品方面，万兴集团聚焦品质人居，先后打造万兴壹号院、万兴九州府、万兴铂悦城、万兴凯旋门、万兴滨江府、万兴九玺台、万兴龙玺台、万兴云玺台、万兴文玺台、万兴瑞禧台、万兴江海亭川、万兴誉府、万兴花半里、万兴湖山间、万兴林里间等多个优质项目。所开发项目获得"绿建三星认证""亚太空间设计奖"等各项荣誉，赢得了社会各界的广泛认同及赞誉。

* **2020 安徽万兴部分高管名录**

姓名	职务
龚 俊	董事长
刘庆高	总裁
方昌金	董事
程卫胜	董事
朱克勤	监事

安徽置地投资有限公司

安徽置地投资有限公司（简称"安徽置地"）于 1997 年成立，主营房地产开发，具有国家房地产开发一级资质。公司地产业务现已打造出品质住宅、商务办公、特色商业三条成熟的产品线。在商务办公领域，公司写字楼产品在设计理念、产品品质、运营服务等方面极具竞争力；在品质住宅领域，公司形成栢景系列、栢悦系列、双玺系列，受到市场的肯定，掀起销售热潮。安徽置地坚守对中国传统文化的传承，在特色商业领域，建设的"黎阳 in 巷"比肩"中国历史文化名街"屯溪老街，成为黄山的新名片。在各地开发的特色商业综合体也成为当地的一道风景。

公司具有徽骆驼精神，积极推行"根植合肥，建树安徽，东进江浙沪"的区域发展战略，已完成以安徽合肥、黄山、铜陵、安庆、阜阳、芜湖、六安，浙江杭州、海宁等多个城市为重点的战略布局，成长为长三角地区具有影响力的企业。公司开发的安徽邮电大厦、置地投资广场项目先后获评中国建筑行业工程质量最高荣誉奖——鲁班奖。

* **2020 安徽置地部分高管名录**

姓名	职务
周 琦	董事长
王庆扬	董事、总经理
严张应	副董事长

安联集团有限公司

安联集团有限公司（简称"安联"）创立于2002年，发轫于教育地产，专注于精品住宅开发。安联是以民生住宅、特色小镇和产城一体化开发为核心，是集地产、教育产业和文旅产业开发运营为一体的跨区域、跨行业的全产业链城市综合配套服务商。2005年以来，以国家城市群发展战略为导向，紧密围绕重点城市群进行区域战略布局，先后进入北京、上海、天津、河北、河南、山东、江苏、浙江、广东、海南等区域，布局二十余座城市。

安联具有住房和城乡建设部核准的房地产开发一级资质、旗下的建筑设计院具有建筑工程设计甲级资质、新三板上市物业公司具有物业管理企业一级资质。业务涉及地产开发、建筑设计、社区及资产管理、特色小镇、房产中介、全龄教育、跨界金融等领域。

安联以"让快乐、健康、教育带给每一个家庭"为使命，打造智慧城市、健康城市、快乐城市；其重点围绕"地产 + 教育""地产 + 快乐""地产 + 健康"，践行健康快乐主张，打造优质生活方式。

- **2020 安联部分高管名录**

姓名	职务
曹哲明	董事长
武新斌	董事、总裁
薛凤毅	董事、执行副总裁、财务总监

安徽安粮控股股份有限公司

安徽安粮控股股份有限公司（简称"安粮控股"）成立于2010年，是经安徽省国资委批准，由1976年成立的安徽省安粮集团有限公司改制设立的大型国有企业集团。公司注册资金7.5亿元，主营业务为进出口与国内贸易、农产品深加工、房地产开发、金融投资等。

安粮控股旗下的安粮国际、安粮实业深耕贸易主业30多年，主营进出口与国内贸易，打造了农产品（粮油食品）、金属矿产品、能源产品、机械设备、日用轻工、肉禽水产、棉花纺织等一批优势产品，年经营规模超过或接近5000万美元的商品达10多种；旗下的安粮地产主营房地产开发，是中国房地产企业500强之一，安徽省地产开发知名企业；旗下的安粮投资（肯尼亚）有限公司主要在肯尼亚及周边国家从事房地产开发、贸易等业务；旗下的重庆安粮网络科技有限公司主要为各类电子商务企业提供结汇、物流、海外仓及大数据服务。

- **2020 安粮控股部分高管名录**

姓名	职务
曹训立	董事长
桂 冠	副董事长
方宗友	副董事长

南京安居建设集团

南京安居建设集团（简称"安居集团"）成立于 2012 年 6 月 18 日，是一家大型国有全资集团公司。集团注册资本 40 亿元，截至 2019 年年底，集团资产总额 1005 亿元，净资产 358 亿元，集团二级全资控股企业 11 家，参股企业 4 家，员工总数 1000 余名。

安居集团以"致力城市发展、筑就美好生活"为使命，主要从事南京市保障性住房建设、商品房开发建设、政策性危旧房改造、重要近现代建筑保护与利用、土地一级开发整理、持有型物业经营、租赁住房建设与运营等业务。成立以来，集团优质高效地完成了多项市重点项目的建设任务。集团承建的南京市四大片区等保障房项目，总建筑面积逾 1000 万平方米，集团积累了超大规模项目建设的丰富经验。围绕做优、做强、做大的目标，集团加快向市场化方向转型，积极拓展商品房开发市场，现已布局南京、苏州、徐州、扬州、镇江、南通等城市，并将立足南京，深耕扬子江城市群，辐射长三角区域。

- **2020 安居集团部分高管名录**

姓名	职务
徐小兵	安居集团颐居建设总经理

奥宸地产（集团）有限公司

奥宸地产（集团）有限公司（简称"奥宸集团"）创立于 1996 年，是一家以房地产开发为龙头，集商业运营、物业管理于一体的大型民营企业集团。集团总部设于深圳，在北京、昆明、洛杉矶等地皆设立区域公司，拥有美国加州奥宸、深圳奥宸地产、北京奥宸地产、云南奥宸地产等多家城市专业地产公司。

作为国内知名房地产开发企业，奥宸集团拥有国家房地产开发一级资质，并连续 7 年荣获"中国房地产百强企业"称号。奥宸集团已完成从"单一房地产开发商"向"城市运营商"的定位转变。在未来，奥宸集团将依据房地产开发趋势及城市化进程要求，形成"旅游地产 + 商业地产 + 住宅地产"的开发模式，力于"旅游文化小镇"与"旧城旧村改造、城市土地一级开发"两方面，不断创新经营理念，打造全国知名地产品牌。

自进入地产领域以来，奥宸集团在产品开发和服务上就树立了"以人为本，打造世界人居精品"的品牌理念，在设计、工程、营销等方面时刻注入精品管理意识，倾力打造世界人居典范。这一品牌管理理念，贯穿产品开发、建设始终，成就了奥宸集团的辉煌，亦引领企业未来快速发展。

- **2020 奥宸集团部分高管名录**

姓名	职务
邹建民	董事长
庾健仁	总经理、董事

宁波奥克斯置业有限公司

宁波奥克斯置业有限公司（简称"奥克斯置业"）是奥克斯集团核心产业板块之一，成立于2000年，历经20年的发展和积淀，地产、产城、商管、物业、代建"五位一体"的业务模块日趋成熟。奥克斯置业已逐步成长为国内多业态、综合型地产商，涉及精品住宅、产业园区地产、城市综合体、超高层建筑等多业态的开发和运营，连续多年荣获"中国房地产百强企业""中国商业地产10强""中国房地产成长性10强"等殊荣。

目前，奥克斯置业提出"7+X"布局战略，以"宁波、杭州、南京、郑州、天津、南昌、长沙"为支点向其周边重要城市辐射，并积极开拓澳大利亚、加拿大等海外地产。

奥克斯置业构建产业与城市发展相结合的产城融合新模式，发挥在项目开发建设、产业资源导入、城市运营维护和资源优化配置等方面的综合优势，提供宜居、宜业、宜商的城市可持续发展解决方案。

未来的奥克斯置业将继续以"筑就生活理想"为宗旨，整固现有综合业态的结构优势，矢志成为以产城为引擎、住宅和综合体为两翼的多元地产领导品牌。

- **2020奥克斯置业部分高管名录**

姓名	职务	姓名	职务
黄若愚	董事长、总经理	郑君达	董事
何锡万	董事		

奥山控股

奥山控股（前称"奥山地产"）是一家总部位于湖北省的物业开发商。公司自2003年以来于房地产开发行业经营。公司的大型住宅及商业综合体旗舰项目武汉奥山世纪城自2013—2015年连续三年获中国房地产TOP10研究组颁发的"中国房地产地方项目品牌价值十强"。2017年，公司获中国房地产TOP10研究组颁发的"中国特色地产运营优秀企业"。

公司主要从事以首次购房者及房屋升级者为目标的住宅物业开发，此外也涉足商业及混用物业，以维持多元化产品组合。公司的商业物业通常配套或邻近住宅物业（包括零售店铺、娱乐设施及其他商业物业）。

奥山控股是中国第一批涉足冰雪运动行业的少数企业之一。利用人造冰雪，公司致力于提供冰雪特色游乐园、酒店、旅游小镇及商品，从而令来自南方较温暖地区的人们能够体验到终年冰雪覆盖的冬季乐趣。

- **2020奥山控股部分高管名录**

姓名	职务	姓名	职务
邬剑刚	董事局主席	陈　因	华东区域公司总经理
邬剑强	董事局副主席、执行董事、联席总裁	徐　承	副总裁、中部区域集团总裁、冰雪商业开发事业部总经理
周凤学	董事局副主席、执行董事、联席总裁	刘红军	川渝区域总经理
蒲　素	总经理、董事		

奥园集团有限公司

奥园集团有限公司（简称"奥园"，HK03883）于 1996 年在广州成立，2007 年在香港上市，为 MSCI 中国指数、恒生沪深港股通指数及恒生沪深港通大湾区综合指数成分股。2019 年 3 月 18 日，旗下奥园健康生活集团上市（HK03662）。

2020 年奥园实现物业合同销售 1330.1 亿元，同比增长 13%。

作为中国复合地产的创造者、中国主题地产创新理念的开拓者，奥园勇立潮头，奋发图强，创建不凡，已成功构建"地产、商业地产、国际投资、金控、文旅、健康生活、奥买家"七大集团。二十余载匠心打造精品项目 200 余个，覆盖华南区域、华东区域、中西部核心区及环渤海区域四大经济核心区及世界三大洲。

作为健康生活的倡导者，奥园在高速发展自身的同时，自觉承担社会责任，积极投身公益事业，为中国慈善事业贡献一分力量。奥园将继续贯彻"构筑健康生活"的品牌理念，适时革新转变战略视角，追求精粹质量，打造美好健康生活。

奥园上榜《福布斯》"亚洲最佳上市公司 50 强"、跻身《财富》"中国最佳董事会百强"及"中国 500 强"，同时位列中国民营企业 500 强。

• 2020 奥园部分高管名录

姓名	职务
郭梓文	执行董事、董事会主席、提名委员会主席
郭梓宁	副主席、行政总裁、执行董事
马 军	营运总裁、执行董事
陈嘉扬	执行董事、高级副总裁、国际投资集团首席顾问
张 俊	高级副总裁，商业地产集团总裁、执行董事
陈志斌	首席财务官、集团副总裁
江 兵	奥园地产集团总裁助理、西部区域公司总裁
殷 冀	奥园地产集团广州公司总经理
袁天辉	奥园地产集团津冀（沈）区域公司副总经理、沈阳公司总经理
万 理	奥园商业地产集团上海公司总经理
陈尚焜	奥园地产安徽区域公司总经理
赵 森	奥园商业地产集团南宁片区公司总经理
李培成	奥园地产湖北区域公司总经理
孙 翀	奥园商业地产集团西安公司总经理
金红书	奥园商业地产集团河南公司总经理
张 与	奥园商业地产集团川陕区域公司总裁
张 勇	奥园昆明城市公司总经理

杭州澳海控股集团有限公司

杭州澳海控股集团有限公司（简称"澳海集团"）是以房地产开发为主业，集建筑施工、材料贸易、生态农业、红酒产业、文化旅游、装修智能化、园林景观、物业管理、社区电商、金融投资等多产业于一体的综合性集团，年产值逾百亿元，信用评级 AA，具有房地产开发一级资质。

澳海集团于 1998 年创建于杭州，先后进入上海、杭州、长春、长沙、沈阳、抚顺、锦州、银川、怀化、涪陵、奉节、苏州、济南、黄冈等 19 个城市，建造 102 处品质住宅。在国内，澳海集团充分适应中国经济梯次发展，以区域为单位集中布局增长迅速的新兴城市周边具有潜力的地段，以高周转、高运营助力集团发展。公司销售金额连续多年稳步增长，累计开发项目逾 100 个，开发面积逾 1600 万平方米，服务业主逾 65 万户。

2020 年，澳海集团荣登 2020 年中国房企综合实力榜第 108 位，房地产企业成长速度 10 强。

- **2020 澳海集团部分高管名录**

姓名	职务
何平平	董事长
喻鸣谦	副董事长
王永仁	总经理

沈阳百益龙地产有限公司

沈阳百益龙地产有限公司（简称"百益龙地产"）成立于 2017 年 9 月 12 日，注册地位于辽宁省沈阳市沈北新区道义北大街 53-65 号，法定代表人为王国庆。经营范围包括房地产开发，商品房销售（依法须经批准的项目，经相关部门批准后方可开展经营活动）。百益龙地产对外投资 1 家公司。

- **2020 百益龙地产部分高管名录**

姓名	职务
王国庆	执行董事、经理
张金丽	沈阳百益龙地产有限公司副总经理

柏庄控股集团有限公司

柏庄控股集团有限公司（简称"柏庄"）是一家民营综合性控股企业，实行以房地产行业为龙头，创业、证券投资为两翼，共同发展的发展战略，旗下合资及控股子公司共22家。

柏庄秉承"居住改变生活"的开发理念，以安徽为战略基地，拓展全国市场，力争成为省内领先、国内一流的房地产开发企业。柏庄开发足迹遍布安徽、浙江、江苏等多个省份，投资开发区域包括：安徽芜湖、宣城、铜陵、蚌埠、合肥、黄山，以及浙江嘉兴、江苏无锡等。柏庄始终坚持"求真、诚信、稳健、发展"的核心经营理念，经过多年的探索发展，柏庄已成为地产界的一股新兴力量，作为一支地产新军正在迅速崛起。

2005年7月13日，安徽柏庄物业管理有限公司成立，物业管理正式成为柏庄四大产业之一。柏庄商业则主要从事商业项目的前期策划、市场定位、总体规划、招商推广、营运管理等，努力打造一流水准的商业巨舰，目前已成功运作芜湖时代广场、柏庄儿童王国等项目。

- **2020 柏庄部分高管名录**

姓名	职务
张照德	董事、总经理
杨少敏	监事

四川邦泰集团

四川邦泰集团（简称"邦泰集团"）创建于2007年3月，于2013年3月成立集团公司。集团总部坐落于成都市高新区，业务领域涉及房地产开发、园林景观建设、旅游商业运营及物业服务四大板块，业务覆盖近20座城市（成都、宜宾、内江、乐山、西昌、眉山、广元、自贡、巴中、遂宁、攀枝花、达州、绵阳、德阳、玉溪等），开发和运营了60余个精品项目。邦泰集团是集房地产项目投拓、开发、设计、建造、销售、物业服务、社区运营、商业管理等房地产全产业链集成服务的企业，现有员工3500余人。

根据克而瑞发布的中国房地产企业销售榜TOP200，2020年邦泰集团全口径销售额111.8亿元，位列第166名。

作为中国西部房企的中坚力量，邦泰集团位列四川省大企业大集团百强，并获评中房协"中国西南品牌十强"、四川省发改委等十七个厅级政府部门联合颁发的"四川省诚信民营企业"、四川省住建厅的"四川省责任地产"、四川省房协的"四川省房地产优秀开发企业""四川省房地产企业信用等级AAA级企业""中国（成都）房地产行业领袖十强"。

- **2020 邦泰集团部分高管名录**

姓名	职务
罗　勇	董事长
王智勇	总经理
何　流	副总经理
石凌涛	监事

上海宝华企业集团有限公司

上海宝华企业集团有限公司（简称"宝华企业"）是一家具有房地产开发一级资质，以房地产投资、开发、经营为主业，兼营建筑设计、建筑工程施工、房地产营销代理、酒店投资管理、物业管理、商务咨询服务、建筑建材贸易等业务领域的集团公司。旗下拥有国家一级资质的建筑施工企业，国家甲级资质的建筑设计事务所，国家一级资质的物业管理公司和排名上海前十位的房地产经纪人公司等 30 余家具有独立法人资格的经济实体。截至 2015 年年底，宝华企业总资产规模达 500 亿元，企业员工人数逾 2000 人。

2002 年，宝华企业集团正式挂牌成立，确立了"建一流项目、树一流品牌、创一流优质企业"的集团战略目标。2008 年，集团首次跨出国门，投资澳大利亚房地产市场，在悉尼、墨尔本等地相继投资开发了 7 个地产项目。宝华企业拥有各类经营性不动产项目 11 个，总面积达 85 万平方米，市值逾 350 亿元人民币。截至 2015 年年底，宝华企业相继投资开发了各类房地产项目计 43 个，累计完成开发总建筑面积近 600 万平方米。

宝华企业以"精致、高端、优质"的产品形象享誉业界，其开发的 21 个项目均获得了各类行业奖项。宝华企业四次荣膺中国房地产开发企业 200 强，连续五届蝉联上海房地产开发企业 50 强，两次获评上海市房地产十大品牌。

• 2020 宝华企业部分高管名录

姓名	职务
高 华	董事长
杨 健	副总裁
傅 平	董事、总经理
王志高	副董事长

湖南宝基地产集团有限公司

湖南宝基地产集团有限公司，（简称"宝基集团"），总部位于益阳，前身为湖南禾田置业发展有限公司，企业信用评估A级，于2017年年底升级为企业集团并完成工商行政登记更名。集团旗下业务板块为房地产开发、物业管理、金融投资管理、品牌策划、媒介传播、房地产销售与运营管理等，自2012年公司成立以来，房地产开发主业务板块深度根植于益阳市场，先后开发建造梓山湖 · 领御项目、领御 · 一方中心项目、宝基 · 壹方玖誉项目（2018年）等，产品定位中高端，品质稳定可靠，业内外评价极高，产品销量稳定，企业增速迅猛。

宝基集团是标准化运营的精品地产倡导者。集团总部通过紧密型集团化管理，对旗下各项目实施标准化运营，包括管理模式、项目选择、规划设计、材料使用、招投标、工程管理以及营销 7 重标准化，在降低市场拓展带来的经营风险的同时，确保成本的有效控制和精品产品的打造。

• 2020 宝基集团部分高管名录

姓名	职务
邓国祥	董事长
邓 敢	执行董事
彭 云	监事

厦门宝嘉集团有限公司

厦门宝嘉集团有限公司（简称"宝嘉"）为多元化集团公司，业务涉及贸易、地产、酒店、投资、能源、信息科技、教育等行业，目前投资有杭州宝嘉房地产开发有限公司、中山宝嘉房地产开发有限公司、重庆宝嘉房地产开发有限公司、嘉太（厦门）置业有限公司、泉州福隆置业有限公司、深圳宝嘉能源有限公司、宝嘉鼎坤投资管理合伙企业、厦门宝嘉信息科技有限公司、宝嘉鼎隆投资管理有限公司等，涵盖业务包括房地产开发、酒店开发、股权投资、新能源技术应用与开发、教育服务、信息技术等诸多领域，投资总额逾 70 亿元，其中已完成、接近完成和正在开发建设的房地产项目有重庆江枫美岸、大学城，中山领东上筑，宝嘉上筑，厦门宝嘉誉峰、宝嘉誉园项目及 2011P03 地块，杭州宝嘉项目等。

• **2020 宝嘉部分高管名录**

姓名	职务
张碧玲	执行董事、总经理
杨柏榕	监事
陈金长	厦漳区域总经理

宝龙集团

宝龙集团于 1990 年在澳门成立。秉承"让空间有爱"的企业使命，宝龙产业经营不断拓展，形成地产、商业、酒店、文化艺术等多元产业协同发展的格局，旨在成为受人尊敬的百年企业，全球领先的城市空间运营商。截至目前，宝龙集团总资产超千亿元，累计慈善捐赠逾 13 亿元。

据公告披露，2020 年其合约销售总额及合约销售总面积分别约为 815.51 亿元及 5327291 平方米，合约销售总额年同比增加约 35.1%，合约销售总面积年同比增加约 41.4%。

宝龙地产自 2003 年起专注开发运营综合性商业地产项目，2009 年在香港主板成功上市（股票代码：HK01238），并连续十五年获得"中国房地产百强企业"、连续十年获"中国商业地产公司品牌价值 TOP10"等荣誉。目前已在长三角、粤港澳大湾区、环渤海经济区、海西经济区、海南国际旅游岛及中西部地区的超过 40 个城市打造了超过 160 个高品质物业项目。商业项目涵盖宝龙一城、宝龙城、宝龙广场三大产品系列，住宅项目涵盖从中高档商品房到别墅等各类业态，加之服务配套齐全、高标准定位的办公楼、酒店项目，宝龙正以立体多元的业态，满足国内不断增长的复合型房地产需求。

• **2020 宝龙集团部分高管名录**

姓名	职务
许健康	宝龙集团董事长、总经理
许华芳	宝龙集团执行董事、联席总裁
肖清平	宝龙集团执行董事、执行副总裁
张洪峰	宝龙集团执行董事、执行副总裁
刘 峰	宝龙地产无锡公司总经理
袁聿光	宝龙地产宁波公司总经理

深圳市宝能投资集团有限公司

28 年来，深圳市宝能投资集团有限公司（简称"宝能"）始终坚持实业报国理想，全面推进"制造宝能、科技宝能、民生宝能"三大战略，现已发展成为涵盖高端制造、国际物流、综合开发、民生服务四大核心业务板块的大型现代化企业集团，业务遍布全国 30 多个省市自治区、300 多个城市。

根据克而瑞发布的中国房地产企业销售榜 TOP 200 显示，2020 年其操盘金额 109.1 亿元，位列 161 名；2020 年全口径销售额 109.1 亿元，位列 168 名。

宝能深度布局以前瞻性研究和科技创新驱动的先进制造业，矩阵包含宝能汽车、南玻集团、中炬高新、韶能集团等。同时，以科技园区为平台，助力项目孵化成长，储备科技创新力量，并持续优化布局民生产业。

宝能秉持"共融、共创、共享"的企业文化，广纳海内外精英，共铸辉煌。在精准扶贫、捐资助学、抗击疫情、环境保护等公益领域不断投入，积极践行企业社会责任，获得"中华慈善突出贡献奖"等荣誉，得到行业、市场和社会各界的高度肯定和一致认可。

未来，宝能将继续坚持"发展产业、回报社会"的企业使命，向"建一流企业，树百年品牌"的宏伟愿景奋进。

• 2020 宝能部分高管名录

姓名	职务
姚振华	董事长、总经理
边 峰	董事
孙 莉	董事
高 峰	董事
钟务盘	宝能控股（中国）有限公司集团副总裁、南宁公司董事长
霍建华	宝能控股深圳一公司总经理

宝能城市发展建设集团有限公司

宝能城市发展建设集团有限公司（简称"宝能城发集团"）将实力版图逐步扩张至全国，深耕一二线城市，布局重点三四线城市，成功进军全国 20 多个城市，构筑并规划起 20 多个城市标杆精品项目，形成立足深圳、辐射全国的发展态势。

截至 2020 年 11 月，宝能城发集团已全面进军广州、天津、杭州、绍兴、郑州、南京、太原、贵阳、韶关、昆明、腾冲、西安、济南、哈尔滨、佛山、威海、文昌、盐城等 21 个城市。

宝能城发集团一直坚持把满足人民对美好生活的需求作为奋斗目标，通过独具特色的城市开发体系，将产业发展与城市发展相结合，把城市自然资源和文化资源凝聚起来，通过打造人性化的需求和个性化的生活体验配套，让产业和城市化相辅相成，在促进产业发展的同时，提升城市化进程。

- **2020 宝能城发集团部分高管名录**

姓名	职务
邹明武	董事长、总经理
黄 炜	董事
肖增劲	董事
盛明意	监事
于红卫	宝能城发集团哈尔滨公司总经理
陈彦顺	宝能城发集团太原分公司城市总经理
林开创	宝能城发集团南京公司总经理
刘庆海	宝能城发集团郑州分公司总经理
罗小波	贵阳宝能城市发展有限公司总经理

宝业集团股份有限公司

宝业集团股份有限公司（简称"宝业集团"）创建于 1974 年，前身为"绍兴县杨汛桥人民公社修建服务队"，于 2003 年 6 月 30 日成为第一家在香港联交所主板上市的综合类民营建筑企业（HK02355），是全国五一劳动奖状获得单位，国家住宅产业化基地，拥有国家建筑工程技术研究中心建筑工程与住宅产业化研究院。如今，高盛、老虎基金、汇丰证券、摩根大通、惠理、西京投资、大和房屋等著名国际资本和实业投资商先后成为宝业的股东和合作伙伴；连续多年位列国家税务总局公布的中国纳税 500 强企业。

公司主营建筑施工、房地产开发、住宅产业化（百年低碳工业化住宅的研究与制造）三大业务，并有投资酒店、高尔夫、旅游等产业，通过整合安徽拖拉机厂、湖北省建总所属十二家企业，成功布局了江浙沪、安徽、湖北三大区域市场。近十余年来，公司专注于节能环保的住宅产业化事业，自主研发了三种体系多种规格的百年低碳工业化住宅，率先实践了哥本哈根会议提倡的低碳经济理念。

- **2020 宝业集团部分高管名录**

姓名	职务
庞宝根	创办人、董事会主席、行政总裁
金吉祥	执行董事，浙江宝业建设集团有限公司董事、总经理
高　林	执行董事
高　君	执行董事
高纪明	执行董事
夏　锋	上海公司总经理

保集控股集团

保集控股集团（简称"保集控股"）成立于 1996 年，总部设在上海，历经二十余载岁月的磨砺与发展，已成长为一家拥有 40 多家全资子公司的全球化、多元化的集团企业。集团深耕上海，聚焦长三角区域，布局全国潜力发展区域，以地产开发、文旅康养、智能科技、国际贸易、金融投资等为一体，打造规模适度、品质与资产优良、营运高效、盈利能力较强的全国一流产城发展投资服务运营商。

保集控股在国内已进入 21 个城市，累计开发 60 多个项目，多个住宅项目获得省部级以上的奖项和表彰。自 2007 年以来，保集控股连续获评"中国房地产百强企业"，具备 AA 主体信用等级；以 e 智谷为代表的智能科技产业项目 2019 年荣获中国产业运营优秀项目 TOP10；保集物业至今已连续五年入选"中国物业服务百强企业"。目前，集团正围绕产城融合、产融结合，专注于城市更新、休旅目的地、智能科技产业一体化的特色小镇建设。以休旅为特色的"保集伊甸园"品牌项目、以养生为特色的"保集富椿"品牌项目、以智能科技为特色的"保集智谷"品牌项目已在沪、滇两地竞相建成，投入运营。

- **2020 保集控股部分高管名录**

姓名	职务
裘东方	董事长
姜　敏	董事
袁光华	董事
俞建华	董事
张　帆	董事

保利发展控股集团股份有限公司

保利发展控股集团股份有限公司（简称"保利发展控股"，SH600048），是中国保利集团控股的大型中央企业。2020 年公司实现签约面积 3409.19 万平方米，同比增加 9.16%；实现签约金额 5028.48 亿元，同比增加 8.88%。

公司致力于打造"不动产生态发展平台"，以扎实的不动产投资、开发、运营、资本运作能力为基础，提供基于行业生态系统的综合服务，与客户的美好生活同行。

保利发展控股是国内较早从事不动产投资开发的企业之一，旗下有"保利地产"品牌。公司的不动产投资、开发、运营业务，已实现国际化规模经营，业务遍布全球一百多个城市。公司拥有不动产全业态的开发经验，除住宅、商务写字楼外，在品牌酒店、购物中心、会展中心、体育场馆、产业园区、主题公园、旅游度假等领域，形成了自主品牌体系与标杆产品。公司履行央企社会责任，积极参与到城市改造、乡村振兴、保障房建设、租赁住房经营、基础设施投资、社会公益、精准扶贫等领域，为落实乡村振兴战略，推动新型城镇化进程，提高人居综合质量，贡献力量。

- **2020 保利发展控股部分高管名录**

姓名	职务
宋广菊	董事长
刘 平	总经理
袁 俊	广东保利城市发展有限公司总经理
郭文峰	保利地产华南公司总经理
王小虎	保利发展控股湖北公司党委副书记、总经理
文 灵	保利发展控股北京公司副总经理
王 耿	保利发展安徽公司总经理
傅小君	保利发展上海公司总经理
颜 亮	湖南保利房地产开发有限公司总经理

保利置业集团

保利置业集团是中华人民共和国国务院国有资产监督管理委员会监管的大型中央企业——中国保利集团唯一的境外上市房企，于香港主板上市，股票代码：HK00119。

据其公告显示，2020 年实现合约销售额折合人民币约为 521 亿元，合约销售面积约为 283 万平方米。

保利置业集团传承中国保利集团的文化经营资源，秉持"专筑文化地产"的企业经营理念，坚持以"文化、和谐、自然、高端"为核心，精耕房地产开发、房地产投资及物业管理三大业务板块。

通过不断发展，保利置业集团业务遍及北京、香港、上海、苏州、宁波、余姚、德清、广州、佛山、深圳、惠州、贵阳、遵义、南宁、柳州、昆明、重庆、武汉、哈尔滨、济南、烟台、威海、万宁等城市。伴随保利置业集团有限公司经营业绩的逐年提高，融资能力持续增强，股票市值大幅提升，加快全球战略步伐的迈进，保利置业被列为摩根士丹利资本国际（MSCI）指数成分股，成为中国高品质文化地产的领跑者。

• 2020 保利置业集团部分高管名录

姓名	职务
张炳南	保利置业集团主席
韩清涛	保利置业集团副主席
王 健	保利置业集团董事总经理
谢雨珈	保利贵州置业集团有限公司助理总经理
吴光明	保利置业集团副总经理、广西保利置业集团有限公司董事长
颜 亮	保利发展湖南公司总经理
吴昭冰	保利置业烟台公司总经理
叶黎闻	执行董事、副总经理
竺伟荣	执行董事、副总经理

保亿集团股份有限公司

保亿集团股份有限公司（简称"保亿集团"）创立于 1991 年 9 月 16 日，前身为浙江华荣集团有限公司，2009 年 9 月 16 日荣升为全国无区域企业集团——保亿集团，是一家以地产开发为核心，物业管理、贸易流通与产业投资为一体的整合型发展的集团企业。

根据克而瑞发布的中国房地产企业销售榜 TOP 200 显示，2020 年其操盘金额 171.4 亿元，位列第 122 名；2020 年全口径销售额 249.8 亿元，位列第 109 名。

历经 26 年的跨越发展，保亿集团已拥有 35 家下属子公司、9 家参股公司，1500 多名员工。自 2000 年起，保亿集团连续被评为信用 AAA 企业，并先后获得"中国房地产浙江公司品牌 TOP10""浙商对外投资典范""浙江房地产品牌三十强""浙商全国 500 强"，四度蝉联"中国房地产百强"等多项荣誉。

未来，保亿集团将继续以房地产开发与服务、商业贸易、实业投资三大行业为主体，形成可持续发展的多元化集团公司。同时以成熟的经营管理理念和团结进取的合作精神，为我们的社会、客户、员工、合作伙伴创造更多的价值，实现百年强企的宏大愿景。

- **2020 保亿集团部分高管名录**

姓名	职务	姓名	职务
莫剑荣	董事长	邢建峰	监事

北京北辰实业股份有限公司

北京北辰实业集团有限责任公司（简称"北辰集团"）成立于 1990 年 8 月 8 日，前身是第十一届亚运会运动员村服务中心，是以房地产开发、会展及配套物业经营为主营业务的市属大型国有独资公司。

1997 年 4 月，北辰集团以优质资产独家发起设立北京北辰实业股份有限公司（简称"北辰实业"），在香港发行 H 股并上市，股票简称及代码为北京北辰实业股份（HK00588）；2006 年 10 月在上海证券交易所上市 A 股，股票简称及代码为北辰实业（SH601588）。北辰实业成为国内第一家 A+H 股地产类上市公司并承担着北辰集团大部分主营业务，成功打造了中国复合地产领先品牌和中国会展业领军企业的品牌形象。

北辰实业主营业务包括发展物业、投资物业（含酒店）。开发项目覆盖了华北、华中、华东、西南等 15 个热点区域的重点城市，共有拟建、在建、在售项目 45 个。

北辰实业持有并经营的物业包括会展、酒店、写字楼、公寓等业态，面积逾 127 万平方米，其中的 120 万平方米均位于北京亚奥核心区。

- **2020 北辰实业部分高管名录**

姓名	职务	姓名	职务
李伟东	董事长	郭 川	执行董事、副总经理、董事会秘书、总法律顾问
李 云	执行董事	谢 雄	北辰地产重庆城市中心总经理
陈德启	执行董事、副总经理	沈波涌	苏州北辰置业有限公司董事长、总经理
张文雷	执行董事、副总经理		

北大资源集团

北大资源集团 1992 年创立于北京，依托百年学府的深厚底蕴，历经二十余载，逐渐形成特色产业、精工产品、价值服务三大核心业务板块，发展成为一家资产规模超过 1000 亿元的国有控股集团公司。

北大资源集团定位为"科创产业服务商"，以打造产学研创一体化发展平台为核心，聚焦"科技"和"大健康"两大发展主轴，以产城融合构建魅力城市，为客户提供美好生活场景，为城市开创产业共荣、智慧共创、健康共生的可持续发展模式，让"产业连接美好生活"。

目前，北大资源集团已形成环渤海、长三角、粤港澳大湾区、西南经济带、华中经济带五大区域的战略布局，业务版图覆盖 20 余个中心城市，开发运营面积超过 2000 万平方米，全面打造科创园区、特色产城、美好社区、璀璨商办、全龄教育、至诚服务六大系列组成的"丛林产品体系"。

- **2020 北大资源集团部分高管名录**

姓名	职务
韦俊民	董事长
曾　刚	经理
孙　敏	董事
周福民	董事
马建斌	董事
夏　丁	北大资源重庆公司总裁

北京城建集团

北京城建集团是北京市建筑业的龙头企业，具有房屋建筑工程、公路工程总承包特级资质，以城建工程、城建地产、城建设计、城建园林、城建置业、城建资本等六大产业为主业，从前期投资规划至后期服务运营，打造出上下游联动的完整产业链，致力于提升为"国内领先的城市建设综合服务商"。

根据克而瑞发布的中国房地产企业销售榜 TOP 200 显示，2020 年其操盘金额 166.2 亿元，位列第 125 名；2020 年其全口径销售额 213.1 亿元，位列第 122 名。

北京城建集团是"中国企业500强"之一，"ENR全球及国际工程大承包商"之一，荣获"中国最具影响力企业""北京最具影响力十大企业""全国优秀施工企业""全国思想政治工作先进单位""全国建设系统企业文化建设先进企业"等荣誉称号。现有总资产超过3000亿元，营业收入超过1000亿元；全资、控股子公司25家，包括A股上市公司1家，H股上市公司1家。

北京城建集团高效完成了北京大兴国际机场、国家体育场、国家大剧院、国家博物馆、国家体育馆、中国国学中心、北京奥运会篮球馆、奥运村、首都国际机场3号航站楼、银泰中心等国家和北京市重点工程，以及北京城市副中心、北京世园会项目集群和国内外多个城市的地铁、高速公路等重大工程，156次荣获中国建筑业"鲁班奖"、国家优质工程奖和詹天佑大奖。承建国家速滑馆、国家高山滑雪中心、冬奥村等三项北京冬奥会核心工程，使北京城建集团成为全球唯一一家既建造过夏季奥运会主场馆又承建冬季奥运会主场馆的工程总承包商。

- **2020 北京城建集团部分高管名录**

姓名	职务
陈代华	董事长
裴宏伟	总经理
李卫红	党委副书记
顾 昱	副总经理

北京建工集团有限责任公司

一条长安街，半部建工史。从1953年成立至今，北京建工集团有限公司（简称"北京建工"）始终伴随着新中国一路同行，打造了长安街及两侧80%的现代建筑，累计建造各类建筑超过3亿平方米，各类道路超过1.8万公里，各类桥梁超过1900座，轨道交通里程超过400公里。在服务国家和首都城市建设中，北京建工不断发展壮大，成为千亿级的工程建设与综合服务集团，拥有建筑工程施工总承包特级资质、市政公用工程施工总承包特级资质、公路工程施工总承包特级资质，位列全球250家最大国际工程承包商、中国企业500强、中国承包商80强。

根据克而瑞发布的中国房地产企业销售榜TOP 200显示，2020年其操盘金额151.5亿元，位列第130名；2020年其全口径销售额169.3亿元，位列第138名。

为打造北京建筑业龙头企业，北京建工在2019年与北京市政路桥集团实施合并重组，重组后企业资产总额超过1600亿元，年市场营销额超过1700亿元，年产值超过1100亿元，年开复工面积超过4000万平方米，集团下属核心事业部3个、二级企业84家、境内外分公司58家，业务覆盖全国32个省市和境外33个国家及地区。依托融合发展、高质量发展的强大合力，北京建工为北京"四个中心"建设、京津冀协同发展、雄安新区建设、长江经济带建设、粤港澳大湾区建设等持续助力。

• **2020 北京建工部分高管名录**

姓名	职务	姓名	职务
樊 军	董事长	李尊农	董事
马晓霞	副董事长	马铁山	董事
郭明星	总经理		

北京科技园建设（集团）股份有限公司

北京科技园建设（集团）股份有限公司（简称"北科建集团"）是1999年北京市政府落实《国务院关于建设中关村科技园区有关问题的批复》精神而成立的，是北京国资公司在城市开发领域的重要平台。

北科建集团始终坚持"服务区域经济、助推产业升级、促进创新创业、提升社会贡献"的企业使命，成功运营了中关村核心区、中关村软件园、中关村生命科学园、无锡中关村科技创新园、中关村·虹桥创新中心和天津中加生态示范区为代表的全国10个城市12个科技新城品牌项目，以及慧谷、翡翠山、雁栖翡翠花园、北科建泰禾·丽春湖院子等为代表的15个知名住宅项目，按照"做优科技地产、做精住宅地产、做实金融业务、做强城市运营"的发展战略和路径，形成了以科技地产为特色的、智慧宜居城市开发运营综合业务体系。集团先后被授予国家自主创新杰出贡献奖、中国科技地产领军企业、中国产业园区品牌影响力企业、中国房地产模式创新领军企业、中关村创新发展40年杰出贡献奖等荣誉称号。

• **2020 北科建集团部分高管名录**

姓名	职务	姓名	职务
赵志雄	董事长	陈永宏	董事
羡永为	董事	王 艳	董事
张晋元	董事		

广西北投地产集团有限公司

广西北投地产集团有限公司（简称"北投地产"）成立于2009年，是广西北部湾投资集团旗下的全资子公司。

北投地产主营房地产开发经营、物业管理、园区投资运营、建筑材料生产销售、酒店管理经营、装修装饰等业务。成立十余年来，公司不断发展壮大。目前共有9家子、分公司及多个项目部，分布在南宁、北海、防城港、钦州、贺州及百色等地，总资产超过70亿元。开发的项目包括南宁的凤景湾、吉祥·凤景湾、五象智慧健康城，钦州的北投·凤景湾，防城港的防城港·凤景湾，北海的观海一品、北投·观海湾、北投·观海上城，贺州的北投·紫云凤景湾、百色的观江府等项目。

2019年，公司新晋"广西本土国企销售金额TOP3""广西本土房企销售金额TOP20""广西房企销售金额TOP50"。目前，北投地产承担北投集团城镇综合开发投资建设和运营管理板块业务的重任，积极配合集团其他板块协同发展，开发项目不断增多，产品品质不断提升，公司不断发展壮大，致力成为广西国有房地产企业排头兵。

- **2020 北投地产部分高管名录**

姓名	职务
左 皓	董事长
吴洪伟	总经理
陈 莉	董事
邱文辉	监事

碧桂园控股有限公司

碧桂园控股有限公司（简称"碧桂园"）是为全世界创造美好生活产品的高科技综合性企业。

据公告显示，2020 年，碧桂园累计实现归属公司股东权益的合同销售金额约 5706.6 亿元，较 2019 年同比增加 3.34%；归属公司股东权益的合同销售建筑面积约 6733 万平方米，较 2019 年同比增加 7.95%。

作为一家拥有近 20 万名员工、1000 多名博士研究生的企业，其成立博智林机器人公司，在助力科技进步的同时，向全世界提供健康卫生、好吃、快捷、实惠的美食。

20 多年来，作为中国新型城镇化的身体力行者，迄今已为超过 1200 个城镇带来现代化的城市面貌，有超过 450 万户业主选择在碧桂园安居乐业。作为绿色生态智慧建筑的建造者，其首创立体分层现代都市建筑——森林城市，被《福布斯》列为"影响世界未来的 5 座城市"。其引入先进的生产技术和设备，发展现代农业，帮助农民增收致富，为碧桂园社区乃至社会的每一个家庭生产和提供安全、好吃、实惠、丰富的农产品。

精准扶贫和乡村振兴也是其主业之一。立业至今，碧桂园创始人及集团累计参与社会慈善捐款已超 87 亿元，并主动参与全国 16 省 57 县的精准扶贫和乡村振兴工作，已助力 49 万人脱贫。

- ## 2020 碧桂园部分高管名录

姓名	职务
杨国强	碧桂园集团董事局主席
杨惠妍	碧桂园集团联席主席
莫 斌	碧桂园集团总裁
关卓坤	碧桂园集团佛肇区域副总裁
欧阳腾平	碧桂园集团副总裁、贵州区域总裁
黎晓林	碧桂园集团副总裁、区域总裁
李长江	碧桂园服务总经理
周成斌	碧桂园集团辽宁区域总裁
李 策	碧桂园集团黑龙江区域总裁
沈晓霞	碧桂园集团大连区域总裁
潘永卓	碧桂园集团云南区域总裁
李春秋	碧桂园集团渝南区域总裁
曹轶群	碧桂园集团沪苏区域执行总裁
何晓镭	碧桂园集团天津区域总裁
李建军	碧桂园集团烟台城市公司执行总裁
郭荣旺	碧桂园集团陕西区域公司总裁
欧阳腾平	碧桂园集团副总裁、贵州区域总裁
吴 迪	碧桂园集团湖北区域总裁
谈建平	碧桂园集团江西区域总裁
宗慧杰	碧桂园集团山西区域总裁

合肥滨湖投资控股集团有限公司

合肥滨湖投资控股集团有限公司（简称"滨湖集团"）是包河区大型综合性国有独资集团公司，成立于2007年4月，注册资本8.88亿元。目前，集团拥有14家全资子公司，集团总部设有行政人事部、工程管理部、成本管理部、财务管理部、审计部、资金管理部、市场部、纪检办公室这8个部门。

成立以来，集团已从最初的房地产开发、国有资产管理和公益性项目代建等业务，逐步扩展成为拥有住宅地产开发、特色商业街区、文旅街区运营、创新金融服务、现代物业管理等多个板块、多元化发展的大型集团企业。集团已成功打造了罍街、簧街、半边街等一批具有影响力的项目，塑造了滨湖集团的企业品牌，不断推动着集团持续稳定快速发展。

- **2020 滨湖集团部分高管名录**

姓名	职务	姓名	职务
黄广勇	董事长	沈焕明	董事
李锐锋	总经理	郑邦辉	董事
杨 林	董事		

杭州滨江房产集团股份有限公司

杭州滨江房产集团股份有限公司（简称"滨江集团"）成立于 1992 年，具有房地产开发企业一级资质，入选全国民营企业 500 强、中国房地产企业 50 强，是长三角房地产领军企业。公司秉承"创造生活，建筑家"的专业理念，形成了"团队、管理、品牌、金融、合作、服务"六大核心竞争优势。2008 年 5 月 29 日在深圳成功上市，成为该年度仅此一家在国内 A 股 IPO 上市的房地产企业，股票代码为 002244。2020 年位列中国房地产百强榜第 24 位，其融资能力和盈利能力均位列全国前十名。2019 年滨江集团全年销售额为 1120 亿元。

根据克而瑞发布的中国房地产企业销售榜 TOP 200 显示，2020 年其全口径销售额 1363.6 亿元，位列第 27 名。

在区域布局方面，其形成了"聚焦杭州、深耕浙江、辐射华东，开拓粤港澳大湾区，关注中西部重点城市"的发展战略。在产品研发方面，公司已成功建立共四大产品体系十五个标准版本，并将标准化体系进一步延伸到物业服务、小区配套及专业服务等房产各相关行业。

滨江集团积极转型升级，建立"1+5"发展战略，即做优、做精、做强房地产主业，保持千亿元以上销售规模。此外，努力搭建"服务＋租赁＋酒店＋养老＋产业投资"的企业多元发展新蓝图。

- **2020 滨江集团部分高管名录**

姓名	职务	姓名	职务
戚金兴	董事长	张洪力	常务副总经理
朱慧明	总经理	王赞煜	沪苏区域总经理
余忠祥	常务副总经理		

深圳市博林房地产开发有限公司

深圳市博林房地产开发有限公司（简称"博林"）历经 20 年积淀，秉承"博者有容"的文化理念，拥有控股、参股企业 30 余家，已发展成为集房地产、文化、酒店、教育、金融、物业管理等多元化产业经营为一体的大型综合性企业。

在地产开发方面，博林坚持以"博林质造"为宗旨、以高品质和优质服务为核心，投资遍布深圳、广州、南京、合肥、重庆、长沙等城市及热点区域，不断以大手笔、高质量的实力杰作，推动中国城市化发展的现代化进程，提升城市的内涵价值。

迄今为止，集团已成功打造了"博林天瑞""创意大厦""博林贡院"（深圳）"和府奥园""晓庄国际广场"（南京）等 50 多个精品楼盘，并先后获得"2008 奥运中国未来十年最具品牌发展潜力地产企业""质量诚信 AAAAA 级品牌企业""2015 深圳房地产创新十强企业"等荣誉。此外，博林天瑞项目获得了"2015 中国房产风云榜最具影响力楼盘""年度人居标杆奖""2015 深圳单一项目销售金额龙虎榜前十名"等荣誉称号。

- **2020 博林部分高管名录**

姓名	职务
彭思远	董事长
林友华	董事
林佳立	董事
林仁从	监事

步步高置业有限责任公司

步步高置业有限责任公司是中国企业 500 强步步高集团旗下的商业地产运营平台，优质生活运营商。公司是国家房地产开发一级资质企业，是房地产信用评价 A 级企业。

公司成立于 2010 年 7 月，凭借强大的集团背景、卓越的品牌实力、产品创新与品质服务等核心竞争力，投资开发超大型商业综合体项目，产品定位为生活体验中心，形成"步步高·新天地""步步高广场"等自有商业地产品牌，包括地产运营、城市开发、投资管理、酒店管理、商业运营、物业服务、特色小镇、教育管理等多元产品组合体系，被行业评为中国商业与置业融合创新发展典范。公司在全国首倡资源节约型、环境友好型地产，位列湖南房地产开发实力十强，中国商业地产公司品牌价值十强，中国商业地产综合百强。公司荣获党委、政府颁发的"税收贡献奖""诚信金牌企业"等荣誉。

未来，公司以重资产投资与轻资产管理咨询双引擎发展模式，逐步实现立足中南、发展西南、布局全国的发展战略，通过品牌商业运营与地产开发联动增值模式，以打造极致生活体验和优质的生活方式回报社会，为更多的城市带来前所未有的美好生活，致力成为中国优秀的商业地产运营商。

- **2020 步步高置业部分高管名录**

姓名	职务
周　梁	步步高集团高级副总裁、步步高置业有限责任公司董事长
谭方清	监事

财信地产发展集团股份有限公司

财信地产发展集团股份有限公司（简称"财信集团"）创立于 1992 年，历经多年发展，已成为一家多元化投资集团。主要业务包括：基础设施投资及运营、环保产业、智慧物业、地产开发、金融投资等。先后荣获"企业信用评价 AAA 级信用企业""中国最佳雇主企业""重庆市优秀民营企业"等殊荣。2020 年，财信集团跻身"中国民营企业 500 强"前列、"重庆民营企业 100 强"第六强。

财信集团以"卓越的城市综合运营商"为愿景，致力于为客户提供规划、投资、建设、运营以及产业链上的综合解决方案和区域产融协同发展能力，已形成了业务结构多元聚焦、产业联动有序高效、经营发展兼顾经济和社会效益的良性业务发展态势。顺应国家产业导向，积极发挥自身优势，通过产融协同发展，集团现已形成"1+3"战略布局。即，一个核心能力：资本投资及金融服务能力；三个支柱产业：基础设施、环保、地产及社区生活服务。

财信地产发展集团股份有限公司主板上市企业，在 2018—2020 年连续三年获得"中国房地产百强企业"。

• **2020 财信集团部分高管名录**

姓名	职务	姓名	职务
鲜先念	董事长	卢生举	重庆财信企业集团董事长
彭陵江	董事	刘丛胜	财信发展重庆公司总经理
罗宇星	董事		

昌建控股集团有限公司

昌建控股集团有限公司（原双汇地产，简称"昌建地产"）自 2003 年创立以来，已发展成为拥有 60 多家控股子公司，3000 多名员工的企业集团，2020 年位居河南省民营企业百强第 23 位。

根据克而瑞发布的中国房地产企业销售榜 TOP200 显示，2020 年其全口径销售额 125.5 亿元，位列第 156 名。

集团业务涵盖房地产开发、金融投资、资产管理、园林绿化、商业商贸、建筑装饰、物业管理、健康养老多个领域，形成了以房地产开发为核心，服务、建设、商贸三大集团协同发展的完整上下游产业生态链。

房地产主业以中原城市群、长三角城市群和珠三角城市群为核心区域，兼顾成渝城市群，在郑州、漯河、周口、信阳、苏州、宁波、扬州、南通、芜湖、镇江、广州、海口、成都等近30个城市，累计开发项目超百个，服务40余万户业主，年销售额近200亿元。

在企业发展的同时，昌建控股先后通过昌建慈善公益基金、昌建关爱基金、昌建春蕾班、千万捐赠工程、精准扶贫等平台，累计为社会各类公益慈善事业捐赠近6000万元，被中华慈善总会授予中华慈善突出贡献（单位）奖。

• **2020 昌建控股部分高管名录**

姓名	职务	姓名	职务
赵建生	董事长	万 隆	董事
陶艳峰	总经理	何 科	董事
杜俊甫	董事		

江苏常发地产集团有限公司

江苏常发地产集团有限公司（简称"常发地产"）是中国知名的房地产开发商之一，是集房地产开发、商业运营、物业服务于一体的大型企业集团，具有国家一级房地产开发资质，总部位于江苏常州。

经十余年精心耕耘布局，常发地产已在上海、南京、镇江、常州、无锡、苏州、昆山等长三角核心城市开发经营项目 20 余个，年开发量超 200 万平方米。

常发地产以"传承经典、创新生活"为品牌理念，坚持可持续、节能、低碳和绿色发展方向，专注于提高人文关怀，以品质生活为经营使命，产品涉及大型城市综合体、别墅、高端住宅、写字楼、国际品牌酒店等多种物业开发形态。

"坦坦荡荡做人、踏踏实实做事"是常发地产的企业精神，认同员工的个人价值为常发地产的文化内涵，努力担负起优秀企业的社会责任。

常发地产坚持产品标准化，物业品牌化，全面实施国际精品战略，实现立足长三角发展全国的战略布局，为筑建百年常发而努力。

- **2020 常发地产部分高管名录**

姓名	职务
高宇阳	常发地产代理总裁
洪 军	常发地产投资发展部董事总经理
刘建妹	监事

天津市长城房地产开发有限公司

天津市长城房地产开发有限公司（简称"长城房地产"）成立于 1992 年 12 月 12 日，法定代表人为余良，注册资本为 5000 万元，隶属全国 500 强企业——天津城建集团有限公司，是集团公司旗下唯一一家房地产开发企业，有在职职工 200 人。公司主营业务包括三个板块：房地产开发、一级土地整理及垃圾处理环保产业。开发足迹遍及天津市内六区、郊县及呼和浩特、南宁、泰安等地，累计开发面积 150 余万平方米。产品形态涵盖多层公寓、别墅、高档公寓、高层住宅、写字楼、酒店、商铺等。土地整理累计 5000 多亩。

- **2020 长城房地产部分高管名录**

姓名	职务
余 良	总经理

长沙房产（集团）有限公司

长沙房产（集团）有限公司（简称"长房集团"）始创于 2004 年 3 月，是一家由长沙市人民政府授权组建的国有独资企业。截至 2020 年，企业总资产逾 400 亿元，总开发面积超 1000 万平方米，累计开发项目 80 多个，项目区域覆盖长沙内六区及长沙县、宁乡、浏阳，辐射三湘延伸至湘潭、株洲、郴州、常德等地级市，服务湖南 15 万名业主；让"买好房找长房"成为深入人心的口碑之选。围绕深耕湖湘的区域发展战略，夯实区域领先的城市综合运营商定位，长房集团稳步推进地产开发建设，2020 年在建在售项目达 35 个，在宁乡竞得优质地块，并继续在邵阳市、常德市、浏阳市等核心城市深化布局，持续优化湖南开发版图。2020 年 11 月 24 日，长房集团同时摘牌长沙市芙蓉区 064 号地块和岳麓区 098 号地块，进一步巩固以长沙为核心的战略布局。

- **2020 长房集团部分高管名录**

姓名	职务
李建国	董事长
曹 辉	长沙市房地产开发有限公司总经理

安徽长歌置业有限公司

安徽长歌置业有限公司（以下简称"长歌置业"）成立于 2020 年 7 月 15 日，法定代表人是吴雷，注册资本为 5000 万元，经营范围包含：房地产开发经营；房地产租赁经营；办公房屋租赁；综合商厦租赁；自有商业房屋租赁；自有住房租赁；房地产营销策划；房地产咨询服务（依法须经批准的项目，经相关部门批准后方可开展经营活动）。2020 年 9 月 24 日，长歌置业携手宇晟投资集团以 3.1 亿元摘得合肥·庐江高新区 LJ2020-15 号地。作为首入庐江的战略之作，长歌置业将以引领者的姿态，重塑城市人居新格局。

- **2020 长歌置业部分高管名录**

姓名	职务
吴 雷	执行董事、总经理

长江实业集团有限公司

长江实业集团有限公司（简称"长实"）是具有一定领导地位的跨国公司，以推动业务长期持续发展及增长为目标，一直致力强化地产本业，并按审慎投资策略稳步加强固定收入基础。集团多元化业务涵盖物业发展及投资、酒店及服务套房业务、物业及项目管理、家用设备服务相关之基建与实用资产投资，以及飞机租赁等。集团是中国香港最具规模的地产发展商之一，在内地亦拥有广泛业务组合，并在新加坡及英国建立稳固的市场基础。集团具备丰富的物业发展经验，不少香港地标及大型发展项目均由集团策划兴建，其中部分项目为集团核心资产。

根据克而瑞机构统计，2020 年公司销售额达 182.5 亿元，位列全国房地产开发企业第 133 名。

• 2020 长实部分高管名录

姓名	职务
李泽钜	董事长

朝南集团

朝南集团自 2000 年创立以来，秉持"创筑品质生活"的开发理念，用心布局清远城市版图，推进城市化进程，先后成功开发了"江滨大厦""锦豪苑""名都国际商业中心""朝南大厦"、阳山"御景新城""御景湖畔""维港尚城""维港半岛""朝南国际商务中心""维港新天地""朝南·康城""维港天悦""维港星汇"等项目，为清远近 2 万个家庭提供了舒适的居住环境，开启清远人居高质时代。如今，朝南集团已从原有的房地产开发，扩展至建材贸易、建筑施工、园林绿化施工、室内装饰、酒店管理、资产管理、实业投资、物业管理等多种业务并驱，多元经营，统一管理，全面实现快速发展，致力为各产业实现全方位服务。

朝南集团生于清远，成于清远，建设清远，以清远为中心，布阵广东，以房地产开发为主，紧密结合房地产业综合发展与专业化协作，打造绿色生态国际化品位集团。

未来，朝南集团将以更大的品牌影响力，助推清远城市化发展，刷新城市高度。

• 2020 朝南集团部分高管名录

姓名	职务
梁焕南	执行董事
梁国飞	执行董事、总经理
梁焕洪	监事

辰兴房地产发展有限公司

辰兴房地产发展有限公司（简称"辰兴发展"）1997年起步于晋商故里山西晋中，具备中国房地产开发一级资质，是一家多元化发展的企业集团，2015年在香港联合交易所上市（股份码：HK02286），实现了山西本土企业在港交所主板IPO上市零的突破及山西本土房企上市零的突破。

辰兴发展拥有地产、产业、资管金融、建设、生活服务五大集团。秉承"诚以致远，信达天下"的企业精神，实施"立足山西，放眼全国"的战略布局，公司业务已拓展至长三角、中西部及珠三角等国家经济核心区域，涉足包括山西、北京、四川、海南、云南、上海、香港、广东等8省市的13座城市，并已成功开发18个项目。

凭借优异的业务表现和坚实的开发实力，辰兴发展曾获"中国房地产开发企业西部10强"荣誉，先后9年入围"中国房地产开发企业500强"。公司目前年开发规模达100万平方米，总资产规模超百亿元，拥有总建筑面积约300万平方米的土地储备。

未来，辰兴发展将进一步增强核心竞争力，不断以更高品质的产品和更优质的服务实现跨越式发展，致力成为国内一流的"健康生活服务商"。

- **2020 辰兴发展部分高管名录**

姓名	职务
白选奎	董事会主席、执行董事
白武魁	执行董事、行政总裁
白国华	执行董事、常务副总裁
董世光	执行董事

骋望集团

骋望集团是以房地产开发为主导的大型综合性投资集团公司，凭借雄厚的实力广泛致力于地产、建筑、装潢、设计、基础实施投资等领域，核心企业包括上海骋望置地有限公司（总部）、广东骋望地产集团有限公司、南京骋望置业有限公司、南宁市骋望地产有限公司、广西德泰置业有限公司、广西骋润置地有限公司、上海嘉定骋望置地有限公司、汕头市百得建筑装饰设计公司、粤港高速公路投资有限公司等。

自成立20多年来，骋望集团秉承"追求卓越，开拓新世界"的理念，从广东到广西再到江苏，并将总部定位上海，进军长三角地区。骋望集团先后打造了一系列质量好、信誉佳的城市人居代表作品，赢得了社会各界的普遍赞誉。

骋望集团倡导"锐意进取，开拓创新，关注细节，追求卓越，诚实勤勉，高效快速，理性务实，坚韧不拔"的理念，以高度的责任感、使命感，持续地塑造具有严格执行标准及品质和价值为先的房地产品牌。

- **2020 骋望集团部分高管名录**

姓名	职务
马伟强	执行董事
赖文胜	监事

翠屏国际控股有限公司

翠屏国际控股有限公司（简称"翠屏国际"）前身为香港中惠集团，成立于1994年，1995年正式开拓房地产行业。经过20年的发展，翠屏集团累计在内地注册企业88家，注册资本约8.19亿美元，拥有资产总额325亿元，净资产120亿元。翠屏基于雄厚的实力，多次强势跻身中国房地产百强企业行列。近年来，翠屏集团基于战略发展和产业布局，始终坚持"资本以产业为基础，产业与资本相结合"的核心经营理念，秉持真诚、感恩、创新、完美的核心价值观，多元化开创了资本＋产业共荣的发展新模式。

多年来，翠屏集团以追求"建筑梦想、回归自然"为企业品牌理念，专注新市区低密度、高端、高品质住宅物业的开发，重点打造花园洋房、别墅与旅游度假产品。在区域发展战略上，翠屏集团以南京地区作为核心发展区域，以海南地区作为重点投资区域，并逐渐布局具有发展潜力的二三线城市。翠屏始终站在开拓未来的角度雕琢建筑，赋予城市活力，建筑生活美景。

- **2020 翠屏国际部分高管名录**

姓名	职务
杨 敏	董事会主席、执行董事
王 卫	海南区副董事长

大东海地产集团

大东海地产集团（简称"大东海地产"）隶属于福建大东海集团，创立、发展于福州，是一家专注以投资、开发房地产为主营业务的实力企业，目前在土地储备方面已跻身福州房地产行业第一梯队。福建大东海地产集团作为本土成长起来的企业，坚守回报家乡的初心，秉承"品质感动生活"的品牌理念，以送给家人的标准，用心做更好的产品，成就有温度的邻里关系和以人为本的臻社区。

2019年，大东海地产大手笔布局福州，沿城市发展核心轴，独资125亿元竞得近千亩优质地块，勇夺滨海新城大东海新天地、南二环大东海中央府、三江口大东海江山府、南公园大东海公园府、晋安湖大东海晋棠府、金融街海荣财富中心及2020-43号酒店地块等7大优质项目；同时，大东海地产还与融创、阳光城、正荣、融信、金辉、三盛等多家全国知名上市品牌房企合作开发福州源、长乐澜山、三盛璞悦府、望海潮等项目。

截至2020年2月，大东海地产累计开工总建筑面积超过217万平方米，总货值超314亿元。短短两年时间不到，通过17大项目，深耕福州。

- **2020 大东海地产部分高管名录**

姓名	职务
许驾雾	执行董事、总经理
林 玲	监事

广西大都投资有限公司

广西大都投资有限公司（以下简称"大都投资"）成立于 2010 年 12 月 29 日，是广西建工集团重点打造的以房地产开发为主业的多元化国有控股投资企业。自成立以来，在广西建工集团的正确领导和社会各界的关怀和支持下，大都投资紧紧把握时代脉搏，在房地产市场开疆拓土，不断铸就新的辉煌。公司目前资产总额超过 354 亿元，经营规模和综合实力居广西房地产行业前列，2017、2018、2019 年连续三年蝉联"广西本土国企房地产销售冠军"，名列中国房地产 500 强第 385 位，2020 广西服务业企业 50 强第 31 位。

公司坚持"立足广西、拓展区外"的经营定位，已在14个城市成功布局，开发建设总建筑面积超过1400万平方米，开发项目共36个。经过多年积累，大都投资在项目所在区域形成了较大的市场影响力和品牌竞争力，各项目在工程进度、质量保证、营销推广等方面均得到广大客户的好评，荣获全国施工安全生产标准化工地1项，省级安全文明标准化工地16项，市级安全文明标准化工地21项，省级优质结构奖13项，市级优质结构奖15项，一次性交付率达100%，树立了良好的"大都"品牌形象。

• 2020 大都投资部分高管名录

姓名	职务	姓名	职务
邓少新	董事长	田思明	董事
陈巍	董事、总经理	王学东	执行董事

上海大发房地产集团有限公司

上海大发房地产集团有限公司（简称"大发地产"）成立于 1996 年，总部设在上海，股票代码 HK06111，创始人是葛和凯先生。房地产开发业务深耕长三角区域，践行"1+5+X"的全国化战略布局，辐射成渝、中部、西部、环渤海、大湾区五大城市群。

时至今日，大发地产已经获得"中国房地产 100 强""中国房地产百强之星""中国华东房地产公司品牌价值TOP10""中国特色地产运营优秀企业——情景地产"等称号。

2020 年，大发地产全年实现累计合同销售金额约 303.2 亿元，同比上升约 44.3%；累计合同销售面积约204.5 万平方米；平均销售价格约 14826 元 / 平方米。

大发地产践行"为生活而创造"的品牌理念，秉承"诚信创新、追求卓越"的经营理念，锐意进取、不断创新，通过开发高端项目、打造精品楼盘，在客户心目中建立了良好的口碑及优质的品牌形象。 董事会主席葛一旸率领的大发地产核心团队，基于对新生代生活需求的切身洞察，倡导"情景地产"概念。 大发地产以用户思维进行生活场景的设计和运营，以此为基础将情景体验融入居住、工作等新生代工作的多个领域，促进人与人、人与空间的交流互动。

• 2020 大发地产部分高管名录

姓名	职务	姓名	职务
葛一旸	董事会主席	杨永武	执行董事
黄展鸿	联席公司秘书		

安徽大富控股集团有限公司

安徽大富控股集团有限公司（简称"大富集团"）始创于 1992 年，是一家以房地产开发为主的大型民营企业。公司自成立以来，先后经过了两次重要的变更重组，2005 年由港商独资企业变更为合资企业，2015 年变更为内资企业。

集团公司目前共有员工300多人，资产总额50亿元，拥有十多家全资子公司及控股子公司，形成了"房地产开发、金融投资、教育培训、物业管理和资产运营"五大经营业务板块。

大富集团经营 20 多年，在合肥房地产行业和金融行业拥有相当高的信誉，是中国建设银行、中国工商银行等金融单位的长期优质客户，并入围银行授信准入名单。

集团公司战略发展规划是做大做强房地产开发第一主业，同时，通过金融投资发展第二主业。未来五至十年，大富集团将力求成为以两大主业为支撑、拥有一两家上市公司的多业态同步发展的大型民营企业集团。

大富集团注重履行社会责任，近几年来，已对外捐助逾千万元。集团将始终秉承"立诚立信，共进共赢"的经营理念，努力成为一家有影响力的中国百强民营企业。

• 2020 大富集团部分高管名录

姓名	职务
孙百胜	执行董事
孙百友	经理

大汉城镇建设有限公司

大汉城镇建设有限公司（简称"大汉城建集团"）集团作为城市综合运营开发商，系中国 500 强企业大汉控股集团旗下全资子集团，其前身为 1998 年成立的娄底巨龙房地产开发有限公司。主营房地产开发与运营、城镇化建设、旧城改造等业务，注册资本 60000 万元，2009 年 10 月整体搬迁至长沙时明确将"做中国城镇建设的领跑者"为企业愿景。大汉城建集团具有中国房地产开发一级资质；为湖南省本土房地产开发企业前三强；先后获得中国中小城市建设功勋企业、中国城乡建设贡献企业、湖南房地产突出贡献企业、湖南房地产最具影响力企业等荣誉称号。

自 1998 年成立至今，大汉城建集团已成功开发 34 个市县区的 60 多个项目。2007 年中共中央党校专家组把大汉城建"修好一条发展路、建设一座致富城、营造一个温馨园"的链条式开发模式总结为"大汉模式"。2012 年，湖南省政府把"推广大汉模式，变建房为造城"写进了《湖南省推进新型城镇化实施纲要（2012—2020 年）》。

2018 年，公司实现销售面积 80 万平方米，营业收入达 50 亿元。公司先后为长沙、娄底等地捐资 800 多万元；为怀化市捐赠价值 1000 多万的空调公交车；先后在涟源、新化建起"俊龙""胜龙"等多所希望小学。

• 2020 大汉城建集团部分高管名录

姓名	职务
付胜龙	董事长
湛稼勤	董事、总经理
李 闻	董事

大华（集团）有限公司

大华（集团）有限公司（简称"大华集团"）成立于 1988 年，总部位于上海，作为起步早、规模大的中国城市更新运营商之一，多年来专注城市更新，超大规模社区建设运营等，为推动中国城市化进程做出积极贡献。长期位居中国民营企业 500 强，中国房地产综合实力 50 强。经 30 余年发展，已形成以房地产开发为主，集房地产投资、开发、建设、物业管理等业务为一体，兼投资管理和商业运营等多元化经营的企业集团，下属 100 余家控股、参股公司、分公司，40 余家关联企业协作运营。

大华集团响应国家"一带一路"发展倡议，秉承"全心全力为人居服务"的企业宗旨，以专业化的城市投资、建设和运营商作为发展方向，目前已布局长三角区域、环渤海区域、中西部、西南区域及粤港澳大湾区等五大区、20 余座重点城市。目前已在澳大利亚多个城市深入开发，累计获得约 2000 公顷土地开发权。

大华集团在上海开发的大华社区、大华锦绣华城、大场老镇改造社区均已成为欣欣向荣的新城镇，总计约有 25 万居住人口，逐步树立起推进中国城市化进程的优秀地产品牌。

- **2020 大华集团部分高管名录**

姓名	职务
金惠明	董事长
金建明	副董事长
金 玲	董事

大家房产有限公司

杭州市城建开发集团（以下简称"大家房产"）创建于 1982 年，1990 年经建设部批准为具有城市综合开发一级资质的开发企业，1999 年经国家工商局注册创立"大家房产"品牌。大家房产主要从事住宅开发与经营、大中型市政公建及代建项目、商业开发、金融投资、物业服务等业务。目前，大家房产已完成立足杭州，多维拓局上海、安徽、湖州、台州、绍兴、温州等多个省市的战略布局，已建成住宅小区 80 余个，建筑面积近 900 万平方米。

- **2020 大家房产部分高管名录**

姓名	职务
吴旭东	董事长
顾 飞	董事、总经理
赵炎林	董事

北京市大龙伟业房地产开发股份有限公司

北京市大龙伟业房地产开发股份有限公司于 2005 年在沪成功上市（简称"大龙地产"，SH600159），具有房地产开发一级资质，先后在北京顺义、广东中山、内蒙古满洲里开发了数百万平方米的精品商住项目，多次荣获"中国房地产企业 500 强""北京市百强企业"等荣誉称号。

旗下北京天竺房地产开发公司，具有丰富的土地一级开发经验，先后承担了顺义区天竺镇、后沙峪镇多个村的拆迁安置任务，以及多处回迁房、定向安置房项目的开发建设。

旗下北京大龙顺发建筑工程有限公司，注册资本 1.5 亿元，具有房屋建筑施工总承包一级资质，年施工能力超过 100 万平方米，多次荣获全国建筑业先进企业、北京市结构长城杯金质奖等荣誉称号。

旗下北京市天房绿茵园林绿化公司，为顺义区第一家城市园林绿化一级资质企业，年施工能力超过 80 万平方米，多次荣获全国城市园林绿化企业 50 强、北京市园林绿化优质工程等荣誉称号。

旗下北京市大龙物业管理有限责任公司，物业服务小区 33 个，管理面积 228 万平方米，为顺义区最大的物业管理服务企业，多次荣获北京市优秀管理居住小区、北京金牌居住区等荣誉称号。

多年来，大龙地产始终坚持"源于社会、服务社会、感恩社会"的理念，积极履行国企社会责任，在顺义区先后承建了多处回迁房、保障房，以及学校、医院、供热中心等大量公共设施，并承担着顺义区 17 个老旧小区的物业服务工作。

未来的发展中，大龙地产将以重组整合为契机，围绕"创新、协调、绿色、开放、共享"五大发展理念，建立现代企业管理制度，转型升级发展模式，创新投融资体制，构建"一体两翼，三大驱动、多点支撑"的业务格局，积极对接京津冀一体化、非首都功能疏解和全区"十三五"规划，不断开拓市场，逐步发展为集土地一级开发和房地产开发等多领域开发建设为一体的区域性龙头企业。

• 2020 大龙地产部分高管名录

姓名	职务
马云虎	董事长、董事
范学朋	董事、总经理
魏彩虹	董事

上海大名城企业股份有限公司

上海大名城企业股份有限公司（简称"大名城"）隶属于名城控股集团，于2011年在上海证券交易所A、B股正式上市（股票代码600094、900940），注册资本24.75亿元，拥有房地产一级开发资质。上海大名城企业股份有限公司秉持"扎根福建本土，深耕一线城市"的发展战略，以"布局城镇化，打造城市综合功能开发的城市运营商"为战略目标，构建"产业＋资本"双轮驱动发展模式，业务涵盖房地产综合开发、商业地产运营、产业地产运营、物业服务管理、金融投资等领域。

自成立以来，大名城运用"一次性规模开发、全过程品牌建设"的开发模式，坚持"为城市创造精品"的开发理念，契合"自贸区"等国家战略，布局长三角、大福建、大西北、大湾区四大区域。

目前，大名城已拓展上海、福州、兰州、南京、杭州等17个城市，相继开发高端住宅、城市综合体、5A写字楼、星级酒店、旅游文化园区等多种物业业态。成功打造"福州大名城""名城港湾""东方名城""名城国际""名城银河湾""名城中心""常州大名城""江山大名城""兰州大名城""上海大名城紫金九号"等数十个精品项目，累计建设面积超千万平方米，土地储备超4万亩。2016年至今，公司先后荣获"沪深上市房地产公司财务稳健性TOP10""中国房地产百强企业50强""中国房地产百强企业成长性TOP10""中国房地产上市公司综合实力百强""中国华东房地产公司品牌价值TOP10""国家优质工程奖""福建省纳税百强企业""热心公益事业大奖""上海住宅设计奖金奖"等诸多荣誉。

面对中国经济发展进入新常态，大名城将紧紧把握新的发展机遇，以产业为基础，以资本为推手，构建产城融合一体化的良性发展格局，继续助力中国经济发展，为员工谋福利，为股东创价值，为社会做贡献。

- **2020 大名城部分高管名录**

姓名	职务
俞培俤	董事局主席、董事
俞　锦	董事局副主席、董事
冷文斌	董事

大庆市城市建设投资开发有限公司

大庆市城市建设投资开发有限公司（简称"大庆城建"）是大庆市政府为适应深化城市建设投融资体制改革，促进城市建设快速发展的需要，于1998年12月成立的。公司位于大庆市开发区建设大厦，是独立核算、自主经营、自负盈亏的法人经济实体。

公司经营范围为房地产开发、筹集政府项目建设资金、经营城市资产。主要职责是承担部分城市基础设施、公益设施和房地产项目的投资；同时作为经营城市的主体，承担市政府可经营性资产的出租、出售以及城市无形资产的经营等活化城市资源的任务。

- **2020 大庆城建部分高管名录**

姓名	职务
许东升	董事长
朱建河	总经理、董事
于洪池	董事

厦门大唐房地产集团有限公司

厦门大唐房地产集团有限公司（简称"大唐地产"）是地产领域先行者，连续多年位列中国房企百强，并获稳健经营 10 强、住宅开发专业领先品牌价值 TOP10 等荣誉，以"建筑恒久品质，结构美好人生"为使命，通过地产全业态开发、商业运营、酒店管理等领域的精耕，打造地产系统产业链，致力创造城市美好。

大唐地产秉持"开发一地，繁荣一地，在地深耕，永续经营"的理念，坚定实施城市群布局、都市圈深耕战略并坚持开放合作，公司聚焦住宅开发核心业务，先后布局中国海西、北部湾、京津冀、长江中游、粤港澳大湾区、成渝、长三角七大经济区域（城市群），开发规模数千万平方米，帮助数十万业主圆了安居梦。同时高起点布局商业地产领域，综合商业版图，囊括体育文化产业综合体、大型购物中心、城市商务综合体、酒店系列等。

• 2020 大唐地产部分高管名录

姓名	职务
吴 迪	董事长
郝胜春	总经理、董事
唐国钟	董事
占 威	重庆公司总经理

中山市大信控股有限公司

中山市大信控股有限公司（简称"大信控股"）创立于 1984 年，是一家拥有商业、地产、建筑、物业服务、零售、餐饮、食品、酒店、科技、教育、文化、金融、医疗、出行等实业生态链的大型民营企业，以"更好地满足客户及城市发展的需求"为使命，致力于成为以卓越商业地产实业为基础、具有领先商业投资运营能力、拥有完整商业生态链的多元化产业集团。

35 年来，大信控股秉承"大爱筑基，信行天下"的理念稳健经营，植根于粤港澳大湾区中心城市发展并逐步辐射内地经济发达区域，目前正迈向全国化布局。

大信控股凭借一贯优质的产品及专业的服务，在所涉行业均已牢固树立了"大信"系列品牌的知名度，例如大信·新都汇、大信置业、盛兴幕墙、力信建筑、格林装饰、新思维设计、大信物业、信和超市、信轩酒楼、大信食品、大信通、大信教育、大信文化、大信医疗等。

2017 年，旗下大信商用信托（Dasin Retail Trust，股票代码：CEDU）在新加坡交易所（SGX）主板成功上市，大信控股成为中国大陆首家登陆 SGX 发行商业信托（BT）的企业，大信商用信托是目前中国唯一一支在 SGX 上市且全部资产位于粤港澳大湾区的商业信托。

• 2020 大信控股部分高管名录

姓名	职务
张开成	董事长、经理、董事
张就成	董事
张钟明	董事
许尚辉	监事

大悦城控股集团股份有限公司

大悦城控股集团股份有限公司（简称"大悦城控股"）是中粮集团旗下唯一的地产投资和管理平台。中粮集团是国资委首批确定的 16 家以房地产为主业的中央企业之一，2020 年资产名列世界 500 强企业榜单第 136 位。大悦城控股的前身深圳宝恒（集团）股份有限公司于 1993 年 10 月 8 日在深圳证券交易所上市（股票代码：000031.SZ），于 2005 年被中粮集团收购，更名为中粮地产（集团）股份有限公司，并于 2019 年年初完成重大资产重组，形成"A 控红筹"架构，旗下拥有在香港联合交易所上市的大悦城地产有限公司（股票代码：HK00207）。

大悦城控股坚持"双轮双核"的发展模式，以"持有 + 销售"双轮驱动，稳健发展；以"产品 + 服务"双核赋能，不断创造新的价值增长点。大悦城控股定位"城市运营商与美好生活服务商"的战略方向，肩负"创造城市永续价值，追求可持续性幸福"的企业使命，力争成为更具持续发展能力的城市美好生活创造者。

大悦城控股持续驱动多业态立体联动，助力城市升级与服务，业务覆盖商业、住宅、产业地产、酒店、写字楼、长租公寓、物业服务等领域，布局北京、上海、深圳、成都、杭州、西安等 30 余个一、二线核心城市，总资产超1800 亿元，构建起了业态类型丰富、城市布局完善、资产结构均衡、集人民美好生活场景于一体的"大悦"生态圈。

• **2020 大悦城控股部分高管名录**

姓名	职务
周 政	董事长、董事
曹荣根	董事
李晋扬	董事

吉林大众置业集团有限公司

吉林大众置业集团有限公司（简称"大众置业集团"）成立于 2007 年 6 月，是大众卓越控股集团旗下核心产业之一。秉持"让建筑成就梦想"的企业理念，倾力打造 30 余个精品项目，在独栋办公，商业综合体，高端住宅，LOFT 公寓四系产品打造上已成为长春本土房企的领军者。

大众置业集团始终潜心专研，同步国内前沿设计理念，致力于为城市打造突破传统、令人耳目一新的高品质作品。从住宅产品的"中国 TOP 级叠墅金奖"系列、"中国豪宅创新示范项目"，到城市首创的花园式独栋办公总部基地系列，以及已成为城市商业先锋的活力系购物中心等，大众置业集团的作品始终以创新引领城市的建筑高度，从人性化角度出发，用空间说话，打造城市中的精品。

• **2020 大众置业集团部分高管名录**

姓名	职务
陈 建	执行董事、总经理
胡晓飞	监事

当代置业（中国）有限公司

当代置业（中国）有限公司设立于 2000 年，总部位于北京，简称当代置业，2013 年在香港联合交易所上市，股票代码 1107.HK。当代置业具有一级房地产开发资质，自主研发运营十大绿色科技系统和五大扩展系统，打造中国绿色科技地产领域的标志性品牌——"MOMΛ"，当代 MOMΛ 项目曾被评为世界十大建筑奇迹之一。

20 年来，当代置业秉承"科技建筑，绿色家园，城市向美"的企业使命，下设近 20 余个区域公司 / 城市公司，在国内外 50 余座城市成功开发近 200 个优质项目。作为中国领先的绿色科技产业家园运营商，公司始终倾注于绿色科技 + 舒适节能 + 数字互联的全生命周期产业家园的核心竞争力。以打造"绿色科技 + 舒适节能 + 数字互联的全生命周期产业家园"和"取暖制冷的独特解决之道 + 空气质量的独特解决之道 + 能耗运行费用降低的独特解决之道"为核心竞争力。

公司专设研发设计院，自主研发"地源热泵技术系统，天棚辐射制冷制热系统，外围护结构保温系统，高性能外窗系统，全置换新风系统，隔音降噪系统"等科技建筑系统，使 MOMΛ 产品具有良好的特性。其在创造高舒适度的情况下（全年维持室内所有房间温度在 20~26℃，湿度在 30% ~70%，符合 ISO7730 中定义的最舒适环境），其能耗仅为目前中国普通型住宅达到同等舒适度所需能耗的 1/3，在长达百年的使用过程中，将为居住者节省大量能耗与使用成本，为社会营造了良好的生态环境。

公司以客户为核心，运营绿色房地产金融平台、绿色房地产开发平台、绿色数字互联服务平台，建立绿色家园 4+1 社区体系，从绿色住区、科技 AI 社区、全龄社区、健康社区和人文艺术社区五个维度让客户感受到生活方式的改变，感受一个有创意、有文化、有生活、有教育、有未来的社区，和客户共同打造一个未来模式的生活方式。

2020 年全年，当代置业实现合约销售额约 422.12 亿元，同比增长 16.6%，其中物业合约销售额约 416.03 亿元，车位合约销售额约 6.08 亿元，物业合约销售面积约 406.91 万平方米。

- **2020 当代置业部分高管名录**

姓名	职务
张 雷	董事长
张 鹏	执行董事总裁
杨 光	高级副总裁、华北当代区域总裁
谢 鑫	副总裁、西北区域公司总裁

德辉控股集团有限公司

德辉控股集团有限公司（简称"德辉控股"）是一家实力雄厚的集团公司。经过 40 年的发展，集团凝聚了数百亿元的净资产，形成包括房地产、制造业、有色金属矿产、教育、山林农业、金融投资、国际贸易、文化传媒及其他产业在内的产业板块，与世界几十个国家和地区建立了友好的贸易关系。集团下属的三家公司先后在港交所主板挂牌上市，并在内地的福建、广东、北京、江苏、湖北、湖南、吉林、山东、西藏等省（自治区）市投资兴办企业，产业涵盖了住宅建设、城市综合体开发与经营、商业管理、物业管理、医药化工、生物科技、绿色食品、塑料五金、IT 产业、广告策划、金融投资、文化教育、有色金属矿开采等领域。

房地产开发是集团的主营业务之一，集团具有 30 多年丰富的房地产开发经验，是土地一级开发、住宅商品楼、酒店、办公楼、城市综合体开发和运营的先行者。历年累计开发面积近 2000 万平方米，取得了良好的社会效益和经济效益。集团热心公益、敬老尊贤、捐款捐物。曾荣获福建省人民政府颁发的"福建省捐赠公益事业突出贡献奖"。

- **2020 德辉控股部分高管名录**

姓名	职务
蔡淑好	董事长
佘德聪	总裁
佘清云	董事、总经理
佘静雯	副总经理

浙江得力房地产开发有限公司

浙江得力房地产开发有限公司（简称"得力房产"）隶属于中国民营企业 500 强的兴惠化纤集团，公司成立于 2002 年，注册资金 1.2 亿元，现有员工 80 余名。

得力房产从 2006 年 5 月第一个楼盘破土动工起，短短几年，相继开发与在建了得力·高第府、得力·新和人家、得力·半岛花园、得力·名门世家等精品楼盘，累计开发面积 45 万平方米。

得力房产坚持"细节成就完美，品质决定成败"的发展理念，在楼盘的规划设计、建筑施工、设备引进、后续服务等各个环节，孜孜追求产品品质，竭尽诠释全新生活理念，开发在建的得力·高第府、得力·新和人家、得力·半岛花园等楼盘，赢得了萧山市民的普遍认可及业界的良好口碑。

得力房产一直坚持走打造品质楼盘的开发之路，在日益激烈的市场竞争中，始终围绕品质与服务两个核心，聆听客户需求，定制个性化服务，以创造高品质的人居典范为己任。通过不断的探索与不懈的努力，今天的得力已以稳固的姿态跻身于萧山房产开发行业的前列，成为萧山房产业的一匹"黑马"。

- **2020 得力房产部分高管名录**

姓名	职务
张建军	总经理
项兴富	执行董事
王文尧	监事

江苏德惠建设集团有限公司

江苏德惠建设集团有限公司（简称"德惠集团"），卓越的城市服务者，国家优质诚信企业，下辖城市建设集团（晟功建设——建筑工程施工总承包一级资质、市政公用工程施工总承包一级资质、江苏省第一批工程总承包试点企业、工程设计建筑行业甲级设计院；晟功筑工——省级建筑、市政装配式预制混凝土构件生产基地）；城市运营集团（德惠地产——房地产开发一级资质，开发产品包含高端住宅、酒店公寓、商业综合体、文旅综合体等多个类型；德惠物业——物业服务一级资质，服务于高端案场、住宅、写字楼、商业综合体等多种业态）。

近年来，德惠集团不断强化品牌战略升级，向"建设＋运营"模式变革，集团秉承做优、做强、做久的发展理念，依托互联网大数据，全面推进信息化建设，积极响应建设数字中国的号召，全面推进线上管理、线上服务、线上运营，实现高效沟通、科学决策、智慧管理。围绕客户全生活链，全面整合专业服务资源，将产城规划、建设、孵化与运营无缝对接，充分发挥集团投资商、建造商、运营商、服务商"四商一体"的全产业链优势，实现真正的产城融合，宜居宜业。

• 2020 德惠集团部分高管名录

姓名	职务
朱文亮	执行董事、总经理
陈爱梅	监事

德润房地产开发集团有限公司

德润房地产开发集团有限公司（简称"德润地产"）是集地产项目开发建设，出租出售及物业管理于一体的综合性房地产开发集团公司。公司凭借先进的经营理念，敏锐的市场洞察力以及雄厚的土地储备，使其迅速从京城众多的房地产开发企业中脱颖而出。德润房地产开发集团有限公司本着"诚信为本"的经营方针，遵循国际化的设计理念和"一切以人为本"的开发标准，以一流的管理模式，一流的服务水准，不断为广大业主创造更加舒适，更加绿色，更具人文关怀的居住环境。

德润房地产开发集团有限公司将进一步加大投资力度，依托雄厚的资金及土地储备，加快开发步伐，提供更多的房地产优质产品，满足现代社会需求，为共建和谐社会贡献自己的力量。

• 2020 德润地产部分高管名录

姓名	职务
庄逸鸿	董事长、经理
周文栋	董事
赵少鹏	董事
曹礼智	监事

德信控股集团有限公司

德信控股集团有限公司（简称"德信集团"）历经27年的稳健发展，现已成为一家覆盖五大产业群的，具有中国元素、全球视野的泛房地产全产业链整合服务的跨国集团，总部位于杭州，同时在北京、上海、香港和纽约设有子公司，全球员工万余名。拥有房地产开发和物业管理国家双一级资质，是中国房地产开发和物业管理双百强企业，拥有多个浙江省知名商号和多家国家高新技术企业。

德信集团主要以地产、金融、现代服务、商业投资四轮驱动加速推进德信领跑格局。在确保房地产行业领先地位的同时，德信积极发展金融、现代服务、商业等重点产业。

德信集团始于 1995 年，精耕细作 20 余年，已形成房地产开发为主业，金融、现代服务、商业投资运营强强联动的产业格局，向千亿级企业稳步迈进。

- **2020 德信集团部分高管名录**

姓名	职务
胡一平	执行董事、总经理
魏月芬	监事

福建德兴集团房地产开发有限公司

福建德兴集团房地产开发有限公司（简称"德兴"）自 1998 年 9 月 21 日成立以来，本着"追求完美、创造卓越"的企业理念和"诚信为本、精品永恒"的经营宗旨。公司注册资金 1.5 亿元，立足房地产开发，走"多元化、规模化、集团化、现代化"的发展之路，实施品牌战略和精品工程战略，近几年来，先后成功开发宝泰德兴装饰材料城、裕锦园、莲东经济适用房、水韵华都、家和天下、依云水岸、旺角壹号、都市新语、印象天澜，现正在开发中的有印象公园里、云墅、印象缤江、印象天悦等高层住宅项目。

- **2020 德兴部分高管名录**

姓名	职务
邱炳和	执行董事、总经理
吴天旺	监事

秦皇岛市德亿房地产开发有限公司

秦皇岛市德亿房地产开发有限公司（简称"德亿"）是一家股份制企业，于2001年9月在秦皇岛市工商行政管理局依法注册成立，注册资金3000万元。

公司成立后，先后独立或联合开发了"宝佳花园""金辉嘉园""德亿海滨花园""友谊新天地""和平花园""燕山家园""金梦海湾1号"等多个商住小区，目前已累计开发面积达80多万平方米。

公司在市场取向上追求卓越，在经营理念上开拓创新，在管理模式上稳健求实，走出了一条自我发展，自我完善之路。现在公司已取得了房地产开发二级企业资质。

公司以创新、优质、安全、高效为工作理念，以诚信的经营、优质的产品、周到的服务、完善的管理为基础，全力打造"德亿"地产品牌。面对激烈的市场竞争，公司将抓住机遇，加大投资力度，继续持之以恒地推进市场化战略，不断追求卓越与完美，凭借实力和信誉真诚回报客户，用勤劳和智慧创建每一个典雅、时尚的精品社区。

- **2020 德亿部分高管名录**

姓名	职务
刘延超	执行董事
刘海龙	监事
高元东	监事

中国电建地产集团有限公司

中国电建地产集团有限公司（简称"电建地产"）重组成立于2005年11月，是国务院国资委核定的首批16家主营房地产开发与经营业务的中央企业之一。拥有房地产开发企业一级资质，资信等级AAA级，注册资金90亿元。公司业务范围涉及土地开发、房地产开发、物业管理、园林景观。产品业态覆盖住宅、写字楼、商业、酒店等多种类型。目前已在北京、上海、广州、深圳、天津、重庆、西安、济南、南京、杭州、武汉、长沙、成都、郑州、佛山、安康、太仓、三亚等28个城市共115个项目进行了房地产开发，并控股上市公司南国置业（股票代码：002305）。借助母公司中国电建地产集团有限公司在规划、设计、施工、制造一体化方面的能力，在资源资信、工程建设及开发领域具有良好的市场竞争力。

- **2020 电建地产部分高管名录**

姓名	职务
李海林	董事长
薛志勇	经理、董事
张维荣	董事

东渡国际集团有限公司

东渡国际集团有限公司（简称"东渡国际"）始创于 1989 年，矢志以文化凝聚人群、以科技服务生活、以国际化走向世界，成为国际化美好生活服务商。

总部设于上海，旗下拥有房地产住宅开发与综合体运营、俱乐部发展、投资、科技互联网等业务内容，并在我国的上海、杭州、南京、宁波、苏州、无锡、常州、湖州、诸暨、成都、香港等城市，及美国、加拿大、日本等国家拥有全资子公司和控股公司。

以地产为载体，以满足社区美好生活需求为目标，打造多样的服务业态，通过自身的服务运营，为中国社区提供美好生活。

专注于消费升级与高新科技领域，通过投资优秀的成长型企业，寻找与自身业务的结合点，不断创新，落地应用。

- **2020 东渡国际部分高管名录**

姓名	职务
李海林	董事长

东方鼎盛（集团）地产发展有限公司

东方鼎盛（集团）地产发展有限公司（简称"东方鼎盛"）是一家涉及房地产开发、基础设施投资建设、建筑安装、园林景观、酒店经营、物业管理、贸易投资等领域的多元化运作公司。公司以北京为支撑，以"郑州作为中原城市群发展的核心"为契机，在新的经济形势下，将积极拓展优质项目，加强土地资源储备，为公司健康、平稳、较快发展奠定坚实基础。公司奉行"厚德长荣、诚信为本"的企业价值观，将"品质建筑、幸福生活"作为企业宗旨，通过规模化发展、专业化经营、职业化管理，立足成为美丽城市的建设者与推动者。公司荣获"佳诚信房地产企业""郑东九年榜样企业"等三十多项殊荣。公司珍惜、关爱员工，注重感情，推行人性化管理，创造员工与企业的共赢，不断提升员工的幸福指数。

- **2020 东方鼎盛部分高管名录**

姓名	职务
戴　杰	董事长、总经理
冷昕典	董事
刘振东	董事
裴振营	监事

河南东方今典房地产集团

河南东方今典房地产集团有限公司（简称"东方今典"）原名河南东方置业有限公司，2007 年 1 月 6 日，由河南东方置业有限公司、河南东方置地有限公司、郑州高新科技创业发展有限公司、郑州高新区大学科技园发展有限公司等多家公司正式更名重组为河南东方今典房地产集团。注册资金 1.01 亿元。

公司主营房地产开发、经营，物业管理等业务。具有房地产开发企业二级资质，2001 年成功开发了中原知名纯别墅楼盘——东方今典。2005 年进入工业、科技地产，成为河南工业、科技地产领域的领头羊。目前公司拥有土地开发量近 4000 亩，其中占地 300 亩以上的项目达到 6 个，占地 800 亩以上的大盘 3 个。

东方今典房地产集团将继续坚持"诚实守信、追求卓越、服务社会"的企业理念，努力将企业做大做强，推动地方经济发展；同时，积极发起和参与各种社会公益事业，促进社区的和谐发展，以经济发展、社会进步和中原的崛起为己任，勇于担起发展中原的责任。

- **2020 东方今典部分高管名录**

姓名	职务
张泽保	董事局主席
李 冰	执行董事兼总经理
王胜建	监事

东海地产股份有限公司

东海地产股份有限公司（简称"东海地产"）成立于 1992 年，公司注册资金 11197.2 万元。目前已拥有房地产开发二级资质，并已通过了 ISO9002 质量管理体系认证，是浙江省工商企业信用登记 AA 级企业。总部所在地为浙江省省会杭州。

一直以来，东海地产始终秉持"缔造城市的光荣"的开发使命，立足杭州城市发展，产品不断融入自然性和文化性，多年来为实现众多家庭美好生活而实践。东海地产认为，时代瞬息万变，人的需求不断更新，推动企业创新发展，对于一家企业来说，做顺应时代的产品很重要，做经典永恒的项目更重要。

追求丰盛人生是每个人的权利，一栋房子不仅能居住容身，还成为人们的心灵归属，承载着家庭财富安全与梦想。所以，品质对于企业来说有一定的特殊意义，美丽高雅的外在，舒适合理的空间，自然和谐的环境，精细打磨的细节，品质是东海地产一直以来最执着的追求。

- **2020 东海地产部分高管名录**

姓名	职务
邵柏泉	董事长
张香云	董事、总经理

武汉东湖高新集团股份有限公司

武汉东湖高新集团股份有限公司（简称"东湖高新"）成立于1993年，是经武汉市经济体制改革委员会（武体改〔1993〕1号）文件批准设立的股份有限公司。公司注册资本16000万元，主要从事武汉东湖高新科技工业园区开发、基础设施建设和投资经营高新技术产业。

1998年东湖高新作为国家科技部推荐企业在上海证券交易所上市（股票代码：600133）；2011年6月，湖北省联合发展投资集团有限公司控股东湖高新，作为联投集团旗下的上市公司，东湖高新借势发展，快速转型，逐渐发展成为一家有三大主营业务板块的高新技术产业投资控股公司。

截至2019年年底，东湖高新总资产达到266亿元，员工人数2400余人。业务广泛分布于湖北、湖南、安徽等20余个省、市、自治区。2019年9月1日，2019中国服务业企业500强榜单在济南发布，东湖高新排名第383位。

未来，东湖高新将秉持"积极、开放、包容、创新"的经营理念，传递顺势、求变、自信、向前的企业精神，实现自身的快速、跨越式发展。

• **2020 东湖高新部分高管名录**

姓名	职务
杨 涛	董事长、董事
王 玮	董事、总经理
张德祥	董事、副总经理、总会计师

河北东华置业集团有限公司

河北东华置业集团有限公司（简称"华东置业"）成立于2006年，是一家"以产业服务为先导、以教育服务为配套、以医康养服务为特色、以住宅地产为支柱"的城市综合运营商。多年来，华东置业秉承"务实、高效、诚信、共赢"的价值观，创建了城市综合运营生态系统，持续为区域经济发展贡献力量。

华东置业先后开发建设了温馨家园、锦绣家园、金山壹号、旺角商业街、东华五金城等品牌项目，并在京津冀多地进行产业及项目布局，在区域新型城镇化进程中发挥了重要的作用。

几经耕耘，东华置业已成为中国房地产业协会常务理事单位、中国房地产业协会商业文化旅游地产委员会副主任单位、中华全国工商业联合会城市基础设施商会副会长单位，并荣获"京津冀地产品牌影响力百强房企"称号。

展望未来，东华置业将以"精湛之术、精诚之心、精致之道"不断满足人们对美好生活的追求，营造美丽生活环境，创造美好生活居所。

• **2020 东华置业部分高管名录**

姓名	职务
王贵红	经理、执行董事
葛欣欣	监事

广东东建建设集团有限公司

广东东建建设集团有限公司（简称"东建"）是一家集房建、市政、公路、港口和航道建设、机电、建筑装饰装修、消防设施、建筑防水为一体的大型建筑公司，公司现有房屋建筑工程施工总承包二级资质，市政公用施工总承包二级资质，机电设备安装总承包二级资质，装饰装修工程设计施工二级资质，电力承装、承修、承试类四级等相关资质，具有广东省建设厅颁发的建筑施工安全生产许可证。

公司自成立以来，不断谋求新的发展，已在广东省广州、东莞、河源、韶关、惠州、茂名等地成立了数家分公司，承接了省内数十项大型的房屋建筑、市政、装饰装修、公路等工程，取得了多项荣誉称号，积累了丰富的施工经验，掌握了各种新型施工技术。多年来，东建恪守"质量第一、客户至上"的服务宗旨，遵循"优质、高效、团结、奉献"的工作态度，为社会创造了一大批优质精品工程。

公司始终坚持"以创新为动力、以质量为根本、以安全为理念"的原则，努力创造更多、更好的优质工程，力争成为建筑行业的"佼佼者"。

- **2020 东建部分高管名录**

姓名	职务
骆庚祥	总经理、执行董事
楼乐萍	监事

吉林省东坤房地产开发有限公司

吉林省东坤房地产开发有限公司（简称"东坤"）是一家具有二级资质证书、独立法人资格的房地产开发公司。公司已建项目"南湖假日"，是长春市首家商务休闲综合体。

现主要开发的项目是高新 CBD 项目，此项目位于高新区的核心地段，占地 6 万平方米，总建筑面积约 30 万平方米，分为 A、B 两区，是一个集 5A 级写字楼、酒店式公寓、购物中心、餐饮、健身、KTV、影院、儿童体验中心、高档住宅于一体的城市综合体项目。

公司在延边州珲春市也有已建项目，目前案名为珲春 CBD 城市综合体，位于珲春市交通枢纽地段，占地 9879 平方米，总建筑面积 60000 平方米，是一个集高档写字间、酒店式公寓、购物中心、餐饮、KTV 等休闲项目于一体的城市综合体项目。

东坤将以"精准定位、精细设计、精工建造、精诚销售、精细服务"的开发理念，"科学、严谨、务实、高效"的工作作风，成为长春市房地产开发企业关注的明日之星。

- **2020 东坤部分高管名录**

姓名	职务
韩 超	总经理、执行董事
王岩松	监事

东胜房地产开发集团有限公司

东胜房地产开发集团有限公司（简称"东胜集团"）成立于 1999 年，经过 20 余年的稳健发展，已形成了集地产、旅游、景区、商业、教育、物业、康养 7 大板块为核心的战略格局，以城市更新为核心业务，覆盖大旅游、大健康、大教育领域，全面开创东胜集团产业 4.0 时代。东胜集团连续多年荣膺中国房地产百强企业称号。

东胜集团业务聚焦环京津区域，全面布局长三角、珠三角、粤港澳大湾区，在中国及海外多个城市拥有 50 余个项目，与国内外多家知名企业有战略合作，全方位构建多元化企业格局。

2019 年，东胜集团不断深化"一生之城"产品内涵，通过整合旗下各板块资源，呈现"全业态超级生活综合体"的理想内核，为不同阶段的每个人倾心筑家。

未来，东胜集团将始终坚持"志存高远，锐意进取"的精神，依托实业发展之力，不断融入国家大局、增强发展动力、扩大经营布局，加快转型升级、提质增效，以建设全球知名企业为远大理想，薪火相传，砥砺奋进。

- **2020 东胜集团部分高管名录**

姓名	职务
杨丽敏	执行董事、经理
张 玲	监事

东泰控股（山东）集团有限公司

东泰控股（山东）集团有限公司（简称"东泰控股"）成立于 2020 年 4 月 16 日，注册地位于山东省烟台市莱山经济开发区广场南路 6 号，法定代表人为陈庆福。

经营范围包括房地产开发、销售、土地整理、房屋拆除工程（不含爆破）、物业管理、以自有资金向房地产行业投资及投资咨询，网上经营建筑材料销售，企业咨询管理、企业形象策划、文化艺术信息咨询、公共关系服务、企业创意服务，普通货运，钢材、水泥制品、建筑材料、装潢材料、五金交电、普通机械设备及配件、机电产品（不含品牌汽车）及配件、仪器仪表、劳保用品、文体用品、办公自动化设备、日用百货、化工产品（不含危险品）、纸、纸制品、橡塑制品、金属制品、木制品、木材的批发零售。

- **2020 东泰控股部分高管名录**

姓名	职务
陈庆福	执行董事、总经理
柳丽英	监事

东投地产集团有限公司

东投地产集团有限公司（简称"东投"）是隶属于东投集团旗下的房地产开发公司，成立于 2009 年，经过 10 余年的积累和发展，已成为规模化的地产企业，位列江西省本土房企首位、2020 年中国房地产百强。

东投以"深耕江西，辐射全国"为战略指引，同时在江西、湖北、河南、广西、浙江、湖南等多地，布局 30 余城市开发 70 余个项目，并形成了"城系""府系""院系""瑞系"和"城市综合体"等产品系，累计开发面积超 1000 万平方米。

东投先后取得了"中国教育地产领跑者""中国房地产百强企业"、中国房地产综合开发专业领先品牌价值 TOP10 等 20 余项荣誉。位列中国中部房企品牌价值 TOP10，品牌价值 32 亿元。

2020 年 1~4 月，东投以 75.9 万平方米的销售面积在全国房企中排名第 60 位；以 55.4 亿元的销售金额在全国房企中排名第 94 位；以 106 万平方米拿地面积位列第 42 位；以 37 亿元拿地金额位列第 80 位。

未来，东投将继续秉承"用心筑家，用爱助学"的核心理念，以"做实百强，布局千亿"为目标，不断迈向新的高度，创造新的辉煌。

- **2020 东投部分高管名录**

姓名	职务
薛敏勇	总经理
周 玲	执行董事
谭 冰	监事

东旭蓝天新能源股份有限公司

东旭蓝天新能源股份有限公司（简称"东旭蓝天"）1994年8月在深圳证券交易所上市，是国内老牌上市企业（股票代码：000040）。2011年5月，公司名称由"深圳市鸿基（集团）股份有限公司"变更为"宝安鸿基地产集团股份有限公司"。公司转型成为一家具有成熟房地产开发经验和较高品牌知名度的专业房地产上市公司。

2015年，公司再次完成股权结构的调整，东旭集团成为公司控股股东，收购东旭新能源投资有限公司100%股权，同时承接东旭集团光伏发电业务板块。这标志着公司在原有房地产业务以外，正式进军太阳能光伏发电领域，形成了房地产与新能源双轮驱动的主业格局。

2020 年第三季度，东旭蓝天营业收入 11.8 亿元，同比增长 1.84%，净利润 8172.3 万元，同比增长 529.24%。2020 年前三季度，公司营业收入 25.04 亿元，同比减少 60.80%，净亏损 1.99 亿元，同比减少 370.39%。

未来，东旭蓝天将积极探索光伏建筑一体化的发展模式，融入"绿色环保"的现代化居住理念，形成独特的市场竞争优势，实现房地产业务与光伏发电业务的协同发展，强化公司整体竞争力，提升盈利水平，使企业经营状况走上健康快速发展的道路。

- **2020 东旭蓝天部分高管名录**

姓名	职务
王甫民	董事长、总经理
王正军	董事长秘书

北京东亚新华投资集团有限公司

北京东亚新华投资集团有限公司（简称"东亚新华"）是一家以房地产开发为主要投资方向的大型民营企业集团，自 2005 年成立至今，历经芳华，以"开启您的新生活"为使命，与时俱进、砥砺前行。现旗下已拥有 92 家具有房地产开发资质的子公司、一家专业物业管理公司和一家专业养老产业开发、运营管理公司。

公司始终以"开启您的新生活"为己任，以高效、务实的产品开发模式，科学、成熟的市场运营机制，竭诚为客户创造心灵与生活的和谐家园。

未来五年，东亚新华将以每年增长 30% 销售额的速度发展，五年内跨入一流大型房企的行列，成为中国最具成长性和市场竞争力的房地产开发商、服务商和地产运营商。同时，还将从多层面入手，努力成为开创性的多元化企业。东亚新华将继续保持昂扬斗志、奋勇向前，用更加完善的产品回馈客户，致敬未来。

• 2020 东亚新华部分高管名录

姓名	职务
李世新	经理、执行董事
董志凯	监事

东原集团

东原集团 2004 年诞生于重庆，总部位于上海，是一家以地产开发、商业运营、物业服务为核心的大型综合企业。其母公司——迪马股份（SH.600565）是国内领先的多元化上市实业集团。

16 年来，东原集团始终坚持稳健创新的发展战略，深耕精选，布局全国一线及强二线城市，位列 2020 年中国房地产开发企业百强榜第 44 位。

东原集团集地产开发、商业开发、物业服务为一体。2016年，东原集团总部正式迁至上海，随着全国战略化布局的扩张，东原集团已覆盖包括成都、重庆、昆明、西安、郑州、武汉、广州、深圳、南京、杭州、苏州、上海等全国一线与准一线城市。

作为社区运营领导者，东原集团持续践行"心入住"的产品与服务主张，以"原 STORE"这一基于生活场景的创新生态系统，打造童梦童享、原·聚场等社区运营创新标杆产品，持续激发社区生命力，为社会带来温度与生活意趣。

2018 年上半年，东原集团以 242.8 亿元的销售金额，位列行业第 50 位，较 2017 年同期的 92.2 亿元相比，涨幅高达 163.3%，并以 201 万平方米的销售面积位列行业第 42 位，同比劲升 119%。

• 2020 东原集团部分高管名录

姓名	职务
罗韶颖	董事长
王 磊	董事、总经理
杨永席	董事
韩 鹏	杭州公司总经理

湖北省鄂旅投置业集团有限公司

湖北省鄂旅投置业集团有限公司（简称"鄂旅投置业"）成立于 2011 年 8 月（前身为湖北磐石地产有限公司），是鄂旅投集团旗下全资子公司，注册资本金 3.56 亿元，主营业务涵盖土地运作、园区开发、物业经营以及城市开发运营、主题地产投资等。

鄂旅投置业自成立以来，紧紧依托鄂旅投集团丰富的资源优势，积极探索新型城镇化发展之路，目前已在武汉、襄阳、恩施、荆州、鄂州、洪湖、松滋等多个城市布局，基本形成了立足武汉、辐射湖北全省的城市及园区开发运营格局。正在开发建设的项目有：红霞村书院世家、红莲湖御合院、洪湖圆梦城、松滋99庄园、劝业场珞珈国际、光谷总部中心、襄阳耕读小镇等。

鄂旅投置业下辖 6 个全资子公司、8 个控股子公司，资产规模已达 65 亿元。公司将坚持"诚信、务实、卓越"的价值理念，深耕文旅地产、构筑幸福品质生活，致力成为"独具匠心"的城市综合开发服务运营商。

• 2020 鄂旅投置业部分高管名录

姓名	职务
傅 健	董事长
王学军	总经理

北京恩祥投资管理有限公司

北京恩祥投资管理有限公司（简称"恩祥集团"）是一家产业领域多元化的复合型集团企业，创立于 1993 年，总部位于首都北京，总资产逾百亿元，位列中国企业品牌 500 强。

恩祥集团融通国际化品质教育资源，与全球知名教育集团资源互通，塑造国际视野的教育品牌，成功运作了诸多行业内大型标杆地产项目，淬炼了行业领先的品质与服务。

公司已在全国范围内形成了以房地产开发为龙头，覆盖商业、文化旅游、能源、医疗等领域的多元化经营格局，实施"产业引导、地产驱动、联动发展"的全面发展战略。

快速发展中的恩祥集团将完成向"教育—医疗—文旅—地产"的"四位一体"战略布局转型，以做可持续增长的综合发展商为定位，立足北京，辐射全国，逐步实现集团战略版图大扩张，产业规模大跨步，行业品牌影响力大提升，一路高歌猛进，迈向"千亿企业、百年恩祥"的宏伟目标。

• 2020 恩祥集团部分高管名录

姓名	职务
李福顺	经理兼执行董事
楚军红	监事

泛海控股股份有限公司

泛海控股股份有限公司（简称"泛海控股"）成立于 1989 年，于 1994 年在深圳证券交易所挂牌上市，行业分类现为"金融业"的子行业"其他金融业"，股票代码为 000046，总股本为 5196200656 股。截至 2019 年年末，泛海控股经审计的总资产为 1778.72 亿元，净资产为 214.73 亿元。

在金融业务领域，泛海控股持续加强核心能力建设并努力把握市场机会，形成了以民生证券、民生信托、亚太财险等为核心的金融布局和业态分布。

在地产业务领域，泛海控股涉及规划设计、开发建设、商业运营及物业服务等，具备大体量、多业态综合开发能力，并集中资源做好以武汉中央商务区为核心的境内房地产项目开发建设、销售和运营工作，已逐步实现从以开发建设为主向投资、开发、运营三位一体的转变。

2020 年上半年公司实现营业总收入 54.62 亿元，较上年同期增长 5.64%；实现归属于上市公司股东的净利润 -4.08 亿元。

未来，泛海控股将继续加快综合金融服务体系建设，促进金融业务活力释放；推进房地产业务转型升级，聚焦优势地产资源；提升综合运营能力，驱动企业价值快速增长。

- **2020 泛海控股部分高管名录**

姓名	职务
宋宏谋	董事长
张喜芳	总经理

北京方恒集团有限公司

北京方恒集团有限公司（简称"方恒集团"）是北京时尚控股有限责任公司的全资企业，成立于2000年10月，先后在京内外开发建设了近20个项目，总建筑面积逾200万平方米。公司开发的产品业态涵盖了购物中心、星级酒店、5A级写字楼、酒店式公寓、长租公寓、商品住宅和保障性住房等多种产品，具备大体量、多业态综合开发能力。目前，方恒集团下设12家子分公司，拥有员工近800人。

经过 20 年的创业和积累，方恒集团在具备大体量、多业态综合开发能力和"地产开发 + 自持经营"综合运营优势的同时，自持酒店、商业及物业服务所带来的品牌效应不断增强，已经形成了具有方恒特色的发展优势及核心竞争力。

当前，方恒集团正在紧密围绕北京时尚控股公司的战略部署，致力于打造有特色的文创产业运营服务品牌，以集团化多元发展，助力北京时尚控股有限责任公司打造国内领先、具有卓越竞争力的时尚产业集团。

- **2020 方恒集团部分高管名录**

姓名	职务
刘明杰	董事长
于晓东	经理、董事
白建新	监事会主席

广州市方圆房地产发展有限公司

广州市方圆房地产发展有限公司（简称"方圆集团"），是东方文化地产的践行者和现代东方人居生活全产业链运营服务的集成者，为客户提供全生命周期的高质量服务。截至 2020 年，已连续 14 年跻身"中国房地产百强企业"，曾荣获"中国民营企业 500 强"和"广东省百强民营企业"的称号。

1997年，方圆集团在广州成立，从2003年方圆·荷塘月色对江南文化的导入开始，到2005年方圆·云山诗意（广州）对东方人居的深刻理解，逐步打破了中国现代居住建筑长期受西方理性与纯粹功能主义影响的局面。2020年5月方圆房服集团转香港联交所主板上市，新股票代码9978.HK。

经过 20 余年的发展，方圆集团已进驻广州、珠海、深圳、海南、成都、常州、昆山、苏州、安徽、惠州、佛山、江门、肇庆、湛江、清远、河源等城市。

历经多年的成长，方圆集团共有员工 5000 余人，成员企业超过 120 家。未来方圆集团将通过承载方圆多年的品牌精髓，充满创造力的年轻心态，为"做卓越的现代东方生活服务商"的宏伟愿景谱写新的篇章！

2019 年方圆集团总收益约为 2.56 亿元，较 2018 年的 2.29 亿元增加约 12.0%。2020 年方圆集团净利润为261.30 万元，营业额为 12891.30 万元。

• 2020 方圆集团部分高管名录

姓名	职务
韩曙光	董事长、总经理
方 明	董事
林庭芳	董事
韩志伟	监事

烟台飞龙集团有限公司

烟台飞龙集团有限公司（简称"飞龙集团"）始建于 1984 年，于 2003 年成立集团公司。公司坚持"以房地产开发为龙头，以建筑、钢结构为骨干，以多种经营为优化，创建优质高效企业"的经营方针，不断创新进取。

飞龙集团经济技术实力雄厚，注册资金 1.2 亿元，年营业收入近 21.8 亿元，年纳税 1.58 亿元，各类机械设备2000 多台。职工 2000 余人，专业技术人员 400 多人，其中中高级职称 160 人，注册建造师 100 多人。飞龙集团年施工能力 100 万平方米以上，年开发面积 30 万平方米以上。

多年来，飞龙集团秉承"靠质量赢市场，用诚信谋发展"的经营理念，开发铸造了金海岸花园、莱阳飞龙花园、西轸新城等多项商住精品项目；承建了中科院（烟台）海岸带研究所专家公寓、烟台市人力资源市场大厦等众多重点工程，先后获省优良工程奖 60 多项，省"泰山杯"奖工程 25 项。

未来，飞龙集团将在社会各级领导和各界朋友的关心与支持下，团结协作，凝聚向心，不断提升企业的核心竞争力和创造力，为社会奉献更多的精品工程，继续创建优质高效的企业集团。

• 2020 飞龙集团部分高管名录

姓名	职务
宋 勇	董事长、总经理
宋 健	副董事长
王永毅	监事长

重庆飞洋控股（集团）有限公司

重庆飞洋控股（集团）有限公司（简称"飞洋控股集团"）是一家以地产投资开发为核心业务，以物业服务、建筑施工、商业资产管理为辅业的多元化协调发展的企业集团。飞洋控股集团成立于 1998 年，注册资本 1 亿元，拥有国家房地产开发一级资质，截至 2019 年年底，飞洋控股集团总资产 83 亿元，关联公司 21 家。

飞洋地产是飞洋控股集团的核心业务，是飞洋控股集团旗下房地产业务的品牌统称。截至 2019 年年底，飞扬地产已在川、渝、黔、鄂 4 省市 12 城开发项目 20 个，已开发面积 762 万平方米，物业 61763 套，土地储备 3100 亩，为逾 25 万人提供品质人居生活。

飞洋控股集团坚持"健康·责任·诚信、携手创建未来"的核心价值观，现已荣获"2019 年中国房地产企业 500 强第 145 位""2019 年重庆房地产开发企业 50 强"等百项殊荣。

未来，飞洋控股集团将继续聚焦地产投资开发、智慧物业服务，全面推进产品品质和服务品质的双提升，坚持职业化、专业化、规范化、市场化的发展思路，向卓越的综合性企业集团奋进。

- **2020 飞洋控股集团部分高管名录**

姓名	职务
胡光东	经理
杨必全	执行董事
周玉林	监事

江苏凤凰置业投资股份有限公司

江苏凤凰置业投资股份有限公司（简称"凤凰置业"）系凤凰出版传媒集团控股的上市公司（股票代码：600716），注册资金 74060 万元，主要从事房地产投资、实业投资、房屋租赁及物业管理。其所属的江苏凤凰置业有限公司专业从事房地产开发、经营等，具有房地产开发一级资质。公司将国有文化企业的优势引入地产领域，结合文化产业开发房地产，打造文化地产品牌。

凤凰置业是以文化产业基础设施建设和文化街区开发为依托，同时推进周边商住项目开发的房地产开发企业。目前已建成和在开发的项目有 12 个包括凤凰和鸣、凤凰和熙、凤凰和美、凤凰山庄、凤凰和睿、苏州凤凰文化广场、南通凤凰文化广场、合肥凤凰文化广场、镇江凤凰文化广场、泰兴凤凰文化广场、宜兴养老项目等，开发总建筑面积约 260 万平方米。

凤凰置业以"筑造城市文化标杆"为目标，将文化主题落实到地产开发中，推行"文化地产"发展战略，积极探索新的产业发展方向，创立独特的文化地产开发模式，立足南京，发展江苏，辐射华东，打造一流的文化地产开发项目。

2019 年上半年，凤凰置业营业收入为 84237.48 万元，较去年同期上升 14.39%；归属于母公司股东的净利润为 2991.51 万元，较去年同期增加 4213.76 万元。

- **2020 凤凰置业部分高管名录**

姓名	职务
汪维宏	董事长
王 烈	总经理
毕 胜	董事长秘书

海南福记南洋置业有限公司

海南福记南洋置业有限公司（简称"福记南洋置业"）于 2005 年 08 月 26 日在海口市工商行政管理局注册成立，注册资本为 2100 万元，在公司发展壮大的 15 年里，公司主要经营酒店、旅游项目的投资，酒店经营管理，房地产开发。海南福记南洋置业始终为客户提供好的产品和技术支持、健全的售后服务。

海南福记南洋置业尊崇"踏实、拼搏、责任"的企业精神，并以"诚信、共赢、开创"为经营理念，创造良好的办公环境，以全新的管理模式，完善的技术，周到的服务，卓越的品质为生存根本。

• 2020 福记南洋置业部分高管名录

姓名	职务
陈镇雄	执行董事、总经理
刘锐锋	监事

福建汇泉投资有限公司

福建汇泉集团投资有限公司（简称"福建汇泉"）于 1998 年成立于福建，总部位于福州市。福建汇泉以福州、郑州为大本营，深耕一线城市稳步布局全国，目前旗下的项目包括福州新侨联广场、澳门商业广场、福州锦江花园、福州西洋公寓、贵阳青云都汇、郑州汇泉西悦城、郑州盛泉景悦城、郑州汇泉博澳东悦城等。

• 2020 福建汇泉部分高管名录

姓名	职务
邹学文	执行董事
邹长泉	监事

福来国际（上海）有限公司

福来国际（上海）有限公司（简称"福来国际"）成立于 1995 年 3 月 2 日，隶属于上海龙峰企业集团有限公司，主要从事房地产投资开发、施工建筑等业务，执行董事兼总经理为任国龙。

公司开发的古北壹号是位于上海的古北国际社区。自规划之初就以缔造完美居住体验为唯一信条。其古典意境与海派风格完美融合的建筑风格，蕴含着隽雅悠久的贵族气质。

位于上海虹桥的古北壹号，以工整厚重的建筑风格，摩登欧式的设计理念，俨然已成为一张耀眼的城市名片。

执行董事兼总经理任国龙始终坚持"诚信、奉献、开拓、奋进"的工作作风，率领员工遵循"质量出精品，安全保健康，环境无污染，管理上一流，服务创信誉"的工作宗旨，多年来承接工程业务量居进沪施工企业前列，在上海创下国家优质工程"鲁班奖""钱江杯""白玉兰"杯等多项国家级、省（市）级优质工程等多个奖项。

• 2020 福来国际部分高管名录

姓名	职务
任国龙	执行董事、总经理
李汉军	监事

福晟集团有限公司

福晟集团有限公司（简称"福晟集团"）创建于 1993 年，是一家地产、建筑两翼协同，涉足金融贸易、物业管理等多元化领域的大型综合性企业集团。旗下拥有福建福晟集团、深圳福晟集团、福建六建集团等百余家下属子公司。

福晟集团确立了"H+4"（一区两湾四核心）聚集、深耕的城市布局战略，以粤港澳大湾区和环杭州湾大湾区为战略支撑、以海西经济区为战略衔接，以中原城市群、长江中游城市群、"京津冀城市群 + 山东半岛""成渝城市群 + 昆明"等四大核心城市群为战略支点。

福晟集团连续八年稳居中国房地产百强企业，蝉联中国房地产开发企业成长速度第二位。跻身中国企业 500 强第 194 位、中国民营企业 500 强第 56 位、中国房地产 36 强、中国建筑业 19 强，品牌价值达 150 亿元。

2019 年，福晟集团实现营业收入 426.81 亿元，同比增长 6.2%；实现归母净利润 8.52 亿元，同比增长 5.08%。

福晟集团积极承担社会责任，坚守企业公民的责任和担当，立志成为与美好同行、与时代同行的房地产百年老店。

- **2020 福晟集团部分高管名录**

姓名	职务
潘伟明	执行董事、总经理
陈伟红	监事

福星惠誉控股有限公司

福星惠誉控股有限公司（简称"福星惠誉"）成立于2001年，是中国A股上市公司湖北福星科技股份有限公司（股票代码：000926）的全资子公司。公司核心业务涵盖住宅开发、商业及物业经营管理、产城融合、生态农业、文旅产业等领域。

创立以来，福星惠誉顺应行业发展潮流，积极推动城市的更新进步，为满足人民对幸福生活的追求提供了全方位的优质服务，逐步成长为中国一流的"城市更新与幸福生活服务商"。

福星惠誉从 2005 年起，连续多次入选中国房地产百强企业，综合实力在武汉市房地产企业中名列前茅，先后被中国房地产指数研究院评为"中国房地产城中村旧城改造专业领先品牌价值 TOP10""中国房地产城市更新综合开发专业领先品牌价值 TOP10"。

福星惠誉官方微信于 2021 年 1 月 6 日披露，2020 年公司实现销售额超 120 亿元。

未来，福星惠誉将继续坚持以经营目标为中心，以创新发展为引领，以品质品牌为根本，以效益效率为主线，以团队建设为保障，力争在新的五年规划期内，成为中国领先的"城市更新与幸福生活服务商"。

- **2020 福星惠誉部分高管名录**

姓名	职务
谭少群	董事长、总经理
冯东兴	董事
肖永超	监事

复地（集团）股份有限公司

复地（集团）股份有限公司（简称"复地集团"）自1994年开始踏足房地产业务以来，坚持为城市新兴中产阶层打造高性价比的生活、工作、休闲空间。十多年来，复地集团已经在上海、北京、武汉、南京、无锡、重庆、天津、杭州、大同等地，成功开发数十个项目。

经过多年的努力与积累，复地在房地产业逐步形成了自身独特的核心竞争力：准确的产品定位能力、成熟的多项目管理能力、周转快速的资金运作能力以及完善的销售及服务体系。

2002年，复地集团成立客户俱乐部——复地会，持续向客户提供不断完善的高品质服务。如今，复地会已在上海、武汉、南京、北京、无锡、重庆、杭州等地拥有了三万余位会员和百余家高品质的精选商家。

复地产业发展集团是复星生态系统的重要组成部分，是豫园股份旗下的城市功能产业板块，复地产发将坚持复星的蜂巢城市理念，以产城融合模式与城市共成长，致力于成为全国领先的"蜂巢城市智造家"和"幸福场景营造家"。

2020年上半年，复地集团营收222.71亿元，同比增长5.88%；净利润22.56亿元，同比降幅20.37%。

• 2020 复地集团部分高管名录

姓名	职务
王基平	董事长、董事、总经理
王 瑾	监事

富力集团

富力集团成立于1994年，总部位于广州。经过20余年的高速发展，已成为以房地产开发为主，同时在酒店发展、商业运营、文体旅游、互联网产贸、医养健康、设计建造及创新服务平台等领域多元发展的综合性集团。2005年，富力于香港上市（HK02777），成为首家纳入恒生中国企业指数的内地房地产企业。

根据克而瑞机构统计，2020年集团销售业绩达1496.6亿元。从广州起步，集团的业务已经拓展至北京、上海、天津、太原等全国各地核心及潜力城市，并自2013年起走向世界，拉开布局全球的序幕。

至今，富力集团已进驻国内外超过140个城市，累计拥有超过450个标杆精品项目，连续多年被行业协会授予"中国房地产开发企业综合实力10强""中国房地产开发企业10强"荣誉称号。

• 2020 富力集团部分高管名录

姓名	职务
李思廉	董事长
张 力	联席董事长、总裁
耿 毅	富力地产山西公司常务副总经理、太原公司总经理
洪灿哲	富力集团云南公司副董事长
李 勇	富力（哈尔滨）房地产开发有限公司副董事长
刘文柱	富力集团辽宁公司董事长
肖 明	富力集团副总经理、广州公司董事长
徐文彬	富力地产杭州公司总经理
张金龙	富力集团山东公司董事长、山东省城市更新集团董事长

沈阳富禹房屋开发有限公司

沈阳富禹房屋开发有限公司（简称"富禹房屋"）于2004年5月21日在沈阳市于洪区市场监督管理局注册成立，注册资本1500万元。

富禹房屋是一家集开发、建设、物管为一体的房地产企业，先后开发了富禹·龙欣园、依云北郡和依云首府三个小区，面积达150多万平方米。

在公司发展壮大的17年里，始终为客户提供好的产品和技术支持、健全的售后服务，主要经营房地产开发，商品房销售等业务。

• **2020 富禹房屋部分高管名录**

姓名	职务
鲍晓龙	执行董事
常桂琴	监事

江苏富园集团有限公司

江苏富园集团有限公司（简称"富园集团"）始建于20世纪90年代初，公司建立初期以建筑业为主，目前形成以房地产开发、建筑安装、金融投资、园林景观设计施工、商业物业管理为一体的多元化集团公司。下辖南京公司、富园建设、园林景观、设备安装、物业管理、商业管理等共计30多家全资及控股子公司。

多年来，富园集团始终秉承"团结、拼搏、务实、创新"的企业精神，坚持"稳中求进"的工作主基调，深耕房地产主产业，在产品创新和品质提升上苦下功夫，以优异的品牌质量赢得市场。

富园集团积极履行社会责任、发展社会公益事业，成立了宿迁市富园公益基金会，在帮助弱势群体和社会重大突发事件捐助等公益事业上累计捐款近一亿元，得到社会各界的广泛认可。

未来五年富园集团经营指标将保持每年20%以上的增速，不断加强技术革新，提升工程质量，打造优质品牌，并在节能建筑、绿色建筑等领域开辟新的发展路径，实现经济效益与社会效益的双赢。

• **2020 富园集团部分高管名录**

姓名	职务
姜道志	董事长
彭 毅	董事兼总经理
严巧云	监事

江西赣电投资集团有限公司

江西赣电投资集团有限公司（简称"赣电集团"）是一家以大宗商品贸易（煤炭、焦炭、钢材、水泥）为主营业务，兼营矿业、房地产业、物流业以及金融投资业的大型集团公司。2019年度集团共实现销售收入135亿余元。

赣电集团拥有一支高素质的经营管理团队，职工人数1000余人，各类专业技术人员超过100人。赣电集团将继续坚持"以人为本、敏思笃行、以德立业"的经营理念，按照现代企业制度和市场化的要求，大力推进体制创新、管理创新和技术创新，调整结构，突出效益，优化资源配置，扩展发展空间，全力打造核心竞争能力、综合创新能力和可持续发展能力，将赣电集团建设成具有先进管理水平和竞争实力的现代民营企业。

多年来，赣电集团在依法纳税的同时，积极参与汶川、玉树抗震救灾，捐助和捐建希望小学等慈善活动，在企业发展过程中高度重视环境保护，得到了各级政府和相关部门的高度评价。

• 2020 赣电集团部分高管名录

姓名	职务
顾周军	执行总裁

港龙中国地产集团有限公司

港龙中国地产集团有限公司（简称"港龙中国"）总部位于上海，拥有国家房地产一级开发资质，于2020年7月15日在香港联交所挂牌上市（股票代码：06968.HK）。

港龙中国以"美好生活筑城者"为愿景，潜心致力于住宅开发。以国际前瞻性的投资眼光，秉承"用心创新，以诚筑城"的核心价值观，以"诚信阳光、担当务实、简单高效"的工作作风，深耕长三角，布局全中国。以精制主义产品理念，打磨有质感的生活和有温度的服务。现已重点布局上海、杭州、苏州、南京、合肥等长三角区域城市，以及粤港澳大湾区和成渝地区双城经济圈，在售在建项目80余个，累计开发面积超千万平方米。

未来，港龙中国将继续顺应时代前行趋势，积极探索新时代城市生活美学，与城市共生长，为住户创造极致空间价值。

• 2020 港龙中国部分高管名录

姓名	职务
吕永怀	董事长
吕进亮	董事
谢剑青	监事
丁春生	安徽区域总裁
丁洪民	常州公司总经理

福州高佳房地产开发有限公司

福州高佳房地产开发有限公司（简称"高佳地产"）隶属于郭氏集团，创建于1989年，是以房地产开发产业为主，集商业、住宅、酒店、能源、物业、贸易等多个领域于一体的国际化综合性集团。秉承"人才为本、恪守诚信、超越自我、持续创新"的经营理念，始终以先进的建筑理念、高品质开发与运营打造城市新地标，引领城市新方向。

在 2019 中国房地产 500 强测评中，福州高佳荣获"2019 中国房地产开发企业 100 强""2019 中国房地产开发企业商业地产综合实力 50 强""2019 中国房地产开发企业稳健经营 10 强"等荣誉。

高佳地产制定"双轮驱动"战略目标，以"把握机遇兼顾风险控制"为战略指导原则，开拓特色的发展模式。2019年正值郭氏集团成立30周年，全集团以现代化大型综合性集团的姿态向新时代迈进，聚焦城市发展、运用多年欧美地产运营的经验和国际化团队资源，以"国际视野、品质筑家"的开发理念，领创高端住宅、酒店、顶级写字楼、商业地产、养生地产等诸多领域。在上海、陕西、福建、吉林等多地布局，历经数年努力，旗下福州高佳迅速跻身全国一线品牌之列。

- **2020 高佳地产部分高管名录**

姓名	职务
郭加迪	董事长

中山市高瑞房地产投资有限公司

中山市高瑞房地产投资有限公司（简称"高端"）隶属于深圳振江投资集团有限公司，高端创立伊始，就本着大胆创新、勤奋创业、科学管理、诚信守法、低调务实、脚踏实地、把握机遇的原则，通过团结奋斗使公司不断发展壮大，尽企业所能回馈社会，为员工谋幸福，为国家和社会创造财富，为民族振兴做贡献，并将此列为振江投资集团的企业价值取向和发展宗旨。经过 20 年的发展，高端已经投资开发房地产总建筑面积约 200 万平方米，其中开发项目包括：1. 1993—1995 年与深圳南油集团合作开发深圳南粤山庄和深圳南山康乐大厦（28 层）项目；2. 1995—1999 年与广州金宇房地产开发有限公司合作开发广州金宇花园项目；3. 振江投资集团子公司广州鸿瑞房地产开发有限公司开发了广州鸿大厦（29 层）；4. 1997—2003 年振江投资集团子公司深圳半岛房地产开发有限公司开发了宜园阁、登良花园项目、清江花园等项目；其中鸿瑞花园位于深圳南山区南光路，占地 4.2 万平方米，总建筑面积为 20 万平方米。

- **2020 高瑞部分高管名录**

姓名	职务
朱泽波	总经理

三亚高胜发展有限公司

三亚高胜发展有限公司（简称"高胜发展"）成立于2007年7月6日，注册资本为30000万美元。经营范围包含：三亚市海棠湾镇海棠湾旅游区22-03-06地块宾馆酒店及相关配套设施的开发建设、经营销售，房屋租赁，品牌宣传营销策划，设计、制作、发布广告业务，酒店经营管理，物业管理，停车场管理服务。三亚高胜发展有限公司目前的经营状态为存续（即在营、开业、在册）。

- **2020 高胜发展部分高管名录**

姓名	职务
颜培英	董事长
潘家德	董事、总经理
颜吴余英	董事
潘正洲	监事
李 鲍	君御项目总经理

安徽高速地产集团有限公司

安徽高速地产集团有限公司（简称"高速地产集团"）成立于 2009 年 7 月，是安徽省交通控股集团有限公司旗下从事房地产开发经营的大型企业集团，是安徽省具有较高品牌影响力的省属国有房企，注册资本为 33.67 亿元，经营范围包括房地产开发经营、房地产销售代理、物业管理、资产管理、酒店管理、房地产咨询服务等。

高速地产集团资产总额逾 200 亿元，下辖 25 家全资子公司、2 家控股公司、1 家参股公司，其中项目公司 25 家，专业公司 3 家（物业公司、资产公司、酒店公司），已在上海、合肥、六安、巢湖、铜陵、滁州、池州、阜阳、亳州、黄山、芜湖、安庆等地开发建设高档住宅、写字楼、高星级酒店、高端商业、旅游、度假、养老、养生地产等多个高品质项目，总开发面积近 1000 万平方米，旗下高速房产公司具备国家房地产开发企业一级资质、高速物业公司具备国家物业管理一级资质。

- **2020 高速地产集团部分高管名录**

姓名	职务
陶文胜	董事长

格力地产股份有限公司

格力地产股份有限公司（简称"格力地产"）（股票代码：SH600185）是一家集房地产业、口岸经济产业、海洋经济产业以及现代金融业、现代服务业于一体的集团化企业，2009年9月上市，曾负责港珠澳大桥珠澳口岸人工岛项目的建设和融资工作。格力地产力求打开全新发展空间，从多个角度筑造立体城市和理想生活。

格力地产在深耕珠海的同时，加快布局全国重点区域的步伐，2012年进军重庆，2014年抢滩上海，逐步确定了拓围珠三角、长三角以及中西部等区域的重要支点。格力地产旗下拥有格力广场、格力海岸、平沙九号、上海前滩项目、上海泗泾项目、重庆两江项目等楼盘项目。

"潜心研究产品、狠抓工程质量"是格力地产在项目建设中的追求。注重品质，是格力地产创建理想生活的首要工序。在房地产业的发展中，格力地产秉承"精工细作、标准严谨、控制有序、追求创新"的精神，打造了一批城市人居标杆工程，确立了格力地产在行业内"引领品质人居"的品牌优势，赢得市场的广泛认同。

- **2020 格力地产部分高管名录**

姓名	职务
鲁君驷	董事长
林 强	总裁
周琴琴	副总裁
杨立群	副总裁
苏锡雄	总经理（财务）、财务负责人
邹 超	董事会秘书、法务总监

沈阳格林豪森（Green house）房地产开发有限公司

沈阳格林豪森（Green house）房地产开发有限公司（简称"格林豪森"）是一家以房地产开发为主的专业性公司。公司秉承"务实、探索、创新、成功"的经营理念，坚持"开发一个工程、创一项优质、留一处信誉、树一座丰碑"的经营方针，在辽宁沈阳成功运作了"格林豪森""格林梦夏""格林自由城""格林SOHO""格林生活坊"等项目，以领先的概念，独具风格的户型设计，优美的环境，过硬的建筑质量和完善的物业管理得到各界赞誉。企业在不断发展壮大中，也逐步树立了"格林豪森地产，百年品质保证"的企业品牌形象。公司及项目多次获得国家、省市有关部门颁发的多个奖项，包括"沈阳房地产开发企业信誉等级AAA级企业""沈阳市商品房销售质量信得过单位""全国城市物业管理示范住宅小区""辽宁省优质样板工程""中国大众住宅范例"等。

- **2020 格林豪森部分高管名录**

姓名	职务
陈广生	董事长

中国葛洲坝集团房地产开发有限公司

中国葛洲坝集团房地产开发有限公司（简称"葛洲坝地产"）是国务院国资委首批确定以房地产为主业的 16 家央企之一，享有母公司葛洲坝（股票代码：SH600068）数千亿元的授信额度，秉持"高价值地产引领者"的企业愿景，坚持给业主、股东、合作伙伴创造高价值，坚持为社会贡献高价值，实现企业发展与社会进步的共融共赢。

根据克而瑞机构统计，2020 年公司销售额达 117.6 亿元。

公司专业从事高端物业的开发与管理，产品形态包括精品住宅、城市综合体、旅游地产、高端写字楼等。立足于海内外投资开发运营的经验和优势，坚持创新驱动，首家成功研发"5G 科技"体系。"5G 科技"体系倾注国匠之心，集建筑、互联网、绿色科技等领域重大成果于一身，将中国房地产行业引向新的时代。

公司重点布局国内一线及二线核心城市，战略布局囊括京津冀、长江经济带、泛珠三角等经济和社会发展前沿的地区。在中国企业"走出去"的历史进程中，公司积极响应国家"一带一路"发展倡议，将公司高价值理念推向世界。

经过不懈的努力，公司的高价值引领与社会的高价值认同形成深度契合，先后蝉联"中国房地产公司品牌价值十强""中国房地产百强企业"，荣获"中国品牌地产企业""中国房地产诚信企业""最具战略聚焦的实力央企"等荣誉；开发项目荣获"精瑞科学技术奖·绿色人居奖""国家优质工程奖""全国人居经典综合大奖"等荣誉。

- **2020 葛洲坝地产部分高管名录**

姓名	职务
杨扬洋	总经理
桂桐生	党委书记、董事长
陈 萍	常务副总经理
王 良	副总经理
朱海龄	副总经理
高长春	总会计师
焦家海	总工程师
靳恩祥	副总经理
王 洋	副总经理
汪 涛	副总经理
刘红宇	总设计师
伍 韬	合肥房地产事业部总经理
董加升	南京事业部总经理

冠城大通股份有限公司

冠城大通股份有限公司（简称"冠城大通"）是一家历史悠久、实力雄厚的综合性上市集团，股票代码SH600067，公司主营业务为房地产开发和特种漆包线制造与销售，并涉足金融和新能源领域。截至2014年12月31日，公司注册资本11.9亿元，总资产198亿元，全年实现营业收入75.64亿元，实现利润总额12.32亿元。房地产业务是公司的主营业务。冠城大通的房地产业务经过20余年的淬炼，以北京、南京为主要发展区域，项目分布于北京、南京、福州、苏州、南通、桂林等经济较为发达、人口较为密集的地区，并逐步向全国拓展。年开复工面积超过100万平方米，呈逐年递增的态势。

- **2020 冠城大通部分高管名录**

姓名	职务
韩孝煌	董事长
陈新佛	长三角区域公司常务副总经理、苏州公司总经理

东莞市光大房地产开发有限公司

东莞市光大房地产开发有限公司（简称"光大地产"）是广东光大企业集团下属核心子公司，成立于2002年8月，具有独立的法人资格，是国家一级房地产开发资质企业。公司总部设在东莞东城，是东莞市综合实力较强，发展规模较大的民营企业之一。

根据克而瑞机构统计，2019年公司销售额达75.2亿元。

光大地产自成立以来，坚持以诚信为荣耀，以品质为生命，夯实百年基业，是一家重品质、负责任的现代企业。除深耕东莞外，已走出珠三角，逐步迈向全国。土地储备总量逾万亩，相继开发了以"景湖系列""天骄系列""锦绣山河系列""城市综合体系列"为主的20多个大型房地产项目，成功连片开发并建造了东莞市东城新城、东莞松山湖新城以及肇庆端州区龟顶新城。

光大地产致力于为业主提供优质、舒适的人居环境，所开发产品得到社会各界好评，获得国家、省市相关部门的赞誉。多次蝉联"广东地产资信20强"，并获"年度中国房地产企业500强"等称号。

- **2020 光大地产部分高管名录**

姓名	职务
刘 展	董事长

武汉光谷联合股份有限公司

武汉光谷联合股份有限公司（简称"光谷联合"）总部位于武汉东湖高新区。公司现下辖全资子公司 15 家，控股公司 7 家，员工 4000 人。公司坚持"产城一体"的规划理念，"产业集群"的发展理念和"产业运营"的服务理念，致力于"主题产业园"的开发和运营，围绕新兴产业发展和传统产业转型升级的城市课题开展规划、建设、招商和服务，打造完整的开发、运营价值链。

光谷联合在武汉的项目有：光谷软件园、光谷金融港、武汉研创中心、武汉创意天地等。此外，公司在青岛、沈阳、合肥、黄石、鄂州等地也建有青岛光谷软件园、青岛研创中心、青岛海洋科技园、光谷联合科技城（黄石）、光谷联合科技城（鄂州）等主题产业园，各类主题产业园项目超过 20 个，总开发面积超过 1500 万平方米，总投资超过 200 亿元，服务企业及各类技术创新机构逾 1000 家，已实现园区年产值超过 300 亿元，已实际新增就业人群60000 人。光谷联合的所有主题产业园项目都成为所在地的重点建设项目和城市名片，成为技术创新和产业发展的窗口。光谷联合服务的企业中有世界 500 强企业 12 家，国内知名企业（或机构）超过 100 家。

- **2020 光谷联合部分高管名录**

姓名	职务
黄立平	董事长、总裁
胡　斌	执行总裁

光明房地产集团股份有限公司

光明房地产集团股份有限公司（简称"光明房地产"，SZ600708）成立于 1993 年，是光明食品集团旗下的支柱企业，上海市五星级诚信创建企业。公司自成立以来依循"立足精耕上海，深耕发展潜力大的城市，积极拓展符合企业特点的新模式、新业务、新市场，坚持多元化发展转型之路"的发展战略。公司开发足迹遍布江苏、江西、浙江、山东、安徽等十余个省，累计开发各类住宅、商业办公面积 6000 多万平方米。拥有下属企业 160 多家，其中房地产产业链企业 140 多家，从业人员 5000 多人。

根据克而瑞机构统计，2020 年公司销售额达 342.1 亿元。

光明房地产积极推进业务创新升级，融合房产、投资、产业、金融、服务等综合属性，对内服务集团的项目建设，对外服务社会，向社区居住、商业地产、物业物流服务为一体的系统运营商转型，建设绩优上市公司，成为城市新生活、新地标的开拓者，成为具有光明食品基因，以房地产为底板的综合性产业集团。公司开发的房地产项目曾获得"中国土木工程最高奖项——詹天佑土木工程奖""中国建筑工程最高奖——鲁班奖""上海市建筑工程最高奖——白玉兰奖"。

- **2020 光明房地产部分高管名录**

姓名	职务
沈宏泽	董事长、党委书记
郭　强	总裁
黄　峻	副总裁、运营副总监
何为群	副总裁
苏朋程	副总裁
袁小忠	总工程师

广佛智城商业地产投资有限公司

广佛智城商业地产投资有限公司（简称"广佛智城商业地产"）成立于 2010 年，在佛山开发有广佛智城项目，该项目地处广佛国际商贸城中心区，坐落在南海中轴线之上，占地约 500 亩，总建筑面积 110 万平方米，集产业、商业、互联网＋、孵化于一体，已打造成全国城市更新范例。

• **2020 广佛智城商业地产部分高管名录**

姓名	职务
黄 河	董事长

广汇置业服务有限公司

广汇置业服务有限公司（简称"广汇置业"）作为广汇集团旗下的重要产业之一，1993 年涉足房地产开发产业，2017 年在传统房产开发的基础上，整合物业、热力、销售、二手经纪等，成为集智慧社区、商业运管、投资建设于一体的全国性、综合型大型置业服务集团公司。

截至 2018 年年末，公司总资产 359 亿元，净资产 153 亿元，已在新疆、广西、四川、陕西、江苏、宁夏共六省区十一市累计开发了 150 多个住宅小区和商业地产项目，累计开发建设房地产项目 2575 万平方米。

2019 年，广汇置业荣获由中国房地产管理协会评选的"中国房地产开发优秀企业"，位列"2019 中国房地产开发企业 500 强"第 128 位，较上年提升 11 名，三年累计提升 92 位。同时荣获"2019 中国房地产开发企业成长速度第 6 位"。

未来，广汇置业将秉持"房子是用来住的"服务理念，积极响应城镇居民对美好生活的需求，以刚需和改善为主，坚持全链条开发、多业态服务，不断提供优质人居产品和宜居人性化环境，致力于成为全国一流的城镇居民全生命周期不动产运营商、优质生活服务商。

• **2020 广汇置业部分高管名录**

姓名	职务
蒙科良	董事长
倪卓斐	副董事长
郭 勇	总经理

广东广物房地产（集团）有限公司

广东广物房地产（集团）有限公司（简称"广物房地产"）是国内领先的房地产开发及销售、房地产信息咨询、物业管理、房地产中介服务商。广东广物房地产（集团）有限公司位于广东省广州市增城区永宁街香山大道 2 号（增城经济技术开发区核心区内），交通便利。

- **2020 广物房地产部分高管名录**

姓名	职务
方启超	党委书记、董事长
梁谋有	副总裁
吴寿伟	总裁助理

广西中鼎世纪投资集团有限责任公司

广西中鼎世纪投资集团有限责任公司（简称"广西中鼎"）前身为成立于 2010 年 8 月 17 日的广西丽晶投资有限责任公司，总部注册在南宁，先后经营商贸业、娱乐业、装饰装修业、酒店业、园林花木、金融业、房地产等产业并逐渐发展壮大。2012 年起确立了以房地产开发及传统商业及社区电子商务、星级酒店、商业贸易、互联网金融业、文化旅游、园林绿化为主的产业发展战略。

根据克而瑞机构统计，2020 年公司地产销售额达 214.7 亿元。

广西中鼎在玉林投资了 3 家酒店项目和 13 个地产项目，项目包括中鼎·索菲特酒店、丽晶国际大酒店、锦源大酒店、中鼎·公园假日、中鼎·智慧森林城等，总投资额累计已超过 120 亿元。

2019 年，广西中鼎力压全国一线品牌房企于南宁拿地，正式启动进军广西房地产的战略布局，并专注于"公园文化地产"的开发，全面布局广西。位列广西本土房地产企业第 4 名、广西房地产企业销售金额 50 强第 14 名，获"2019 年广西企业百强"称号。

- **2020 广西中鼎部分高管名录**

姓名	职务
吴永勤	董事长
余锐杰	总裁

天津广宇发展股份有限公司

天津广宇发展股份有限公司（简称"广宇发展"）（SZ000537）前身为天津立达国际商场股份有限公司，成立于 1986 年 3 月，1993 年在深圳上市。控股股东为山东鲁能集团，占公司总股本的 76.13%。公司主要从事房地产开发、商品房销售、物业管理以及对住宿酒店及餐饮酒店投资等业务。

广宇发展拥有丰富的房地产开发经验和稳定有创造力的项目开发团队，主要业务布局北京、济南、南京、苏州、重庆、成都和宜宾等城市；着力从社区景观、配套服务等方面改善居住品质，从建筑质量方面提升产品美誉度，顺应各项目区域整体规划，不断提升市场形象和项目品质，为社会提供更加优质的住宅产品，拥有全生命周期覆盖的星城、领秀城、鲁能城等产品系列。已渐形成规模和体系，公司所开发项目大部分位于当地区域核心地段，具有绿色生态、人气汇集、教育配套等综合价值。

广宇发展进一步专注于房地产开发行业，重视战略管理，逐步形成以专业化、标准化和规范化为主要特征的开发管理模式，同时积极响应国家号召，在保障性住房及 PPP 模式方面开展相应探索和研究。

- **2020 广宇发展部分高管名录**

姓名	职务
周悦刚	董事长
王晓成	总经理

广源房地产开发集团有限公司

广源房地产开发集团有限公司（简称"广源集团"）总部设于广西南宁，集团旗下拥有广西中泰商贸有限公司、广西中恒伟业商贸有限公司、广西中恒泰富商贸有限公司、广西中恒源鹏商贸有限公司、广西中恒汇润商贸有限公司、桂林市广源房地产开发有限公司、桂林市恒润物业服务有限公司、桂林市润泰装饰工程有限公司、桂林市恒鹏纸业有限公司、桂林市恒润广告有限公司共 10 家控股子公司。广源集团一贯秉承"服务城市建设，提高居民生活品质"的开发理念，以"品质生活缔造者"为己任，专注于中高端住宅物业的开发，不断提升产品质量，为客户提供了高水准的舒适生活，传播精致生活理念。同时，以高瞻远瞩的战略高度规划未来，不断拓展国际贸易、能源、金融、服务等产业，力争 2020 年成为一家国际知名、实力雄厚、跨行业经营，具有品牌力影响和可持续发展的特大型企业集团。

- **2020 广源集团部分高管名录**

姓名	职务
周悦刚	董事长
覃小帆	营销总监

黑龙江贵宾房地产开发集团有限公司

黑龙江贵宾房地产开发集团有限公司（简称"贵宾集团"）正式成立于 2010 年 4 月，现有 8 家子公司，总注册资本 12500 万元，是目前黑龙江省密山市唯一具有房地产开发三级资质的企业。经过近几年的快速发展，公司已成为一个跨区域的大型企业集团。

• **2020 贵宾集团部分高管名录**

姓名	职务
李福春	董事长、总经理

贵州久智信房地产开发有限公司

贵州久智信房地产开发有限公司（简称"贵州久智信"）成立于 2018 年 2 月 12 日，法定代表人为王俊，注册资本为 1000 万元。企业地址位于黔西南州兴义市瑞金大道汇金中心 8 楼，所属行业为房地产业，经营范围包含：房地产开发与咨询；商品房子销售及房屋租赁；物业管理与服务；商务咨询；建材销售等。贵州久智信目前的经营状态为存续（即在营、开业、在册）。

• **2020 贵州久智信部分高管名录**

姓名	职务
何奇峰	总经理
王　俊	执行董事、总经理
王　萍	监事

浙江国都房产集团有限公司

浙江国都房产集团有限公司（简称"国都房产"）是国都控股旗下的核心企业，创建于 1997 年。国都房产连续十年被评为"信用 AAA 级企业"，2003 年当选"（杭州）十大城市运营商"，2004 年当选"中国城市运营商五十强"，2005 年至今一直被评为"浙江省住宅产业领军企业"。

国都房产在杭州房地产界素以"创新进取、精益求精"闻名，也是较早把高层住宅和板式高层住宅引入杭州的房地产企业之一，并在杭州首先推出了单人个性化空间（SOLO）户型。国都房产是杭州"高档住宅精装修化"浪潮的首创者和实施者，所开发的凤起都市花园是当时浙江省最具规模的精装修楼盘。

现已成功开发和正在开发的项目有：杭州市中心楼盘国都公寓、国都·发展大厦、凤起·都市花园、西湖·阳明谷度假村、枫华府等。

从 2006 年开始国都房产实施走出去战略，分别在三亚、海口、长沙、芜湖、南京、昆明等地开发项目面积累计可达 300 万平方米。轰动全国的三亚凤凰岛项目的开发建设取得了巨大的成功。

• **2020 国都房产部分高管名录**

姓名	职务
柴慧京	董事长

国购投资有限公司

国购投资有限公司（简称"国购集团"）成立于1993年，经过20多年的发展，现已成为以健康医疗、智能制造、产业地产、现代农业四大产业板块为主体，拥有40多家子公司的综合性、国际化企业集团。2018年，国购集团位列中国房地产开发企业69强、中国民营企业243强，企业联合信用评级AA。

国购集团地产业涉及住宅地产、商业广场、现代服务业集聚区、产业园等业态，特别是现代服务业集聚区规模较大，具有产业链、服务链自主延伸的功能。2016年，国购集团控股上市公司复合肥企业司尔特（股票代码：002538）涉足现代农业领域。在继续稳健发展上述产业的同时，国购集团通过加速实施资本化运作、资产化管理、专业化经营、国际化布局，进一步加快并深化产业的转型升级。

国购集团坚持"创新、和谐"的核心价值观，倡导"诚信、阳光"的企业精神，秉承"生动你的生活"为使命，以满足及引领社会大众的现代生活方式为企业发展目标，开拓创新、奋力前行。

- **2020 国购集团部分高管名录**

姓名	职务
袁启宏	董事长

河北国域永赫控股集团有限公司

河北国域永赫控股集团有限公司（简称"国赫控股"）是中国领先的优质房地产开发及生活综合服务供应商，以优质的产品品质和高标准服务要求引领行业发展。国赫控股总部位于河北省石家庄市，注册资金为1.09亿元，业务涉及：房地产开发、商业运营管理、物业服务管理、金融信贷、投资贸易、高科技、新能源等领域。

- **2020 国赫控股部分高管名录**

姓名	职务
昶国锋	总裁

浙江国鸿新瑞房地产集团有限公司

浙江国鸿新瑞房地产集团有限公司（简称"国鸿新瑞"）创立于温州，是一家主营住宅物业开发并涉足商办产城、建筑施工、金融投资、建筑设计、园林景观及物业服务等多领域的综合性房地产集团。集团成立至今，投资项目遍及全国 5 省 30 余城共计 80 余个，其中自操盘项目累计总货值超 400 亿元，累计服务家庭超 10 万家，开发的龙港智造新城、龙港中央城、龙港锦悦府、灵溪柏悦府、国鸿大发清水湾、温州 1 号等多个项目不仅成为当地的明星项目，亦成为国鸿新瑞"品质"的代言。

立足长远发展，国鸿新瑞聚集地产主业，已形成"深耕浙江、立足华东、面向全国"的大战略布局，铸就了诸多城市荣耀与传奇。国鸿新瑞坚持多元化发展，以实现持续、稳定的增长为目标，以提升产品品质和服务质量为内核，为进军地产百强企业而不断砥砺前行。

• **2020 国鸿新瑞部分高管名录**

姓名	职务
李柏瑞	董事长

北京国华置业有限公司

北京国华置业有限公司（简称"国华置业"）是具有国家房地产开发一级资质的大型地产商，也是国内最高端建筑综合体品牌——华贸中心的发展商。持有华贸 SKP、北京丽思卡尔顿酒店、北京 JW 万豪酒店、北京华贸写字楼、北京华贸购物中心、北京华贸天地商业街、惠州华贸天地购物中心、惠州华贸大厦等优质物业。

国华置业先后获得来自政府部门、主流媒体、社会机构颁发的 200 余项荣誉，成为高端商业地产的领军企业，公司董事长房超系中国房地产业协会商业专业委员会主任委员。公司连续十年蝉联"北京地产资信 20 强"称号。2007 年至 2010 年，荣获中国房地产业协会颁发的"中国房地产诚信企业"。

国华置业立足北京总部，布局环渤海、长三角、珠三角重点城市，正在实施集团化发展战略，已全部建成并投入运营的北京华贸中心，可提供超过 4 万个就业岗位，每年可提供几十亿元利税税源，有力推动和促进了区域经济发展。开发建设的项目有北京华贸城、惠州华贸中心、上海华贸东滩花园和北戴河华贸蔚蓝海岸等，致力于"设计生活方式，缔造传世精品"。

• **2020 国华置业部分高管名录**

姓名	职务
房　超	董事长
刘　军	总经理

国贸地产集团有限公司

国贸地产集团有限公司（简称"国贸地产"）成立于 1987 年，作为厦门国贸（SH600755）的核心产业之一，致力于高品质住宅、城市综合体、旅游地产等多元化开发建设。

根据克而瑞机构统计，2020 年公司销售额达 306.3 亿元。

2007 年开始，国贸地产集团先后走进上海、杭州、宁波、南京、合肥、芜湖、南昌、福州、龙岩、漳州等城市，不断深化以福建区域、长三角区域为主导，辐射长江经济带、中西部、粤港澳大湾区的全国化战略布局。在建及储备项目达数百万平方米，形成多条明星产品线，为客户提供优质住宅、城市综合体、高品质商业街区、高端写字楼等多元化精品项目，不断引领、推进区域运营与城市发展，成长为"中国房地产百强企业"和"中国值得尊敬的房地产品牌企业"。

未来，国贸地产在国贸控股"世界 500 强"的雄厚实力及多元化经营背景下，聚焦"特色产业"和"特色文旅"，双核驱动，打造精品人居、产业集群、城市更新、休闲文旅、物业管理、长租公寓、大健康产业等多元生态链条。

- **2020 国贸地产部分高管名录**

姓名	职务
高少镛	董事长、总裁
吴韵璇	常务副总裁、财务总监
熊之舟	副总裁、总经理
吴江榕	副总裁
朱大昕	副总裁
王象红	副总裁
沈 阳	上海区域总经理
李剑峰	南昌、福州公司总经理

北京国锐企业管理集团有限公司

北京国锐企业管理集团有限公司（简称"国锐集团"）是专业从事房地产投资、开发、经营及其相关产业的集团公司。业务覆盖国内外多城市。凭借国际化的视野及理念，以高效的管理手段，在短时间内迅速发展壮大，现已成为专业化、产业化、规模化、品牌化的大型综合企业。国锐集团开发的总建筑面积超过400万平方米，总投资规模超过300亿元。其中包括自有资金、自持物业以及正在开发的土地和项目等。快速增长的业绩及规范化的企业结构使公司赢得投资者及合作方的广泛认可。

国锐集团自成立以来，致力于不断创造卓越的产品品质，联袂众多世界优秀合作单位打造智能化生活服务产品。凭借领先的行业水准创造了多个影响和带动区域发展的精品项目。在多年的经营中，国锐集团不断完善发展战略，优化资产结构，立足城市的发展，逐步成长为行业内专业突出、专注精品的佼佼者。

- **2020 国锐集团部分高管名录**

姓名	职务
李 畅	董事长、总经理
张啸虎	长三角区域总经理

国瑞置业有限公司

国瑞置业有限公司（简称"国瑞置业"，HK02329）成立于1994年，2014年在香港上市，是一家起步于广东汕头，壮大于北京，阔步于全国的大型房地产开发商和运营商。拥有房地产开发一级资质、物业管理一级资质。国瑞置业专注于开发大型城市综合体及精品住宅，并长期持有部分优质商业物业，住宅类物业包括中高层公寓、多层花园洋房、联排住宅、独栋住宅及四合院；商业物业包括购物中心、写字楼、酒店及SOHO公寓、商铺、专业市场等。

国瑞置业成功打造"国瑞城"系列口碑项目，实现在全国 20 个经济高速发展城市，拥有逾 50 个不同开发阶段的房地产项目，已形成以京津冀、珠三角、长三角及长江经济带为中心，辐射全国主要经济增长区域的战略布局。公司持有北京国瑞购物中心、北京哈德门广场、佛山升平商业中心、汕头国瑞建材博览中心、深圳南山项目等一系列优质物业，以获得持续稳定的租金收入。

国瑞置业凭借良好的业绩表现和优秀的综合实力，斩获"中国房地产在港上市企业 TOP10"奖项，位列 2019 中国房地产企业百强。

• 2020 国瑞置业部分高管名录

姓名	职务
张章笋	董事局主席、总裁
阮文娟	执行董事、副总裁
张 瑾	执行董事、副总裁
林耀泉	执行董事、副总裁
李 斌	执行董事、副总裁
董雪儿	执行董事、财务总监
葛伟光	副总裁
戴 杰	副总裁
郝振河	副总裁
林建飞	副总裁
孙晓东	副总裁
刘志远	佛山国瑞商业中心总经理

国泰土地整理集团有限公司

国泰土地整理集团有限公司（简称"国泰"）于2009年8月19日正式揭牌运营，前身为国泰土地整理有限公司，是中国第一家以"土地整理"作为行业内容注册的专业公司。

- **2020 国泰部分高管名录**

姓名	职务
张红星	董事长
左予实	国泰集团副总裁
李文佳	国泰控股（长春）有限公司常务副总经理

长春国信投资集团有限公司

长春国信投资集团有限公司（简称"国信集团"）创立于 1998 年，是在改革开放和东北振兴的大潮中，按照现代企业制度、顺应中国特色社会主义市场经济发展需要，成长起来的吉林省本土民营企业集团。国信集团秉持"办企为公"的企业大义，采用"共有民营"的企业体制，以"利他"为企业核心价值观，持续"投资健康产业，创造幸福生活"。经过 20 年的健康发展，国信集团集地产、健康、农业、酒店旅游、公用事业、资本六大产业板块于一体，建立起了多元化、复合型的新型城镇建设、运营与生活服务的成熟模式与产业生态，形成了全价值链生活服务、新型城镇建设运营、新农村建设与乡村振兴三大核心能力。

国信地产作为国信集团发展的重要根基，布局全国，现已成为最具品牌影响力的地产服务商，拥有开发公司十余家，累计开发住宅及商业项目 20 余个，开发面积超 500 万平方米，服务业主超 6 万人，位列中国房地产 500 强名录第 264 位。

国信地产率先于 2014 年开创并实施墅级精装战略，积极整合塑钢、铁艺、房屋装饰装修，整体家居定制等服务领域，致力于以全价值链服务体系，为客户提供舒适、便捷、安全的高品质居住生活服务，所有开发项目均已实现全精装（或全成品）精工交付。

- **2020 国信集团部分高管名录**

姓名	职务
王 岩	创始人、董事长
杨 冬	营销总监

广西国悦集团有限公司

广西国悦集团有限公司（简称"国悦集团"）成立于 1998 年，以建设"中国旅游地产行业最具特色品牌"为企业愿景，是一家集房地产业、旅游产业、文化产业、现代农业为一体的现代企业集团。旗下有广西国悦房地产开发有限公司、广西国悦九曲湾旅游开发有限公司、桂林国悦灵渠旅游开发集团有限公司、国悦文化传播有限公司、广州六道香茶油食品有限公司、广州六道香生物科技有限公司、九曲湾温泉度假村（AAAA 级风景区）、桂林灵渠水街风景区（AAAA 级风景区）。国悦集团秉承"用心、创新"的品牌承诺，先后获得"全国绿色餐饮企业""全国青年创业实践基地""中国优秀企业""青年文明号""广西诚信私营企业"等荣誉。

"落其实者思其树，饮其流者怀其源"，国悦集团二十个春秋，二十载风雨，始终为人民美好生活、为社会公益事业锲而不舍、践行承诺。国悦集团将以更稳健的步伐、更开放的姿态，迎接挑战，锐意创新，砥砺奋进，铸造辉煌。

- **2020 国悦集团部分高管名录**

姓名	职务
林国凯	副总裁、总经理

青岛海尔产城创集团有限公司

青岛海尔产城创集团有限公司隶属于海尔集团，成立于 2002 年，前身为海尔地产。2019 年，公司战略升级为青岛海尔产城创集团有限公司（简称"海尔产城创集团"）。全维度覆盖工业地产、住宅地产、商业地产、文化地产、养生地产，遍布中国的智能家居体验店，拥有逾百家物流基地，构建"配送零库存，终端一公里"的物流体系。

根据克而瑞机构统计，2020 年公司销售额达 230.1 亿元。

海尔产城创集团作为海尔集团旗下五大创新板块之一，通过打造"产业聚集生态圈""智慧生活生态圈""双创资源生态圈"，为解锁城市产业升级、消费升级和城市发展提供新经验、新启发，打造物联网时代生态品牌，以"全生态圈发展"助力青岛"现代活力时尚之城"建设，以打硬仗、攻山头之磅礴力量参与到大青岛国际化大都市建设的攻坚战中。

2019 年，海尔产城创集团响应青岛市高质量发展之全新目标，承接海尔集团物联网时代转型，进行品质焕新，发布"产城创生态圈"战略，集合海尔集团工业互联网平台及自身的产业链资源优势，引入 COSMOPlat、大顺逛、U+、日日顺等强大的产业平台支撑力量，通过"以产兴城、以城促产、产城融合"，在智慧园区、特色小镇、物联商业和康养产业等领域硕果累累。

以产业升级、消费升级和创业升级持续助推城市升级，实现同用户、城市的融合发展与和谐共赢。荣获"2019中国房地产开发企业 500 强"，位列第 87 位。同时，荣获"2019 中国房地产开发企业创新能力 10 强"等荣誉。

- **2020 海尔产城创集团部分高管名录**

姓名	职务
盛中华	董事长
赵凤存	总经理
金志伟	副总裁
吴 成	华东区域总经理

海航基础设施投资集团股份有限公司

海航基础设施投资集团股份有限公司（简称"海航基础"，SH600515），原名"第一投资招商股份有限公司"，1993 年 5 月成立，2002 年 8 月在上交所上市，是海航集团旗下专注于临空产业基础设施投资建设运营的大型企业集团，致力于成为中国领先的临空产业综合服务商。业务范围包括：临空产业园开发、机场管理、工程建设、物业管理、免税业务等。

海航基础充分发挥海南建设自贸区（港）体制机制优势，拥有海口大英山 CBD、南海明珠生态岛、武汉临空产业园、宜昌临空产业园等重点项目逾百个。海航基础拥有专业资质 16 项，实现 EPC 业务在全国 20 余个城市落地，累计管理 EPC 项目 70 余个。管理包含海口美兰机场、北京航空基地在内的物业项目 150 余个，管理面积近 2000 万平方米，拥有 20 年空港物业管理经验，形成以空港物业为核心的特色物业管理品牌；海航基础参股海口美兰机场免税店、海南海航中免，此外还涉及自主经营的酒店业务。

海航基础获得"海南省企业 100 强""中国品牌影响力 100 强"以及"中国品牌影响力十大社会责任典范"等荣誉称号。

- **2020 海航基础部分高管名录**

姓名	职务
鲁晓明	董事长
陈德辉	总裁
杨惟尧	副总裁

海蓝控股有限公司

海蓝控股有限公司（简称"海蓝控股"）是一家房地产发展商，主要专注于在海南省开发住宅物业，发展项目主要包括高层公寓、中高层公寓、低层公寓、多层公寓及相关配套设施等。根据戴德梁行报告，以 2014 年及 2015 年的销售额计算，海蓝控股是三亚排名第十的房地产发展商，公司的发展项目拥有总地盘面积 1,173,199.9 平方米及总建筑面积约 160 万平方米的土地使用权。

海蓝控股通过健全的公司治理结构，规范的运行机制与业务流程，秉持专业的精神和敬业的作风，认真履行一个企业公民的社会责任，赢得市场的肯定。力求通过创新追求更高的价值。创新是企业的灵魂，唯有不断创新，才能保持企业旺盛的生命力和行业领先地位。

海蓝控股乐于营造互利合作、共享成果的环境。与股东共赢，共享收获；与合作伙伴共赢，共同成长；与客户共赢，共同实现理想；与员工共赢，共同提升价值，不断提高生活品质。

志向远大，目标明确，追求卓越，永无止境，非卓越无以辉煌。海蓝控股致力于打造富有远见，超越自我，卓越不凡的团队。

- **2020 海蓝控股部分高管名录**

姓名	职务
杨 敏	创始人
周 莉	行政总裁
范文燊	运营总监

海亮地产控股集团有限公司

海亮地产控股集团有限公司（简称"海亮地产"）隶属于世界 500 强企业海亮集团，2003 年年初正式进入房地产行业，总部设于上海。截至 2015 年年底，海亮地产拥有总资产 398.44 亿元，在上海、重庆、浙江、江苏、安徽、四川、江西、山东、河南、陕西、内蒙古、甘肃、青海、宁夏、西藏等十多个省市自治区，拥有 70 余个项目。同时，公司逐步实施国际化战略，成功布局澳大利亚等海外市场。

海亮地产始终坚持"居住改变生活，创造地产精品，服务社会大众"的开发理念，其产品线以品质住宅为主、涵盖城市综合体、写字楼、星级酒店、专业市场等。不断加深全国化布局，通过以客户为导向的产品及服务创新，凭借高周转率及成本领先、高品质为核心目标的全面精细化管理，打造具有海亮地产自身特色的生意模式，追求有质量的稳健增长。

凭借雄厚的开发实力及持续增长的经营业绩，海亮地产荣登"2019中国房地产500强"榜单，同时获评为"2019年中国房地产业综合实力100强企业"。

- ## 2020 海亮地产部分高管名录

姓名	职务
冯海良	董事局主席
周迪永	董事长、经理
周巧利	董事
胡世华	董事

海伦堡中国控股有限公司

海伦堡中国控股有限公司（简称"海伦堡"）成立于 1998 年，是一家不断发展的中国房地产开发商。海伦堡坚持全国布局、区域深耕发展战略，主要开发住宅物业，以及少量商业物业和创意科技园。

根据克而瑞机构统计，2020 年公司销售额达 783.9 亿元，成功布局珠三角、长三角、京津冀、华西和华北 5 大核心城市群 33 座城市，开发 31 个房地产项目，服务 25 余万户业主。

在新的时代背景和"成为中国领先的房地产开发商"的愿景下，海伦堡在首创"健康＋居住"体系的基础之上，打造全新的居住体系——"健康 +2.0"，为地产行业带来价值的再创新。

海伦堡现已扩张至开发商物业及创意科技园，以增加收入来源的广度及稳定性。海伦堡开发商业物业供出售或持有作为长期投资及资本增值的目的。商业物业主要包括购物商场、办公单位及住宅物业附带的零售单位。此外，海伦堡还根据地方政府的开发规划在城郊设计、开发及经营综合创意科技园。

- **2020 海伦堡部分高管名录**

姓名	职务
黄炽恒	创始人、董事长
叶 峻	控股集团常务副总裁
王 猛	控股有限公司副总裁
杨鲁宁	控股有限公司副总裁
黄博文	控股有限公司总裁助理
代晓辉	地产集团常务副总裁
林德祥	地产集团副总裁
王建平	金控集团总裁
李 江	华东区域总裁
严惠雄	深圳区域总裁
罗志平	产业集团总经理
李 勇	中珠江区域总裁
王坤鹏	云贵区域总裁
马 勇	合肥城市公司总经理
王建新	重庆公司总经理

海盟（中国）投资控股集团股份有限公司

海盟（中国）投资控股集团股份有限公司（简称"海盟"）前身为永州海盟投资有限公司，成立于1999年3月17日，旗下拥有全资及参股公司十余家，总注册资金超6亿元。公司具有房地产开发二级资质，主营业务由"大建设、大健康"两个板块组成，"大建设"指的是城市基础设施投资建设及房地产开发管理，"大健康"指的是综合医院和专科医院投资运营。

公司现有员工和高级管理人员 463 人，具备跨区域、多项目同时开发管理运营的能力。公司具备国家二级综合医院投资运营资质，并以每年 80% 的复合增长率稳步扩张。

公司为湖南省首批向消费者承诺销售放心房发起单位之一、湖南省农行系统 AA 级信用等级单位，获得"湖南省十大行业私营企业 500 强企业"，被湖南省房地产业协会评为"诚信单位"，连续多年被评为"重合同、守信用单位"和"纳税先进单位"。2019 年，荣膺"中国房地产开发企业 200 强第 158 位"以及"2019 中国房地产开发企业成长速度 10 强第 7 位"。

- **2020 海盟部分高管名录**

姓名	职务
翟岗巍	董事长、总裁
倪华芬	常务副总裁

海南峰森房地产开发有限公司

海南峰森房地产开发有限公司（简称"海南峰森"）于 2012 年 9 月 18 日注册成立。公司经营范围包括房地产开发经营、城市基础设施建设、资产管理，截至目前成立关联公司 9 家，雇员近 500 余人。

海南峰森成立 8 年来，公司各项管理制度已趋完善，业务高效开展，员工福利待遇逐年提升，不仅能向客户提供优质的产品和服务，还坚持以优秀企业公民角色自觉承担社会责任，致力于全民体育健身、生态环保、公民教育、就业促进、和谐社区等公益事业，被政府授予"海南省体育发展突出贡献奖""海南省支持体育事业发展热心企业家"等荣誉称号。

- **2020 海南峰森部分高管名录**

姓名	职务
徐 烨	总经理

厦门海投房地产有限公司

厦门海投房地产有限公司（简称"海投房产"）成立于 1997 年 11 月，系厦门海沧投资集团有限公司下属子公司，是国家房地产开发一级资质企业，中国城市房地产开发商策略联盟成员。截至 2011 年，公司注册资本金 3.98 亿元，总资产约 64.59 亿元。公司采取执行董事负责制，拥有全资子公司海投物业公司（具有一级物业管理资质）。

海投房产自成立以来，即以城市运营商的姿态，秉承"上善、不争、厚天下"的企业文化理念，积极参与海沧新城的规划和建设，1997 年成立之初，即为海沧台商投资区配套建设了第一批住宅项目。海投房产已完成开发项目 32 个，建筑面积 259.61 万平方米。

海投房产良好的开发品质为企业赢得公众口碑，使企业享有较高的知名度及美誉度，多次获评"福建第三产业 300 强""福建房地产业 100 强""厦门市服务业 100 强"和"中国房地产开发企业 500 强"等荣誉称号。

海投房产正以国有企业的公民责任专注城市运营，缔造人居梦想，争创厦门市房地产龙头企业。

- **2020 海投房产部分高管名录**

姓名	职务
苏勇民	董事长、书记
张昌基	执行董事、总经理

海信房地产股份有限公司

海信房地产股份有限公司（简称"海信地产"）成立于 1995 年 6 月，一直致力于中高端住宅产品的开发和建设，已建成 110 余个精品项目，拥有逾 18 万名业主，年开发量达 500 万平方米，业务遍及青岛、济南、烟台、威海、潍坊、东营等省内城市，并开拓了南京、深圳、扬州等国内一线热点城市房地产开发市场，形成一套具有自身特色的高端产品开发及运营模式。

根据克而瑞机构统计，2020 年公司销售额达 147.8 亿元。

海信地产自成立之初就在城市改造建设中扮演着重要角色，先后参与旧城旧村改造、烂尾楼整治、安居保障工程建设等工作，以改善城市面貌，提升城市形象，促进社会和谐发展。

海信地产在绿色低碳建筑领域做出了积极的探索和实践，尤其是污水源热泵技术在麦岛金岸的应用，使其成为国内采用污水源热泵系统的绿色节能住宅社区。2019年，海信地产以国际化产品标准为参照走出国门，全面开启"创新及国际化战略阶段"。

未来，海信地产将在麦岛 C 区建设三星绿色建筑，在青岛依云小镇建设"海水源＋污水源热泵"项目。

- **2020 海信地产部分高管名录**

姓名	职务
刘 浩	董事长
王 惠	总经理

汉国置业（深圳）有限公司

汉国置业（深圳）有限公司（简称"汉国置业"）成立于 1965 年，并于 1972 年在香港上市。主要从事房地产开发及物业投资。

汉国置业在香港发展的物业遍布各区，累积逾 40 年的成功开发经验，已成为香港业界有良好商誉的知名房地产开发商。

1997 年，汉国置业（深圳）有限公司成立全资附属公司汉国置业（中国）有限公司，锐意开拓内地市场。汉国置业（中国）有限公司的投资项目主要集中在深圳、广州、佛山、重庆等。

• 2020 汉国置业部分高管名录

姓名	职务
王世荣	董事长

广西瀚德集团有限公司

广西瀚德集团有限公司（简称"瀚德集团"）成立于广西南宁，是一家以专业房地产建设为主导，城市基础设施建设、矿产资源开发、旅游产业投资等为辅的综合型投资公司。经过数年经营，公司培养出一支完全市场化的精英团队，具有敏锐的市场运营经验和成熟完善的房地产操盘能力。地产项目开发形成了集市场运营、项目设计、施工建设、产品销售、物业管理一体化的综合型管理运营体系，为公司后续项目开发提供了强有力的保障。瀚德集团拥有总资产93亿元，净资产60亿元，员工近千人，下辖19个子公司，涉足多个投资领域。

• 2020 瀚德集团部分高管名录

姓名	职务
鄢仁云	董事长
汪忠文	总经理

杭州市房地产开发集团有限公司

杭州市房地产开发集团有限公司（简称"杭房"）创建于 1976 年，是杭州市乃至浙江省最早成立的房地产综合开发公司之一，是具有国家城市综合开发一级资质和特级信用企业。省、市文明单位、市创建和谐劳动关系先进企业、中国房地产诚信企业。

杭房自 2005 年转企改制以来，始终秉承"以房产承载价值，以房产促进文明"为企业使命，以成为具有卓越品牌的专业房地产开发公司为战略目标，坚持以人为本、科学发展，和谐创业，以雄厚的技术力量、优异的工程质量、良好的售后服务和强烈的社会责任感赢得了社会的赞誉。截至 2017 年年底共开发建成住宅、办公、商业等各类房屋 600 余万平方米，先后夺得 9 个省"钱江杯"、23 个市"西湖杯"优质工程。

• 2020 杭房部分高管名录

姓名	职务
刘 强	党委书记、董事长

长春豪邦房地产开发集团有限公司

长春豪邦房地产开发集团有限公司（简称"豪邦集团"）创建于1999年。扎根长春20年，形成了集房地产开发、建筑施工、塑钢门窗、物业服务为一体的全过程运作系统和高效的多业态综合开发能力，产品覆盖了普通住宅、写字楼、公寓、花园洋房、别墅等多种业态。拥有一支150人的高素质房地产开发经营专业团队，同时拥有一批技术过硬、信誉至上的施工建设技术人才。

豪邦集团先后开发建设了豪邦·新月花园、四季台北、四季风采、蓝调倾城、四季经典、缇香公馆、四季中央七个花园式小区，总体开发量已经超过百万平方米。豪邦集团在售项目有"四季经典·青青家园组团"和"豪邦·四季中央"项目。

豪邦集团已发展成为以房地产开发为龙头，业务涵盖建筑、销售、建材、监理、物业管理等相关配套产业，同时涉猎医药、餐饮等多个领域的综合性大型民营企业，固定资产超亿元。豪邦集团位列"中国房地产500强"第374位。

• **2020 豪邦集团部分高管名录**

姓名	职务
舒邦凯	董事长
舒红君	总经理
陈永刚	营销总监

郑州浩创房地产开发有限公司

郑州浩创房地产开发有限公司（简称"浩创集团"）2002年创建于郑州，秉承"诚信为本，创新为魂"的核心价值观，现已发展成为集房地产开发（住宅地产/文旅地产/商业地产）、建筑、装饰、园林、农业、康养、酒店、医疗、物业等为一体的多元化综合性产业集团。

从深耕中原到布局全国，2018年浩创集团对康养文旅产品线进行全面战略部署。重点布局河南、广东、云南、四川、湖南、湖北、海南、福建等20个省市，储备土地近10万亩，形成全国战略格局，迅速成长为中国房企新锐品牌。

2019年1月，浩创集团将战略目标进一步推进：力求2019年销售额实现200亿元；2020年销售额实现500亿元；2021年销售额实现800亿元；2022年浩创集团成立20周年，实现销售额1000亿元，冲刺全国房企30强。

十多年来，浩创集团先后打造了46个精品项目，"梧桐系""郡系""优系"等经典产品闪耀中原，为28万业主提供成熟的品质住宅，累计开发面积近960万平方米。2018年，浩创集团销售额达99.6亿元。

浩创集团荣获"2018中国中部房地产公司品牌价值TOP10""2019中国中部房地产公司品牌价值TOP10"等称号。

• **2020 浩创集团部分高管名录**

姓名	职务
刘建新	董事长
刘鹏飞	副董事长、总裁
陆相华	副总裁

合肥城建发展股份有限公司

合肥城建发展股份有限公司（简称"合肥城建"）是安徽省第一家房地产上市公司，是最早具有国家房地产开发企业一级资质和 AAA 级信用评价等级的房地产企业。2008 年 1 月在深交所成功上市，成为安徽省首家房地产上市企业（股票代码：002208）。目前股本 51216 万股，合肥兴泰控股集团有限公司持股 57.9%。公司内设 10 个部门，下设 6 个全资子公司（合肥城建蚌埠置业有限公司、合肥城建广德置业有限公司、宣城新天地置业有限公司、合肥城建琥珀置业有限公司、安徽琥珀物业服务有限公司、合肥琥珀扬子资产管理有限公司），3 个控股子公司（合肥城建巢湖置业有限公司、合肥城建东庐置业有限公司、三亚丰乐实业有限公司），3 个分公司（肥东分公司、肥西分公司、蜀山分公司）。

合肥城建成立 30 多年来，专注于住宅地产、商业地产及写字楼的开发建设，项目辐射安徽合肥、巢湖、肥东、蚌埠、宣城、广德、海南三亚等地。开发的产品曾荣获住建部颁发的"鲁班奖""广厦奖""国家康居住宅示范工程"等多项国家级殊荣，位列中国房地产上市公司综合实力百强，中国房地产开发企业 200 强，中国房地产开发企业运营效率 10 强和首届中国责任地产百强企业。

- **2020 合肥城建部分高管名录**

姓名	职务
王晓毅	董事长、党委书记

合景泰富集团控股有限公司

合景泰富集团控股有限公司（简称"合景泰富"，HK01813）成立于 1995 年，于 2007 年在香港上市，现已成为受到广泛认可的国内领先的城市综合运营商。

根据克而瑞机构统计，2020 年公司销售额达 1036.1 亿元，位列中国地产 50 强。截至 2019 年 6 月 30 日，合景泰富总资产约 2021 亿元，共计权益建筑总面积约 1772 万平方米。

合景泰富秉持"以心筑家·创建未来"的核心理念，在深度发展地产板块的同时，兼顾商业、产城、教育、酒店、长租公寓、文旅、大健康等板块与后服务端体系协同发展，面向全体业主和客户提供衣食住行全方位的一站式智慧服务，打造城市生活闭环。

合景泰富屡获殊荣，被评为"中国民营企业 500 强""中国房地产开发企业综合发展 10 强""2019 中国物业服务百强服务质量领先企业""亚洲地区最佳设计项目""中国新锐酒店品牌""中国长租公寓品牌创新品牌大奖""中国慈善榜——慈善榜样"以及"中国房地产公司品牌价值 TOP20"，品牌价值 215.7 亿元，并获得中国地产金砖奖——年度地产综合实力大奖。

• 2020 合景泰富部分高管名录

姓名	职务
孔健岷	董事会主席
孔健涛	行政总裁
孔健楠	执行副总裁
蔡风佳	首席执行官、地产业务
陈杰平	副总经理、营销策划中心总经理
陈广川	副总裁
黎 宁	设计部总经理
林凯苹	商业物业管理部总经理
欧 坚	广西区域总经理
许卫国	华南片区总经理、商业地产事业部总经理
金艳龙	华北片区总经理、江苏区域总经理
罗 庆	建筑板块总经理
杨 欢	营销管理中心总经理全国营销管理工作
黄妍萍	财务资金副总裁、集团财务资金管理工作
姚志敏	资金副总裁、融资管理
陈健威	财务副总监、公司秘书
侯丁丁	广州公司总经理
齐 辉	天津公司总经理
陈文德	西南片区总经理
韦明翀	中山公司总经理
唐 凌	成都公司总经理
卢 荣	合肥公司总经理

香港合能投资有限公司

香港合能投资有限公司（简称"合能"）1992 年创建于香港，发展于全国，是一家专注地产开发，商业运营、物业服务三大领域的集团化多元发展企业。公司以成都为集团总部核心，管理经营辐射西安、重庆、长沙、宁波、深圳、佛山等核心城市，计划开拓武汉、郑州、昆明、南宁等一、二线城市，旗下有深圳合能房地产开发有限公司、成都合能房地产有限公司、西安合能房地产有限公司、成都合能物业管理有限公司、成都盛佳商业经营管理有限公司等 10 余家分公司。

合能立足城市运营的战略高度，挖掘城市价值，致力于通过多元的产品与服务，实现客户的居住价值。2017 年合能将自身企业定位迭代升级为"城市生活梦想家"。

作为有影响力的责任房企，合能不只关注产品的质量与品质，在为客户提供完美居住体验的同时，积极参与社会公益活动，践行责任地产的品牌使命。荣膺"2019 中国房地产住宅开发专业领先品牌价值 TOP10"并获得"榜样 2019 最受关注地产品牌奖"。

• 2020 合能部分高管名录

姓名	职务
侯永桥	董事长、总裁
宦 钟	合能地产重庆公司总经理

合生创展集团有限公司

合生创展集团有限公司（简称"合生创展"，HK00754）成立于1992年，1998年在香港上市，现已成为涵盖住宅、商业、酒店、产业投资、物业管理和旅游度假等泛地产行业的大型综合性企业。

根据克而瑞机构统计，2020年公司销售额达303.1亿元。合生创展以高品质、高规格、高定位的精品风范，在全国成功开发近百个项目，累计开发面积超3000万平方米，深得百万业主的信赖，成就合生品牌辉煌。合生创展拥有近万名员工，地产板块2000余人，物业集团约5000人，酒店集团约2000人，已成为中国综合实力领先的房地产发展企业之一。

合生创展实施全国化战略布局，依靠丰富的土地资源储备，以北京、上海、广州三大城市为轴心，积极向二、三线城市拓展，构筑"环渤海""长三角""珠三角"三大经济圈为一体的事业版图。深耕十四座城市，逐步发展成为布局全国、多业态纵深发展的旗舰企业。

合生创展始终秉承"优质生活，完美体现"的品牌理念，将国际级居住理念引入中国，以改善城市居住环境与人居品质为己任，用心构筑优质的产品、服务和配套运营，为业主营造全场景生活体验，致力成为完美生活的缔造者。

- **2020 合生创展部分高管名录**

姓名	职务
朱桔榕	董事会主席
张 帆	执行董事，联席总裁
鲍文格	副总裁、商业投资事业部总经理
席荣贵	行政总裁
朱孟依	战略规划顾问
沈宇嵩	珠江投资、合生创展上海区域公司董事长
朱 蕾	广州地区公司董事长

深圳市合正房地产集团有限公司

深圳市合正房地产集团有限公司（简称"合正集团"）成立于1996年，是一家立足中国华南，布局全球，以"建筑城市，创享未来"为使命，以区域地产运营为己任的大型集团公司。历经20载的磨砺与积淀，逐渐发展成以房地产开发为主，商业运营、金融服务、高端医疗、高端酒店及旅游、国际教育、投资移民、物业服务等多产业发展的格局。

合正集团，拥有良好的跨区域、跨行业的经营能力和完善的资本结构体系。合正集团旗下拥有30余家全资控股企业，地产业务遍布深圳、东莞、惠州、烟台、三亚、延吉等多个城市，并形成城市综合体、城市豪宅、城市精品、滨海度假等四大产品线。

在总部深圳，合正集团2004年开始涉足旧城改造项目的开发运作，至今已成功改造开发合正星园、合正锦湖逸园、合正汇一城、合正荣悦、合正观澜汇、合正丹郡等多个大型城市更新项目，累计完成城市更新逾百万平方米，积累了丰富的城市更新开发经验。此外，集团在龙华、宝安、龙岗、盐田、大鹏等区域储备了大量城市更新项目，未来将给城市带来更多改变。

- **2020 合正集团部分高管名录**

姓名	职务
袁富儿	董事长
汪志兵	副总裁

和昌地产集团有限公司

和昌地产集团有限公司（简称"和昌集团"）创建于 2007 年，总部位于北京，是一家集房地产开发、资产运营、资本金融服务和物业服务等为一体的综合性房地产企业，公司致力于打造三大平台：开发建设平台、资产投 / 募资平台和资产运营平台。

根据克而瑞机构统计，2020 年公司销售额达 215.1 亿元。

和昌集团 2019 年度品牌主张"至诚不息，心无界"全新发布，这是对 2019 年集团经营管理主题的品牌赋能。2019 年，和昌集团总部正式迁址深圳，和昌由此走向大湾区时代的序幕也正式拉开。

和昌集团凭借"稳健增长，同心同创"的经营理念，近些年在城市布局、产业发展、业绩成长、产品打造、服务提升、品牌影响力等方面均实现了新的突破，连续四年获得中国房地产协会颁发的"中国房地产开发企业百强"和"中国房地产开发企业运营效率 10 强"入围"2019 中国房地产开发企业百强"第 80 名。连续三年荣"获中国房地产开发企业品牌价值百强"，2019 年位列第 45 名，"中国房企综合实力 TOP200"第 67 名。

• 2020 和昌集团部分高管名录

姓名	职务
张向辉	首席执行官
谢 斌	副总裁
马 进	副总裁
王新鹏	副总裁
郎云鹏	设计部总经理
宋文静	成本管理部总经理
於桂军	工程采购部总经理
杜 超	华南区域总裁
周鼎易	杭州公司总经理
郑 超	南昌公司总经理
张淞茜	青岛公司总经理
沈典维	和昌物业董事长
张维栋	和昌资管执行总裁
李 波	和昌资管招商中心总经理
黎东平	和昌集团华中区域董事长
张东波	和昌地产集团苏州公司总经理

杭州和达房地产开发有限公司

杭州和达房地产开发有限公司（简称"和达房产"）成立于 1992 年，注册资本 5 亿元，位于浙江省杭州市，是一家国有独资企业。公司所属的杭州经济技术开发区资产经营集团有限公司是和达"HEDA"品牌的持有人，隶属于杭州经济技术开发区管委会。和达房产凭着一个城市建设者的热忱、勤奋、敬业、诚信之心，秉承"和而不同，达济天下"的核心价值观；以"追求认真，追求精致，同道共识，方谓同仁"为人才理念；以培养优秀的员工为企业运作的首要目标；走集团化发展道路，紧搭开发区时代发展的脉搏。

自成立以来，和达房产已累计开发的项目包括：金沙湖畔、地铁一号线旁滨水墅式宅邸一和达·御观邸项目；C-MALL 嘉年华式的商业中心与多层地铁江景公寓结合的小型综合体——和达·东东城项目；以杭州首席物流信息交易大厦为核心的综合项目——和达·自由港；杭州首家 LEED 认证甲级写字楼——IBC 项目，成功引进杭州首家希尔顿酒店和世界第二大服务式公寓品牌"莎玛"等。

- **2020 和达房产部分高管名录**

姓名	职务
曹业亮	董事长

和泓置地集团有限公司

和泓置地集团有限公司是和泓控股最大的全资子公司（简称"和泓地产"），具有房地产开发和物业管理双一级资质，和泓地产是致力于完美人生体验的专业地产开发商和城市社区运营服务商。目前，和泓地产的足迹遍布北京、哈尔滨、沈阳、唐山、天津、成都、长沙、重庆、贵州、海南等省市。

和泓地产至今已成功开发包括北京的"交大嘉园""彩虹城""西山枫林""彩虹街区""彩虹新城""彩虹嘉园""彩虹四季"，贵阳"天海青城""黔灵半山"，重庆"祺山·品阁""和泓·南山道""和泓四季""和泓阳光""和泓·江山国际"，成都的"和泓半山""和泓·東28"，沈阳"和泓国际""和泓·半岛公馆""和泓·长白外滩"，天津的"瞰海""瞰海尚府""瞰海品筑""和泓·四季恋城"，唐山的"和泓阳光""彩虹嘉园""和泓·阳光北岸"，三亚"和泓·假日阳光"，长沙"和泓·梅溪四季"等在内的数十个地产项目，产品形态涉及住宅、酒店、写字楼、旅游度假地产等。

- **2020 和泓地产部分高管名录**

姓名	职务
谢 斌	总裁

北京和裕房地产开发有限公司

北京和裕房地产开发有限公司（简称"和裕地产"）成立于 1999 年，公司始终坚持高端品质战略，持续关注品牌建设，现已成为集高端地产开发、装修装饰、物业经营、商业运营为一体，具有国家一级开发资质的大型房地产企业，公司土地储备和年销售额均在北京房地产业名列前茅，产品品质属全国最强。

和裕地产以"品质生活，悉心为你"为宗旨，秉持"务实、高效、责任、和谐"的核心价值观，立足北京，为追求高品质生活的业主提供舒适空间。公司倡导用心做事，用心服务，倡导精益求精，超越客户期望，整合优势资源打造核心竞争力，不断为客户提供高附加值的产品和服务。

和裕地产坚持市场化运营模式，开发建设的项目在北京房地产市场上，以超越客户期望的高品质赢得了很高的知名度与美誉度。以林肯公园为代表的多个精品项目，凭借较高的产品品质以及五星级的物业管理水平赢得了业界及客户的认同和高度赞誉。

- **2020 和裕地产部分高管名录**

姓名	职务
孙绍先	董事长、总经理

河北金麦加房地产开发有限公司

河北金麦加房地产开发有限公司（简称"河北金麦加"）深耕石门十余载，以实力创品质，秉承责任地产的初心，先后打造了汇君城、枫悦园、西北汇、和西苑等多个优质楼盘，获得政府高度赞扬和已入住业主的认可度和好评。

- **2020 河北金麦加部分高管名录**

姓名	职务
张爱东	总经理

河北天鸿房地产开发有限公司

河北天鸿房地产开发有限公司（简称"河北天鸿地产"）成立于 2005 年，公司总部坐落于唐山市凤凰新城，是一个集房地产开发、商贸为一体的集团型公司。

河北天鸿地产下设天鸿地产唐山公司、天鸿地产衡水公司、天鸿地产石家庄公司（河北德融房地产）、唐山浦发贸易有限公司等多家分公司，拥有河北省建设厅批准的房地产开发二级资质，注册资金 1 亿元，

河北天鸿地产自成立以来依托先进的管理理念及高度专业的技术队伍，仅几年的时间就取得了长足发展，完成立足河北的多地域布局，形成石家庄、唐山、衡水的三点同步发展格局。

- **2020 河北天鸿地产部分高管名录**

姓名	职务
魏国秋	董事长
钟明国	城市总经理
刘禹麟	石家庄城市公司总经理

河南置地房地产集团有限公司

河南置地房地产集团有限公司（简称"河南置地"）是正华置地旗下专注房地产开发、具有国家一级开发资质的大型集团公司，先后开发 50 个楼盘项目，面积累计达 1000 万平方米，服务业主 5 万 户；先后获得"河南省房地产开发优秀企业""2019 年河南省民营企业 50 强""全国房地产企业 500 强"等荣誉奖项。

- **2020 河南置地部分高管名录**

姓名	职务
李万顺	董事长

中国恒大集团

中国恒大集团（HK03333）（简称"恒大集团"）是以民生地产为基础，文化旅游、健康养生为两翼，新能源汽车为龙头的世界500强企业集团。总资产2.1万亿元，年销售规模超6000亿元，累计纳税超2400亿元、慈善捐款超148亿元，员工14万人，每年解决就业260多万人。

根据克而瑞机构统计，2020年恒大集团合约销售金额为7035.0亿元。

恒大地产在中国280多个城市拥有810多个项目，与全球860多家知名企业战略合作，实施精品战略，打造高品质、高性价比产品，开创行业"全精装修交楼"和"无理由退房"先河，让600多万业主实现宜居梦想。

恒大新能源汽车秉持"核心技术必须世界领先、产品品质必须世界一流"的发展定位，构建覆盖新能源汽车全产业链。未来3~5年，力争成为世界规模最大、实力最强的新能源汽车集团，助力中国从汽车大国迈向汽车强国。

恒大旅游全方位构建文化旅游综合体版图，着重打造填补世界空白的两大拳头产品"恒大童世界"和"恒大水世界"。

恒大健康践行"健康中国"战略，着重打造填补中国空白的养生养老拳头产品"恒大养生谷"，是国内最大、档次最高、世界一流的全方位全龄化养生养老胜地。产品目前已布局21个，未来三年将布局超50个并陆续开业。

• 2020恒大集团部分高管名录

姓名	职务
许家印	董事局主席
夏海钧	董事局副主席、行政总裁
蒋大龙	董事局副主席兼恒大新能源汽车集团董事长
李 钢	董事局副主席、常务副总裁
柯 鹏	恒大地产集团总裁兼深圳公司董事长
王 川	常务副总裁、恒大未来产业集团总经理
潘大荣	首席财务官
何妙玲	副总裁
洪昌龙	副总裁、监察中心总经理
孟立林	副总裁、物业管理中心总经理
肖 恩	恒大新能源汽车集团总裁
段胜利	恒大旅游集团董事长
时守明	恒大健康集团董事长
刘永灼	恒大新能源科技集团董事长
彭建军	恒大动力科技集团董事长
洪昌龙	恒大旅游集团总裁
梁伟康	恒大地产集团常务副总裁
顾朝晖	恒大地产集团江西公司董事长
张 强	副总裁
朱加麟	副总裁
赖立新	副总裁

山东恒塈控股集团有限公司

山东恒塈控股集团有限公司（简称"恒塈控股"）自成立之初就以"城市生活综合服务供应商"为发展目标，历经十年沉淀，恒塈控股成功进阶集团化发展，形成以地产开发为核心，涵盖物业服务、营销代理、家装工装、金融资本、健康产业、矿产开采的"一体七翼"全方位发展格局。2018 年至今，通过莱山区滨湖万丽项目的开发运作，恒塈控股获得了烟台市区各级政府、各街道办事处及村企的赞赏与信任，被誉为"政府与人民放心托付的本土品牌开发企业"。

- **2020 恒塈控股部分高管名录**

姓名	职务
高 建	总经理

恒盛地产控股有限公司

恒盛地产控股有限公司（简称"恒盛地产"，HK00845）成立于 1996 年，是中国经济高增长地区领先的房地产发展商，专注于在上海地区、长三角地区、环渤海地区和东北地区主要经济城市之黄金地段发展大型优质房地产项目。恒盛地产在北京、天津、上海、无锡、苏州、南京、南通、合肥、嘉兴、哈尔滨、长春、沈阳及大连 13 个城市，共有 31 个发展项目。

凭借"天地之间，创造经典"的开发理念及丰富的产品组合开发模式，恒盛地产坚持走多元化、专业化、品牌化发展道路，不仅打造出众多经典优质项目，更以卓越的高品质服务全面升华客户价值。专属恒盛地产高端业主的恒盛荟高端私人俱乐部，以周到细致的物业服务，充分展现企业"以人为本"的服务理念，引领恒盛地产的高端业主，尽享高品质生活。

多年来，凭借"建一栋建筑，留一道风景"的创业态度，恒盛地产已成为一家在中国高增长潜力城市发展众多高品质物业的优质房地产发展商，获得"中国杰出房地产商""2019 中国房地产上市公司百强"等多项殊荣。

- **2020 恒盛地产部分高管名录**

姓名	职务
丁向阳	董事会主席、行政总裁
夏景华	副总裁、首席财务官
严志荣	副总裁
胡金星	独立非执行董事

上海恒实投资集团有限公司

上海恒实投资集团有限公司（简称"恒实集团"）成立于2002年，主营房地产、环保、物流地产等领域，打造了"上海泰晤士小镇"等一批社区，投资建设了几十项污水处理工程，与全球知名物流地产运营商合作，打造了普洛斯新津国际物流园区。

2012年以来，恒实集团进行战略转型，确立了以养老产业、环保能源、金融投资为主体的三大战略布局，成长为一家集养老地产开发、养老服务、环保能源、金融投资为一体的跨行业、跨区域的大型多元化集团公司，控股或参股企业已达数十家，产品与服务横跨华东、华北、西南、西北等地区。

恒实集团的养老产业分为重资产和轻资产两大方向。重资产方向是投资开发大型养老社区，轻资产方向是投资与运营高端连锁养老机构。

在环保能源领域，恒实集团在中国西部以BOT、TOT、EPC模式投资建设了多个城市污水治理环保项目，并逐步形成了以设备研发与生产、工程建设与运营管理为一体的完整产业链，从事污水处理委托运营、PPP投资、EPC总承包业务、污泥处理处置项目、合同能源管理EMC业务、德国/欧洲环保、能源技术引进和推广等业务。

- **2020 恒实集团部分高管名录**

姓名	职务
聂建明	董事长

恒泰集团

恒泰集团创建于1992年，总部位于上海，是地产、云商产业城、房车特色小镇、物业、金融、教育等多个板块协同发展的大型民营企业集团。具有"中国房地产开发企业百强""中国房地产成长速度十强""中国房地产品牌价值成长性十强""中国房地产住宅开发专业领先品牌价值十强"等称号。拥有房地产开发企业一级资质，企业评级获AA级，是安徽省房地产商会会长单位，徽商银行十大股东之一。

根据克而瑞机构统计，2020年公司销售额达167.3亿元。集团成功布局长三角、粤港澳大湾区、京津冀三大沿海城市群，以及中西部重点省会城市，形成9大区域、30城、40个项目的全国版图。

恒泰集团立足城市更新改善民生，致力于成为房地产创新引领者，向社会提供优质的产品和服务，为大众创造高品质的美好生活。以匠心呵护人居理想，全方位打造品质地产，建筑老百姓买得起的好房子，成就普通人的精致生活。坚持把绿水青山和"金山银山"理念贯穿到房地产开发中去，努力建筑更环保、更宜居、更美丽的好房子。

- **2020 恒泰集团部分高管名录**

姓名	职务
程 宏	董事长
王 辉	副总裁
池 鹏	西北区域副总裁、哈尔滨城市公司总经理
任晓庆	西南区域董事长
朱 浩	宿州城市公司总经理
王东振	唐山城市总经理

海南恒迅地产集团有限公司

海南恒迅地产集团有限公司（简称"恒迅地产"）成立于 2001 年 8 月 9 日，注册地位于海口市海甸五东路 15 号香樟假日 2 号楼二层，法定代表人为张进步。经营范围包括房地产开发、房地产信息咨询、室内外装修装饰工程、水电、制冷工程及维修，自有房屋租赁。海南恒迅地产集团有限公司对外投资 2 家公司。

- **2020 恒迅地产部分高管名录**

姓名	职务
张进步	董事长、总经理
梁春苗	董事
梁春雨	董事
梁春朝	监事
张 恒	监事

恒亿集团

恒亿集团创建于 1958 年，前身为龙岩西陂建筑营造厂，1978 年更名为龙岩市西陂建筑公司，1996 年企业改制为龙岩市西陂建筑工程有限公司。2003 年 12 月，集团以建筑公司为基础，以房地产开发公司为龙头，按现代企业制度联合组建成立了"福建恒亿建设集团"。2009 年 3 月，经国家工商管理总局核准，更名为"恒亿集团"（无行业、地域限制）。恒亿集团历经半个世纪，已经发展成为拥有恒亿集团有限公司、华创投资（香港）有限公司、厦门恒亿矿业科技有限公司、恒亿置业（厦门）有限公司等 10 家全资企业；Alpha Force Marine Executive World（法国·巴黎）、山东泰安恒亿房地产开发有限公司等 5 家控股或主要占股企业；厦门龙圆投资有限公司、龙岩房商投资有限公司、四川泸州安达港口有限公司等 8 家参股企业。恒亿集团业务已拓展至北京、上海、广东、浙江、江西、四川、云南和河南等二十几个省市，在这些省市设立了分公司和办事处。还在世界各地设有分公司，积极开拓海外市场，进入国际化发展轨道。

- **2020 恒亿集团部分高管名录**

姓名	职务
郭建平	董事长
黄 芸	总经理

衡阳市博达房地产开发有限公司

衡阳市博达房地产开发有限公司（简称"衡阳博达"）成立于 2002 年 6 月，注册资本金 5000 万元，拥有国家房地产开发二级资质。公司办公地址位于衡阳市华新区长湖街 35 号。

开发的主要项目有博达花苑、财富大厦、博达绿岛、江洲花园等，目前在建的"新桂城"项目开发面积达 50 多万平方米，公司累计开发面积已突破 100 万平方米。

随着公司日益发展壮大，衡阳博达认真履行社会责任，多次荣登衡阳纳税大户榜单前列，年上交各项税费过千万元，同时不断关注民生，以爱心反哺社会。多年来，公司各类公益慈善捐赠遍及教育、赈灾、助残、治安、敬老、扶贫等多个领域，累计超过 300 万元。

展望未来，正如公司形象识别标志所诠释的"方圆有度，展翅翱翔"，衡阳博达坚持不断提高自身的专业化水平、严格遵循全面质量管理体系，强化全员质量意识和服务意识，以进一步提高公司在市场上的竞争力，为广大消费者筑造更加精彩的生活空间。

- **2020 衡阳博达部分高管名录**

姓名	职务
周　旺	总经理

弘阳集团有限公司

弘阳集团有限公司（简称"弘阳集团"）创立于 1996 年，是一家以实业为本的综合类产业集团，主营业务涵盖商业运营、地产开发、物业服务等行业和领域，旗下弘阳地产集团有限公司（HK01996）2018 年在香港主板上市。

根据克而瑞机构统计，2020 年公司销售额达 865.1 亿元，拥有 6000 名员工与上万家中小微商户签约，带动超 10 万人就业，并服务 50 余万名业主，年客流量超亿人次。

弘阳地产集团有限公司拥有国家房地产开发企业一级资质，坚持做透大江苏，深耕长三角，布局都市圈，已进入全国近 30 个大中型城市，累计开发面积近 2000 万平方米。秉承"不完美，不止步"的产品理念，弘阳地产集团有限公司形成了正弘系、昕悦系、时光系三大主力产品线。

弘阳商业是以购物中心、家居建材、主题游乐、社区商业、星级酒店等多元化经营的著名商业品牌，国内首创全时态游乐综合体。弘阳商业依托弘阳集团的优势资源，构建了两大主力产品线，累计持有超 400 万平方米的商业管理面积，年销售额超百亿元，年客流量超 2000 万人次。

弘阳服务是弘阳集团旗下集物业服务、资产运营、社区服务为一体的综合型、科技型物业服务集团，具有国家物业管理一级资质，累计管理总建筑面积超 1800 万平方米。

• 2020 弘阳集团部分高管名录

姓名	职务
曾焕沙	董事会主席
蒋达强	执行总裁
何 捷	行政总裁
张 良	首席顾问
葛春华	副行政总裁、南京总部总裁、南京区域公司总经理
贾 杰	财务总监
雷伟彬	副总裁
陈思红	副总裁
李 亮	副总裁
冯永林	武汉公司总经理
郑 通	中原区域公司总经理
沈 仑	集团副总裁、苏南区域公司总经理
戴少平	合肥公司总经理
陈 琪	徐州公司总经理
吴学军	南昌区域公司总经理
杨 林	广州区域公司总经理

无锡红豆置业有限公司

无锡红豆置业有限公司（简称"红豆置业"）成立于2002年4月3日，注册地位于无锡市锡山区东港镇港下兴港路，法人代表为戴敏君。经营范围包括按一级标准从事房地产开发经营；装饰装潢服务；自有房屋的租赁（依法须经批准的项目，经相关部门批准后方可开展经营活动）。红豆置业对外投资5家公司，具有2处分支机构。

红豆置业是红豆集团实现由资产经营迈向资本经营的战略转型而组建的专业房地产开发企业，是红豆集团四大支持产业之一。红豆置业依托红豆集团企业的知名度和"红豆"品牌美誉度，以"立足沪宁线，放眼长三角"的战略布局，全力打造承载社会进步和文明进化的优质物业。

- **2020 红豆集团部分高管名录**

姓名	职务
周海江	党委书记、董事局主席、CEO
周耀庭	副董事长
丁宇星	苏南事业部部长、无锡公司总经理

上海红星美凯龙房地产集团有限公司

上海红星美凯龙房地产集团有限公司（简称"红星地产"）成立于 2009 年，主营业务范围涵盖商业运营管理、不动产开发，是综合性地产开发特色房企，在地产开发领域的目标是做中国品质地产人。

根据克而瑞机构统计，2020 年公司销售额达 614.0 亿元，跻身中国房地产百强之列，成为行业综合性地产开发商。红星地产深耕城市，深入区域，凭借优选地块立体化发展，从立足上海到布局全国，已在天津、重庆、苏州、太原、金华、青岛等全国 53 座城市落地，累积项目百余个。

在商业运营方面，红星地产倾力打造的"爱琴海购物公园"占据主力城市新兴商圈，创启体验式商业时代。已布局北京、上海、天津、重庆等 60 余个城市，囊括 3000 多家品牌资源，打造创新品牌集合，实现消费体验升级。

红星地产秉承了红星美凯龙 30 余年的品牌精华，致力于为每一座中国城市带来更美好的高品质生活，并持续创新商业模式，通过创新引擎、精细化运营与整合营销来实现合作伙伴的价值目标，站在城市运营的高度，专注于全国主要城市综合体的开发与运营，做品质地产商。

- **2020 红星地产部分高管名录**

姓名	职务
车建新	董事长
陈志杰	副总裁
张华容	爱琴海 CEO、总裁
楼超钢	董事、总经理
苏荣策	徐州公司总经理

沈阳宏发房屋开发有限公司

沈阳宏发房屋开发有限公司（简称"宏发"）地处辽宁省沈阳市，详细地址为辽宁省沈阳市于洪区和平村，这里交通便利，区位优势明显，主要提供房屋开发及销售等相关产品与服务。宏发严格进行质量管理，及时引进先进设备及加强管理，加大投入，立足本地，着眼未来，稳步发展，不断迈向全国，致力于为公众提供可靠、深受信赖的产品和服务。

- **2020 宏发部分高管名录**

姓名	职务
孙国财	董事长
孙经龙	总经理
蒋　威	深圳市宏发投资集团有限公司副总裁

贵州宏立城集团

成立于1998年的贵州宏立城房地产开发有限公司，2006年正式组建贵州宏立城集团（简称"宏立城集团"）。经过20余年的开拓进取，已发展成为涵盖综合地产开发、商业运营、物业管理、智慧城市、教育医疗等领域的多元化集团公司。宏立城集团开发的首个项目山水黔城，规模达223万平方米，在2003年中国住交会上获评"中国名盘50强"，服务业主1.25万户，成为贵阳高端别墅小区的标杆。

2010年，宏立城集团总投资1000亿元，开发了大型城市综合体花果园，项目总开发建筑面积1830万平方米。

2012年，宏立城集团成为贵州首家跻身全国民营500强的企业。

2016年，宏立城集团全面启动从"房地产开发商"向"城市运营商"的战略转型，打造了涵盖贵阳国际贸易中心（双子塔）、海豚广场等新型商业综合体，成功运营近300万平方米的商业（含社区商业），近400万平方米的地下停车场。

2019年，宏立城集团获"贵州房地产慈善公益企业"殊荣。

2020年，宏立城集团签约诺贝尔物理学奖获得者热拉尔·穆鲁教授为首席顾问；贵安·山水花溪项目开工建设。

- **2020 宏立城集团部分高管名录**

姓名	职务
肖春红	创始人、董事长、总裁、CEO
周振宇	副总裁

东莞宏远工业区股份有限公司

东莞宏远工业区股份有限公司（简称"宏远房地产"，SZ000573）成立于 1992 年，1994 年 8 月在深圳证券交易所挂牌上市，是东莞市第一家上市公司，旗下有全资子公司广东宏远集团房地产开发有限公司、东莞市宏远水电工程有限公司及控股公司威宁县结里煤焦有限公司、威宁县煤炭沟煤矿，是一家以房地产开发为主营业务，同时经营煤炭开采与销售、工业区开发及水电工程建设的上市公司。

宏远房地产是东莞市首家通过 ISO9001 国际质量管理认证的房地产企业，并先后获得"东莞市园林式单位""广东省住宅小区体育示范单位""东莞市交通安全文明社区""东莞市无毒小区""广东省绿色住区""广东省物业管理示范小区""东莞市文明社区"等荣誉称号，2002 年、2003 年连续两年被评为房地产综合开发先进企业。

宏远房地产已形成了一个集学校、商务、医院、治安、文化娱乐设施、交通等功能齐全、设施完善的宏远大社区，使宏远房地产在东莞本地形成了独特的竞争优势，宏远房地产也成为东莞市知名的房地产品牌之一。

- **2020 宏远房地产部分高管名录**

姓名	职务
周明轩	董事长
钟振强	总经理

南昌鸿海置业有限公司

南昌鸿海置业有限公司（简称"鸿海置业"）于 2010 年 7 月 19 日在南昌县市场和质量监督管理局登记成立，公司经营范围包括房地产开发与经营、投资咨询、国内贸易。

- **2020 鸿海置业部分高管名录**

姓名	职务
黄凯涛	董事长

北京鸿坤伟业房地产开发有限公司

北京鸿坤伟业房地产开发有限公司（简称"鸿坤集团"）成立于2002年，现已发展成为一家拥有鸿坤资本、鸿坤产业、鸿坤文旅和鸿坤地产四大业务板块的复合型控股集团。通过四大业务板块的产业协同、生态发展，致力于成为创新型城市运营商，实现"让人们住得开心，让城市充满活力"的使命。

根据克而瑞机构统计，2020年公司销售额达68亿元。鸿坤集团自2007年起，打造以鸿坤亿润投资为载体的资本运营平台，于2018年正式成立鸿坤资本集团，致力于成为国内领先的"泛地产投资领域领先的综合资产管理机构"。

作为鸿坤集团的核心业务集团，北鸿坤伟业房地产开发有限公司经过17年发展，开发足迹遍布北京、上海、天津、河北、江苏、广东、安徽、湖北及海南等直辖市和省份，正逐步在京津冀、长江经济带、粤港澳大湾区、海南等都市圈布局。鸿坤地产业务覆盖住宅地产、商业地产、物业服务三大业务板块，已连续7年荣膺中国房地产百强、品牌价值百强；中国房地产开发企业创新能力10强，华北区域品牌价值10强企业。

- **2020 鸿坤集团部分高管名录**

姓名	职务
赵 彬	鸿坤集团董事长
袁 春	鸿坤地产集团总裁
孔祥民	鸿坤地产集团监事会主席
李 军	鸿坤地产集团副总裁、投资与运营
欧立志	鸿坤地产集团总裁助理、运营管理部总经理
赵伟豪	鸿坤地产集团总裁助理、战略投资部总经理
郑 健	鸿坤地产集团首席财务官
潘 娜	鸿坤地产集团人力资源部总经理
李红松	鸿坤地产集团华北公司总经理
吴国卿	鸿坤物业集团总经理
姜 峰	鸿坤文旅集团总裁
张海文	鸿坤资本集团总裁
王玉然	鸿坤产业集团总裁
李卫锋	北京公司总经理、一级合伙人
李雨龙	天津公司总经理

鸿荣源房地产开发有限公司

鸿荣源房地产开发有限公司（简称"鸿荣源"）创建于 1991 年，历经近 30 载的稳健发展，成长为以房地产开发、商业运营、产业发展、金融科技四大板块为核心，多元化经营的大型综合性企业集团。拥有国家房地产开发企业一级资质。

根据克而瑞机构统计，2020 年公司销售额达 139.3 亿元。

在房地产开发领域，鸿荣源在深累计开发项目面积逾 1000 万平方米，服务家庭逾 4 万户。在商业运营领域，鸿荣源以自营商业及品牌管理输出双线并举，已形成壹方城、壹方天地、壹方汇、壹方里四大商业品牌线，致力于成为具有国际竞争力的商业增值服务商。

在产业发展领域，历经十余载发展，鸿荣源已运营产业园面积超 170 万平方米，未来着力打造以四大重点项目为核心的六大园区，整体产业空间体量将达 600 万平方米，成为中国产业升级的创新力量。

鸿荣源秉承对社会负责的诚信态度，主动承担社会责任，推动城市发展。连续多年荣获"中国房地产开发企业百强""中国民营企业纳税百强""中国物业服务百强企业""中国特色产业新城运营优秀企业""深圳市知名品牌"等称号。

• 2020 鸿荣源部分高管名录

姓名	职务
赖海民	董事长
赖俊霖	总裁

鸿通集团

鸿通集团成立于 2011 年，是一家快速成长的大型综合性房地产开发企业及美好品质生活综合服务商。集团业务涉及房地产开发、建筑施工、园林建设施工、物业管理、销售服务等五大板块。总部坐落于成都市高新区，在南充、内江、泸州、乐山、眉山等地已打造 27 个精品项目。现有员工 1500 余人。

2019 年，鸿通集团围绕创品牌、立发展、建管控、提升员工幸福感四项战略，在运营流程、组织结构、规章制度、管理控制、信息体系建设等方面进行系列改革，实现企业管理升级。

鸿通集团先后荣获"最具影响力房地产开发企业""消费者满意的讲诚信负责任示范单位""中国百强房企""四川房地产开发企业品牌价值十强"等荣誉。集团始终坚持走精品路线，内养正文化，外树正形象。通过不断深入研究客户需求，打造更高品质、更高性价比的产品，为建筑融入更多品质生活元素，让城市和人们的生活更加美好，努力成为美好生活服务商。

• 2020 鸿通集团部分高管名录

姓名	职务
王 平	董事长、总裁
王元友	行政人事管理中心总经理、物业管理中心副总经理

鸿翔控股集团有限公司

鸿翔控股集团有限公司（简称"鸿翔集团"）由创立于 1979 年的海宁第二建筑工程公司改制而来，现已拥有建筑业、房地产业、环境产业、服务业（包含了金融投资、商贸服务、文化体育、现代工业等多个业务板块），这四大板块涉及企业 60 多家，鸿翔集团的建筑业、房地产是集团的核心产业，其下辖设计院、房地产开发、市政、装饰、基础建设、幕墙施工、水利、交通、机电等一系列专业公司，多个相关产业有机组合。

根据克而瑞机构统计，2020 年公司地产销售额达 108.3 亿元。

房地产业作为鸿翔集团第二大产业，拥有国家房地产开发一级资质、物业服务企业二级资质。鸿翔房产抓住了经过国家宏观调控之后，从低迷开始逐渐回暖这一机会，下狠力拿下了海宁的众多地块，成功开发及正在运营的经典楼盘有东方都市、万隆府、康桥名城、铜锣湾等，稳稳占据海宁房地产市场第一的位置。

鸿翔集团先后荣获全国民营企业 500 强、中国建筑纳税 500 强、全国五一劳动奖状、全国建筑业信用 AAA 级企业、中国建筑业最具成长性百强企业、全国建筑业先进企业等诸多荣誉。企业综合实力始终保持在同行业先进水平，连续六年在嘉兴五县（市）两区中居于龙头地位。

- **2020 鸿翔集团部分高管名录**

姓名	职务
姚岳良	董事长
姚惟秉	总裁、体育文化产业公司董事长
姚国铭	鸿翔建设集团副董事长
马小平	副总裁、建设事业群总裁
潘亦波	副总裁、房产公司总裁
许晓平	副总裁、环境产业公司总经理

呼和浩特城发益晟房地产开发有限公司

呼和浩特城发益晟房地产开发有限公司（简称"呼和浩特城发益晟"）是 2012 年 3 月 19 日在内蒙古自治区呼和浩特市回民区注册成立的其他有限责任公司，注册地址位于内蒙古自治区呼和浩特市回民区中山西路 22 号城发大厦 15-16 层。企业法人王志勇。

- **2020 呼和浩特城发益晟部分高管名录**

姓名	职务
赵永强	总经理

湖北省联合发展投资集团有限公司

湖北省联合发展投资集团有限公司（简称"湖北联投"）于 2008 年 9 月正式成立，诞生于武汉城市圈"两型"社会综合配套试验区获批的历史时刻，肩负着以"政府引导，市场化运作"的经营宗旨，探索城市化发展新模式的历史使命。公司注册资本 43.3 亿元，资产规模近 2000 亿元，"联投系" 4 家企业主体信用创 AAA 级，拥有近 30 家出资公司。根据克而瑞机构统计，2020 年公司销售额达 74.3 亿元。

湖北联投历经 10 年发展，形成了以产业新城为主责主业，交通基础设施、城市综合开发、实体产业、数据金融四大辅业协同发展的良好格局。

产业新城依托武汉花山、鄂州梧桐湖、咸宁梓山湖、荆州农高投等 9 个新型城镇化项目，高位对接湖北省"一芯两带三区"战略布局，实施"配套＋产业、金融＋产业、数据＋产业、运营服务＋产业、政策对接＋产业"发展，形成"以产定城、以城兴产、产城融合"的良性互动态势。城市综合开发板块依托联投置业、建筑设计院、商贸物流公司，在建及储备土地资源开发量达千万平方米，成为湖北省房地产龙头企业。

- **2020 湖北联投部分高管名录**

姓名	职务
李军杰	党委副书记、副总经理
丁振国	党委委员、副总经理
周均清	党委委员、副总经理
汪继明	党委委员、副总经理
王嘉良	党委委员、总会计师

花样年集团（中国）有限公司

花样年集团（中国）有限公司（简称"花样年"，HK01777）起步于 1998 年，2009 年 11 月在香港上市，现已全面完成基于未来移动互联网、客户大数据时代的业务战略布局。通过"地产＋社区"双头部战略，轻重并举，致力于打造中国一流的房地产社区智造商和最大的社区 O2O 服务平台，业务覆盖中国内地超过 200 个城市。

根据克而瑞机构统计，2020 年公司销售额达 492.1 亿元。

自 2008 年以来，花样年开始积极转型，探索和研究产业地产，形成了与进出口产品相关的展览产业地产、文化创意产业地产、健康养生养老产业地产、高科技产业基地及孵化园产业地产等与国家转型密切相关的产业地产系列。

花样年具备完善的产业地产整合能力，包括快速的开发及销售能力、园区运营管理能力、后期物业增值服务等。在深耕国内市场的同时，花样年国际化战略扩张不断推进，在香港、台北、新加坡、东京设立分公司，在新加坡、美国等投资了项目。

2019 年，花样年位列"2019 中国房地产上市公司综合实力 100 强" 第 66 位，并入选"2019 中国房地产开发企业品牌价值华南 10 强"。2020 年 3 月 17 日，花样年位列"2020 中国房地产百强企业"第 51 位。

- ## 2020 花样年部分高管名录

姓名	职务
潘 军	花样年控股集团董事局主席、执行董事
柯卡生	花样年控股集团执行董事、副总裁
张惠明	花样年控股集团执行董事、地产集团 COO
陈新禹	花样年执行董事、CFO
刘宗保	花样年地产集团总裁
孙国军	花样年地产集团副总裁
李阳春	花样年集团副总裁、深圳区域总裁
孙国军	花样年地产集团副总裁
赵英华	花样年地产集团副总裁、深圳区域公司总裁
毛晓冰	花样年地产集团副总裁
朱莉莉	花样年商旅文副总裁
陈玉忠	花样年城市发展运营公司董事长
许国栋	花样年城市发展运营公司总裁
朱国刚	花样年地产集团副总裁、成都区域总裁
李 万	花样年营销副总裁
王幸祥	花样年地产集团武汉区域公司常务副总经理

华安发展控股集团

华安发展控股集团（简称"华安"）2006 年创立于北京，注册资本金 10.1 亿元。多年来，一直致力于开拓地域文化旅游产业，已经拥有了一套完整的文旅产业运营管理体系，同时形成了文旅产业、地产开发、文化教育、金融投资、PE 投资五大主营板块。自成立以来，华安坚持走高端化、精品化的发展战略，以务实的精神取得了骄人的业绩。

华安始终秉承"华安超越华安"的发展理念，坚持理性投资、稳健操作、持续发展的指导思想。历经十余年发展，集团旗下现有控股和参股企业 40 余家，其中金融企业 10 余家。业务遍及北京、河北、上海等省市，开发项目包括国家 AAAA 级旅游景区、城市综合体、第九代商业、五星级酒店、AAAAA 级写字楼及高档住宅等。

华安连续荣获"中国行业十大创新力品牌""中国房地产十佳诚信开发企业""中华百强徽商""华东最具人气人文景区"等 30 余项称号。以及"2019 中国房地产开发企业品牌价值 100 强""2019 中国房地产开发企业安徽省 10 强""2019 中国房地产开发企业文旅地产 10 强""2019 中国房地产开发企业 150 强"等年度殊荣。

• 2020 华安部分高管名录

姓名	职务	姓名	职务
张怀安	董事长	窦本勇	副总裁、文旅产业研究院院长
程 钰	总裁	吴晓华	副总裁
周 磊	执行总裁	卢 军	副总裁
詹 玮	常务副总裁	王相中	总经济师

合肥华邦投资置业有限公司

合肥华邦投资置业有限公司（简称"华邦集团"）隶属于以上市公司"洽洽食品"闻名中外的国家重点龙头企业——华泰集团。华邦集团采用现代化的企业运营模式，实现多元化经营，涉及房地产开发、商业运营、物业管理、景观施工、金融服务等诸多业态。

华邦集团成立至今 19 载，累计开发及在推进项目遍及安徽、南昌、上海等多个省市，打造了 30 座城市高声誉楼盘，已形成地中海风格"华府系"、城市综合体"世贸系"等诸多成熟产品线，赢得万千赞誉。累计开发面积 700 多万平方米，总资产逾百亿元，开发项目涵盖城市综合体、写字楼、品质别墅、高尚住宅等。

2014 年 10 月，华邦集团凭借雄厚实力一举夺得上海虹桥商务区北部核心地块，倾力打造上海虹桥华泰中心。2015 年 5 月，勇夺合肥政务南优质地块，打造合肥又一人文品质楼盘——华邦·观筑里。2016 年 10 月 28 日，华邦集团成功竞得高新区 SHX-4-1（公告号）优质地块，打造别墅项目——蜀山别院。2017 年 5 月 12 日，华邦集团进军南昌，成功竞得南昌市高新区 DAFJ2017007（公告号）优质地块，打造洪城品质墅区——华邦·观湖别院，布局全国，再下一城！

• 2020 华邦集团高管名录

姓名	职务
陈先保	董事长

广东华标创业集团有限公司

广东华标创业集团有限公司（简称"华标创业"）是一家以房地产开发为主，集物业管理、高尔夫度假村经营、酒店经营管理等于一体的多元化现代企业，总部位于广州 。

• **2020 华标创业部分高管名录**

姓名	职务
蔡如青	董事长
蔡泽豪	总裁助理

南通市华德房地产有限公司

南通市华德房地产有限公司（简称"华德"）创建于 1992 年，与南通四建同为达海控股集团旗下核心子公司，具有国家房地产开发一级资质，27 年精进修为，与时俱进，构建人与建筑、城市与生活、社会与未来的美好关系。自 1998 年开发醇熟项目华德公寓以来，逐渐形成了高品质、复合型地产开发能力，并于时代浪潮中砥砺前行，业务遍及长三角、珠三角、环渤海、东北等区域的多个重点城市群。

• **2020 华德高管名录**

姓名	职务
姚富新	董事长

安徽华地置业有限公司

安徽华地置业有限公司（简称"华地集团"）成立于 2004 年，拥有国家房地产开发及物业管理双一级资质，是集房产开发及配套服务多位一体的综合性大型房企。"华地集团"荣获安徽省著名商标。

根据克而瑞机构统计，2020 年公司销售额达 151.7 亿元。

近年来，华地集团始终秉承"铸造城市经典，建设健康人居"的开发理念，推动产品升级换代，推陈出新，在关注建筑品质的基础上，更为关注人居健康，致力于用科技改变生活，铸造绿色健康人居。2019 年华地集团深耕安徽，布局全国皖、苏、鲁、赣、豫、沪五省一市，成功跻身中国房地产行业销售面积百强行列。

华地集团开发的众多项目皆为行业典范。其中，斥巨资打造的"智能社区、水净化、空气滤清、地库自然采光、外墙保温、高性能门窗、雨水收集、太阳能热水"八大科技系统为一体的绿色科技住宅，更是以建筑中的人文情怀成为行业内的标杆。

• **2020 华地集团部分高管名录**

姓名	职务
吴成柱	董事长
吴守状	执行总裁
李跃宽	副总裁

华董（中国）有限公司

华董（中国）有限公司［简称"华董（中国）"］总部位于上海，是一家以地产开发为主业，集金融投资、不动产投资、产业园区运营、酒店管理、物业服务、国际贸易等于一体的综合性企业集团。

自创立以来，华董（中国）坚持深耕长三角，积极拓展全国城市群，已进入上海、浙江、江苏、江西、云南等省市。在稳健发展的前提下，华董（中国）积极拓展目标城市的土地储备，通过多元化的土地获取方式，加强了对不同层级市场的布局，为未来高速发展奠定坚实的基础。通过精研每一块土地属性，深入了解当地人居偏好，打造区域标杆项目；规划建设华董大食堂、城市会客厅等场所，增强住宅区自身配套服务功能；开创会员制华董（中国）会，提供全方位优质服务。

秉承"缔造精致生活"的产品理念，华董（中国）坚持走精品化、专业化、品牌化发展路线，先后获得"中国房地产著名品牌企业""上海市房地产诚信企业""中国房地产开发企业品牌价值成长性 10 强""2019 中国房地产开发企业 100 强""2019 中国房地产开发企业稳健经营 10 强""2019 中国房地产开发企业浙江省 10 强"等荣誉。

- **2020 华董（中国）部分高管名录**

姓名	职务
董希北	董事局主席
董国倩	总裁
杨士杰	执行副总裁
徐春红	副总裁
欧阳宝丰	副总裁

珠海华发实业股份有限公司

珠海华发实业股份有限公司（简称"华发股份"，SH600325）成立于 1992 年 8 月，其前身始创于 1980 年，1994 年取得国家房地产开发一级资质，2004 年成为房地产上市公司。公司坚持诚信经营的方针，秉承"建筑理想家""越完美越追求完美"的宗旨和信念，成功打造了一系列房地产精品项目，多个项目获得国家、省、市级各项殊荣。鸿景花园、华发新城、华发世纪城、华发水郡、华发生态庄园成为全国知名的楼宇品牌。

根据克而瑞机构统计，2020 年公司销售额达 1205.0 亿元。

近年来，华发股份实施"立足珠海，面向全国"的发展战略，在巩固珠海房地产企业龙头地位的基础上，稳步推进对外扩张步伐，已经成功进驻中山、包头、沈阳、大连、南宁、盘锦、威海、重庆、武汉和成都等市，呈现了由单一城市、单一区域向多个城市、多个区域方向发展的良好态势，并从单纯的住宅开发商向包括精品住宅、商业地产、旅游地产、土地一级开发、保障性住房在内的综合性地产商跨越。

2019 年，凭借在绿色建筑领域的表现，华发股份上榜"2019 中国绿色地产运行典范 TOP10"，同时荣获"中国美好生活特别贡献企业"和"2019 年度品质房企"等奖项。

• 2020 华发股份部分高管名录

姓名	职务	姓名	职务
李光宁	董事局主席，法定代表人，董事	姜 权	威海公司总经理
陈 茵	总裁，董事局副主席，董事	杨峻伟	上海公司总经理、华东资管公司总经理
郭凌勇	董事局副主席，执行副总裁，董事	张 鹏	广州公司总经理
汤建军	董事局副主席，董事	钟百灵	珠海区域总经理
俞卫国	常务执行副总裁，董事，财务负责人	孙 煜	沈阳公司总经理
刘颖喆	执行副总裁	彭碧秋	珠海华发西部置业有限公司总经理
张 驰	执行副总裁	代 军	华南区域重庆公司总经理、成都公司总经理
张 延	执行副总裁，总工程师	刘 鹏	珠海区域华景公司总经理
章建波	华东区域副董事长、总经理	王 伟	武汉公司副董事长、总经理
李剑宇	华东区域总经理助理、无锡公司总经理	汪 宏	华南区域总经理
伍德业	广州公司董事长、总经理	杨瑞峰	长沙公司总经理
晏 军	中山公司总经理	黄 飞	华南区域公司副总经理、江门城市公司总经理
于 雷	大连公司总经理	何 宇	华东区域副总经理、绍兴城市公司总经理
霍晓鹏	天津公司总经理，西安公司执行董事、总经理，北京公司副总经理	杨峻伟	华东区域副总经理、华发股份上海公司总经理
杜海峰	北方区域城市总经理	马其天	深圳公司总经理
刘照华	南京公司总经理	刘武军	北方区域大连公司常务副总经理
李兆龙	苏州公司总经理	马艾娜	烟台公司总经理

华鸿嘉信控股集团有限公司

华鸿嘉信控股集团有限公司（简称"华鸿嘉信"）成立于 2012 年，总部位于杭州，是一家主营房地产开发并涉足商办产城、建筑施工、基金、投资、精装、景观、贸易及物业服务等多领域的综合性控股集团，拥有国家房地产开发一级资质。

华鸿嘉信深耕浙江，是浙江省房地产业十强房企，在浙江、江苏、福建、湖北、安徽等华东多个省份陆续开发有 80 多个优质项目。根据克而瑞机构统计，2020 年公司销售额达 288.6 亿元。

华鸿嘉信致力于成为"城市优质资产发展商"，践行全面优质、综合超越的产品理念，专注于住宅、商办、产城等物业的研发，共同构建涵盖平层公寓、复式华宅、花园洋房、联排别墅及非住宅产品等综合物业形态的产品格局。

2019 年是华鸿嘉信的品质年，凭借高品质的产品服务与有质量的增长，华鸿嘉信取得了令人瞩目的规模化跨越式发展成就，连续 4 年荣获"中国房地产百强"，连续三年荣获"中国房企综合实力百强"，位列"2019 中国房地产开发企业发展潜力 10 强"第 6 位、"2019 中国房地产开发企业 100 强"第 64 位。连续五年位列浙南房地产市场总销前三甲，蝉联 2016—2019 年"温州房地产市场总销冠军"。

- **2020 华鸿嘉信部分高管名录**

姓名	职务
李金枢	董事长、总裁

江苏华建地产集团有限公司

江苏华建地产初创于 2004 年，是以华建品牌为依托的独立法人单位，2016 年正式成立江苏华建地产集团有限公司（简称"华建地产"）。华建地产注册资金 3 亿元，下辖有扬州华建置地有限公司、扬州华景置地有限公司、扬州华建新城置业有限公司等单位，现有在职员工 100 余人。十多年来，华建地产按照现代企业制度的管理模式精耕细作，在住宅、写字楼等领域均有所建树，成功地将江苏华建品牌从建筑施工总承包领域扩展至房地产开发领域。

华建地产始终坚持以"充分发挥江苏华建品牌优势，积极实施资本运作和多元发展战略"的开发理念和经营方针，切实转变观念，解放思想，积极寻求探索与市场机制相适应的经营策略和经营方针，走品牌化、专业化发展之路。在扬州、盐城、徐州、宜昌、海安、成都、重庆等地以独资、控股、参股的形式开发了 20 余个地产项目，开发面积近 400 万平方米，并主动适应市场经济发展的需要，以提供高端商务楼和优质住宅为己任，在盐城独立操盘华景园、华建雅园、华建颐园等项目。

- **2020 华建地产部分高管名录**

姓名	职务
程 杰	董事长
徐 刚	总经理

华景川集团有限公司

华景川集团有限公司（简称"华景川集团"）发轫于杭州，深耕长三角，布局中西部，足迹遍布半个中国，砥砺前行，稳健发展，业已形成多元化的现代化发展格局。华景川集团以房地产产业链为主轴，横跨商业管理、物业管理、小镇开发、文化旅游、实体产业、金融投资和互联网科技等多种产业形态，旗下拥有包括嘉丰房产、华川物业、中廉网络、绿嘉投资、酒店公司、华景川旅业、众相资管等数家子公司。

2018 年，华景川集团销售额从 45 亿元增至 109 亿元，创造年增长率 142% 的传奇，挺进"中国房地产企业销售金额 200 强"榜单，销售面积位列第 120 名，权益金额第 148 名，流量金额第 151 名，正式迈入百亿房企阵营。2020 年，华景川集团全年销售额为 168.3 亿元。

未来，华景川集团将以更开放的心态，与各方紧密合作，坚持匠人精神，求精创新，为居住者提供高品质的生活环境。面对市场风云变幻，华景川集团将坚守战略，快速发展，实现"规模上台阶，品质树标杆"，成为有理想、有信念、有口碑、可传承、可持续发展的、受社会尊敬的企业，为城市、为社会、为客户、为员工，创造更多的价值，营造更好的生活。

- **2020 华景川集团部分高管名录**

姓名	职务
罗相斌	董事长
周泓熹	执行董事、总经理
纪元明	总裁

哈尔滨华居置业有限公司

哈尔滨华居置业有限公司（简称"华居置业"）成立于 2018 年，其以稳健的发展态势，优异的产品品质，立足哈尔滨，并跻身哈尔滨地产行业前列。2019 年，华居置业推出匠心荣耀之作——华居·水木天成。该项目坐落于国家级新区哈尔滨市松北新区，以新区"一江居中、两岸繁荣""打造哈大齐工业走廊"战略构想为依托。项目所在区域内多条主干道锋速互动，松北大道、世茂大道、三环路等连通市内各区；太阳岛、哈尔滨极地馆、金河湾湿地公园、冰雪大世界等旅游资源环绕。

- **2020 华居置业部分高管名录**

姓名	职务
刘丹丹	董事长

华丽家族股份有限公司

华丽家族股份有限公司（简称"华丽家族"，SH600503）成立于 1994 年，是上海著名的房地产开发集团之一，拥有房地产开发一级资质。2008 年 6 月，完成对宏智科技的注资更名进而实现上市。华丽家族以地产开发为核心业务，同时涉足建筑装饰、绿化环保等相关产业，并正在拓展商业地产、旅游地产、城市基础设施建设等业务，并积极开辟第二主业，涉及金融投资、生物制药、新能源、节能环保等股权运作投资，从而逐步培育公司新的业务增长点。

华丽家族一直专注于上海中心城区精品住宅的开发，以"开发的是土地，经营的是艺术，创造的是价值"为经营理念，成功开发了"浦东华丽家族花园""古北花园""檀香别墅"等知名精品楼盘。

华丽家族将企业发展战略确定为"科技＋金融"双轮驱动。公司已从单个项目开发、单一的上海城区开发的项目型公司，逐渐发展成多个项目同时开发、跨区域开发的集团化运作的专业房地产开发商。已获得"上海市房地产销售 50 强企业""中国城建与房地产科学发展 50 大卓越成就企业""最佳商业模式上市公司""年度价值地产企业"等多项殊荣。

• **2020 华丽家族高管名录**

姓名	职务
李荣强	董事长
王励勋	总裁

华联发展集团有限公司

华联发展集团有限公司（简称"华联发展"）成立于 1983 年，总部设在深圳，原为纺织工业部直属企业，是 181 家中央直属企业之一，2005 年在中央直属国企改革调整过程中转为国有控股的企业集团。现已发展成为以房地产开发为主业、创业投资为辅业、资产逾百亿元的股权多元化大型企业集团，拥有上市企业"华联控股"（000036）和 30 多家全资、控股企业，产业主要分布在深圳、浙江和上海三地。

华联发展先后在深圳、上海、杭州等地开发建设了华联大厦、华联城市山林花园、上海新华世纪园等多个大型房地产项目，形成了具有一定知名度和规模的房地产和物业品牌，致力于走具有华联特色的城市综合体开发运营之路。获评"深圳市百强企业""广东省最佳诚信企业""2017 年中国房地产业综合实力 100 强"企业以及"中国地产风尚大奖·2017 中国年度投资价值上市企业（华联控股）"等称号。

面对充满机遇和挑战的未来，华联发展将不断巩固和发展"专业创新力、人才开发力、文化感召力"三大核心竞争力，为把集团建设成为优秀的城市综合体开发运营商、实现最具创意和责任的企业愿景而努力奋斗。

• **2020 华联发展部分高管名录**

姓名	职务
董炳根	董事长、总经理
李顺利	董事
王晓雯	董事

开封华盟置地有限公司

开封华盟置地有限公司（简称"华盟置地"）于 2007 年 7 月 18 日在开封市工商行政管理局专业分局登记成立。法定代表人王乐，公司经营范围包括房地产开发销售，城市基础设施建设（以上范围凭有效资质证经营）等。

• 2020 华盟置地部分高管名录

姓名	职务
吉　咪	总经理

华南城控股有限公司

华南城控股有限公司（简称"华南城"，HK01668）是一家在香港联合交易所上市的综合商贸物流企业，2002 年 5 月在香港注册成立。华南城坚持实业报国，推进区域经济转型升级和新型城镇化建设，铸就中国规划、建设、运营大型综合商贸物流中心领航者地位。

根据克而瑞机构统计，2020 年公司销售额达 116.2 亿元。

华南城积极创新综合商贸物流产业模式，聚合"零售、批发、电商"多种形态，融合"一产、二产、三产"相关要素，形成"产城融合、宜居宜业"的现代化综合商贸新城。

迄今开发建设并运营深圳、南宁、南昌、西安、哈尔滨、郑州、合肥、重庆等地的项目；旗下还拥有第一亚太物业、华盛商业、乾龙物流、好百年家居等多家品牌专业公司。

融合发展是现代产业发展趋势。2014 年，腾讯控股有限公司入股华南城，双方以各自的资源优势，开展华南城 O2O 商业模式的新探索；2016 年，华南城与京东集团强强联手，在 B2B 电子商务、仓储物流和金融服务等领域建立长期全面的战略合作关系。强大的品牌优势融合，助推华南城加快商贸物流行业的战略升级和"互联网＋"进程。

• 2020 华南城部分高管名录

姓名	职务
郑松兴	主席
赵立东	行政总裁
许进业	首席财务总监
姜　玲	副总裁
段　斌	副总裁
肖　珲	副总裁
邱　文	开发集团常务副总裁
陈卫国	商管集团常务副总裁
章学方	南昌华南城董事长

深圳华强新城市发展有限公司

深圳华强新城市发展有限公司（简称"华强新城市"）成立于 2005 年，是中国企业 500 强、全国电子行业 100 强企业——华强集团投资设立的专业产业地产开发运营平台。

华强新城市以"构建产业发展平台，助力城市转型升级"为使命，结合华强集团产业优势，开发运营智慧社区、互联网创新中心、城市商业金融中心、产城融合示范区等多个产业地产项目。着力打造开发建设、企业共享、社区服务、运营服务四大平台，立足深圳，放眼全国，初步形成东北、华东、珠三角等重点区域的战略布局，致力于成为最具创新能力的城市综合运营商。

华强新城市利用市场化的机制和手段，创新业态发展模式，实现研、产、商、居、游、购、娱运营一体化，为城市可持续发展提供一体化解决方案，带动城市产业转型升级和区域经济发展，塑造具有华强特色和竞争力的品牌形象。华强新城市拥有深圳华强商业管理有限公司、深圳华强酒店管理有限公司、深圳华强物业管理有限公司三家运营公司，并在深圳、佛山、芜湖、南通、郑州、安阳、沈阳等地设立了十几家项目开发公司。

- **2020 华强新城市部分高管名录**

姓名	职务
李曙成	董事长
陆培康	总经理、董事
谭 华	董事
张恒春	董事长
朱昌啸	副总经理
方德厚	执行总裁
冯士伟	执行总裁
楚文广	深圳华强商业管理有限公司沈阳区域总经理

深圳华侨城股份有限公司

深圳华侨城股份有限公司（简称"华侨城"，SZ000069）成立于 1997 年 9 月 2 日，总部设在深圳市南山区，是华侨城集团旗下旅游及房地产板块的上市公司。公司以"主题公园领导者、旅游产业领军者、城镇化价值实现者"为战略定位，以文化旅游、房地产为主营业务，不断在文化旅游发展新模式、房地产业务差异化构造、旅游与互联网融合等方面进行探索与实践。

根据克而瑞机构统计，2020 年公司销售额达 858.7 亿元。近年来，公司在业务创新上不断深化，在文化旅游发展新模式、房地产综合业务体系构造、旅游互联网业务研发等方面进行了深入探索与实践，主要经营指标实现了较大幅度的提升。

华侨城的文化旅游业务以"文化 + 旅游"为内核，采用"旅游 +"为载体的协同发展模式，业态上以主题公园、文化主题酒店、旅行社、旅游综合体为核心，涵盖规划、设计、建设、运营全产业链。公司始终坚持创新、坚持品质、坚持特色，视游客为朋友，视员工为亲人，致力于传承、展现、弘扬中国优秀文化，满足人们对美好生活的向往和需求，成为中国文化旅游业的领军企业。

- **2020 华侨城部分高管名录**

姓名	职务
段先念	董事长
王晓雯	总裁
杨 杰	副总裁
张大帆	副总裁
袁静平	副总裁
祝 丽	郑州华侨城都市置业有限公司副总经理

华润置地有限公司

华润置地有限公司（简称"华润置地"，HK01109）是华润集团旗下负责城市建设与运营的战略业务单元，是领先的城市综合投资开发运营商。公司于 1994 年改组成立，1996 年在香港上市，2010 年被纳入香港恒生指数成分股。

根据克而瑞机构统计，2020 年公司销售额达 2850.3 亿元，确立了"2+X"的商业模式，即继续坚持已经取得一定规模及市场地位的销售物业及投资物业两大主营业务，并积极拓宽业务发展模式，推动业务转型，实现资源整合，培育新的价值增长点。

公司始终以客户为中心，以好产品、好服务、好管理、好团队、好文化为标准，积极推动高品质战略实施，引领城市生活方式改变，为带动城市区域经济的发展、改善城市面貌做出力所能及的贡献。

未来，华润置地将以"建设美丽城市，营造美好生活"为使命，承担起新时期以"人民的美好生活需要"为中心的社会责任，携手利益相关方共同成长，为城市建设发展和人们的生活理想创造更多可能。

• 2020 华润置地部分高管名录

姓名	职务
唐 勇	董事会主席
张大为	董事会副主席、联席总裁、山东区域总经理
李 欣	总裁、沈阳区域总经理
沈彤东	高级副总裁、首席信息官、总部信息管理部和华润物业
张立强	高级副总裁、首席人力资源官
谢 骥	高级副总裁、上海区域总经理
吴秉琪	高级副总裁、战略总监、成都区域总经理
迟 峰	高级副总裁、华东大区总经理
孔小凯	高级副总裁、华南大区总经理
喻霖康	高级副总裁、商业地产事业部
陈 刚	副总裁
郭世清	执行董事
赵卓英	副总裁、财务总监
黄剑锋	西安公司总经理
王昕轶	华东大区副总经理
陈 亮	郑州有限公司总经理
马 隽	太原公司总经理
王 平	佛山华润置地悦里项目总经理
许 凡	华南大区广州公司总经理
邓晓宇	南昌有限公司总经理
胡传昶	华中大区助理总经理、合肥公司总经理

深圳市华盛房地产开发有限公司

深圳市华盛房地产开发有限公司（简称"华盛"）成立于 2005 年，隶属于深圳市华盛控股有限公司。华盛下辖华盛置业、瑞华置业、博罗北区建设公司等近十家子公司，现有员工近 170 人，是以住宅与商业地产开发为主，以城市运营投资与物业管理为两翼的房地产专业公司。战略布局以深圳为核心，珠三角为重点，稳步向国内一二线城市扩张。

- **2020 华盛部分高管名录**

姓名	职务
肖洁岚	董事长
何元凤	董事
肖潭平	董事
任晓璐	安徽华盛发展集团总裁

黑河华泰房地产开发有限责任公司

黑河华泰房地产开发有限责任公司（简称"华泰房地产"）成立于 1988 年，是黑河市首家取得国家房地产开发企业一级资质、首家通过 ISO9000 质量体系认证的房地产开发企业。

三十多年来共开发建设楼房 100 余栋，建筑面积达 90 余万平方米，近年来，年上缴利税均超亿元。为黑河的城市建设和市民的住房改善做出了重要的历史贡献。

- **2020 华泰房地产部分高管名录**

姓名	职务
孙春田	董事长、总经理

华夏幸福基业股份有限公司

华夏幸福基业股份有限公司（简称"华夏幸福"，SH600340）创立于 1998 年，是中国领先的产业新城运营商。2019 年华夏幸福发布新战略，坚持都市圈布局，以产业新城及相关业务、商业办公及相关业务双轮驱动业务发展。

根据克而瑞机构统计，2020 年公司销售额达 963 亿元。

华夏幸福以"产业高度聚集、城市功能完善、生态环境优美"的产业新城为核心产品，通过"政府主导、企业运作、合作共赢"的 PPP 市场化运作机制，在规划设计服务、土地整理投资、基础设施建设、公共配套建设、产业发展服务、综合运营服务六大领域，为区域提供可持续发展的综合解决方案。

以"产业优先"为核心策略，华夏幸福凭借约 4600 人的产业发展团队与自主创新的大数据招商平台，聚焦新一代信息技术、高端装备、汽车、航空航天、新材料等十大产业，全面打造百余个产业集群。为所在区域累计引入签约企业超 2000 家，创造就业岗位 10.5 万个。

2020 年 1 月 4 日，华夏幸福获得 2020《财经》长青奖"可持续发展效益奖"。2020 年 5 月，华夏幸福入选 2020《福布斯》全球企业 2000 强第 473 位。2020 年 7 月，入选 2020 年《财富》中国 500 强，位列第 96 位。

- **2020 华夏幸福部分高管名录**

姓名	职务
王文学	董事长
吴向东	联席董事长、首席执行官、总裁
俞 建	联席总裁
孟 惊	联席总裁
吴中兵	副总裁、财务总监
赵鸿靖	副总裁
张书峰	副总裁
袁 刚	副总裁
陈怀洲	副总裁
李 洵	副总裁、武汉区域事业部总经理

上海华鑫股份有限公司

上海华鑫股份有限公司（简称"华鑫股份"）经营范围包括房地产开发经营，自有房屋租赁，物业管理，工程管理服务等。

华鑫股份创始于 1952 年，1992 年上市，公司曾被评为"上海市文明单位"，并从 2014 年起连续 3 年获得"上海市诚信创建企业"称号。公司以高速成长著称，收购了十几家国内企业和中外合资企业，营业收入增长了 10 多倍，盈利能力不断提高，净资产增长近 10 倍。在上海形成了福州路商务中心，金桥和松江两个现代工业园区的布局，在杭州和深圳建立了生产经营基地。

2017 年 5 月，公司完成重大资产重组。重组完成后，华鑫证券变身华鑫股份的全资子公司，实现房地产业向金融服务业的转型。

金融是实体经济的血脉，为实体经济服务是金融的天职，也是金融的宗旨。作为唯一具有"智慧城市"产业背景的金融控股平台，华鑫股份致力于深化产融结合，以高品质金融服务助力"中国智造"，助推"中国创造"。

• 2020 华鑫股份部分高管名录

姓名	职务
蔡小庆	法人代表、董事长

北京华业资本控股股份有限公司

北京华业地产股份有限公司1985年创立于深圳，是我国首批成立的专业房地产开发企业，2003年成功上市（SH600240），2016年正式更名为北京华业资本控股股份有限公司（简称"华业资本"）。

作为中国首批成立的房地产开发企业之一，华业资本自 1985 年起，便聚焦房地产住宅中、高端市场，先后开发了深圳华业、东方玫瑰花园、南海玫瑰花园、北京华业等十多个精品项目。2003 年，成功收购内蒙古仕奇股份有限公司，实现借壳上市。

上市十余年，华业资本不断发展壮大，地产开发涉及北京、深圳、长春、大连、武汉、三亚六大核心城市。从"玫瑰系列精品"到"大型综合体开发"，实现了由"精品住宅制造商"向"新城市主义运营商"的战略升级，并在企业经营战略上逐步多元化布局发展。公司业务在以地产为主营业务的前提下，拓展至矿业投资、托老产业、商业综合体等业态，公司整体综合运营能力不断增强，成长为房地产行业最优秀的上市公司之一。

• 2020 华业资本部分高管名录

姓名	职务
余 威	董事长
钟 欣	总经理

重庆华宇集团有限公司

重庆华宇集团有限公司（简称"华宇"）前身初创于 1983 年，1995 年正式成立，是集地产集团、商业集团、金控集团、建设集团、物业集团、海外公司为一体的全球大型多元化综合性城市运营集团。具有国家房地产开发一级资质、一级建筑施工资质、一级物业服务资质，是中国房地产业协会副会长单位、中国物业管理协会副会长单位。

根据克而瑞机构统计，2020 年公司销售额达 658.4 亿元。城市版图扩大至 22 个，累计开发楼盘 196 个，开发规模逾 2100 万平方米。华宇高端产品系"御璟系"专为城市新贵阶层打造彰显品质的轻奢住宅，御璟系产品的七重居住意境经过 196 项细节雕琢，是完美融合当代设计与古典生活美学的高端居住产品。未来，华宇将持续拓展国际国内两个市场，实现跨越式发展，成长为中国最具竞争力的房地产开发公司。

华宇在"2020中国房地产企业综合实力百强榜"位列第46名，荣获"2020年中国房地产品牌价值TOP20"荣誉。2020年9月10日，2020中国民营企业500强榜单发布，重庆华宇集团有限公司排名第89位。

• 2020 华宇部分高管名录

姓名	职务
蒋业华	董事长
王国维	华宇集团副总裁
胡 端	华宇控股集团执行总裁、华宇地产集团董事长
王国雄	华宇地产集团副总裁
姜本鑫	地产集团东北区域公司总经理
邱胜华	地产集团合肥区域公司总经理
邓仕祥	华宇地产集团四川公司总经理

华远地产股份有限公司

华远地产股份有限公司（简称"华远地产"，SH600743）于20世纪80年代初进入房地产业，1996年在上交所上市，是国内最早创立的房地产品牌之一。控股股东华远集团为北京市西城区国资委旗下全资企业，强大的国有资本作为坚强后盾为公司发展提供了有力的支持。

根据克而瑞机构统计，2020年公司销售额达231.1亿元。

华远地产秉承华远集团"来源于社会、服务于社会"的宗旨，始终将产品品质与企业责任视为发展的根基，凭借高品质的代表项目赢得了市场的认可，凭借较高的净资产收益率维护了股东的利益，更在环保、扶贫、文化、体育等多个领域以多种形式的公益行动获得了社会各界的广泛赞誉。

2020年以来，在"规模与效益并举"的战略指引下，公司发展全面提速，通过创新业务拓展，增加服务多样性，扩大市场规模，提高市场增值，向着优秀的房地产综合服务商这一目标坚实迈进，获得了"诚信企业"以及"中国企业品牌文化传播先进单位"等荣誉称号，旗下多个地产项目获得"金盘奖""优秀示范小区""中国人居范例奖"等奖项。

- **2020 华远地产部分高管名录**

姓名	职务
杜凤超	董事长
李　然	总经理
李春晖	副总经理
刘志刚	副总经理京津冀区域总裁
王渝旋	副总经理、华南区域总裁，广州城市公司总经理
许智来	副总经理、华中区域总裁，长沙城市公司总经理
柏　力	西安城市公司总经理
叶方明	重庆城市公司总经理

晖达控股有限公司

晖达控股有限公司（简称"晖达控股"）是一家集房地产开发、金融投资、贸易、林业、物业服务等多产业为一体的跨行业、跨地区经营的大型多元化综合性现代企业，注册资金为1亿元。晖达控股有限公司实行董事会领导下的董事长负责制，下属独立法人企业机构设置健全。公司下设郑州晖达房地产开发有限公司、河南新城置业有限公司、河南晖达建设投资有限公司、河南晖达嘉睿置业有限公司、郑州晖达实业发展有限公司、河南国原贸易有限公司、河南嘉中睿贸易公司、新乡市中开置业有限公司、河南晖达房地产开发有限公司、乐东永佳投资有限公司、郑州嘉之睿物业服务有限公司、郑州晖达物业管理有限公司、西峡县龙洋林木种植有限公司、西峡县宏山林木种植有限公司等多家企业，控股公司资产总额达102亿元。

- **2020 晖达控股部分高管名录**

姓名	职务
李彬琳	法定代表人
张　欢	开封城市公司副总经理

广西汇东置业发展有限公司

广西汇东置业发展有限公司（简称"汇东置业"）主要从事房地产开发。公司自成立以来，实力日益壮大，开发的项目也由 1 个增加到 6 个。汇东置业对建筑具有新锐而人性化的理念。于其而言，建筑是对未来生活的向往，房地产开发企业要提供的不仅是产品或简单的居住概念，更是倡导一种生活的方式和态度。本着"理想汇，建筑家"的理念，汇东置业站在时代的前沿规划，创造超越现时的产品，以新尚建筑引导时代生活方式，提高城市品位。

• **2020 汇东置业部分高管名录**

姓名	职务
黎 卫	执行董事、总经理

汇景控股有限公司

汇景控股有限公司（简称"汇景控股"，HK09968）是一家成熟的中国综合住宅及商用物业开发商，业务主要发展在广东省及湖南省。汇景控股的业务始于东莞的物业项目，并已逐步延伸至河源、长三角城市群（包括安徽省、江苏省及浙江省）及长江中游城市群（包括湖北省、湖南省及江西省）。

汇景控股的物业项目包括住宅物业项目、综合物业项目及为推动特定行业的物业项目。汇景控股的综合物业项目一般包括住宅及商用物业，住宅物业主要包括分层住宅、排楼、独栋洋楼及别墅，商用物业主要包括零售店铺、购物中心、写字楼及（倘相关土地出让合同规定）酒店，推广特定行业的物业包括旅游康养生活项目及科创产业项目。

• **2020 汇景控股部分高管名录**

姓名	职务
伦瑞祥	董事会主席

河北汇瑞房地产开发有限公司

河北汇瑞房地产开发有限公司（简称"汇瑞"）发展 17 年来，先后建成丽都花园、河北省教育考试院办公楼、石家庄市桥西区检察院办公楼、新石中路精品商业街等标杆经典项目，涉及住宅、商业、办公等不同地产类型。蔚来一英里项目作为汇瑞开发的第一个公寓项目，将始终坚持"品牌发展，品牌居住"的企业理念，更加用心、精心、贴心地打造更适合理想都市青年居住的小房。

• **2020 汇瑞部分高管名录**

姓名	职务
孙德伦	总经理

吉宝置业中国有限公司

吉宝置业中国有限公司（简称"吉宝置业"）是新加坡吉宝企业控股的大型跨国房地产上市公司——吉宝置业在中国的全资子公司，主要负责拓展与独立运营吉宝置业在中国的所有房地产开发业务。吉宝置业在经营理念与核心价值观的引领下，凭借创新的房地产解决方案，为所有利益相关者创造价值。

根据克而瑞机构统计，2020 年公司地产销售额达 75.1 亿元。

吉宝置业是一家拥有多元业务的公司，主要业务为岸外与海事、房地产、基础设施和投资，致力为客户提供强劲的可持续城镇化解决方案。

作为一家多元化的房地产公司，吉宝置业凭借其屡获殊荣的住宅开发项目、投资级商业地产项目和综合城镇，提供创新的房地产解决方案。

吉宝置业的业务遍布亚洲各地，以新加坡、中国和越南为重点市场，同时继续在印尼和印度等其他市场扩大业务规模。

吉宝置业是亚洲优秀的住宅开发商，在新加坡和海外所拥有的地块可建造约 46000 套住宅。同时，吉宝置业也是新加坡优秀的优质办公楼开发商，并致力于在亚洲主要城市拓展商业项目，包括中国的上海、北京和天津，越南的胡志明市，印尼的雅加达，菲律宾的马尼拉和缅甸的仰光。

• 2020 吉宝置业部分高管名录

姓名	职务
洪伟义	董事长
李绍强	总裁

佳源国际控股有限公司

佳源国际控股有限公司（简称"佳源国际"，HK02768）成立于 2003 年，2016 年 3 月 8 日于香港上市，是发展成熟的物业开发商，在中国各大城市开发大型住宅及商业综合体。凭借超过 20 年物业开发经验，透过优质的规划、完善的品质监控、成熟的管理体系及经验丰富的专业团队，创造出切合不同地区需求的物业项目，成功巩固"佳源"品牌。

根据克而瑞机构统计，2020 年公司销售额达 311.9 亿元。

拥有的物业组合共 45 个，开发区域涵盖南京、扬州、常州、南通、泰州、镇江及苏州等城市。

作为领先的民营企业，佳源国际在未来将把握政策带来的红利，持续透过公开竞投、项目并购与合营开发等模式于长三角经济区、粤港澳大湾区等核心区域开发物业项目，同时布局具备良好基本面的重点省会城市，开拓优质项目。

2019 年，佳源国际获资本市场肯定，成功获得五家金融机构授信 430 亿元及发行 2.25 亿元私募债券，同时再获穆迪调升评级至"B2"，并凭借不俗表现荣获"优质中国房地产企业大奖"以及"卓越地产行业奖"等多项殊荣。

• 2020 佳源国际部分高管名录

姓名	职务
沈天晴	董事会主席、非执行董事
黄福清	董事会副主席、执行董事
张 翼	副主席、执行董事

佳兆业集团控股有限公司

佳兆业集团控股有限公司（简称"佳兆业"，HK01638）是大型综合性投资集团，成立于 1999 年，总部位于香港，2009 年 12 月在香港上市。旗下拥有 20 多家集团及专业公司，分公司超 100 家，员工数超 12000 人，总资产超 2200 亿元。

根据克而瑞机构统计，2020 年公司销售额达 1435.2 亿元。

目前，佳兆业业务已覆盖京津冀协同发展区域、粤港澳大湾区、长江经济带等主要经济区域，进驻全国 50 多个重要城市。

佳兆业始终站在城市综合产业运营者的高度，以"专业、创新、价值、责任"为企业核心价值观，以放眼全球的视野，矢志不移的创新精神，从集约智能、绿色低碳、品质服务等多重角度关注中国城市化的发展，布局多元业务领域，逐渐打造成为涵盖综合开发、财富管理、城市更新、文化体育、商业运营、旅游产业、酒店餐饮、物业管理、航海运输、健康医疗、科技产业、公寓办公、足球俱乐部等超 20 个产业和细分领域的大型企业航母。

佳兆业不断使企业管治科学化、技术标准专业化，业务经营高效化，努力取得公共利益与商业利益的平衡点。2019 年，佳兆业位列中国房企品牌价值 TOP16、中国房企综合实力 TOP27、中国房地产上市公司综合实力 100 强第 29 位、中国房地产百强企业——稳健性 TOP10、中国房地产上市公司治理 TOP10 第 6 位，并获评为 2018—2019 中国房地产年度扶贫标杆企业。

• 2020 佳兆业部分高管名录

姓名	职务
郭英成	董事会主席兼执行董事、佳兆业健康执行董事
麦 帆	董事局副主席、执行董事、CEO
李海鸣	执行董事、联席总裁、COO
张润深	高级副总裁，佳兆业财富管理集团主席、总裁
翟晓平	高级副总裁

北京嘉德投资集团有限公司

北京嘉德投资集团有限公司（简称"嘉德集团"）成立于 2000 年 6 月，历经十余年耕耘，业已形成以地产为主业，以投资、文化产业及其他相关产业为辅，具有多元化业务组合的企业集团。

嘉德集团全资控股的北京佰嘉置业集团作为房地产业务发展平台，具有国家房地产开发一级资质。业务覆盖京津冀经济圈及胶东半岛等地，产品包括住宅、产业园区、艺术园区、商业物业等多种类型，开发经营的项目多次获得各类奖项和殊荣，产品和服务倍受业内人士和客户赞誉。

嘉德集团积极拓展投资和文化产业领域，以嘉德（北京）投资基金管理有限公司和北京中间艺术投资有限公司为骨干企业，在投资和文化产业领域业务不断拓展，助推主业发展。

嘉德集团秉承"合作共赢、追求卓越"的发展理念，实现员工利益与股东利益共同发展，致力于打造专业化、精于管理、善于合作的优秀企业，为社会创造价值，做有担当的企业公民。

• **2020 嘉德集团部分高管名录**

姓名	职务
黄晓华	董事长
陈德龙	董事
郑慧红	总经理

海南嘉地置业有限公司

海南嘉地置业有限公司（简称"嘉地置业"）系世嘉控股集团（杭州）有限公司旗下子公司，该公司是一家立足海南，致力于房地产业领域高端物业投资开发，集旅游业、农业、种植业等相关产业投资经营为一体的大型综合性开发企业。

2007 年公司自成立以来，打造了一支高素质、高技能的精干员工队伍，秉承"专业、专注"的经营理念，"勤奋、诚信"的企业精神，以房地产开发经营为主导，以品牌打造为目标，谋求长足发展为企业愿景。得到了社会各界的广泛认可，成为海南省浙江商会常务副会长单位、世界杰出华商协会理事长单位、海南省企业家协会副会长单位、海南台州商会会长单位。

公司开发建设的石梅山庄项目已取得土地约 1200 余亩，目前已建设 A 区 43 栋公寓、1 栋综合楼；B 区 1 栋养生会馆、1 栋酒店式公寓；C 区 84 栋别墅；三期水生活项目已建设 21 栋公寓、2 栋酒店式公寓；累计开发建设面积 60 多万平方米，计划开发四期建设面积约 20 万平方米。

• **2020 嘉地置业部分高管名录**

姓名	职务
朱吕华	执行董事、总经理
朱岳进	监事
朱岳海	监事

广东嘉福投资集团有限公司

广东嘉福投资集团有限公司（简称"嘉福"）是广东省一家大中型民营企业。嘉福创办于1987年，由餐饮业起家，经历了广州市嘉福百货有限公司，至今已有30多年的发展历史。目前企业的资产已超过5亿元，拥有员工2000多人。产业涵盖零售业、教育、房地产、金融、商业地产、酒店、矿业等众多领域。

- **2020 嘉福部分高管名录**

姓名	职务
张延辉	董事局主席
张旭辉	董事局总裁
张利辉	董事长
张细辉	总经理
马 冀	营销管理中心总经理

广西嘉和置业集团有限公司

广西嘉和置业集团有限公司（简称"嘉和置业"）于 1999 年在香港注册成立，是一家以房地产开发、金融投资为主要业务的多元化企业集团。

嘉和集团的国内房地产业务扎根广西，已在广西房地产市场深耕近 20 年，长期位列广西房地产市场前列。旗下嘉和城及冠山海项目近三年项目开发量达 400 平方米，年平均增长率达 42%；销售额超过 100 亿元，年平均增长率达 43%。其中嘉和城项目蝉联全国单盘销售第 3 名、广西单盘销售冠军，多年来长期领跑广西楼市，获得了广泛的认可和赞誉。国内房地产业务配套有高尔夫球会、温泉、园林、物业管理、营销等多家子公司，是广西一家综合资源丰富的房地产企业。

在未来的发展中，嘉和集团将秉承"中国休闲人居践行者"的使命，凭借"敢为人先、迎难而上、勇于胜利"的嘉和团队和数十年休闲人居地产开发成功经验两大核心竞争力，迈向新的历史征程，为世人呈现更多、更好的国际化专业产品；同时以前瞻的视野，雄厚的实力，积极拓展金融领域，助力地产转型升级，创立金融地产新模式。

- **2020 嘉和置业部分高管名录**

姓名	职务
温慕松	董事长
邱承理	总经理

江苏嘉宏投资集团

江苏嘉宏投资集团（简称"嘉宏"）始创于 1998 年，以复合型地产开发为基础，秉持"地产 + 商业"双轮驱动模式，布局长三角，在苏南和环沪强经济城镇多点扩张，目前业务涵盖地产、商业、物业、酒店、金融五大板块，致力于成为城镇化全生活中心发展商。

嘉宏旗下累积开发近 30 个品质项目，开发面积超近 500 万平方米，管理总资产超百亿元。2020 年嘉宏销售额同比涨幅超 150%，江苏同时在售项目达 13 个，开发成就傲视同行。集团连续 12 年获五星企业荣誉，具有房地产开发一级资质，获市重大贡献奖。未来嘉宏也将围绕地产主营业务，深度融合酒店文旅、专业市场、空港产业等多元业务领域，积极打造上下游产业联动矩阵，以强化品牌格局，实现人居生活和商业贸易互动叠加，并以奋斗文化砥砺前行，蓄力美好未来。

- **2020 嘉宏部分高管名录**

姓名	职务
刘　康	董事长

嘉华国际集团有限公司

嘉华国际集团有限公司（简称"嘉华国际"，HK00173）为嘉华集团旗下之房地产业务核心板块，创立并扎根于香港，如今已发展成以香港、长三角及珠三角地区为策略据点之综合发展商及投资者，所开发项目均以品精质优见称。

嘉华国际擅于开发精品物业，由旗下专业团队所拓展之项目涵盖住宅、甲级商厦、酒店、服务式公寓及特色商铺，物业皆匠心独运，糅合特色设计、精湛技术、顶尖设备及创新元素于一身，多年来其物业素质备受市场认同，建筑及设计屡获国际殊荣。

集团旗下的嘉英物业以先进的管理理念和国际高端精品酒店的营运模式，为物业提供专业及优质的管理服务，其服务类型涵盖主流及高端住宅、商业设施、写字楼和房地产综合体。

集团以缔造理想和谐的生活国度为发展宗旨，因地制宜，不仅用心传承"嘉华"的优质品牌内涵，更以臻善创新的意念打造别树一帜的物业，塑造现代生活新标准，切合用户需要的同时，亦为物业注入长远价值。

凭借资深经验及雄厚财政实力，嘉华国际将继续以审慎进取的策略，物色具有潜力的土地，竭诚为客户打造优质的生活空间。

- **2020 嘉华国际部分高管名录**

姓名	职务
吕志和	主席、董事总经理
吕耀东	执行董事
邓吕慧瑜	执行董事
吕耀华	执行董事

嘉里建设有限公司

嘉里建设有限公司（简称"嘉里建设"）是香港最大的地产投资发展公司之一，在中国香港、内地均拥有多个大型建筑项目。嘉里建设占据策略性优越地段，开设物流中心、营运货仓，以及兴建多个主要基建项目。其多元化的发展方向，令嘉里建设得以迅速发展。高质量的大型建筑项目遍及内地和香港。嘉里建设为旗下物业租户及住客提供优质而全面的管理服务，被标准普尔评为"BBB-"投资等级，总资产值超过1200亿港元。

- **2020 嘉里建设部分高管名录**

姓名	职务
何述勤	总裁
黄小抗	主席、首席执行官

江苏嘉联置业发展有限公司

江苏嘉联置业有限公司（简称"嘉联置业"）是由江西嘉联地产机构全资设立的专业性房地产开发企业，注册资本3000万元。公司秉承"追求品质，成就未来"的经营理念。立足泗阳，放眼江苏，以开发二三线城市的一流楼盘为己任。现在泗阳投资的项目占地160亩，总建筑面积30万平方米。

- **2020 嘉联置业部分高管名录**

姓名	职务
赖德香	总经理
赖小平	执行董事
雷小平	监事

威海建大实业有限公司

威海建大实业有限公司（简称"建大实业"）位于山东威海高技区威海市怡海园事处，这里环境优美，交通方便。公司主要经营房地产开发，自经办以来，务实经营，其事业成就得到了市场及行业同仁的一致认可。

建大实业现有员工近 500 人，团队稳定有活力；实到注册资金 349680 万元，且在加大投入。公司将本着创新发展，用户至上的原则搞好主营业务。在信息时代积极利用新的经营方法开展业务，如开展电子商务等。

建大实业倡导"优质、求实、节能"的理念，建设专业的团队，不断突破技术壁垒，填补管理空白。主动提供市场的有效需求，成为值得客户信赖且强有力的合作伙伴；注重信息化决策，同时注意灵活性、多样性的统一，加大创新的力度，带动同行业竞争者在主营业务领域一起进步，提供给客户优质的服务。

• **2020 建大实业部分高管名录**

姓名	职务
王传波	董事长
宫云明	董事、总经理

厦门建发集团有限公司

厦门建发集团有限公司（简称"建发"）成立于 1980 年，是厦门市大型国有投资企业集团。2019 年，公司年营业收入、资产总额均超过 3000 亿元，排名 2020 年度《财富》世界 500 强第 234 位、2019 年度中国企业 500 强第 71 位、2019 年度中国服务业企业 500 强第 39 位。公司主要业务涵盖供应链运营、房地产开发、旅游酒店、会展、医疗健康、城市公共服务和投资等领域。

• **2020 建发部分高管名录**

姓名	职务
黄文洲	董事长
王 沁	董事、总经理

建发国际投资集团有限公司

建发国际投资集团有限公司（简称"建发国际集团"，HK01908）是建发房地产集团有限公司（简称"建发房产"）的控股子公司。

建发国际集团致力于成为房地产开发及房地产产业链综合投资服务商，主营业务为房地产开发、房地产产业链投资服务及新兴产业投资业务等。公司以房地产开发为核心业务，房地产项目遍布多个省份的重要城市；同时，公司围绕房地产上下游产业链，积极拓展业务边界，已覆盖商业运营管理服务（代建）、物业管理、商业资产管理等轻资产业务；此外，公司还积极关注和参与包括大健康、养老及高端教育等新兴产业投资机会。

建发国际集团将依托母公司丰富的资源及成熟的品牌优势，引入先进的管理理念和优秀的企业文化，充分发挥香港资本平台优势，使建发国际集团迈入跨越式发展的新阶段。

• **2020 建发国际集团部分高管名录**

姓名	职务
林伟国	执行董事
庄跃凯	主席
黄达仁	独立非执行董事

苏州工业园区建屋发展集团有限公司

苏州工业园区建屋发展集团有限公司（简称"建屋"）是新建元控股集团旗下企业，注册资金 30 亿元，资产规模 130 亿元，是江苏省最大的综合性房地产开发企业之一。

建屋的一系列力作赢得了社会的认同、公众的信任和精英人士的青睐，各类项目频频获得国家、省、市级奖项。其中伊顿小镇项目荣获由住房和城乡建设部、中国房地产行业协会、中国住宅产业促进中心颁发的"广厦奖""A级住宅认定项目 2A 级"；伊顿小镇、海德公园项目荣获由中国土木工程学会住宅工程指导委员会颁发的"中国土木工程詹天佑奖优秀住宅小区金奖"；中央景城项目荣获由中国土木工程学会住宅工程指导委员会颁发的"中国土木工程詹天佑奖住宅小区优秀规划奖"；月亮湾建屋广场、2.5 产业园一期会议中心、展示中心荣获由住房和城乡建设部颁发的"三星级绿色建筑设计标识"。

从 2004 年至 2013 年，建屋连续多年位居"江苏省房地产综合实力 50 强企业"前列，多年蝉联"苏州房地产开发企业综合实力 20 强"榜首。

• **2020 建屋部分高管名录**

姓名	职务
凌学风	总裁

建业住宅集团（中国）有限公司

建业住宅集团（中国）有限公司（简称"建业集团"，HK00832）成立于 1992 年，2008 年 6 月 6 日在香港上市，具有国家房地产开发企业一级资质。

公司定位为中原城市化进程和社会全面进步的推动者，扎根河南 27 年，坚守"让河南人民都住上好房子"的企业理想与使命，并逐渐形成了"森林半岛""联盟新城""壹号城邦""桂园"及"建业十八城"等产品系列，提升了河南各城市的人居水平，为河南城镇化进程的推进做出了重要贡献。

根据克而瑞机构统计，2020 年公司销售额达 712.1 亿元，产品已进入河南省的 18 个地级城市和 77 个县级城市，开发项目累计交付面积约 3006 万平方米，拥有在建项目共 123 个，在建总建筑面积约 2448 万平方米，土地储备建筑面积约 4515 万平方米。荣获"2019 中国房地产上市公司综合实力 50 强"榜单第 32 名，并占据"2019 中国房地产上市公司经营绩效 5 强"第四位。

建业集团首创并践行"省域化发展战略"，根据国家城市化发展的宏观背景，扎根河南，逐步、分级向下延伸拓展业务。因业务模式所具的独特性，也被中国房地产界誉为"建业模式"。

建业集团通过整合相关物业、教育、酒店、足球、商业、绿色基地等资源，构建"私人订制"式大服务体系，于 2015 年 6 月开启由城市综合开发企业向城市居民新型生活方式服务企业的转型。2019 年，建业集团收购天津中民筑友科技有限公司，100% 控股。本次收购使建业集团旗下上市公司数量增至 2 家，为集团的长远发展奠定了坚实基础。

• 2020 建业集团部分高管名录

姓名	职务
胡葆森	董事局主席
刘卫星	联席董事长
袁旭俊	首席执行官
罗臻毓	副董事长
王　俊	执行总裁

江苏汇邻湾集团有限公司

江苏汇邻湾集团有限公司（简称"江苏汇邻湾"）前身为徐州颐和房地产开发有限公司，成立于 2003 年。汇邻湾集团及下属子公司注册资本总额超 4 亿元。汇邻湾集团的立足于服务百姓的日常生活，专注民生项目，形成了四大业务模块，涉及地产开发、商业运营、新能源汽车销售和新零售业务。

江苏汇邻湾深耕徐州十余载，先后投资开发了泉山美墅、河畔花城、风尚自由城、风尚米兰（一期）、苹果新天地、美好汇邻湾、颐和汇邻湾广场、泊岸美墅等项目，总开发面积超过 150 万平方米。

集团自创立以来，历经三个发展阶段：第一阶段以住宅地产开发为主，第二阶段以商业引领地产、地产驱动商业，第三阶段以服务居民日常生活作为综合发展。其主营业务从住宅地产开发、商业地产开发、商业运营，到拓展新能源、投资新零售，服务百姓的日常生活。

• **2020 江苏汇邻湾部分高管名录**

姓名	职务
罗　辉	董事长
董　波	董事、总经理

广西匠工坊置业有限责任公司

广西匠工坊置业有限责任公司（简称"匠工坊置业"）成立于 2016 年，公司位于广西南宁市，注册资金 1 亿元，是一家致力于打造文化品质型建筑作品的房地产开发公司。

匠工坊置业以"品质、创新"为发展理念，自营建伊始，便遵循明世先贤——曾文正公秉行一生的"拙城"之道，坚信"守拙，才能慎；守拙，才能韧；守拙，才能真""天下之至拙，能胜天下之至巧"的匠人精神，注重建造工艺和自然、艺术相融合，极尽匠心雕琢、品质卓然的细致经典之作。匠工坊置业以传袭中国文化为己任，深入考究中式院落的先天基因与时代禀赋，肇造南宁首座纯粹新中式府院，开启建筑复兴的雄丽序幕，也将呈现一次国家情怀的全情演绎。

以此为理念和契机，匠工坊置业将以"高效、精确、完美"的发展目标，立足于激烈的市场竞争中，同时崇尚员工把个人追求融入企业的长远发展中，力争使全体员工与公司一同发展，相互勤勉、共同提高。

公司现阶段致力于打造一个高端的文化型地产项目——华夏院子，该项目开发建设用地 300 多亩，以文化传承为主轴，创南宁房地产新中式项目之先河，荣获"2018 新中式国宅府院典范"殊荣。

• **2020 匠工坊置业部分高管名录**

姓名	职务
张志达	经理、执行董事
李思蓉	监事

浙江金昌房地产集团有限公司

浙江金昌房地产集团有限公司（简称"金昌集团"）成立于 1993 年，以绍兴为事业起点，布局全国，业务版图逐渐扩展至浙江、北京、广西、山东、上海等地。深耕绍兴市场 20 余载、砥砺前行，现已发展成为备受瞩目的大型企业。

在不断推动高品质城市化进程中，金昌集团以地产为核心不断发展壮大，现已成为融"房产开发、民生服务、金融投资"三大事业部，"房产、物业、商管、教育、健康、投资"六大业务于一体的品质城市综合服务商。在新一代掌门人潘栋民先生的带领下，围绕品质城市综合服务商这一定位，金昌集团以更加开阔发展的国际化视野，积极拓展业务版图，开启多元化转型升级之路。

作为金昌集团的产业之本，金昌房产秉承"开发的是房子，留下的是文化和历史"的理念，先后成功开发了森海系列、白鹭系列、香湖系列、城市公寓系列等数十个高品质住宅项目，以及中央大厦、IFC、昆仑国际等为代表的商务楼盘，总面积达 1000 多万平方米，收获 10 万业主信赖，并先后荣获中国地产百强企业、浙江省住宅产业十大领军企业等殊荣，打造出代表着城市文明与现代人居的理想典范。

金昌集团成功不忘回报，将慈善作为第二事业，并荣获"绍兴慈善奖"机构捐赠奖殊荣。

- **2020 金昌集团部分高管名录**

姓名	职务
潘栋民	董事长、经理
李生校	董事
潘政权	董事
朱 奇	监事会主席
袁 良	监事
潘东良	监事

山东金辰建设集团

山东金辰建设集团（简称"金辰建设"）是集房地产开发、建筑设计、建筑施工、电气安装、市政工程、防腐保温、房地产销售代理、装饰装修、建设监理、物业管理、商场运营于一体的综合性集团企业。公司现阶段的经营理念是"专注品质，用心建设"。

集团现有注册资金5187万元，拥有国家房地产开发一级资质。金辰员工热爱自己的企业，更热爱整个社会，用集体的智慧和真情先后向东营市市民奉献出了文汇小区、金辰花园、府前小区、辉煌庄园、辰兴花园等名优住宅小区，以及辉煌商城、金辰美食街、辰兴商贸园、现代商城等黄金商业旺铺。同时在市直机关安居工程、市直企业经济适用房、胜利油田经济适用房以及石油大学职工住宅代建工作中，集团先后荣获"山东省房地产开发综合实力50强企业""省质量管理先进单位""全省建设系统劳动关系和谐企业""中国质量万里行定点单位""山东省第五届消费者满意单位""全国守合同重信用企业"以及"市级文明单位"等荣誉称号。

• **2020 金辰建设部分高管名录**

姓名	职务
周北平	董事长
陈怀亭	董事
李成银	董事
宋乃佩	董事
张延国	董事

浙江金成控股集团有限公司

浙江金成控股集团有限公司（简称"金成集团"）始创于20世纪90年代中叶，凭借优厚的运营实力和优秀的品牌美誉，金成集团的事业版图从长三角经济圈向外延伸，北拓新疆，南挺海南，产业辐射全国，形成了自己的强势品牌，逐步升级成以复合型地产为基础的美好生活服务商。

"成为中国一流的美好生活服务商"，是金成集团坚持的社会责任和企业愿景。金成集团贯彻"一纵两横多翼"发展战略，夯实房地产主业，协同数字经济创新共进，逐步培育壮大教育、康养、建设、农业、服务等产业，与人居产业相互协调，构建具有金成特色的、规模化的美好生活生态圈，为客户提供高质量服务和高品质生活。

金成集团拥有运营十多年的国际教育品牌——英特教育。金成康养品牌紧随大健康产业和数字经济的发展而迅速崛起，现有佰乐时光、佰乐驿站等项目运作连年稳中有升，筹划中的金成康复医院项目是金成集团康养产业重点培育的创新型"健康＋养老精尖端服务"项目，涵盖康复、养老和护理三大领域，旨在建立起面向社会、康养融合的综合性康复体系网络。

• **2020 金成集团部分高管名录**

姓名	职务
吴王楼	董事长

安徽金大地投资控股有限公司

安徽金大地投资控股有限公司（简称"金大地"）成立于 1997 年，是一家专业从事投资、房地产开发、商业运营、物业管理和生态农业的综合性企业集团。集团以"创造城市价值、共筑美好生活"为使命，倡导"持续改善、成功不断"的文化理念，稳健发展核心业务、积极培育创新业务，坚持市场化运作、核心团队本土化、搭建事业合伙人平台，不断创新优化业务模式，探索资本运营平台，实现企业稳步、健康和可持续发展。

作为新徽商的代表企业，金大地长期热心社会公益事业，践行企业社会责任，倾力回报社会。2008 年，集团积极响应国家号召，组织向汶川灾区捐款捐物；近年来，金大地持续助力安徽教育文化事业发展，赞助安徽黄梅戏社团、资助各类助学基金。响应中城联盟倡议，积极参与阿拉善环保公益事业等。

2019—2021 年，金大地进一步优化产业结构，全新升级三年战略，提出"3142"战略，力争让金大地成为可持续发展的品牌地产企业。在市场布局上，金大地将保持新增城市与城市深耕并重，进一步优化产业布局，三年规划期内销售收入达到 210 亿元，将全集团带息负债率有效控制在目标范围内。

• **2020 金大地部分高管名录**

姓名	职务
陈淮军	董事长

金地（集团）股份有限公司

金地（集团）股份有限公司（简称"金地集团"，SH600383）1988 年初创于深圳，1993 年开始经营房地产业务，2001 年在上交所上市，是中国较早上市并实现全国化布局的房地产企业。金地集团业务包括住宅开发与销售、商用地产开发与销售及持有运营、房地产金融、物业服务与社区经营、以网球为核心的体育产业集群运营等。

根据克而瑞机构统计，2020 年公司销售额达 2426.0 亿元。开发及持有的住宅及商用地产项目覆盖中国 7 大区域，54 座城市，并在美国东西海岸的 6 个不同城市和地区，拥有 13 个项目。

金地集团以"科学筑家"为使命，30 多年来秉持"科学筑家，智美精工"的产品理念，为中国超过 60 万户家庭提供标准化、系列化的住宅与社区商业产品，是中国建设系统企业信誉 AAA 单位、房地产开发一级资质单位。

金地集团于 2018 年获得中国房地产百强企业第 12 名，连续 15 年获评"中国蓝筹地产"，连续 15 年跻身"沪深房地产上市公司综合实力 10 强"，连续多年位列"中国责任地产 TOP10"。同时，金地集团还位列《福布斯》杂志评选的"2018 年全球最佳雇主榜单"第 169 名，荣获"2018 中国年度影响力地产企业""2018 年中国上市企业绿色信用 TOP30"等多项殊荣。

• **2020 金地集团部分高管名录**

姓名	职务	姓名	职务
凌 克	董事长	韦传军	高级副总裁，公司财务负责人
黄俊灿	董事、总裁	徐家俊	董事、高级副总裁、董事会秘书，兼任金地商置集团有限公司行政总裁
杨伟民	监事长	李 炜	东北区域哈尔滨公司总经理
陈必安	董事、高级副总裁	石 龙	东北区域长春地产公司城市总经理
严家荣	高级副总裁		

金都房产集团有限公司

金都房产集团有限公司（简称"金都集团"）成立于 1994 年，是原建设部认定的房地产开发一级资质企业。金都集团始终坚持"专业构筑品质生活、科技引领人居未来"的发展之路，2010 年，金都集团又提出了打造"绿色建筑幸福家"的发展战略，这是集团在实施绿色建筑、科技节能总体理念的基础上对绿色地产战略的又一次突破和升级。现公司开发足迹已遍布北京、武汉、厦门、衢州、芜湖等 9 个城市，总开发面积超过 730 万平方米。相继荣获"建设部五项金奖""全国物业管理示范小区""中国房地产百强之星"等荣誉。连续四届荣膺中国房地产业协会评选颁布的"广厦奖"，在全国房地产业树立了良好的企业品牌和社会知名度。

近年来，金都集团将养老、养生、医疗、文化、体育等内容融入社区生活，打造国家级康养示范社区，构建有金都特色的"康养"生活空间，通过金都物业的细心实践，让"康养"文化走进业主生活。公司始终坚持"健康、生态、节能、环保"理念，通过"绿色人居、环保低耗、幸福生活"三大体系的构建，为康养示范社区的居住品质进行全程护航。

经过 25 年的开发历程，已拥有众多"跨界"产业的金都集团，已经从单纯的专注于产品研究上升到全方位营造品质生活，逐步确立了为客户提供高品质生活、高价值服务和全力打造现代农业田园共同体的全系发展战略。

- **2020 金都集团部分高管名录**

姓名	职务
吴忠泉	主席

金辉集团股份有限公司

金辉集团股份有限公司（简称"金辉集团"）是集房地产开发、物业管理、物业租赁业务为一体的大型房地产开发企业集团，拥有国家房地产开发一级资质。1996 年发轫于福州，2009 年将总部迁往北京。金辉集团秉持"全国布局、区域聚焦、城市领先"的发展战略，业务重点扎根中国长三角、中西部、环渤海、珠三角区域等经济发达与具有高增长潜力的地区。

根据克而瑞机构统计，2020 年公司销售额达 972.0 亿元。进驻国内 30 个城市，开发项目超百个，累计开发规模逾 2000 万平方米，位列全国房地产企业综合实力 36 强，拥有员工 7000 多名。

金辉集团坚持"快速开发、快速销售、合理定价、依靠专业能力获取公平回报"的经营策略。持续聚焦产品力的提升、客户全生命周期产品线的打造，强调品质型、舒适型、精品型创新。连续打造了契合城市主力中青年客群的"优步系"产品；全新舒适改善型产品线"云著系"；聚焦一、二线城市核心地段与资源，推出面向城市高净值人群的"铭著系"高端住宅。金辉集团将继续强化在住宅行业的竞争优势，全面覆盖首置、改善、高端等多重置业需求。

金辉商业涵盖写字楼、购物中心、街区商业、底商及酒店等多种商业形态，并且已进驻北京、上海、福州、重庆、西安、苏州等多个核心城市。

- **2020 金辉集团部分高管名录**

姓名	职务
林定强	董事长
陈朝荣	执行总裁、董事
周长亮	总裁助理、西北区域总裁
黄俊泉	高级副总裁

金科地产集团股份有限公司

金科地产集团股份有限公司（简称"金科集团"，SZ000656）成立于 1998 年，经 20 余年的创新发展，形成了以民生地产开发、科技产业投资运营、生活服务、文化旅游康养等相关多元化产业四位一体协同发展的大型企业集团，具备强大的综合竞争力，是城市发展进程中领先的"美好生活服务商"。

金科集团以国家城市群发展战略为导向，紧密围绕"三圈一带"，即京津冀经济圈、长三角经济圈、珠三角经济圈和长江经济带进行区域战略布局，事业遍布全国。

根据克而瑞机构统计，2020 年公司销售额达 2234.9 亿元。集团连续多年跻身"中国企业 500 强""中国民营企业 500 强""中国地产品牌价值 10 强"。

在坚持做好民生地产开发、生活服务的同时，金科集团强力推进科技产业投资运营，致力于成为国内领先的以科技创新、人工智能、互联网、大数据等为特色的科技产业园区投资、建设、孵化、运营平台；积极布局文旅康养产业，持续加大对旅游、健康、养生、教育等相关产业的投入力度。

金科集团坚持履行社会责任，积极参与精准扶贫，获民政部授予的"中华慈善奖"，中华全国工商业联合会、国务院扶贫开发领导小组办公室颁发的"全国'万企帮万村'精准扶贫行动先进民营企业"荣誉称号。

• 2020 金科集团部分高管名录

姓名	职务
蒋思海	董事长
喻林强	总裁
方明富	联席总裁
王洪飞	联席总裁裁、山东区域公司董事长、湖北区域公司董事长
李 华	执行副总裁、财务负责人
徐国富	董事、副总经理、财务负责人、董事会秘书
韩 恺	中原区域公司董事长
谢滨阳	华北区域公司董事长总经理

金轮天地控股有限公司

金轮天地控股有限公司（简称"金轮天地"）由王钦贤先生于1994年创办，经过20多年的发展，金轮天地已布局国内两省六市，先后在江苏省的南京、扬州、无锡、苏州，湖南省的长沙和株洲开发了多个精品项目。

2013年1月金轮天地敲开资本市场之门，成功在香港主板上市（股票代码：1232.HK）。金轮天地是第一支以南京为总部在香港上市的地产股。近年来，公司着重地铁上盖、高铁新城的综合体开发，产品涉及主题商业广场、地铁商业街区、精品住宅、高档酒店公寓、甲级办公楼等，开发面积约100万平方米。公司已发展成为一家专注于轨道交通资源开发的、较有影响力的综合型商场和住宅房地产开发企业。金轮天地除房地产开发外，南京金轮商业管理股份有限公司同时与多个城市地铁公司合作经营管理地铁站内商铺，经营面积近10万平方米。2016年10月南京金轮商管在新三板成功挂牌上市（股票代码：OC838376）。强大的融资平台，为金轮天地的发展注入了更加强大的动力。

- **2020 金轮天地部分高管名录**

姓名	职务
王锦辉	董事局副主席、总裁
钱厚森	常务副总经理
蔡力军	常务副总经理
陶 康	常务副总经理

金侨投资控股有限公司

金侨投资控股有限公司（简称"金侨"）是经国家工商行政管理总局核准为湖南湘潭首家无行政区划的民营企业，现有员工2200余人，正、副教授56人，具有博士、硕士学位50人，本科生686人。累计开发和建设面积达1200万平方米，各类性质的土地储备已经超过3500万平方米。

金侨在28年的经营发展中，形成了房地产开发、建筑物业服务、文化教育科技、金融证券投资四大经营板块运行，拥有35家控股子公司。具有国家房产开发一级资质、国家建筑工程施工总承包一级资质和国家一级物业服务一级资质。经湖南省人民政府批准、国家教育部备案，全资开办了全日制民办高校湖南软件职业学院。学院占地千余亩，现有在校学生上万人，是全国三所IT类、建筑类人才培养的专业高等职业学院之一。

- **2020 金侨部分高管名录**

姓名	职务
贾 丁	董事、集团高级副总裁

上海金桥出口加工区开发股份有限公司

上海金桥出口加工区开发股份有限公司（简称"金桥股份"）主要经营项目为房地产开发。公司始终坚持用户至上，用真诚的服务去打动客户，以"诚实守信，客户至上"为原则，而在产品方面又以"品质为本，精益求精"作为自己的实践标准，力求给客户提供全方位优质服务的同时，也使公司得到长久发展。

金桥股份的发展战略是以区域开发高端为主，房产开发租赁为主。开拓资源精工细作，品牌战略跨出区域。规划经营管理输出，稳步扩展公司产业，确保利润持续增长，实现公司强劲发展。

公司在 20 多年开发、运作金桥开发区及碧云国际社区上积累了丰富的经验，并已在这一领域树立了品牌优势。主要表现为以金桥开发区为核心，配之以较为完善的国际社区的开发建设，在经营管理上从组织结构到运作流程都已较为成熟，尤其是在规划、设计上具有先进理念，在开发和营运上具有丰富经验，在集聚产业项目和引导开发区发展上具有较强的综合协调能力。

• 2020 金桥股份部分高管名录

姓名	职务
王 颖	董事长

南京金融城建设发展股份有限公司

南京金融城建设发展股份有限公司（简称"金融城"）是南京市政府为推动南京金融城建设而成立的国有企业。公司于 2011 年正式设立，自 2012 年承接河西 CBD 金融城项目，助力金融产业提升，致力于打造具有国际水准、地标性的金融企业集聚区。

金融城的项目定位是"具有国际水准、地标性的金融企业集聚区"。项目占地面积 79629.8 平方米，项目总投资约 82 亿元。金融城坐落于河西中央商务区核心地段，是南京区域金融中心规划建设的核心功能载体，是推动南京金融服务业转型升级的重点项目，定位为"具有国际水准、地标性的金融企业集聚区"。

金融城将参照国际标准，统筹建设金融市场、金融交易服务、信息发布、云计算等一体化金融服务平台，吸引金融与准金融企业入驻，形成各类现代金融工具、金融衍生产品集聚的金融产业发展高地。

建设南京金融城是南京市加快河西金融集聚区建设，推动南京现代服务业高端发展的重要途径，是打造承接上海、覆盖江苏、辐射皖赣、延伸中国的泛长三角区域金融中心的重大举措，是助力建设南京区域金融中心城市、提升城市综合竞争力的战略决策。

• 2020 金融城部分高管名录

姓名	职务
冯金江	总经理

金融街控股股份有限公司

金融街控股股份有限公司（简称"金融街"，SZ000402）2000 年在深交所成功上市，是一家以商务地产为主业的大型开发运营控股公司。金融街二十年如一日坚持稳健经营，规范运作，健康发展，形成了独特的发展战略和经营模式，在商务地产开发领域取得了出色的业绩。

根据克而瑞机构统计，2020 年公司销售额达 406.8 亿元，累计开发面积超过 2000 万平方米，产品涵盖区域开发、商务综合体、高端写字楼、商业、住宅以及政府保障工程，服务对象几乎遍及整个中国金融业。

金融街深耕五大城市群(京津冀、长三角、珠三角、成渝、长江中游)的中心城市，拓展环五大城市群中心城市(北京、天津、上海、苏州、广州、深圳、重庆、成都、武汉)一小时交通圈的卫星城 / 区域，服务北京通州副中心和雄安新区，适时拓展海外市场。

金融街以开发销售业务和资产管理业务为双轮，以四大产品体系（商务产品、住宅产品、特色小镇产品、金融集产品）、四大服务体系（商务产品服务体系、住宅产品服务体系、特色小镇服务体系、金融集服务体系）为抓手，打造房地产全价值链业务平台。

• **2020 金融街部分高管名录**

姓名	职务
高　靓	董事长
吕洪斌	总经理
盛华平	常务副总经理
王志刚	副总经理
李　亮	副总经理
傅英杰	副总经理
张晓鹏	副总经理、董事会秘书

辽宁金沙房地产集团有限公司

辽宁金沙房地产集团有限公司（简称"金沙房地产"）自 2001 年成立以来，即以品质为本的开发理念，开始了都市家园的寻找、开发与建造。10 年的开发历程，所到之处均本着"新居住、新城市、新生活"的开发原则，以前瞻的眼光捕捉城郊接合部的商机，用经典之作标注城市肌理，进军本土企业百强。

• **2020 金沙房地产部分高管名录**

姓名	职务
余锦霞	总经理

陕西金泰恒业房地产有限公司

陕西金泰恒业房地产有限公司（简称"金泰恒业"）是陕西省人民政府直属国有特大型企业陕西省华秦投资集团有限公司控股，陕西省煤田地质集团有限公司和陕西省电力建设投资开发公司参股的国有企业，成立于 2002 年 10 月，注册资本金 6 亿元，具有国家房地产开发一级资质。十几年来，金泰恒业扎根西安，辐射三秦，北上山东、南下琼州，东进上海，开疆拓土，累计完成和正在开发建设项目 20 余个，公司已成长为以高档住宅开发为主，商业、酒店、办公、文化、养老、产业园区、绿色建筑等多元化布局的综合性实力地产企业。

• 2020 金泰恒业部分高管名录

姓名	职务
马亚鹏	董事长
俞向前	总经理

山东金象泰置业有限公司

山东金象泰置业有限公司（简称"金象泰置业"）是烟建集团独资的大型专业房地产公司，是烟建集团房地产业务的主要运作平台，国家房地产开发一级资质企业，山东省 2010 年房地产 50 强企业，烟台市房地产开发企业信用评价 AAA 级企业，烟台市优秀房地产开发企业，烟台市放心房、满意房单位。

金象泰置业具备多品类物业综合开发实力，拥有丰富的土地储备，坚持多项目、多区域、多业态发展战略，以商品住宅开发为主，适度发展持有经营性物业。目前正在着力推出温馨家园、海阳亚沙村、吉祥家园、烟建花园等多个大型住宅项目以及商会大厦等城市地标性写字楼。

金象泰置业致力于成为一流的房地产发展运营商和物业服务供应商，将继续以顾客需求为根本导向，凭借精准的战略定位、精致的市场运作、精品的开发项目、精心的物业服务，实现与顾客、员工、合作伙伴以及中国房地产行业共成长。

• 2020 金象泰置业部分高管名录

姓名	职务
文爱武	董事长、总经理

金新控股集团有限公司

金新控股集团有限公司（简称"金新控股"）成立于 1998 年，注册资金为 1 亿元，是具有房地产开发一级资质的集团公司。金新控股主营业务为地产开发，业务范围涵盖医疗健康、金融资本、机械制造、商旅酒店等领域。

金新控股自成立以来坚持以"金的品质，新的理念，以人为本，服务社会"为企业宗旨，力求建造规划合理、设计新颖、施工优良的房产精品，相继开发建设了新天地花苑、青山湾花园、金百国际、香缇湾花园、金新鼎邦、金新御园、青枫公馆、青枫壹号生态示范小区、南京常宁·青山湾、昆山纳帕溪醍等一批经典房地产项目，并为政府开发建设了金鸡花园、金梅花园、金新润园、上海浦东馨汇佳园等安置小区，累计开发面积近 300 万平方米。发展至今，金新控股已形成了以地产板块为主，健康、投资、制造业和酒店业为辅的一体四翼发展格局。金新控股自2005 年以来，连续 13 年入选"江苏省房地产开发 50 强"和"常州市五星级企业"。除地产主业外，健康、投资等业务板块也呈现出蓬勃的发展潜力，多元化的产业布局成为企业的核心竞争力之一，多元化的产业融合也为企业的转型升级提供了强劲的动力。

- **2020 金新控股部分高管名录**

姓名	职务
吴伟良	董事长

北京金隅地产开发集团有限公司

北京金隅地产开发集团有限公司（简称"金隅集团"）成立于 2005 年，2009 年 7 月 29 日在香港上市，2011 年 3 月 1 日在上交所上市，是北京地区综合实力最强的房地产开发商之一，也是北京地区开发最早、项目最多、体系最全的保障性住房开发企业。金隅集团以建筑材料制造为主业，纵向延伸出房地产开发、物业投资及管理等产业，形成中国大型建材生产企业中独一无二的纵向一体化产业链结构。

根据克而瑞机构统计，2020年公司销售额达571.7亿元。房地产开发业务覆盖环渤海、长三角、成渝三大经济圈，在京、沪、津、渝四个直辖市以及杭州、南京、合肥、海口等14个省会城市或区域中心城市实现战略布局。被住建部授予"国家住宅产业化基地"称号，是北京市首家获此殊荣的房地产开发企业。

金隅集团同时是北京地区最大的投资性物业持有者与管理者之一，在京持有高档物业约 120 万平方米（包括投资性物业约 72 万平方米）、物业管理面积（包括住宅小区和底商）约 1200 万平方米，专业化能力、品牌知名度、出租率和收益水平多年来保持北京乃至全国业内领先水平。与此同时，以凤山温泉度假村、八达岭温泉度假村等为代表的度假休闲产业，已形成较大的产业规模和良好的社会知名度。

金隅集团位列"中国企业 500 强""中国制造企业效益 200 佳"和"全国企业盈利能力 100 强"榜单。先后荣获"中国绿色建筑装饰产业示范基地""全国企业文化示范基地""国际企业文化核心竞争力十强""中华环境奖""北京十大影响力企业"等殊荣。

• 2020 金隅集团部分高管名录

姓名	职务
姜长禄	副总经理
姜英武	副总经理
王肇嘉	副总经理
刘文彦	副总经理
陈国高	副总经理
安志强	副总经理
段 雄	南京公司总经理
李 新	合肥公司总经理
吴建新	杭州公司总经理

广西金源置业集团有限公司

广西金源置业集团有限公司（简称"金源集团"）成立于 2006 年，前身为创立于 1995 年 7 月的广西金源房地产开发有限公司。截至 2015 年年底，金源集团总资产约 45 亿元，下辖 20 多个全资或控股子公司，拥有员工 1200 多人。金源集团现在正在开发及储备项目建筑面积逾 200 万平方米，下辖子公司经营多个汽车品牌，是一家以房地产经营管理为主业，兼营汽车销售服务及项目投资管理的大型集团公司。

- **2020 金源集团部分高管名录**

姓名	职务
梁文红	总裁

锦艺集团

锦艺集团是一家多元化控股企业集团，下辖 20 余家子公司，其中包括上市公司、国家级高新技术企业、行业百强企业等，分布在香港、福州、郑州、广州、重庆、深圳、苏州等经济发达地区和高速增长地区，形成了产业和区域的综合均衡布局。锦艺集团目前已成功培育地产、商业、新材料、纺织、金融、互联网等六大产业板块，并涉足教育、康养等产业，成为年销售收入逾 200 亿元的企业集团。郑州朗悦置业有限公司是锦艺集团旗下独立法人经营的子公司，于 2011 年 10 月在郑州市注册成立。

锦艺集团在地产投资方面已覆盖河南、福建、广东、浙江、云南、重庆、四川、深圳等地，持续开发的数个大型城市综合体项目为业内瞩目，成功迈入业内领先的精品地产开发商行列。根据克而瑞机构统计，2020 年公司地产销售额达 112.9 亿元。

2006 年，锦艺集团进入地产业，成为涵盖地产物业开发、大型购物中心运营及互联网平台运营为主力产业结构的智慧城市运营商。2008 年 8 月开始陆续开发了锦艺新时代、锦艺怡心苑、锦艺国际华都、中原锦艺城、锦艺国际轻纺城等多个项目。截至目前，累计已开发约 1000 万平方米的住宅、大型购物中心、酒店等物业，目前持续开发大型综合性地产项目超过 1000 万平方米，拥有土地储备数千亩。

锦艺集团致力于为客户打造高品质的生活方式与全方位的生活体验，成为领先的智慧城市生活运营商，与中国经济共成长。

- **2020 锦艺集团部分高管名录**

姓名	职务
陈锦焰	董事局主席
苏萧龙	副总裁、郑州城市公司总经理
陈树源	郑州朗悦集团有限公司副总裁

京汉实业投资集团股份有限公司

京汉实业投资集团股份有限公司（简称"京汉股份"）成立于 1996 年，注册资本 78025 万元，总部位于北京。

京汉股份是一家在健康养老、绿色纤维、主题小镇、健康住宅、建筑工程等领域进行全国布局、多元化发展的 A 股上市公司（股票代码：000615），资产总额超百亿元。

近年来，京汉股份正在加速战略转型，以健康产业为主导，整合全球相关资源，努力发展成为中国最受赞誉的健康生活提供商之一。

双轮驱动，产融并举。这是京汉股份在 2015 年成功上市之后的战略决策。为此，京汉股份已着力布局与企业基因相匹配的健康产业，并开始了新一轮大刀阔斧的业务扩张，在原有的房地产、化纤业务板块基础上，积极拓展养老康复、文化旅游等产业投资，并致力于将产业导入落后贫困地区，全力配合国家扶贫战略，实现"产业报国"的初心。

• 2020 京汉股份部分高管名录

姓名	职务
田 汉	董事长

京基集团有限公司

京基集团有限公司（简称"京基集团"）成立于 1994 年，总部位于深圳，辐射北京、天津、湛江、云浮等城市。历经 25 年的稳健发展，已发展成为一家集地产开发、科技智能、金融投资、商业运营、文化教育、现代农业六大核心业务板块并存的规模化、多元化、集团化的综合性企业。

根据克而瑞机构统计，2020 年公司销售额达 76.6 亿元。

京基集团以产业经营与资本经营并举的发展模式，稳健发展，不断创新，形成了"房地产主业突出，金融、文化、科技等相关产业并举发展"的产业布局。其中，房地产开发经营作为京基集团的核心主导产业，所开发项目涵盖住宅、写字楼、酒店等多种类型。商业地产、农业、文化等产业也具有较大的规模和较强的实力。

京基集团把树立企业社会责任感作为企业文化建设的重要内容，旗下各公司年年被深圳市政府授予"守法纳税大户"，至今已累计向国家缴纳税收数亿元。同时积极回馈社会，截至 2018 年年底，陈华董事长代表京基集团向社会公益事业累计捐赠善款近 3 亿元。2019 年，京基集团被授予"履行社会责任杰出企业"荣誉称号。

未来，京基集团将以房地产业务为发展战略核心，深耕深圳，并在其他多元领域进行更多的探索和构建，同时对城市、对生活、对美好的理解与定义进行积极的思考和尝试，持续为客户提供高品质、专业化的产品和服务，为城市构筑更为美好的未来。

• 2020 京基集团部分高管名录

姓名	职务
陈 华	董事长、总裁
陈家荣	副总裁
杨玉雄	京基地产总裁
李传玉	副总裁

京能置业股份有限公司

京能置业股份有限公司（简称"京能置业"，SH600791）前身为贵州华联股份有限公司，成立于1993年12月，1997年在上交所上市，现为京能集团旗下地产业务平台，从一个地区性商贸旅游公司转变成为全国性的房地产开发企业。业态主要包括商业地产与住宅开发、存量物业出租经营、城市综合体运营，拥有工程勘察、设计、施工等资质，已具备开发、经营、物业管理等全产业链运营能力。

京能置业参控股企业包括北京国电房地产开发有限公司、北京天创世缘房地产开发有限公司等七家地产类公司，开发的项目有天创世缘住宅小区、国典华园、国典大厦、天创科技大厦等，在建项目与储备项目总建筑面积均超过800万平方米。

京能置业确立了以实现规模化发展为中心，拥有一支稳定专业的房地产开发队伍。在北京、天津等重点区域拥有良好的品牌价值和社会效应，具备区域深耕潜力及深耕占有力。2019年，京能置业加强市场形势研究，打造低碳智慧型房地产项目；深入研究新型城市化建设模式理念、绿色小镇、集体用地建设租赁住房等特色开发模式；适时介入棚户区改造项目；加强重点区域即京津冀及一线城市的市场调研跟踪，抓住京津冀协同发展、雄安新区规划建设等重大战略机遇，在项目拓展方面取得新进展。借助控股股东的业务优势与其产业协同，有助于打造具备京能特色的房地产开发企业。

• **2020 京能置业部分高管名录**

姓名	职务
周建裕	董事长
王怀龙	总经理
马 俊	副总经理
李色金	天津有限公司董事长

京投发展股份有限公司

京投发展股份有限公司（简称"京投发展"，SH600683）创建于1992年，是一家以房地产开发为主营业务并逐步涉及多元产业发展的综合性企业。近年来京投发展迅猛发展，先后涉足住宅、高端综合体、商业、别墅、酒店、区域开发等多业态领域，投资并开发近20个项目，迅速壮大成为一家总资产近300亿元的大型国有控股企业。

作为北京市基础设施投资有限公司旗下市场化房地产二级开发的唯一平台，公司擅长轨道交通车辆基地一体化开发，将原来单纯由政府投资的地铁停车场或检修段，变为可以建设的土地资源，成为土地集约化利用的典范。

京投发展已形成以轨道交通车辆基地开发为核心，沿轨道物业上下游进行纵向拓展，兼顾小镇开发为特色的多元化发展模式，开创了独树一帜的轨道交通车辆基地开发模式，是中国轨道物业的开拓者。

京投发展依托大股东资源，凭借专注、专业、专擅、专攻的企业优势，在减振降噪技术领域获得多项技术专利，形成技术产品，并在项目上实施应用，达到国际领先水平；公司积累了丰富的项目操作经验，在北京，以公园悦府、琨御府、西华府等为代表的轨道交通车辆基地开发项目，以骄人的销售业绩及项目品质傲领区域市场，实现社会效应和经济效应的双赢，奠定了公司亚洲轨道物业专家的地位。

京投发展根植北京，茂盛全国，并提出"TOD智慧生态圈"的理念，强调对城市、地铁、业主三个层面提供可持续性服务，恢复城市活力，带动区域经济发展，为消费者打造"地铁一体化集约生活"。

• 2020 京投发展部分高管名录

姓名	职务
魏　怡	董事长
高一轩	总裁
潘长青	副总裁
田　锋	副总裁

长春经开（集团）股份有限公司

长春经开（集团）股份有限公司（简称"经开公司"）当前主营业务分为四大类，即房地产开发、热力产业、基础设施建设、现代服务业。公司主营长春经济开发区的土地开发和基础设施建设，并通过股改进行资产置换，将重点向房地产开发业务转型。公司通过资产置换进来众多优质土地资源及其二级拿地特权，项目所在地的南部新城和开发区是未来长春市的热点和高档市场所在。经开公司原名"长春经济技术开发区开发建设（集团）股份有限公司"，系经长春市经济体制改革委员会长体改联字〔1993〕129号文批准，于1993年3月以定向募集方式设立的股份有限公司，设立时注册资本为18000万元。1999年7月经中国证监会证监发字〔1999〕89号文批准，经开公司向社会公开发行境内上市的人民币普通股7500万股，并于1999年9月在上海证券交易所上市挂牌交易，公司注册资本变更为25500万元。经过2000年5月公司实施送股利润分配和2003年6月经中国证监会证监发行字〔2003〕51号文核准后本公司实施配股之后，公司注册资本已增至35771.76万元。

• 2020 经开公司部分高管名录

姓名	职务
吴锦华	董事长
倪伟勇	CEO

中国·经纬置地有限公司

中国·经纬置地有限公司（简称"经纬置地"）成立于 1996 年，总部位于上海，为经纬集团、香港经纬国际投资控股负责中国内地商业及住宅产业开发的专门机构，是中国国际商会、中国国家委员会国际商会副会长单位、中国经济社会理事会常务理事单位、全国工商联房地产商会副会长、轮值主席单位；曾先后被评为"中国住宅产业十大品牌企业""中国最值得尊敬房地产品牌企业""中国房地产诚信企业""全国建筑业 AAA 级信用企业"等多个荣誉称号，所开发项目先后获得联合国总部颁发的"全球人居健康突出贡献奖""中国特色大盘金奖"等多项大奖。

企业开发了上海和泰苑、祥泰苑、经纬城市绿洲系列等多个房地产项目；在长三角、珠三角、环渤海三大区域多个城市拥有项目，包括位于上海中环附近黄金地段、天津滨海新区、广东汕头特区等其他城市的多个项目。经纬置地一直非常看好中国的房地产行业发展前景，在深耕中国三大核心经济区域的同时，将择机进入其他新的区域及重点城市寻求投资发展机会。

• 2020 经纬置业部分高管名录

姓名	职务
陈经纬	主席

贵州景融投资有限公司

贵州景融投资有限公司（简称"景融投资"）成立于 2011 年 7 月 20 日，法定代表人为薛丽萍，注册资本为 10000 万元，统一社会信用代码为 91520113577138397K。企业地址位于贵州省贵阳市白云区龙井路 289 号艳山红镇政府负一楼，所属行业为商务服务业，经营范围包含：法律、法规、国务院决定规定禁止的不得经营；法律、法规、国务院决定规定应当许可（审批）的，经审批机关批准后凭许可（审批）文件经营；法律、法规、国务院决定规定无须许可（审批）的，市场主体自主选择经营。

• 2020 景融投资部分高管名录

姓名	职务
何 烨	经理
薛丽萍	执行董事
陈 黔	监事

景瑞地产（集团）有限公司

景瑞地产（集团）有限公司（简称"景瑞控股"，HK01862）始于1993年9月，2013年在香港上市，成为一家涵盖房地产开发、建筑装修、商业运营及物业管理的全国化领先品牌的上市公司，具备国家房地产开发一级资质。旗下设立景瑞地产、锴瑞投资、景瑞公寓、优钺资产、合福资本五大平台。自2003年起迈出上海，先后进入重庆、天津、苏州、杭州、宁波等城市，完成长三角地区、西南地区以及环渤海地区的战略布局。

根据克而瑞机构统计，2020年公司销售额达255.2亿元。项目已全面覆盖所有直辖市及长三角一、二线核心城市，18城91盘联袂开发，共为69000户业主提供了温暖的家。公司曾获"中国房地产开发企业百强""中国房地产百强运营效率TOP10"和"中国房地产开发企业品牌价值50强"等荣誉。

景瑞控股明确以打造以"客户价值"为导向的双轮驱动业务模式。一方面，以打造基金化运作的轻资运营模式，从"重资粗放式"的地产开发模式，向"轻资精细化"的服务模式转变。另一方面，围绕"客户价值设计"，打造并输出系统化能力，专业服务各类客户，成为最懂生活和建筑的资产管理引领者。

• 2020景瑞控股部分高管名录

姓名	职务
徐海峰	执行董事、集团副总裁
陈 超	副总裁、CFO、执行董事
韩 炯	独立非执行董事
钱世政	独立非执行董事
卢永仁	独立非执行董事
蒋冰弦	联席公司秘书、资本市场中心总经理
苏丽珊	联席公司秘书

九龙仓集团有限公司

九龙仓集团有限公司（简称"九龙仓集团"，HK00004）始创于1886年，历史悠久，是香港第十七家成立的公司，扎根香港，实力雄厚。九龙仓已是首批纳入恒生指数的成分股，至今仍是交易最活跃的本地蓝筹股之一。九龙仓集团凭借"创建明天"这理念，以及卓越的管理及执行力，多年来表现稳健且极具高效益。

根据克而瑞机构统计，2020年公司销售额达274.7亿元。

九龙仓集团在2017年11月分拆香港的投资物业在港上市，即九龙仓置业地产投资有限公司。此后，九龙仓集团的业务大部分与物业相关，包括在香港内地的投资物业、酒店和发展物业。其他业务包括经营物流业务的现代货箱码头及香港空运货站。

九龙仓集团继续奉行审慎的土地采购政策，并策略性聚焦于一、二线主要城市，土地储备合共360万平方米。投资物业以国际金融中心系列为主导，坐落于长沙、成都、重庆、苏州及无锡等具有潜力的城市，各项目均位处当地中央商务区或新中央商务区的核心地带。凭借其优越位置、精心规划及设计、零售商及顾客的群聚效应，以及卓越的管理，各国际金融中心项目现已成为当地潮流新地标。

- **2020 九龙仓集团部分高管名录**

姓名	职务
吴天海	董事会主席
李玉芳	董事会副主席、执行董事
徐耀祥	董事会副主席、财务总监

九颂山河置业集团有限公司

九颂山河置业集团有限公司（简称"九颂山河"）为江西省地产协会会员企业，正式成立于2004年，是一家以房地产综合开发为主业、多元化发展的集团公司。2018年、2019年连续两年荣获江西省本土企业前三名；2020年荣登江西易居研究中心《2020年半年度江西楼市排行榜》——江西新增土储排行榜、拍地面积排行榜双榜首；位列克而瑞研究中心《2020年1-7月中国房地产企业新增货值TOP100排行榜》新增土地建面第31名，以及《2020年上半年中国房地产企业新增货值TOP100排行榜》第45名。

16年砥砺深耕，立足江西，布局全国，投资、开发的城市住宅、城市综合体已遍布赣鄱大地、江浙、粤港澳湾区，总投资、开发面积超千万平方米。

作为一家脚踏实地、稳扎稳打、不断提升品质的集团性地产公司，九颂山河秉持"美好生活家"的品牌理念，不断做强做大，用心建筑美好未来。

- **2020 九颂山河部分高管名录**

姓名	职务
叶良荣	总裁

江苏九洲投资集团有限公司

江苏九洲投资集团有限公司（简称"九洲集团"）创建于1988年，初期为苏沪市场流通领域的标杆企业，1993年开始投资地产开发行业，2004年开始涉足创业投资领域。历经二十余载的成长与积累，九洲集团已形成以创业投资、地产开发、资产经营为主的多元化发展格局。

九洲集团创投管理的基金规模达数十亿元，所投项目都取得了较好的业绩，为中小企业转型升级起到了积极的推动作用。2015年，成立九洲创投园，用"创投资本＋投后管理＋高新绿企业"的新模式，建成了一个经营高新绿、服务高新绿、集聚高新绿的创新、创业园区。

地产开发是九洲集团的常青树。自进军房地产业起，九洲集团本着"精雕细琢，打造精品"的开发理念，在常州及周边城市着力开发建成了20多个优秀住宅项目和商业地产项目。

资产经营是"百年九洲"的根基。在经营资产的过程中，九洲集团运作涵盖的商业资产涉及多个领域，包括超市租赁、市场招商、星级酒店、商务写字楼、城市综合体等，均取得了不俗的业绩。

九洲集团不忘回报社会，作为常州市慈善总会副会长企业，各项捐赠累计超亿元。集团自2007年以来先后获得省、市级多项荣誉称号。

• 2020 九洲集团部分高管名录

姓名	职务
刘灿放	董事长、总裁

吉林省钜城地产投资有限公司

吉林省钜城地产投资有限公司（简称"钜城地产公司"），于2009年注册成立，注册资本金5000万元，具有国家房地产开发二级资质，是一个以开发高端商业地产为主的大型房地产开发企业，公司位于长春南部都市经济开发区华庆路与新明街交汇处。

钜城地产公司拟投资65亿元，计划用8年的时间，在长春南部新城打造一个占地面积25万平方米、建筑面积130余万平方米的"钜城国际商业综合体"，其中地上面积85万平方米，地下面积45万平方米。钜城国际商业综合体整体项目由70%体量的商业和30%体量的住宅组成。其中高端住宅"钜城臻品"占地36万平方米；钜城华億中心（洲际华邑酒店）占地12万平方米；钜城华億广场占地33万平方米；钜城华億金街占地10万平方米；现代智能终端体验港占地12万平方米；钜城华億商务集群（写字楼）占地30万平方米。

目前，项目投资已达45亿元，为计划总投资的70%；开工面积已达95万平方米，为规划面积的70%。其中：36万平方米的高端住宅"钜城臻品"一期和二期项目已经竣工交付使用。12万平方米的钜城华億中心（钜城洲际华邑酒店）项目已完成主体工程，现已启动酒店及公寓外立面幕墙装修工作，预计2019年投入运营；33万平方米的钜城华億广场项目已开工建设，现已完成公寓部分及裙楼的主体结构；5万平方米的钜城华億金街一期项目，现已竣工验收并交付使用。

钜城地产公司自成立以来，以"团结、创新、诚信、感恩"为经营理念，以"科学发展、依法经营、规范管理、提高效益"为经营宗旨，强化基础建设和管理，狠抓工程进度和质量，为建设南部新城、发展南部都市经济做出了一定的贡献。

• 2020 钜城地产公司部分高管名录

姓名	职务
齐海莉	总经理

上海君地投资集团有限公司

上海君地投资集团有限公司（简称"君地"）成立于 2005 年 6 月，是一家以房地产开发经营、物业管理和酒店投资及经营管理为主的集团。

君地以"选择价值成长空间较大的地区，选用一流的专业合作伙伴，开发本地区高品位项目，建造高品质产品，以优秀的产品提升企业盈利能力"为经营理念。

在这个经营理念的指导下，君地的项目以高尚的品位、优雅的风格以及实用性、舒适度吸引客群，公司开发的楼盘受到市场的广泛认可，逐渐在苏州地区积累了品牌知名度和市场美誉度，成为苏州地区知名的优秀房地产开发商。

君地正在开发建设及运作的项目有 5 个，分布在苏州工业园区、苏州高新区、苏州吴江汾湖开发区等，开发面积约 150 万平方米，开发业态有高层、小高层、花园洋房、别墅、商业、酒店公寓、酒店等。此外，君地还有一家已经营业的四星级假日酒店和五星级公寓酒店。接下来，君地还将在昆山打造 13 万平方米的商业项目。

- **2020 君地部分高管名录**

姓名	职务
姚旭升	董事长

君华集团有限公司

君华集团有限公司（简称"君华集团"）的前身为创立于 1997 年的广州君华经济发展有限公司，多年来，在董事长张劲的带领下，君华集团顺应经济发展趋势，准确把握中国经济发展的每一次大机遇。

君华集团以产业为平台，以金融理念为指导，以资本运作为导向，坚持多元化的发展战略；逐步形成了以广州为核心、全国 20 多个主要城市为基础、远拓海外的庞大事业版图；奠定了现在年销售额超过 250 亿元，产业布局横跨房地产、金融投资、金属贸易、汽车贸易、新型社区运营等领域的大型民营企业集团。

- **2020 君华集团部分高管名录**

姓名	职务
张　劲	创始人
范佳昱	副董事长

俊发集团有限公司

俊发集团有限公司（简称"俊发集团"）成立于 1998 年，是集房地产开发、房建工程、市政道路、物业服务、商业及酒店运营及其他板块为一体的全国性综合集团公司。

根据克而瑞机构统计，2020 年公司销售额达 670.1 亿元，跻身中国房地产企业百强，位列"中国物业服务企业 30 强""中国房地产品牌价值 50 强"，连续 10 年蝉联昆明市场占有率第一名，连续 5 年位列"云南省非公企业百强"第一名。

俊发集团以"品质筑就生活"为企业理念，以"城市更新综合服务商"为企业定位，深耕云南、布局全国四大，在昆明、大理、丽江、瑞丽、西双版纳、成都、贵阳、上海、无锡、郑州、西安、深圳、佛山、石家庄、海南万宁等城市，开发建设百余个项目，为 15 万余户业主家庭打造了品质幸福人居。

俊发集团在企业发展的同时，积极履行企业公民的社会责任，累计纳税 77.8 亿元，累计社会公益捐款 4.08 亿元，为社会公益事业做出了应有的贡献。

未来，俊发集团将继续坚持"城市更新综合服务商"的定位，以客户需求为导向，以客户满意为目的，致力于城市更新，结合城市生态环境改善、历史文化保护、公共设施配套完善、产业结构调整等多种方式不断创新和变革。为城市、为客户提供更加丰富多样、更加有品质的产品及服务，实现从传统开发型企业到技术服务型企业的转型。

• 2020 俊发集团部分高管名录

姓名	职务
李 俊	董事长、总裁
赵剑坤	地产集团副总裁
张福勇	地产集团副总裁
崔庆鹏	地产集团副总裁
詹 敏	俊发集团副总裁
彭后熊	俊发集团副总裁、昆明公司总经理
王 磊	俊发集团副总裁
叶文武	俊发地产集团副总裁
苟文劲	俊发地产集团副总裁
郭振川	俊发集团总裁助理、运营管理中心总经理
丁 强	大湾区公司总裁
袁 冰	云南区域执行总裁

浙江郡原地产股份有限公司

浙江郡原地产股份有限公司（简称"郡原"），是具有国家房地产开发一级资质的企业。主营房地产开发及物业投资，涉足领域包括居住物业、高端居住物业、商业物业、办公物业、旅游景观房产等多个地产开发方向。

同时，郡原在策划定位、规划设计、工程营建、招商运营等各个地产阶段都有专业的团队。

郡原的主要管理团队均为浙江省最早从事房地产开发和经营的专业人士，具有十余年的专业工作经验。作为一家以产品定位精准、设计把握精确、施工管理精细见长的专业地产公司，郡原在产品层面不计代价的投入与执着为杭州先后带来了公元大厦、九树公寓等顶级项目。其中九树公寓作为国内唯一的住宅项目，与北京鸟巢、水立方等一起荣膺 2009 年度英国皇家建筑师学会国际大奖。

"诚信守正，精益求精"是郡原的企业精神。公司希望把每一个地产项目都建设为精品，让客户和员工在精神和物质上都体验到人生的快乐。

• **2020 郡原部分高管名录**

姓名	职务
许广跃	董事长

湖南凯邦置业有限公司

湖南凯邦置业有限公司（简称"凯邦置业"）成立于 2001 年，现有湖南万象酒店经营管理有限公司、湖南万象园林景观艺术有限公司、湖南德鑫泰现代农业开业开发有限公司、怀化凯邦物业服务有限公司、怀化尚达商业经营有限公司、现代商贸物流发展有限公司、国际生态旅游文化产业园等多家子公司，业务涵盖地产开发、商贸物流、酒店的经营及管理；旅游文化开发、国际国内贸易、资本投资、基础设施建设、现代农业、新城镇建设、园林景观、商业品牌经营管理、物业管理等多个领域。

• **2020 凯邦置业部分高管名录**

姓名	职务
肖旭亮	董事长、怀化明辉房地产开发有限公司总经理

康大时代房地产开发有限公司

康大时代房地产开发有限公司（简称"康大时代"）成立于 2000 年，是康大集团旗下重要的业务板块，也是青岛本土综合实力较强的房地产企业之一。康大集团早在 25 年前，就以前瞻性的战略眼光，落址西海岸新区。

康大时代成立以来，以"创造健康生活"为使命，以"专筑美好生活家"为愿景，陆续开发了康大·风和日丽、康大·凤凰国际等十几个项目，涉及住宅、商业、写字楼、综合体等多种业态，同时涉足高端商务酒店、度假式酒店、餐饮店的开发建设和经营管理，开发规模居青岛市前列。

经过近 20 年的发展历程，康大时代以"建设精品楼盘，打造品牌企业"为指导方针，实施"精细化、特色化、品牌化"战略，秉承"精品楼盘、精细制造"理念，凭借雄厚的实力和开发经验，2009 年被中国房地产测评中心评为"中国房地产开发企业 500 强"，2012 年进入青岛市本土房地产企业前十强。2019 年康大时代开启品质开发之路，聚焦城市核心地段，将产品与中国文化相融合，康大时代正迈着坚实的步伐走专业化、标准化、规模化的发展道路。

- **2020 康大时代部分高管名录**

姓名	职务
黄志刚	青岛康大地产总经理

康桥集团

康桥集团 2002 年成立，经过十多年的发展，成为全国知名的房地产企业，业务涉及房地产开发、大服务、产业文旅、代建、装饰等领域。聚焦中原地区、西部省会、京津冀、长三角、珠三角等城市群。累计开发项目 40 余个，开发面积 2000 余万平方米，拓展社区 3000 余万平方米，服务业主 27 万余户。

根据克而瑞机构统计，2020 年公司销售额达 254.3 亿元。康桥集团在注重企业发展的同时，把握中国社会发展态势，围绕传统地产开发的主体，构建产业文旅、大服务两翼发展的全生命周期综合运营商。在以人文精神为载体，"品质筑家，相伴一生"为使命的同时，康桥集团坚持"一个主体两翼发展"的战略，以人文关怀引领产业品质升级，积极推进行业健康发展；从住宅生态环境要求，到构建人文品质空间的追求，为满足人民对美好生活的各方面需求，做出积极贡献。

康桥集团以人为尺度，把匠心融入建筑，从对城市、生活、空间的价值考究，沉淀出"景观、建工、物业、体验、研发"的康桥产品核心竞争力"5+ 好房"，打造更具品质的高端产品。

- **2020 康桥集团部分高管名录**

姓名	职务
宋革委	董事长
朱荣梅	执行总裁
康 杰	副总裁
陈胜利	副总裁
肖春和	地产板块副总裁、华东区域董事长
夏海平	地产苏南城市公司总经理

浙江科尔房地产有限公司

浙江科尔房地产有限公司（简称"科尔房产"）始创于1995年，是一家以纺织业务为主导，投资、贸易业务为辅助，房产业务为支柱，黄金珠宝业务为新发展的多元化综合型企业。截至2018年年底，科尔房产总资产36.5亿元，年上缴税费2.3亿元，员工1000余人。

科尔房产在房产领域以高起点、高标准为导向，依靠最初的城南佳作"南城景园""南城嘉园""南城臻园"成功启航，经过鼎立之作"科尔世纪外滩"的乘风破浪，科尔房产在本地已成功树立高端项目品牌，正在开发的"博亚时代中心"写字楼更是让人拭目以待。科尔房产始终坚持"立足杭州、挥戈长三角、布局全国"这一渐进式发展思路，致力于帮助客户实现更美好的生活体验。"善筑者致远"，未来，科尔房产将向客户提供更多超越期望的产品和优质的服务。

科尔人秉承"求实""诚信""创新"的经营理念，将优质产品视为对客户的责任，将客户视为自身永远的伙伴，使员工和客户共享事业发展。

• 2020 科尔房产部分高管名录

姓名	职务
朱善庆	董事长

北京空港科技园区股份有限公司

北京空港科技园区股份有限公司（简称"空港股份"）成立于 2000 年 3 月，由北京天竺空港工业开发公司作为主发起人，联合顺鑫农业、华大基因等四家公司共同发起设立，是国内唯一一家临空型园区类上市公司。空港股份于 2004 年 3 月在上海证券交易所发行上市，股票代码 600463，注册资本金 3 亿元，控股股东为北京天竺空港经济开发公司。

空港股份毗邻首都国际机场，临空优势得天独厚。按照"规划高起点、建设高标准、管理高水平、开发高效率"的发展原则，推动旗下各园区及周边地区向"空港城"迈进，协力顺义区城市化进程的加快发展。公司主要从事工业地产开发、建筑工程施工、标准厂房经营、物业管理和工业地产业务。在发展方向和定位上，以园区的开发建设为基础，通过加大房地产开发力度、不断优化产业结构、增持优质物业，实现土地资本、科技资本与金融资本相融合，保持土地开发业务稳定增长，促进建筑施工业务的规模增长，大力拓展标准化厂房增值业务，积极发展高附加值临空工业地产，从而全面推动了空港股份的可持续发展，赢得了较强的竞争优势和优异的经营业绩。公司在临空产业园区、工业地产及商务办公等产品开发方面不断积累经验，对临空经济产业发展及工业地产有着深刻的理解，通过产品创新，打造出 MAX 企业独栋品牌，成为临空工业地产开发领域的先行者。

• 2020 空港股份部分高管名录

姓名	职务
卞云鹏	董事长
宣顺华	总经理

坤和建设集团股份有限公司

坤和建设集团股份有限公司（简称"坤和"）前身为杭州龙信物业发展有限公司，由李宝库先生于 1995 年 6 月 19 日创建于浙江省杭州市。1998 年 8 月 19 日，公司正式更名为杭州坤和房屋建设有限公司，英文名称为"Canhigh"，正方九宫的企业标识得以启用。2007 年 9 月 25 日，经工商行政管理总局批准，公司正式更名为坤和建设集团股份有限公司。

1995 年至今，坤和已累计投资开发面积逾 1200 万平方米，涵盖住宅、写字楼、商业中心、社区中心、学校等各种产品类型，为逾 10 万户居民及商户提供了优质的生活、商业和学习场所，所开发的一系列经典项目，遍布浙江省主要城市，均受到了当地市场的极大关注，更以其品质、文化内涵及居住群体，带动了周边社区从环境到文化的深刻变化。

二十余年以来，坤和始终专注于房地产开发投资领域的持续稳健增长、持有并拓展优质物业经营管理，与业内优秀的产业协作伙伴建立健康、共赢的产业协作平台，并分享发展中创造的价值。同时，积极开展围绕房地产产业链上下游的股权投资等业务，为公司及客户实现财富保值、增值。坤和的企业愿景是"通过打造追求卓越、赢得信赖、有质量持续增长的现代示范企业，让客户、员工、协作伙伴、投资者满意，为创建美好社会有所贡献"。坤和以"善意守正、自尊自强、勇敢担当、卓越美好"为核心价值观。

• 2020 坤和部分高管名录

姓名	职务
李宝库	创始人、董事长

莱蒙国际集团有限公司

莱蒙国际集团有限公司（简称"莱蒙国际"，HK03688）从 2000 年起专注于中国房地产，立足在香港及深圳，主要在珠三角、长三角、华中、京津及成渝地区从事城市综合体的开发及营运以及住宅物业的开发及销售，2013 年 3 月在香港上市。

2019 年是莱蒙国际创新与发展的一年，莱蒙商务、招商、教育、健康、MICE、旅游等六大业务板块并驾齐驱。其中莱蒙商务、教育、健康三大主业已稳定发展，为多国政府交流互访、招商引资、商务考察、教育培训、会议会展、疗休养、健康管理等提供一系列定制服务，肩负起"连接中国与世界"的使命。除了六大板块的出境服务提升外，莱蒙国际在入境旅游服务方面也进行了全面升级，深化国内旅行服务，提升海外客户在中国的旅行体验。

地产方面，莱蒙国际将继续凭借经验，在有利时机物色具备投资潜力的土地，并收购会与交通及基础设施发展紧密联系的土地储备。

• 2020 莱蒙国际部分高管名录

姓名	职务
黄俊康	董事会主席、行政总裁
林美家	联席首席运营官
黄德俊	首席财务官、公司秘书

莱茵达控股集团有限公司

莱茵达控股集团有限公司（简称"莱茵达集团"），创立于 1994 年，是一家多元化的综合性企业集团。经过 20 多年的发展，莱茵达集团产业的布局已涉及体育、金融、互联网、传媒、教育、房地产、酒店、航空、农业等多个领域，业务遍及全球多个国家，控参股公司 40 余家。其中，2003 年在深交所主板上市的莱茵达体育发展股份有限公司（SZ000558）系莱茵达集团之旗舰企业。

在以创始人、董事长高继胜先生为首的管理团队带领下，莱茵达集团秉承团结、创新、执行、速度的企业精神，把为社会、客户、员工和股东创造价值作为根本任务。通过前瞻布局、稳健投资、灵活经营、严格管理，现已形成以体育产业为龙头，多产业协同互补，多品牌联合运营的发展格局，并致力于打造一批在若干个领域有影响力的优秀企业群，走出一条有莱茵达特色的企业发展之路。

- **2020 莱茵达集团部分高管名录**

姓名	职务
高继胜	董事长

四川蓝光发展股份有限公司

四川蓝光发展股份有限公司（简称"蓝光发展"，SH600466）是蓝光控股集团旗下企业，2015 年在上交所完成重组上市。

蓝光发展以"人居蓝光 + 生命蓝光"为双擎驱动的战略顶层设计，其中，人居蓝光以"地产金融 + 文化旅游 + 现代服务业"为核心基础产业；生命蓝光以"3D 生物打印 + 生物医药"为创新支柱产业。

地产金融是蓝光发展的核心优势产业，蓝光发展的投资布局与国家城市群建设规划高度契合，坚持实施"聚焦高价值区域投资、聚焦改善型住宅产品"的发展战略。现已在全国布局十六大区域，60 余座城市，400 多个项目，为逾百万业主创造幸福生活。旗下专注于文化旅游投资及运营的专业服务平台蓝光文旅，以成为"新生活娱乐社交中心开创者"为目标，专注于打造标杆产品及中国文旅行业新标杆。

2019 年，蓝光发展荣膺"中国房地产百强"综合实力第 21 位，并跻身百强房企成长性 TOP10，高居第 4 位；连续五年荣膺"中国十大最具投资价值上市房企"，位列第 4 名。

- **2020 蓝光发展部分高管名录**

姓名	职务
杨 铿	董事长
张巧龙	副董事长、总裁
欧俊明	首席财务官、蓝光和骏首席财务官
王万峰	副总裁
罗瑞华	副总裁、董事会秘书
余 驰	首席运营官、蓝光和骏董事长兼总裁
孟宏伟	首席人力资源官、蓝光和骏董事兼行政副总裁
董其武	蓝光地产金融集团西北区域总裁
石 伟	西北区域山西公司总经理

四川蓝润实业集团有限公司

四川蓝润实业集团有限公司（简称"蓝润"）成立于 2007 年，隶属于蓝润集团有限公司，主营业务涵盖房地产住宅开发、商业开发运营、酒店管理、物业服务。

蓝润积极探索城市运营模式、专注精品研发，已累计开发房地产面积 1800 余万平方米、布局各类项目近百个，打造出春天系、V 客系、泷门系、蓝润城等系列产品，品牌价值近 40 亿元。商业方面，充分契合城市规划与消费升级趋势，紧抓区域核心需求、统筹社会服务功能，在建城市综合体项目近 500 万平方米，拥有 9 座城市综合体与产业园区、10 座润道商业街，与全球 2000 余家品牌建立了战略合作关系。物业方面，蓝润下属远鸿物业紧密围绕"360度周到物业服务"，致力打造创新社区专业物业平台，位列"中国物业管理综合实力百强""社区服务商企业成长性十强"。

蓝润地产是西南龙头房企，连续多年跻身"中国房地产 100 强企业""中国民企服务业 100 强""中国商业地产卓越企业""中国房地产百强企业成长性 top10"，品牌价值近 40 亿元。

- **2020 蓝润部分高管名录**

姓名	职务
戴学斌	董事长
杨晓初	总裁
陈以默	执行总裁
程远芸	首席财务官

朗诗绿色地产有限公司

朗诗绿色地产有限公司（简称"朗诗地产"，HK00106）创立于 2001 年，是国内领先的绿色开发运营商和生活服务商，中国地产百强企业。

朗诗地产以被动式建筑为基础，因地制宜、因人制宜用绿色科技为客户打造优秀的人居环境，累积开发 119 个绿色科技地产项目，开发总面积逾 1900 万平方米，为 30 万业主提供健康、舒适、节能、环保、智能的绿色住宅产品。

2019 年，朗诗地产凭借全流程的绿色可持续理念及良好的运营效率，入选"2019 中国年度影响力绿色地产企业 TOP10"，蝉联"2019 中国房地产上市公司综合实力 100 强"以及"2019 中国房地产上市公司发展速度五强"；朗诗寓再度荣膺"2019 中国年度影响力长租公寓品牌 TOP10"；朗诗青杉资本荣登"2019 中国年度影响力房地产基金品牌 TOP30"，跻身地产基金前五大机构，获评"2019 中国房地产基金优秀品牌企业"；朗诗物业获评"2019中国华东物业服务领先品牌"及"2019 中国物业服务特色品牌企业—有温度的社区"。

- **2020 朗诗地产部分高管名录**

姓名	职务
黄 征	董事长、总经理
申乐莹	执行董事、联席总裁、首席财务官、绿色金融事业部总经理
蒋 超	执行董事、副总裁、首席技术官

安徽乐富强控股集团有限公司

安徽乐富强控股集团有限公司（简称"乐富强集团"）前身为安徽金彩牛实业集团有限公司，成立于 1992 年，具有国家房地产开发一级资质、物业管理一级资质，被评为安徽省优秀房地产开发企业、诚信示范地产开发企业，是安徽省民营银行——新安银行发起人之一。

乐富强集团由最初的单一产业，逐步发展成集地产开发、星级酒店、物业管理、金融投资、建筑装饰、景观园林、机电工程等多元化产业为一体的综合性集团化企业。

乐富强集团旗下有安徽乐富强房地产开发有限公司、合肥乐富强房地产开发有限公司、霍邱乐富强房地产开发有限公司、霍山县乐富强投资有限公司等十余家子公司。

• 2020 乐富强集团部分高管名录

姓名	职务
刘士强	董事长

力高地产集团有限公司

力高地产集团有限公司（简称"力高集团"，HK01622）创建于1992年，2014年1月在香港上市，总部位于深圳，是一家专注于开发与管理中、高端住宅物业及商业物业的综合性房地产发展商，拥有国家房地产开发一级资质、物业管理一级资质。

力高集团成功进驻粤港澳大湾区、长三角区域及环渤海区域城市群内的 20 多个极具发展潜力的重点城市，包括深圳、上海、合肥、南昌、济南、天津、烟台、中山等。

力高集团秉持"力致 美好生活家"的品牌理念，经过多年的沉淀与积累，构建了层次分明、功能互补的产品体系，产品类型涵盖住宅、商业、公寓、写字楼、五星级酒店等多种业态。在"全生命周期全息覆盖"的经营开发理念下，为数以万计的业主创造了优质的居住条件和满意的生活体验。

2019 年，力高集团凭借优异的市场表现获得"中国地产风尚大奖·2019 中国年度投资价值地产企业 TOP30"，以及荣列"中国房企综合实力 TOP200"。

• 2020 力高集团部分高管名录

姓名	职务
黄若膏	总裁
邵 凯	助理总裁、华东投融中心总经理、江苏区域总经理
李 镭	天津城市公司总经理
李军辉	济南城市公司总经理

力旺集团有限公司

力旺集团有限公司（简称"力旺集团"）于2001年2月在长春市设立，已发展为涉及地产开发、科教文化、商贸运营、能源投资四大业务领域的企业集团，成员企业近40家。

在地产开发领域，拥有国家房地产开发一级资质、物业管理一级资质，先后开发建设了力旺·康景、力旺·格林春天、力旺·弗朗明歌、力旺·塞歌维亚、力旺·美林、力旺·东玺台、力旺·康城、力旺广场、长春壹号院、力旺·孔雀林等。自2006年至目前，累计开发建筑面积315万平方米，已为1.7万户业主提供了称心如意的高品质住房。

多年来，力旺集团以"健康生活方式持续创践者"为企业愿景进行多元化发展，除上述核心产业板块外，还积极涉足了康养旅居、医疗健康等业务领域。已与著名舞蹈艺术家杨丽萍达成协议，2019年在长春莲花山开工建设杨丽萍艺术酒店，实现南北联动的"候鸟式"康养旅居模式。

2019年，力旺集团有限公司荣获"2019中国房地产开发企业500强"第250名，位列省内本土开发企业前茅。

- **2020 力旺集团部分高管名录**

姓名	职务
邢福平	董事长
王大峰	执行董事、总经理
王大欣	营销总监

宜宾丽雅置地有限责任公司

宜宾丽雅置地有限责任公司（简称"丽雅置地"）是由"中国大企业集团竞争力500强"之一的宜宾丝丽雅集团有限公司控股的四川知名房地产开发企业，公司成立于2005年，注册资金2.8亿元，具备国家房地产开发一级资质。

公司坚持"铸就城市精品，创造上游生活"的宗旨，在"专业、创造、美丽、高效"的管理文化指导下，经过13年的积累，已发展成为以房地产开发为龙头，集商业运营、物业服务、景观工程、建筑工程、机电安装、百货、贸易、酒店管理为一体的"1+N"多元化城市综合运营商。截至2019年年末，公司总开发建筑面积超过500万平方米，营业收入连续多年超10亿元，体系员工总数超过1500人，资产规模已达40亿元。

- **2020 丽雅置地部分高管名录**

姓名	职务
熊泽逊	董事长
史 闯	丽雅江宸总经理

河北利鑫投资集团有限公司

河北利鑫投资集团有限公司（简称"利鑫集团"）创建于 2002 年 12 月，是河北省民营经济研究会会长单位、河北省侨商会执行会长单位，入选"2018 石家庄市民营企业纳税百强"，2019、2020 年"河北省民营企业服务业百强"。

利鑫集团多年来始终秉承"区域聚焦、多业态、多元化"的发展战略，拥有各类专项投资、专业管理和技术人才，拥有较强的资金实力及丰富的社会资源，业务涵盖金融科技、医疗健康、文化教育、地产物业四大板块。

• 2020 利鑫集团部分高管名录

姓名	职务
田双喜	执行总经理

联发集团有限公司

联发集团有限公司（简称"联发集团"）成立于 1983 年 10 月，是以房地产开发和物业租赁为主业，拥有投资参股企业和相关配套企业的综合性集团公司，深耕海西、长三角、长江中游、环渤海、成渝、北部湾、珠三角七大区域 20 座城市。公司注册资本 21 亿元，总资产超过 600 亿元。

根据克而瑞机构统计，2020 年公司销售额达 413.7 亿元。连续 13 年荣膺"中国房地产百强企业"，2019 年位列第 46 位，拥有国家房地产开发一级资质，累计开发面积超 1600 万平方米，拥有土地储备超 1000 万平方米。在"2019 中国服务业企业 500 强"榜单中排名第 244 位。

联发集团以一核多元的经营战略，开拓"地产 + 产业"的双赢道路。在作为核心的房地产住宅开发方面，联发集团坚守品质筑家的理念，满足不同客户家庭核心居住需求，为逾 30 万业主构建融合了智慧、健康、人文三大主题以及关照体系的 3Q+ 生活，从产品、服务、社区、未来运营等维度实现全方位的理想人居。

联发集团始终秉持"创造品质生活，服务城市发展"的使命，实现多元聚合的价值共享，快步成为中国优秀的房地产运营商。

• 2020 联发集团部分高管名录

姓名	职务
赵胜华	董事长
庄学谦	总经理

广东联泰地产有限公司

广东联泰地产有限公司（简称"联泰地产"）为联泰集团有限公司旗下子公司，成立于 2005 年 06 月，经营范围包括房地产开发与经营。联泰集团有限公司成立于 1984 年，如今已发展成为一家集施工工程投资建设、环境生态保护、高速公路投资营运、房地产开发、园林绿化、金融和石油投资等产业为一体的多元化大型投资企业。2018 年，企业总资产达到了 700 多亿元，经广东省人民政府评定为广东省大型骨干企业，中华全国工商业联合会评定为"2017年度全国上规模民营企业"，广东省工商业联合会评定为"广东省百强民营企业（2018 年第 63 位）"。

联泰集团有限公司拥有较大规模的房地产投资项目，具体业务由联泰地产负责。联泰地产年开发能力在 100 万平方米以上，并拥有充足的土地储备。已相继在各城市开发了几十个高档住宅小区和商住物业，具有代表性的有汕头锦泰花园、香域水岸、悦海湾和悦水湾，深圳香域中央、联泰大厦，南昌香域滨江、香域尚城，武汉香域水岸，九江万泰城等。

- **2020 联泰地产部分高管名录**

姓名	职务
黄建勋	董事长
黄婉茹	董事、总经理

领地集团有限公司

领地集团有限公司（简称"领地集团"）创立于 1999 年，是拥有国家房地产开发一级资质的大型集团企业，截至 2018 年年底，企业总资产逾 500 亿元，形成以房地产开发为龙头，商业运营、酒店管理及物业服务，协同健康产业共同发展的多元化产业集团，成功跻身中国地产百强。

根据克而瑞机构统计，2020 年公司销售额达 264.6 亿元。

领地集团以"集团化管理、跨越式发展"的管理模式，业务范围遍及全国 40 余个城市，形成华西、华中、华东、京津冀、粤港澳大湾区、新疆等几大核心区域的全国化布局，在助推城市繁荣的同时，以为人们创造健康美好生活为使命。

领地集团凭借对产品力的不断精进和服务力的升级迭代，实现"有质量的增长"，以前瞻的发展战略引领敏锐的市场触觉和高度的社会担当获得业内高度评价和权威机构的高度认可。2019 年，领地集团荣膺"中国西部地产品牌价值奖"，位列"中国房地产开发企业品牌价值西南 10 强"。

- **2020 领地集团部分高管名录**

姓名	职务
刘玉辉	董事长、总经理
朱 猛	高级副总裁、成都区域总裁
许晓军	外部事业合伙人、领地发展董事长

领航控股集团有限公司

领航控股集团有限公司（简称"领航集团"）于2015年12月11日成立，法定代表人是钱萍，公司经营范围包括：管理（凭资质证书经营）；投资管理、投资咨询（除证券、期货）（以上两项经营范围未经金融等监管部门批准，不得从事向公众融资存款、融资担保、代客理财等金融服务）；电子商务技术的技术服务、技术咨询、成果转让；建材、机械设备的销售；货物进出口等。

- **2020 领航集团部分高管名录**

姓名	职务
姜 咏	总裁

龙创置业集团有限公司

龙创置业集团有限公司（简称"龙创集团"）于2017年3月31日成立，是黑龙江省建投集团有限公司（简称"省建投集团"）的二级权属企业，是省建投集团实施"一心两翼"战略的重要组成部分，是集一级土地整理、房地产开发与经营、物业管理、工程造价咨询服务、工程建设项目招标服务、互联网信息服务等功能于一体的新型现代化地产企业集团。龙创集团拥有建筑行业设计甲级资质和城市总体规划资质，具有房地产开发一级资质和二级资质，集团下辖子公司14个，先后开发了龙创·新世纪、丽水一山湖、乐安小区、中以小镇、哈尔滨旭升家园、松北银河小区、松北银河花园、公园一品、东方玫瑰园、悦然臻城、外滩首府、三亚一山湖、上海一山湖等项目，打造精品，追求卓越，先后获得多项省级殊荣，享有广泛的知名度和美誉度。

- **2020 龙创集团部分高管名录**

姓名	职务
李广胜	董事长
汪鸿山	总经理

龙光地产控股有限公司

龙光地产控股有限公司（简称"龙光地产"，HK03380）创立于 1996 年，于 2013 年在香港上市，是一家以住宅开发为主的一体化物业发展商，其发展核心区域位于粤港澳大湾区，开发产品为主要针对首次置业人士及改善型置业人士的住宅物业项目。

龙光地产拥有国家房地产开发一级资质、建筑工程施工总承包一级资质、物业管理一级资质及工程设计甲级资质，是中国综合实力最强的房地产企业之一。

龙光地产专注品质生活，已开发逾 150 个住宅项目，为近百万人口提供优质人居服务。龙光地产前瞻性布局作为国家级战略的世界级城市群——粤港澳大湾区，现有土地储备资源中逾 81% 均处于粤港澳大湾区。同时，龙光地产还进入长三角市场，不断加大环上海一小时都市生活圈的战略布局，为实现未来增长奠定良好基础。龙光地产于 2017 年开拓海外市场，于新加坡取得优质项目，开启国际化征程。

• **2020 龙光地产部分高管名录**

姓名	职务
傅明磊	执行总裁
纪海鹏	行政总裁、执行董事
赖卓斌	执行董事、行政总裁、首席财务官
肖 旭	执行董事、副总裁
吴 剑	执行董事、执行副总裁
朱 奎	成都公司总经理

龙湖集团控股有限公司

龙湖集团控股有限公司（简称"龙湖集团"，HK00960）于1993年创建于重庆，发展于全国，2009年在香港上市。公司业务涵盖地产开发、商业运营、长租公寓、智慧服务四大板块，并积极试水养老、产城等创新领域。

根据克而瑞机构统计，2019 年公司销售额达 2706 亿元。

自 1997 年开发首个住宅项目重庆龙湖花园南苑以来，龙湖集团已累计开发项目 770 余个，开发面积超 9400 万平方米，先后有 5 个项目荣获中国房地产综合开发行业最高奖项"广厦奖"，11 个项目荣获中国土木工程最高奖项"詹天佑奖"。

作为中国最早的购物中心开发商之一，龙湖集团先后发展出"天街""星悦荟""家悦荟"三个业态品牌。2019 年上半年，商业租金增长 25.7% 至 21.1 亿元，位列中国商业地产百强第 7 位。截至 2019 年 6 月月底，龙湖集团已开业商场达 29 个，整体出租率 98.0%。已合作品牌超 4000 家，战略合作品牌超 230 家。

• **2020 龙湖集团部分高管名录**

姓名	职务
吴亚军	董事会主席
邵明晓	首席执行官
顾修铭	北京龙湖地产总经理

龙记地产集团股份有限公司

龙记地产集团股份有限公司（简称"龙记地产"）2005 年创建于十三朝古都西安，发展于全国，是一家以房地产开发为主，集金融、建设、商业、物业综合服务为一体，跨地区、专业规范的大型企业集团。龙记地产集团的业务范围涵盖了房地产开发、商业运营管理、基础设施建设；产业投资、创业投资、文化旅游；物资贸易、物业管理等诸多领域。

目前龙记地产项目覆盖陕西、江苏、上海、河南等省市，共计已开发项目 20 余处，总开发面积 700 余万平方米，项目类型涵盖住宅、商业、酒店、写字楼等多种业态，业务涵盖专业规划、精品开发、物业服务、商业运营等多种类型。

- **2020 龙记地产部分高管名录**

姓名	职务
李军委	总裁

黑龙江省龙生房地产开发集团有限公司

黑龙江省龙生房屋开发集团有限责任公司（简称"龙生集团"），于 2004 年 7 月 1 日在黑龙江省注册成立，主营行业为房地产业，服务领域为房地产开发与经营。

- **2020 龙生集团部分高管名录**

姓名	职务
陈文茜	总经理

龙信房地产（靖江）有限公司

龙信房地产（靖江）有限公司（简称"龙信房地产"）于 2015 年 8 月 5 日在靖江市市场监督管理局登记成立。法定代表人是陈祖新，公司经营范围包括普通房地产开发、销售、房屋租赁、建筑材料等。

龙信房地产是龙信建设集团下属全资子公司，专注于房地产开发。龙信建设集团始建于 1958 年，位于人杰地灵的"建筑之乡"江苏省海门市。

- **2020 龙信房地产部分高管名录**

姓名	职务
陈祖新	董事长
唐爱东	党委副书记、总经理

隆基泰和置业有限公司

　　隆基泰和置业有限公司（简称"隆基泰和"）创立于 1995 年，始终致力于中国新型城镇化建设，历经 20 余年的发展，已成为集地产开发、商贸物流、智慧能源、文化旅游、城镇建设、物业服务、绿色建材、金融服务八大业务板块于一体的环雄安地区大型产业集团。

　　从开发建设住宅社区到打造文化旅游休闲基地，从建设工业创意园区到创立城市中央商务区，隆基泰和先后涉足住宅、商业、工业、文化旅游四大地产开发板块，并以丰富的开发类型、广阔的开发领域、年开发面积 150 万平方米的递增速度，迅速跻身于中国房地产行业前列，在中国城市规划与居住建设中发挥日益重要的作用。

* **2020 隆基泰和部分高管名录**

姓名	职务
魏少军	董事长
闫川川	副总裁
苏　扣	秦唐城市公司总经理

鲁商健康产业发展股份有限公司

　　鲁商健康产业发展股份有限公司（简称"鲁商发展"，SH600223）是山东省商业集团有限公司控股的一家上市公司，坚持"健康生活服务商"定位，聚焦"健康地产生态链、生物医药产品链、健康管理服务链"三大业务链条，为客户创造"健康生活全覆盖、健康品质全提升、健康体验全优化"的品牌服务，致力于成长为科工贸一体、产学研结合的综合型健康生活服务集团。

　　2020 年鲁商发展实现签约金额 141.1 亿元。公司抓住国家积极推进城镇化和消费升级的契机，以绿色健康产品和智慧健康社区服务为特色，形成"鲁商生态美居""鲁商城市广场""鲁商康怡产业"三种产品系列，将住宅产业及综合配套开发业务打造成公司未来 5~10 年最具优势的业务中心和利润中心；打造健康服务、社区服务和招商运营三大服务体系，稳步发展与地产相关的商业综合体和养老健康产业的开发，增加主业增值点，获取新的利润增长点；围绕地产上下游产业寻找增值点，大力实施产业升级和转型。

* **2020 鲁商发展部分高管名录**

姓名	职务
赵衍峰	董事长
张全立	总经理
周洪波	副总经理总经理助理、青岛区域公司总经理

山东鲁信置业有限公司

山东鲁信置业有限公司（简称"鲁信置业"）成立于1998年，有着多年从事房地产开发的经验，现已形成了集房产开发、工程建设、物业服务为一体的地产公司。

鲁信置业作为鲁信集团的下属公司，有着强大的后盾。鲁信集团是经山东省人民政府批准组建的以金融、投资和资本经营为主营业务的大型国有投资控股公司，是省管重要骨干企业之一，总资产250多亿元。

多年来，鲁信置业始终坚持以诚信为本，注重质量、服务社会的品牌意识，入行以来打造的开发长乐花园、未央花园、长春花园、含章花园、南海花园及天逸海湾等项目，皆以品质见长。其中，鲁信置业开发的鲁信长春花园、鲁信含章花园项目先后被住建部授予"广厦奖"，其打造的诸多项目多次获得山东省优质工程"泰山杯"，先后被评为齐鲁名盘，开发的鲁信明珠商业广场获得"中国商业街区项目金奖"。

扎根山东、盘踞齐鲁，鲁信置业将始终以"专业、诚信、勤勉、成就"作为企业核心价值观，不断开发适应市场及客户需求的产品和服务。

- **2020 鲁信置业部分高管名录**

姓名	职务
傅克辉	董事长
李海晖	总经理

上海陆家嘴金融贸易区开发股份有限公司

上海陆家嘴金融贸易区开发股份有限公司（简称"陆家嘴"，SH600663）成立于1992年，致力于"陆家嘴金融贸易区"内重点功能区域土地成片开发和城市功能开发。1993年6月在上交所上市。经过20多年发展，公司完成了从单一土地开发向土地开发与租售并举的转型，启动"地产 + 金融"的双轮驱动战略，构建起"商业地产 + 商业零售 + 金融服务"的发展格局。

公司总资产达到781亿元，营业收入126亿元，净利润超过33亿元，拥有在营物业面积约259万平方米，包括办公物业、商业物业、展览物业、酒店物业及住宅物业五大领域。同时，公司拥有证券、信托、保险三个持牌金融机构。

作为一家上市公司，陆家嘴始终秉承效益优先和实现企业价值最大化的宗旨，注重对广大股东的良好投资回报，实现区域开发、金融服务和公司效益的"多赢"。

- **2020 陆家嘴部分高管名录**

姓名	职务
李晋昭	董事长、代理总经理
丁晓奋	副总经理
周伟民	副总经理
周 翔	副总经理
贾 伟	副总经理

路劲基建有限公司

路劲基建有限公司(简称"路劲")是一家在中国内地及香港经营的前列房地产发展商,致力于发展优质住宅项目;亦是一家从事投资及营运收费公路的先行者,在公路业拥有超过 25 年经验,并于 2019 年成功进入东南亚市场,是中国内地和香港的高速公路公司中,首家投资印尼高速公路并参与经营管理的企业。路劲现持有的房地产资产组合主要位于长三角、渤海湾地区及粤港澳大湾区,土地储备逾 700 万平方米。而目前收费公路项目组合包括位于中国的五条高速公路及位于印尼的两条高速公路,皆位处主要的经济走廊,总里程逾 500 公里。

- **2020 路劲部分高管名录**

姓名	职务
单伟彪	董事局主席
高毓炳	副主席及行政总裁
方兆良	行政副总裁
孙祥军	路劲地产集团副总裁、北京公司总经理
刁 露	路劲地产集团华北区域总裁
谭 琪	路劲地产集团中南区域总裁
高大鹏	路劲地产高级副总裁、沪浙区域公司总经理

绿城中国控股有限公司

绿城中国控股有限公司（简称"绿城中国"，HK03900）是中国领先的优质房产开发及生活综合服务供应商，以优质的产品品质和服务品质引领行业，致力于打造"理想生活综合服务商"第一品牌。

1995年1月，绿城中国在中国杭州成立；2006年7月，绿城中国在香港上市；2012年6月，绿城中国引入九龙仓集团作为战略性股东。2014年12月，中国交通建设集团有限公司与绿城中国签订战略合作协议，成为绿城中国第一大股东。

根据克而瑞机构统计，2020年公司销售额达2146亿元。

2019年，绿城中国根据"品质为先，兼顾其他"的发展战略优化组织架构和管理体系。绿城中国总部形成七大职能中心、四大事业部（特色房产事业部、小镇事业部、金融事业部、商管事业部）。业务架构分为重资产板块：绿城理想小镇集团（小镇事业部）、浙江公司、北方公司（雄安公司）、华东公司（海外公司）、山东公司、西南公司、华南公司、杭州亚运村项目；轻资产板块：绿城管理集团、绿城理想生活集团、绿城建筑科技集团。

绿城管理成立于2010年，是绿城中国的附属公司，也是绿城品牌和代建管理模式输出的主体。2020年7月，绿城管理在香港联交所主板上市（HK09979）。截至2020年12月31日，绿城管理（自行及通过与业务伙伴合作）拥有代建项目296个，分布于全国28个省（直辖市及自治区）的89座城市。

• 2020绿城中国部分高管名录

姓名	职务
张亚东	绿城中国执行董事、行政总裁
郭佳峰	绿城中国执行董事、行政总裁
耿忠强	执行董事、执行总裁
肖 力	董事、助理总裁
李 骏	执行董事、助理总裁
周连营	执行董事、执行总裁
谢岳来	绿城管理集团珠海项目群总经理

绿地控股集团有限公司

绿地控股集团有限公司（简称"绿地集团"，SH600606）是一家全球经营的多元化企业集团，创立于1992年，总部设立于上海，在A股实现整体上市并控股多家香港上市公司，在全球范围内形成了"以房地产开发为主业，大基建、大金融、大消费等综合产业并举发展"的多元经营格局，实施资本化、公众化、国际化发展战略，旗下企业及项目遍及全球四大洲十国百城。

以2000万元注册资金起步，绿地集团历经25年蓬勃发展，资产规模突破7400亿元，连续六年入榜世界企业500强，2019年位列2019《财富》世界500强第202位。

根据克而瑞机构统计，2020年公司销售额达3567亿元。

绿地集团正努力成为一家主业突出、多元发展、全球经营，产业与资本双轮驱动，并在房地产、金融、基建等若干行业具有领先优势的跨国公司，真正从"中国的绿地"成长为"世界的绿地"。

- **2020绿地集团部分高管名录**

姓名	职务
张玉良	董事长、总裁
张 蕴	执行总裁
孙 童	执行总裁
陆新畲	执行总裁
茆君才	执行总裁
陈 军	执行总裁、绿地中国香港主席、行政总裁
耿 靖	执行总裁、绿地金融投资控股有限公司董事长、总裁
吴晓晖	副总裁
杨 建	绿地香港总经理助理、广州区域公司总经理
谢 雨	绿地香港总经理助理、湾区公司副总经理
张来清	绿地香港广东公司副总经理
江伟阳	绿地香港深圳区域副总经理
孟 伟	绿地香港佛山区域公司常务副总经理

山东绿地泉控股集团股份有限公司

山东绿地泉控股集团股份有限公司（简称"绿地泉"）是世界 500 强企业绿地集团控股，管理团队和员工参股的混合所有制企业。现已发展为以房地产开发为主业，多元产业综合发展的大型企业集团，具有国家房地产开发企业一级资质、物业服务一级资质、建筑工程施工总承包一级等多项资质。绿地泉前身是 1975 年 11 月 20 日济南市政府设立的济南市统一建设办公室，历经济南市城市建设综合开发公司和济南市房地产开发总公司等阶段，于 2009 年 7 月 31 日引进绿地集团转企改制，于 2009 年 9 月 8 日注册成立济南绿地泉景地产股份有限公司，并于 2016 年 9 月 8 日转型升级为绿地泉控股集团。

- **2020 绿地泉部分高管名录**

姓名	职务
刘　民	董事长、总经理
侯丽丽	董事

绿都控股集团有限公司

绿都控股集团有限公司（简称"绿都控股"）创建于 1998 年，是浙江省第一批具有国家房地产开发一级资质的企业，萧山首家成立房地产技术研发中心的房地产企业。公司总资产逾 100 亿元，净资产逾 31 亿元，已开发物业建筑面积逾 500 万平方米，在建及储备土地可建面积约 150 万平方米。2013 年集团营业收入逾 127 亿元，上缴税收逾 1.69 亿元。

绿都控股立足萧山，历经十五载已发展成为一家以房地产为主业，兼有商业管理、建设管理、物业服务、投资贸易等产业的专业房地产开发集团企业。绿都控股始终坚持以"共筑更高生活品质"为理念，坚持品质与创新为中心，站在城市和历史的高度，寻求现代人居与城市特质、人文传承的结合点，将每个项目的具体开发建设与国际先进的规划设计理念、新技术、新材料相结合，以世界视野缔造精品，并且以"城市运营"之社会责任感和"善待消费者"之人文激情，用心建筑生活，实践"至臻、至善、至美"的企业追求。

- **2020 绿都控股部分高管名录**

姓名	职务
邵法平	董事长、总经理
丁小明	董事

绿景地产股份有限公司

绿景地产股份有限公司（简称"绿景地产"，HK00095）成立于 1995 年，是深圳公认的知名综合性房地产开发及商业物业运营商，拥有房地产开发与销售、商用物业投资与经营、综合服务三大业务板块。公司长期专注于开发深圳和珠三角地区，营运历史稳健，是城市人居更新的先锋之一，拥有多元化的土地获取途径。

在主营的房地产开发与销售领域，多年来，绿景地产按照"深耕核心城市，聚焦城市核心"的战略规划布局，积极参与珠三角地区，特别是深圳城市更新的住宅和商业发展项目，开发了以绿景花园、绿景新苑、绿景蓝湾半岛、绿景中城天邑、NEO 企业大道、绿景香颂花园、绿景公馆 1866 为代表的城市精品住宅。产品涵盖了城市精品公寓、CBD 都市综合体、国际商业购物中心、地标性超甲级国际商务建筑群、五星级酒店等物业类型，成功跻身深圳市房地产综合实力前六强及华南品牌企业前十强。

- **2020 绿景地产部分高管名录**

姓名	职务
黄敬舒	董事会主席
唐寿春	行政总裁

黑龙江省麦硕实业有限公司

黑龙江省麦硕实业有限公司（简称"麦硕实业"）于 2019 年 6 月 24 日成立。公司经营范围包括：以自有资金对教育、文化行业进行投资；教育用房屋工程建筑施工；机械设备及配件生产加工；教育科技产品的技术开发、技术推广及销售；文化艺术活动交流策划；翻译服务；会议及展览展示服务；自有房屋租赁等。

- **2020 麦硕实业部分高管名录**

姓名	职务
苏一楠	执行董事、总经理
郑 伟	监事

哈尔滨曼哈顿多元集团有限公司

哈尔滨曼哈顿多元集团有限公司（简称"曼哈顿多元集团"）是一家多元化创新型民营企业，主要涉猎国内贸易（不含国家限制的商品）、农牧科技开发；自营和代理内销商品范围内商品的进出口业务；经营进料加工和"三来一补"业务；经营对销贸易和转口贸易；以下仅供分支机构使用：房地产开发、经贸文化交流、各类百货和电器设备、投融资服务、商务柜台租赁、物业经营管理等业务的多元化集团。

- **2020 曼哈顿多元集团部分高管名录**

姓名	职务
江廷科	董事长
田汶龙	执行总裁

浙江美达房地产集团有限公司

浙江美达房地产集团有限公司（简称"美达房产"）成立于 2002 年，其前身为浙江美达房地产开发有限公司（成立于 1993 年），主要从事房地产经营、物业管理、建筑与室内装潢设计，具有国家房地产开发企业二级资质。美达房产以"创造居住之美"为理念，实行"设计、建筑、管理"一体化的经营策略，经过多年的市场化、品牌化运作，已逐渐成为杭州具有较强影响力的专业房地产品牌商，从 1995 年起年年被杭州市企业信用评级委员会评为 AAA 级信誉等级公司。

• 2020 美达房产部分高管名录

姓名	职务
蔡 挺	董事长
解霞青	执行董事、总经理

美的置业集团有限公司

美的置业集团有限公司（简称"美的置业"，HK03990）是香港联交所上市企业，中国上市房企 30 强，领先的智慧地产制造商。美的置业成立于 2004 年，以"智慧生活，美的人生"为品牌理念，凭借与生俱来的制造业基因和精细化精神，通过智慧化、工业化、数字化的高品质产品和服务，为人们营造智慧、健康的美好生活方式。

2020 年公司合同销售金额约 1260.8 亿元。美的置业注重均衡发展，聚焦区域深耕，在珠三角、长三角、长江中游、华北和西南 5 大核心经济区实施策略性布局，截至 2019 年 6 月 30 日，于 54 个城市落地 249 个精品项目，土地储备超 5200 万平方米，重点位于一线精选、二线深耕和强三线中心区域，为公司稳健增长和可持续发展奠定了良好基础。

• 2020 美的置业部分高管名录

姓名	职务
赵 军	副董事长
赫恒乐	董事长、总经理
胡 泊	川渝区域重庆城市公司总经理

美都控股股份有限公司

美都控股股份有限公司（简称"美都控股"）始终秉承"品质地产"的开发理念，坚持营造人与生活、人与自然的健康、和谐的生活方式，以尊重城市、尊重人文的态度，深研城市，用专业、实用、绿色、健康的人文筑家理念，坚持诚信与责任为行为准则，专注于打造客户心目中的好房子，与城市同生，推动城镇化进程。

从德清到浙江、从浙江到全国，只为追求理想社区品质生活。

美都控股早期主要在浙江、安徽、江苏、海南等地区从事房地产开发经营业务，在二三线城市以商品住宅开发为主。受公司战略转型影响，公司房地产业务以消化存量为主。

• 2020 美都控股部分高管名录

姓名	职务
闻掌华	董事长、总裁

美好置业集团股份有限公司

美好置业集团股份有限公司（简称"美好置业"，SZ000667）前身为名流置业，成立于 1989 年，1996 年在深交所上市，经过多年持续发展，已成为一家涉足房屋智造、现代农业、产业兴镇等多个业务领域的上市公司。

美好置业坚定多元化发展，坚持"城乡建设服务者"的定位，以"房屋智造"为主业，以现代农业、产业兴镇为辅业，已形成"一主两翼"的战略格局。布局华北区域、华南区域、华中区域、西南区域、华东区域。立足武汉，陆续进入北京、深圳、杭州、重庆、西安、沈阳、东莞、合肥、中山、惠州、芜湖、嘉兴等全国大中型城市。

房屋智造业务以"让更多人快速住上好用、好看、便宜的房子"为使命，围绕满足自住需求，以"产品质量零缺陷、服务满意百分百"为目标，建设高质量的房屋建筑，让购房者获得安居保障，通过加强周转能力、布局纵深发展、做强人才支撑，做美好社区建设者。

• 2020 美好置业部分高管名录

姓名	职务
刘道明	董事长
汤国强	总裁
尹　沧	副总裁
王立铭	合肥城市公司董事长、总经理

武汉美联地产有限公司

武汉美联地产有限公司（简称"美联地产"）是一家专业从事房地产开发的实力型中外合资企业，注册资金2.77亿元。公司致力于以房地产开发经营为依托，辐射文化教育、高新技术等多个领域和产业。

自美联地产成立以来，始终秉承"创新美好生活"的价值观，深入研究现代人居行为，创新中国人居模式，力求成为中国地产第一方阵的先锋企业。坚持"诚信卓越、精品永恒"的开发理念，借助广泛的专业资源和开发优势，追求在房地产领域的专业贡献和品牌成长。

美联地产在武汉已拥有美联·怡美广场、美联·东方时空、美联·蓝色天际、美联·公园前、美联·西马名仕、美联·在水一方、美联·奥林匹克花园、美联·奥园永旺梦乐城、美联·德玛假日等多个在业内和市场上有较好影响的房地产开发项目和大量的优质土地储备。

• 2020 美联地产部分高管名录

姓名	职务
吴文刚	董事长、总经理

美麟置业集团有限公司

美麟置业集团有限公司（简称"美麟置业集团"），初创于1998年，是集地产、销售、建筑、装饰、景观、广告、贸易、物业等产业为一体的投资型企业集团，美麟置业集团具有房地产开发一级资质，信用等级为AAA级，注册资本2.3亿元，现有国内外中高层企业管理员工近200余人。

美麟置业集团自成立以来，先后被评为"江苏省重合同守信用企业""江苏省诚信企业""江苏省第六届房地产企业协会理事单位"、2014—2015年度被评为"连云港市房地产开发综合实力20强"企业，2013—2016年连续四年被评为"江苏省房地产开发综合实力50强"企业，2017年被选为连云港市房地产协会会长单位，2018年位列"中国房地产开发企业258强""中国房地产企业区域运营10强"。

美麟置业集团根植江苏，辐射海外，先后在澳大利亚悉尼、南京、连云港等地开发众多精品房地产项目，覆盖中端、中高端、高端等多层次系列产品，开发项目受到了市场与消费者的一致好评与青睐，区域内开发销量均名列前茅。

• 2020 美麟置业集团部分高管名录

姓名	职务
郭　剑	联合总经理（总裁）
武海波	执行董事、总经理

无锡市民生房地产开发有限公司

无锡市民生房地产开发有限公司（简称"民生房地产公司"）是一家创建于 1997 年 11 月，具有国家房地开发二级资质的股份制企业。数年来，以做精品住宅创名牌企业为目标，坚持以民为本、以品求生、让建筑与艺术结合起来，秉承"诚信、创新"的专业精神。牢固确立"市场为先"的经营思想，重质量、讲信誉、树品牌，经过几年努力，民生房地产公司已经成为无锡市房地产市场最具竞争力的开发企业之一，被无锡市建设局评为"2003 年度无锡市房地产综合实力 10 强企业"，被江苏省建设厅评为"2003 年度江苏省房地产综合实力 50 强企业"，被中国地产测评中心评为"2008 中国房地产开发企业 500 强"。

- **2020 民生房地产公司部分高管名录**

姓名	职务
潘霄燕	董事长
杨震霖	副董事长、总经理

广州市敏捷投资有限公司

广州市敏捷投资有限公司（简称"敏捷集团"）创立于 1993 年，1998 年正式进入民生住宅开发领域，历经 20 余年的稳健发展，现已成为一家涵盖民生住宅建设、城市更新、生活服务、酒店及商业运营、物业租赁、文旅开发、优质教育等多元化业务的全国知名综合性企业集团。

根据克而瑞机构统计，2020 年公司销售额达 495.1 亿元。公司总资产超 900 亿元，已开发各类物业总建筑面积近 3000 万平方米，员工总人数超过 2 万人。

秉承"筑梦想家园，让生活更美好"的理念，敏捷集团品牌战略升级为新时代美好城镇综合服务商，持续深耕珠三角、积极融入粤港澳大湾区建设，稳健拓展全国，逐渐形成了城市精品住宅系列、CBD 商业系列、城市综合体系列、文旅度假系列四大产品线，成功打造了"锦绣"品牌和"敏捷"品牌系列的 100 余个精品项目。

- **2020 敏捷集团部分高管名录**

姓名	职务
谭炳照	敏捷集团荣誉主席、总裁
陈水茂	敏捷地产副总裁
谭浩成	敏捷地产副总裁
邓向平	敏捷地产总裁助理

名门地产（河南）有限公司

名门地产（河南）有限公司（简称"名门地产"）1998年初创于南阳，是以房地产投资开发经营为主的股份制企业，注册资本1.6亿元，现拥有总资产超500亿元，土地储备3万多亩，已建、在建工程逾1000万平方米，开发的物业类型涵盖公寓、洋房、别墅、写字楼及商业等，拥有国家房地产开发一级资质。

名门地产坚定"中国人居美学引领者"的企业愿景，先后开发多个经典地产项目，倾力打造高品质、宜居、配套完备、位置优越的产品品质，严格执行"品质第一、管理精细"的管理体系，将客户心目中的美好生活向往变为现实。

逐渐发展成熟的名门地产，已从一个专业住宅地产开发商，成长为以郑州为中心，辐射周边区域的综合性地产投资、开发企业，多次入选"中国中部房地产公司品牌价值 TOP10""中国品质地产专业新锐品牌价值 TOP10"，荣膺"河南房地产行业金牌开发企业"，获评"2019 中国房地产开发企业 500 强"，位列第 86 位，再次问鼎中国百强房企，比上年提升 12 个名次，同时位列"2019 中国房地产开发企业区域运营 10 强"第 6 名。

- **2020 名门地产部分高管名录**

姓名	职务
孙群堤	董事长
商学文	总裁
周光华	副总裁
陈宇波	投资发展部总裁

明发集团有限公司

明发集团有限公司（简称"明发"，HK00846）创始于 1994 年，是一家以城市运营为核心，以商业地产、住宅地产、酒店经营为支柱产业，并涉及工业、商贸、投资等多项领域的大型现代集团企业。在城市规划与建设的进程中，明发始终扮演着城市生活开发的拓荒者与运营者的角色，是全国房地产开发百强企业。

根据克而瑞机构统计，2020 年公司销售额达 106.6 亿元，先后在厦门、南京等地投资开发了明发国际新城、明发海景苑、明丽山庄、明发滨江新城、明发珍珠泉度假村、明发国际工业原料城等著名楼盘，在城市化进程中发挥了重要的作用。

从 2002 年开始，明发将战略重点转向商业地产的开发和运营，成功开发运营及正在开发运营的项目有厦门明发商业广场、无锡明发商业广场、南京明发商业广场、合肥明发商业广场、扬州明发商业广场、漳州明发商业广场、洪濑明发商业中心等。明发商业广场依靠"商业地产＋商业巨头＝城市经济"的战略联盟合作模式，与世界 500 强在内的国际、国内大商团强强联手，已成为国内具有重大影响力的商业地产连锁品牌。

- **2020 明发部分高管名录**

姓名	职务
黄焕明	董事会主席
潘永存	首席财务官，公司秘书
郝 晋	副总裁
钟小明	执行董事兼 CEO

明园集团有限公司

明园集团有限公司（简称"明园集团"）成立于1985年，总部设在上海，是一家以房地产开发经营、环保新材料、文化艺术为主，涉足产业投资、医疗健康、金融科技等现代产业领域，多元化发展的优质大型综合性企业集团。

30多年来，明园集团先后在全国各地投资开发高端住宅、别墅及商业综合体等数十个知名地产项目；研究开发新型金属质感环保材料替代传统高污染的喷涂和电镀产品；成立明圆美术馆和明当代美术馆，馆藏两万多件中外艺术珍品，主办数千场艺术大展；与多家知名高校建立起"产学研"合作模式，积极投身交叉信息研究、纳米新材料研发、基础教育与智慧教育、智能医疗和科技金融等领域的产业合作；投资上海电气、上海国际医学中心；投资筹建三家五星级酒店和一家超五星级酒店；明园集团还将稳步推进金融科技项目投资，扩大产业布局。

• **2020 明园集团部分高管名录**

姓名	职务
李松坚	董事长
凌菲菲	董事
李少卿	监事

南昌嘉旅置业有限责任公司

南昌嘉旅置业有限责任公司（简称"南昌嘉旅"）隶属于江旅开发有限责任公司（简称"江旅集团"），是一家以房地产业务为核心，致力于构建美好人居生活的新时代企业。江旅集团是省旅游集团旗下一家集旅游目的地、旅游特色小镇、城市消费综合体投资与开发于一体的子公司，成立于2014年，先后开发了庐山汤太宗温泉旅游度假村、江旅·上高中心、江旅·幸福城等多个旅游及商业项目，拥有深厚的商业开发实力。江旅集团坚持"立足江西，走出江西"的发展战略。

• **2020 南昌嘉旅部分高管名录**

姓名	职务
余 芳	执行董事、总经理

武汉南国置业股份有限公司

武汉南国置业股份有限公司（简称"南国置业"，SZ002305）由许晓明先生创立于 1998 年，2009 年在深交所上市，2014 年，中国电建地产集团成为南国置业控股股东。作为央企控股的上市商业地产公司，南国置业借助两大平台资本及资源优势，实现了跨越式发展。

南国置业致力于建设最具活力的城市有机单元，持续提升以商业地产为引导的综合性物业开发运营能力。物业业态涵盖购物中心、酒店、公寓、写字楼、文化产业园等范畴，逐步形成了以商业地产开发与运营为主体，以地产金融和产业地产等新兴业务为两翼的"一体两翼"式战略发展模式以及"以资产管理为核心，以价值发现为先导，以开发能力为支撑，以商业运营管理为后盾"的经营模式。围绕"一体两翼"发展战略，项目遍布北京、南京、武汉、成都、重庆、荆州、襄阳等战略型重点城市。

- **2020 南国置业部分高管名录**

姓名	职务
薛志勇	董事长
钟永红	总经理
邓圣春	副总经理

深圳市新南山控股（集团）股份有限公司

深圳市新南山控股（集团）股份有限公司（简称"南山控股"，SZ002314）成立于 1984 年，总部位于深圳蛇口，是一家以高端物流园区及供应链服务、房地产开发、产城综合开发为主业的综合性上市企业集团，同时公司还涉及船舶舾装和集成房屋等制造业务。现已在全球范围内投资运营超过 60 个智慧物流园区和特色产业园区，是高端物流园区开发运营商和石油后勤特色产业园区服务商。

南山控股整合集团的房地产资源，扩大业务，打造以房地产开发为核心，集土地运营、工程管理、物业管理、物业租赁为一体的综合企业，创立"南山地产"品牌。坚持"区域深耕、布局重点城市"的城市布局战略，积极开拓，稳健发展，主打高品质人文居住社区产品。主要开发区域位于苏州、长沙、深圳、广州、上海、成都、宁波、武汉、惠州、南通等长三角、珠三角及中西部重点城市群。

- **2020 南山控股部分高管名录**

姓名	职务
田俊彦	董事长
王世云	总经理
朱 涛	副总经理
蒋俊雅	副总经理、董事会秘书
舒 谦	副总经理
焦贤财	副总经理

南京高科股份有限公司

南京高科股份有限公司（简称"南京高科"，SH600064）成立于 1992 年，1997 年在上交所上市。公司控股股东为南京新港开发总公司，实际控制人为南京市国资委，旗下现有高科置业、高科建设、臣功制药、高科新创、高科科贷等 7 家控股子公司、13 家参股子公司，产业横跨房地产、市政、股权投资等多个领域，搭建了投资控股型集团公司模式。

南京高科依托上市公司的品牌优势、资金优势，在立足开发区建设和经营的同时，以实现持续成长为目标，积极培育公司新的利润增长点。展望未来，公司将坚持深耕区域市场，实施产业联动与业务模式升级，不断增强房地产市政业务市场竞争力；聚焦科技创新行业领域，强化产投结合与运作机制创新，着力培育股权投资业务增长新动能，致力于成为卓越的"城市运营商和价值创造者"。

• **2020 南京高科部分高管名录**

姓名	职务
徐益民	董事长
陆阳俊	总裁
周克金	副总裁、财务总监

南京建设发展集团有限公司

南京建设发展集团有限公司（简称"南京建发"）是由南京市城建集团全额出资的房地产开发企业，主要从事房地产开发、城建项目投融资及运作、市政工程建设、商品房销售、建筑装饰、建筑材料等业务。前身为南京市建设发展总公司，是于 1992 年经南京市编制委员会批准成立的全民事业单位，隶属南京市建委。2003 年，根据南京市国有资产管理委员会要求，公司划归南京市城建集团管理。

南京建发旗下现有 10 家全资及控股企业，分别是：南京实佳基础设施建设开发有限责任公司、南京城建历史文化街区开发有限责任公司、南京东部园林绿化建设发展有限公司、南京建发置业顾问有限公司、南京建发拆迁有限责任公司、南京阳光物业管理发展有限公司、南京建发华海房地产开发有限公司、南京建发集团臻城房地产开发有限公司、中外合资阳光房地产开发有限公司、南京宁建电子系统工程公司。

• **2020 南京建发部分高管名录**

姓名	职务
郭海东	总经理、执行董事
皮二英	监事

南宁轨道地产集团有限责任公司

南宁轨道地产集团有限责任公司前身为南宁市房屋建设开发公司，成立于 1981 年 12 月 22 日。2013 年 11 月并入南宁轨道交通集团有限责任公司（简称"南宁轨道交通集团"），2014 年 12 月完成改制，更名为广西中房置业有限责任公司。为更好地融入南宁轨道交通品牌战略，打造"轨道地产"品牌，2019 年 1 月 16 日广西中房置业有限责任公司更名为南宁轨道地产集团有限责任公司（简称"南宁轨道地产集团"），公司注册资本金 10 亿元。经过 39 年的发展，公司已成为以房地产综合开发为主，涉及工程设计、物业服务、自有房屋租赁、建筑及装饰材料销售、房屋建筑工程、建筑装修装饰工程、房地产信息咨询等领域，具有一定规模和专业实力的国家房地产开发一级资质的企业。

- **2020 南宁轨道地产集团部分高管名录**

姓名	职务
陆劲忠	董事长、党委书记

南益地产集团有限公司

南益集团于 1992 年进入地产行业，并于 2005 年成立南益地产集团有限公司（简称"南益地产"），依托香港，立足深圳，布局全国，南益地产以专业化运作模式，实现连续跨越式发展。南益地产采用住宅为主，商业为辅的开发模式，经过多年的深耕细作，已成功开发六大品类产品，分别是山水别墅区、大型居住区、高端精品小区、城市综合体、产业园区、休闲度假区。

"追求卓越品质、打造优质品牌"作为其经营理念，贯彻于项目的规划设计、开发建设和消费者服务等过程，南益集团致力于打造高端低密度住宅、中高端住宅、城市综合体、产业地产、休闲旅游地产等物业，已具备综合型多品类开发的强大实力。

2017 年，南益地产加快全国化规模扩张的步伐，进驻成都、长沙等多个城市，聚焦海西、长三角、环渤海、中部、粤港澳五大经济区域持续深耕，发展成为全国知名的综合性地产集团。

- **2020 南益地产部分高管名录**

姓名	职务
林树哲	董事长
杨连嘉	常务董事
徐伟福	常务董事
王　翔	武汉公司总经理

内蒙古育强房地产开发有限责任公司

内蒙古育强房地产开发有限责任公司（简称"内蒙古育强房地产"）成立于 2005 年 5 月 16 日，注册地位于锡林浩特市建设路民航站商住楼，法定代表人为李育强。公司经营范围包括许可经营项目：房地产开发、销售。 内蒙古育强房地产开发有限责任公司对外投资 1 家公司，具有 2 处分支机构。

- **2020 内蒙古育强房地产部分高管名录**

姓名	职务
李育强	总经理
李育奇	执行董事

内蒙古紫云房地产开发有限责任公司

内蒙古紫云房地产开发有限责任公司（简称"内蒙古紫云房地产"）办公室地址位于内蒙古自治区呼和浩特市赛罕区昭乌达路南段路东侧，于 1999 年 5 月 21 日在呼和浩特市工商行政管理局赛罕分局注册成立，注册资本为 3000 万元，在公司发展壮大的 21 年里，我们始终为客户提供好的产品和技术支持、健全的售后服务。公司主要经营项目：房地产开发（凭资质经营）。一般经营项目：建筑材料、钢材、木材的销售。

- **2020 内蒙古紫云房地产部分高管名录**

姓名	职务
李建民	经理、执行董事
吴 峰	总经理

宁波房地产股份有限公司

宁波房地产股份有限公司（简称"宁波房地产股份"）前身为宁波房地产总公司，创建于 1980 年 10 月，是宁波市最具实力的房地产综合开发骨干企业，自 2001 年起连续被国家建设部核准为国家房地产开发一级资质企业。宁波房地产股份成立于 1993 年 11 月 5 日，法人代表为姚冰。公司控股股东为宁波富达股份有限公司。公司先后建造了宁波大批新区、旧城改造项目和公共建筑，屡次获得省"钱江杯"和"市甬江杯"工程质量奖，创造了宁波地产界多个第一：第一个真正意义上的住宅小区（工人新村）、第一个实施物业管理的小区（新街小区）、第一个获奖的建筑项目（宁波影都），第一次引入世界银行贷款（明楼小区），第一个全现浇楼板框架结构的住宅小区（天水华都），第一个超百万平方米的大型滨江休闲社区（青林湾）。

- **2020 宁波房地产股份部分高管名录**

姓名	职务
姚 冰	董事长、总经理

纽宾凯集团有限公司

纽宾凯集团有限公司（简称"纽宾凯"）成立于 1993 年，是一家综合性企业集团，以现代生活运营服务为己任，多元业务战略布局全国，涵盖地产、酒店、商业、教育、健康、金融、高科技先进制造业等领域，是中国房地产百强企业、中国商业地产 30 强企业、中国驰名商标称号企业。开发运营超过 500 万平方米的精品项目，为超过 100 万业主和会员客户提供周到的物业和生活配套服务；管理运营 70 余家知名品牌酒店，位列湖北省中高端连锁酒店行业榜首；拥有和孵化 20 多个商业项目，提供不同类型的高品质出行目的地；引入国际国内优质教育资源，覆盖 0~12 岁年龄阶段，在全国多个城市落地 50 多家教育机构，累计培训、培养学生 10000 多人次；引进知名医疗、养老、康复机构资源，完成了儿童新生保健、社区嵌入型医养结合、中高端体检养生、中西结合医院等的产业布局与发展，向业主及中高端客户提供医疗、养老、康复、护理等全生命周期的健康服务。

- **2020 纽宾凯部分高管名录**

姓名	职务
曾桂林	董事长
杨晓氢	执行董事、总经理
张　锐	执行总裁

诺睿德房地产开发集团股份有限公司

诺睿德房地产开发集团股份有限公司（简称"诺睿德"）是一家以房地产开发为龙头，集开发管理、运营、咨询服务为一体的多元化经营综合性企业集团，公司注册资本金人民币 1.8 亿元，现有总资产 7.6 亿元，拥有员工 410 多人，其中高级管理人员 54 人；具有中、高级职称人员 104 人。诺睿德以独资自营、合资联营、代建经营等形式，初步建立了以资本为纽带、以市场为导向、责权分明、决策科学的现代化企业。

自成立以来，诺睿德秉承着"一诺千金，大德蓄睿"的企业精神，以"带领幸福员工、打造幸福企业、做一站式生活的创造者"为愿景，已在吉林省和四川省的地产行业崭露头角，树立了"诺睿德"房地产集团的品牌形象。并取得了骄人的业绩，产品形态涉及民用建筑、高端商务办公配套、大型商业综合体等。

- **2020 诺睿德部分高管名录**

姓名	职务
刘上源	董事长

盘富（唐山）房地产开发有限公司

　　盘富（唐山）房地产开发有限公司（简称"盘富地产"）是一家具有雄厚的经济实力和大批专业房地产从业人员的开发企业。盘富地产按照现代企业制度的管理模式，遵循有限公司制度的运作方式，下设企划营销部、工程部、财务部、项目开发部等。在总经理的领导下，通过合作相互协调，初步形成了一个上进、勇于开拓的企业团队。公司始终坚持以市场为导向，开发为重点，经营为龙头，质量为根本的开发理念。

• 2020 盘富地产部分高管名录

姓名	职务
王建国	执行董事、总经理

上海鹏欣房地产（集团）有限公司

　　上海鹏欣房地产（集团）有限公司（简称"鹏欣"）创立于 1988 年，是一家集商业地产、矿产资源、现代农业、科技环保、金融投资和文化产业于一体的民营企业集团。多年来，在"产业多元化、产品差异化、布局全球化、资产证券化"的发展战略指引下，稳健发展，不断创新，创造了巨大的社会价值。

　　鹏欣长期专注于房地产开发，现已形成高品质住宅、酒店和商业地产多个业态，连续多年跻身"中国地产开发百强"和"商业地产开发十强"。已成功开发的"漫城""白金湾"系列高端住宅物业独具特色；已开业纳客的上海鹏欣外滩悦榕庄、天津鹏欣悦榕庄、南通鹏欣国宾酒店及多个鹏欣假日酒店享誉业界；已投入运营的南京、天津、盘锦等"鹏欣·水游城"，开创了大型城市综合体"时间型消费"模式的先河。随着"鹏欣·水游城"系列加快在全国大城市的布局，鹏欣的"百城战略"已驶入快车道。

• 2020 鹏欣部分高管名录

姓名	职务
彭毅敏	董事长
王 冰	董事
姜 雷	董事
徐洪林	监事

普罗中国集团

　　普罗中国集团前身为高择投资有限公司，是一家总部设在香港的国际投资有限公司。2001 年起进入中国内地，投资总额 67 亿美元，致力于在尊重自然的前提下，充分整合利用资源，为人们提供舒适的居住空间、高品质的休闲旅游体验、国际化的教育体系等，为民众创造安全放心、舒适美好的理想生活。

• 2020 普罗中国集团部分高管名录

姓名	职务
张晋曦	总经理

南京栖霞建设股份有限公司

南京栖霞建设股份有限公司（简称"栖霞建设"）拥有国家房地产开发一级资质，是核准制下中国房地产行业的首家上市公司、全国房地产企业中首个设立国家级博士后工作站的公司，同时也是上证公司治理指数成分股和江苏省房地产行业首个通过 IPO 上市的公司，连续多年被评为"中国房地产百强企业"。栖霞建设拥有包括多家房地产开发二级资质企业、一家一级资质物业管理企业在内的十多家控、参股子公司，其中，参股子公司棕榈园林股份有限公司是国内景观园林行业的领军上市企业，"星叶"商标已被国家工商行政管理总局认定为全国驰名商标。

- **2020 栖霞建设部分高管名录**

姓名	职务
江劲松	董事长、总裁
范广忠	南京栖霞建设集团科技发展、建筑设计有限公司董事长、总经理

贵州麒龙房地产开发集团有限公司

贵州麒龙房地产开发集团有限公司（简称"麒龙集团"）成立于 1998 年，立足贵阳，精耕贵州 21 年，在贵州省各地开发项目 56 个，致力做贵州城镇化进程的身体力行者，现集团员工人数近 1200 人，累计开发面积逾 1000 万平方米，年开工量逾 300 万平方米，年交付量逾 100 万平方米。2018 年销售额突破 51 亿元，2019 年预计产值 100 亿元。企业产值实现持续平稳上升，跻身贵州房地产开发企业第一阵列。

麒龙集团自成立以来，坚持房地产发展战略，在产品上形成了"臻悦华府系""天赋美域系""城市广场系""文旅风情系"四大产品系。麒龙集团以商业规划、招商运营团队，丰富的商家资源及商业项目运营经验，形成麒龙商业地产板块完整的产业链。开发建设的瓮安、铜仁、开阳 3 个项目陆续入选贵州省建设的 100 个城市综合体，以品质树立良好口碑。

随着集团规模的不断扩大，麒龙集团以贵州城市建设为己任，连续 5 年入围"贵州省双百强企业"，连续 15 年被评为"省市守合同重信用单位"。

- **2020 麒龙集团部分高管名录**

姓名	职务
刘 耘	董事长

启迪协信科技城投资集团有限公司

启迪协信科技城投资集团有限公司（简称"启迪协信"）成立于 2015 年 6 月 10 日，由全国最大的科技服务企业启迪控股与协信控股实施"业务战略整合重组"成立。启迪协信集合了启迪控股在品牌、资源和项目储备上的优势，以及协信控股在项目投融资、开发和运营管理上的优势，秉持"源于清华、服务创新、产业兴城、科技报国"的宗旨，致力于成为全球领先的科技园投资运营商。

- **2020 启迪协信部分高管名录**

姓名	职务
王济武	董事长

浙江钱江房地产集团有限公司

浙江钱江房地产集团有限公司（简称"钱江房产"）成立于 1992 年，为国家房地产开发二级资质企业，专业从事住宅产业开发、商业地产发展、旅游投资经营、物业投资租赁、物业管理以及建材、部品、设备经营和建筑装饰等业务。钱江房产以多元化的资产经营模式和专业化、职业化的高素质团队，致力为城市的发展做出贡献。

钱江房产成立以来，以全资、控股和参股的形式开发建设钱江彩虹城、钱江彩虹豪庭、钱江水晶城等住宅项目，以及之江片区浮山科研技术产业区浮山项目、西溪路 7 号地块、46 号地块等商业综合体项目、长睦 03 号地块住宅开发项目、云南德宏州芒市城市品质示范区开发建设及国际旅游名镇综合开发项目，开发面积超过 100 万平方米。

- **2020 钱江房产部分高管名录**

姓名	职务
沈建声	董事长

侨鑫集团有限公司

侨鑫集团有限公司（简称"侨鑫集团"）成立于 20 世纪 90 年代初，是经政府批准成立的外资企业集团，总部设在广州，投资涉及地产、金融、健康、教育、酒店餐饮、媒体等多个领域。近年来尤其注重拓展健康业务，引进世界精湛的医学技术，带来国际优质的生命健康管理服务。

侨鑫集团多年来踏实前行，目前主要业务范围覆盖中国、澳大利亚、欧洲等地；目前已有员工 10000 多人。凭借超前的设计、值得信赖的质量和精细的服务，侨鑫品牌的社会影响力与美誉度不断提升，荣获了国务院侨务办公室授予的"全国百家明星侨资企业"称号。

侨鑫集团在获得良好经济效益的同时也在积极回馈社会，尤其在教育领域的投入更是不遗余力。

- **2020 侨鑫集团部分高管名录**

姓名	职务
周泽荣	董事长
周素珍	副董事长

深圳市勤诚达集团有限公司

深圳市勤诚达集团有限公司（简称"勤诚达"）创立于 1997 年，经 20 余年的发展，目前已经形成以房地产开发为龙头，集城市更新、能源科技、金融投资、城市供水、生态旅游、文化教育、商业运营、物业管理等于一体的多元化企业集团。拥有数十家独资及控股企业，业务版图遍及深圳、广州、香港、长沙、常州、珠海、东莞、中山等地，职员达数千人。

勤诚达以房地产开发为主营业务，多年来基于对客户生活方式的深入研究，推出高度契合客户需求的产品，范围涵盖住宅社区、大型城市综合体、生态别墅、商业中心、写字楼等类型，在社区规划、户型创新等方面形成竞争优势。目前已实现全国战略性布局，以实际行动践行"百年企业路，责任勤诚达"的企业理念，为改善人居环境贡献更大的力量。

- **2020 勤诚达部分高管名录**

姓名	职务
古耀明	董事局主席
刘 里	副总裁
陈 芳	副总裁
纪雪玲	勤诚达集团副总裁

青岛城投房地产开发有限公司

青岛城投房地产开发有限公司（简称"青岛诚投地产"）成立于 2008 年，是青岛城市建设投资集团有限公司地产产业板块——地产投资控股集团投资设立的房地产开发公司。

青岛城投地产经营范围涵盖城市旧城改造及建设，政府房地产项目的代建、投资开发、经营、投资、咨询，建筑设备、建筑材料的经销，房地产开发与销售代理，物业管理、物业出租、房屋维修、房屋装饰装修等方面，涉及业务范围广泛。

青岛城投地产拥有大量优质土地资源，在民生安置用房和保障房建设上拥有丰富的经验，已建成并交付的重点工程安置用房超 50 万平方米，保障房 10 万平方米。

在做好民生安置房和保障房的同时，青岛城投地产以品质、服务为核心，精心做好每一个商品房楼盘的开发建设，其投资开发的项目多次获得最值得期待及年度口碑楼盘。

- **2020 青岛城投地产部分高管名录**

姓名	职务
邢路正	党委书记、董事长
杨大荣	董事长、总经理

青岛啤酒地产控股有限公司

青岛啤酒地产控股有限公司（简称"青啤地产"）隶属于青岛啤酒集团，是集团的两大支柱产业之一，公司于2009年6月完成注册正式成立，全面负责开拓房地产业务。

青啤地产是以原青岛市浮山新区开发指挥部为主，合并原青岛啤酒房地产公司的基础上成立的。原青岛市浮山新区开发指挥部及其前身于1992年起，曾在不同时期代表青岛市政府组织了青岛市大量住区、新区的开发建设，具有丰富的房地产及区域开发经验，曾负责开发建设的青岛市浮山新区已成为国内城市区域开发的典范。

青啤地产在青啤集团的领导下，以青啤集团为依托，具有雄厚的资金实力、良好的品牌优势和丰富的开发经验。

青啤地产将在青岛啤酒这一百年品牌的引领下，以"创建生理、心理健康，对资源合理使用，与环境和谐共生的人居环境，奉献于民族工业发展"为宗旨，以"实施管理创新，提升核心竞争力，打造国内知名地产品牌，创建一流地产开发企业"为愿景，秉承"高精严细"的质量准则，与社会各界一起，构筑未来，成就梦想。

- **2020 青啤地产部分高管名录**

姓名	职务
王建军	青岛啤酒集团董事、副总裁、青岛啤酒地产控股有限公司总经理
王 兵	青啤集团副总裁、青啤地产公司总经理

上海青禾置业有限公司

上海青禾置业有限公司（简称"青禾置业"）是江苏文峰集团一级子公司，江苏文峰集团也是南通市第一家上市公司，旗下业务包含商业、百货、超市、商场、汽车、医药等板块。如此强有力的背景支持，是青禾置业能够做专业人居的重要基础。

- **2020 青禾置业部分高管名录**

姓名	职务
张道文	董事长、总经理
李艳红	上海公司总经理、张家港公司董事长

青岛青特置业有限公司

青岛青特置业有限公司（简称"青特置业"）创建于 2005 年，拥有房地产开发一级资质。青特置业以青特集团为强大的原动力，在依托集团工业优势的基础上，开展房地产开发工作，致力于成为最受尊重和信赖的领先房地产企业，打造一流的职业经理人团队。青特置业业务领域涉及地产开发、商业运营、物业服务、园林景观和农林开发五大板块。

青特置业成立 14 年以来，打造三大产品系：城市高端住宅产品系、城市品质人居产品系、城市综合体产品系。在地产开发、商业运营、物业服务、园林景观、产城融合五大板块建树非凡。如今，青特置业总建筑面积超 200 万平方米，服务 3 万多户家庭，以整合服务营造美好生活。

未来，青特置业将始终贯彻"像造汽车一样造房子"的建设理念，从"质造"出发，将精工精神深植于心，"质造美好"，坚持做品质地产、品牌地产、良心地产，致力于满足客户需求。

- **2020 青特置业部分高管名录**

姓名	职务
纪爱师	青特集团董事长
汤义龙	青特置业总经理

上海全华房地产有限公司

上海全华房地产有限公司（简称"全华地产"）成立于 2015 年 7 月 27 日，注册地位于上海市金山区石化卫清西路 1391 号第 12 幢 B219 室，法定代表人为杨勇，经营范围包括房地产经纪，物业管理、房地产营销策划、市场营销策划等。

- **2020 全华地产部分高管名录**

姓名	职务
杨 勇	执行董事

全州盛泰市场开发有限公司

全州盛泰市场开发有限公司（简称"全州盛泰"）于 2015 年 9 月 18 日成立，法定代表人是蒋少龙，公司经营范围包括：对市场开发项目的投资及市场管理服务，房地产开发及商品房销售等。

- **2020 全州盛泰部分高管名录**

姓名	职务
蒋少龙	董事长
尹 平	执行董事

成都兴城人居地产投资集团有限公司

成都兴城人居地产投资集团有限公司（简称"人居地产"）成立于2004年，是成都兴城投资集团有限公司二级企业，主要负责成都兴城集团的城市综合开发业务，具备房地产开发一级资质。公司注册资本50亿元，资产总额395亿元，净资产103亿元，累计开发项目1400余万平方米，管理子公司23家，拥有员工500余人，多次荣获"中国房地产业综合实力100强""成都企业100强""成都楼市十大名企"等称号，综合实力居成都市属国有房企首位。

为积极促进房地产市场平稳健康发展，全力推动成都兴城集团2022年冲刺世界500强企业，人居地产积极践行兴城"精善文化"，坚持以"城市需要，人居创造"为企业使命，加快形成"规模开发、多元开发、品质开发"的运营能力，布局成都15个区（市）县和广州、西安两个省外城市，围绕商品房开发、泛地产开发、智慧物业、民生工程、资产管理与资本运营五大业务板块，逐步形成了覆盖住宅开发、TOD综合开发、高端酒店、文旅地产、精品影院在内的业务集群。

• 2020 人居地产部分高管名录

姓名	职务
何 坤	党委书记、董事长

仁恒置地有限公司

仁恒置地有限公司（简称"仁恒置地"）立足中国，涉及房地产开始于1993年，2006年6月22日在新加坡主板上市，并于2008年成为新加坡海峡指数三十家成分股之一。仁恒置地从上海、南京起步，选择中国境内的高增长、战略性重点城市开发高端精装修住宅、商业及综合物业项目，已在六大主要经济区内15个重点高增长城市扎根。

根据克而瑞机构统计，2020年公司销售额达871.2亿元。

仁恒置地积极扩展商业地产发展项目，已建成约43万平方米的租赁物业，南京仁恒辉盛阁酒店式服务公寓、成都仁恒置地广场已经成为所在城市的地标建筑。此类综合性商业项目可为集团带来稳定的租金收入，提升集团资产价值。

仁恒置地审慎行事、稳健扩张，立足长远，追求可持续发展。凭借在已有城市的成熟经验，积极在城市中心区域寻觅具有开发价值的优质地块，为未来发展奠定坚实基础。

2019年，仁恒置地荣获"中国房地产百强企业"第55名，位列"2019中国房地产百强企业盈利性TOP10"第10位。

• 2020 仁恒置地部分高管名录

姓名	职务
钟声坚	创办人、董事局主席、首席执行官
钟思亮	集团董事
陈耀玲	执行董事
章浩宁	执行副总裁
陈 平	执行副总裁
王 晞	执行副总裁
陈志伟	财务总监
周轶群	上海公司总经理

荣安地产股份有限公司

荣安地产股份有限公司(简称"荣安地产", SZ000517)是宁波第一家上市公司和华东地区首家深交所上市公司, 经过多年的发展已经成长为长三角地区房地产开发龙头企业。总部位于浙江宁波, 共有杭州、台州、宁海、嘉兴、温州、重庆、河南、西安等多家城市分公司, 同时运作四十余个房地产项目的开发。

根据克而瑞机构统计, 2020 年公司销售额达 438 亿元。

作为长三角房地产企业中跨区域开发的先行者与佼佼者, 荣安地产多年来在宁波、杭州、苏州、台州等地区打造了尚湖中央花园、荣安和院、荣安琴湾、荣安府、荣合公馆、荣安望江南、荣安金域华府等众多精品楼盘, 屡获人居环境奖。总开发面积达到 600 多万平方米, 6 万多名客户成为荣安地产尊贵的业主。

荣安地产近十年来开发制定了多个产品标准, 积累了丰富的精装修设计与管理经验, 在业内形成了鲜明的特色, 被誉为"住宅专家""豪宅巨匠", 获得"宁波城市建设奖""浙江房地产品牌推动力 TOP10"等荣誉称号, 荣安府项目成为宁波首个通过住建部 3A 级住宅性能认定的项目, 获得"广厦奖"。

- **2020 荣安地产部分高管名录**

姓名	职务
王久芳	董事长
王丛玮	总经理
俞康麒	副总经理
蓝冬海	副总经理

荣丰控股集团股份有限公司

荣丰控股集团股份有限公司（SZ000668）系一家于深圳证券交易所挂牌上市之 A 股房地产上市公司, 具有国家房地产开发二级资质。其前身为中国石化武汉石油（集团）股份有限公司, 2008 年, 公司实施重大资产重组, 名称变更为荣丰控股集团股份有限公司（简称"荣丰控股"）, 经营范围亦相应变更为: 房地产开发经营、商品房销售、租赁; 物业管理; 建筑装修; 园林绿化; 实业投资; 投资管理（国家有专项审批的项目经审批后方可经营）。

荣丰控股的主营业务为房地产开发, 经营模式以自主开发销售为主, 主要产品为住宅及商业地产。荣丰控股名下有北京"荣丰嘉园"项目、长春"国际金融中心"项目和重庆慈母山项目等房地产项目。

- **2020 荣丰控股部分高管名录**

姓名	职务
王 征	董事长
王焕新	副董事长、董事
楚建忠	董事
殷建军	董事

广西荣和企业集团有限责任公司

广西荣和企业集团有限责任公司（简称"荣和集团"）成立于 1993 年，总部设于广西南宁，是一家以房地产开发为主业，包括酒店、物业管理、金融、文化传播等行业的大型民营企业集团，具有国家房地产开发一级资质。荣和集团的经营宗旨为"为客户创造幸福、为社会创造财富、为员工创造机遇、为企业创造效益"，其品牌价值超 300 亿元。

荣和集团以"立足于南宁、区内重点开拓、辐射全国"为发展战略，重点开发南宁、广西市场的同时，在北京、上海等地已投资房地产开发和不动产经营项目，累计开发面积超过 2000 万平方米，连续多年位居广西楼市销售成绩前列，连续五年进入全国房地产 100 强，是广西本土房地产的标杆。

根据克而瑞机构统计，2020 年公司销售额达 81.5 亿元。

2019 年，荣和集团继续降本增效，坚持高周转、高盈利，全年业绩大幅增长。作为城市运营商，继续深耕广西，接连拿下南宁多宗地块，助推南宁人居标准的提升。

- **2020 荣和集团部分高管名录**

姓名	职务
史英文	董事长
李 斌	执行总裁
刘海涛	副总裁、营销中心总经理

荣华控股企业集团

荣华控股企业集团（简称"荣华控股"）1994 年创立，是一家大型综合性民营企业集团，现有员工 3000 余人，资产总额百余亿元。旗下产业涵盖健康颐养、幸福物业、绿色建筑、生态农业、金融投资等领域，多个产业板块协同发展，致力于为天下百姓的幸福生活提供综合解决方案，努力向现代化、国际化"城市配套生活引领者"转型升级。

- **2020 荣华控股部分高管名录**

姓名	职务
王 君	总裁

荣民控股集团有限公司

1999 年，荣民控股集团有限公司（简称"荣民控股集团"）盛大起航，二十载与时俱进，挺立潮头；如今，荣民控股集团已经成为一家集金融投资、资产运营、新材料、房地产、文化产业等多业态为一体的现代化大型民营企业集团，并连续 6 年跻身"中国民营企业 500 强"。

• 2020 荣民控股集团部分高管名录

姓名	职务
史历荣	副总裁、地产公司总经理

荣盛房地产发展股份有限公司

荣盛房地产发展股份有限公司（简称"荣盛发展"，SZ002146）成立于 1996 年，2007 年成功登陆深交所，成为河北省首家通过 IPO 上市的房地产企业，注册资金 43.48 亿元。荣盛发展一直致力于品牌化房地产开发，努力通过专业经营与精品项目阐释现代人居理念。经过 20 余年的发展，公司在经营规模、业务领域取得长足发展，已从最初的普通住宅开发商快速成长为集地产开发、康旅投资、金融投资、互联网创新等业务于一体的全国性大型多产业综合集团公司。

根据克而瑞机构统计，2020 年公司销售额达 1358 亿元。

荣盛发展确立并不断完善自身独特的战略定位，初步形成了"两横、两纵、三集群"的战略布局，"两横"指沿着长江及陇海铁路沿线的布局，"两纵"指以京沪、京广铁路沿线的布局，"三集群"是指深耕"京津冀城市群"，稳步拓展"长三角城市群""珠三角城市群"的布局，进驻包括天津、重庆、河北、辽宁、浙江、四川、广东、海南等 19 个省 / 直辖市的近 70 个城市，以及捷克共和国南摩拉维亚州帕索夫斯基市，已开发或开发中的项目逾 250 个。

• 2020 荣盛发展部分高管名录

姓名	职务
耿建明	董事长
刘 山	总裁
鲍丽洁	副总裁
陈金海	副总裁、董事会秘书
张志勇	副总裁、荣盛康旅执行总裁
秦德生	副总裁
林洪波	副总裁
景中华	副总裁

融创中国控股有限公司

融创中国控股有限公司（简称"融创中国"，HK01918）是香港联交所主板上市企业，公司成立于2003年，以"至臻，致远"为品牌理念，致力于通过高品质的产品与服务，整合高端居住、文旅、文化、商业配套等资源，为中国家庭提供美好生活的完整解决方案。

2020年，集团累计实现合同销售金额5750亿元。

融创中国坚持以地产为核心主业，围绕"地产＋"全面布局，下设作为"中国高端精品生活创领者"的融创地产，作为"品质生活服务专家"的融创服务，作为"中国家庭欢乐供应商"的融创文旅，以及致力于成为"美好文化创造者"的融创文化四大战略板块。经过多年稳健的发展，已确立行业竞争优势，并成为受到客户高度认可的中国家庭美好生活整合服务商。

一直以来，融创中国重视公益的价值与力量。在为中国家庭提供美好生活方式的同时，融创中国积极承担社会责任，努力成为"美好生活社会公民"，成立融创公益基金会，聚焦教育扶智、乡村振兴、古建保护三大领域，持续推进公益项目落地，为中国公益事业发展贡献力量。

• 2020 融创中国部分高管名录

姓名	职务
孙宏斌	董事会主席
汪孟德	行政总裁
马志霞	执行总裁、首席运营官
曹鸿玲	执行总裁、首席财务官
迟 迅	融创中国执行董事、执行总裁、华北区域集团公司总裁
陶坤宏	融创中国西南区域重庆置地公司总经理
李景申	融创中国西南区域集团副总裁、重庆地产公司总经理
李 龙	融创华北区域集团长春公司总经理

山西融恩房地产开发有限公司

山西融恩房地产开发有限公司（简称"融恩地产"）于2012年11月23日成立，公司经营范围包括房地产的开发与销售、房屋租赁等。融恩地产投资开发的迎泽世纪城项目，在2012年和2013年均被太原市政府和万柏林区政府确定为改造重点。目前开发建设融恩·星光荟项目。

• 2020 融恩地产部分高管名录

姓名	职务
王明华	董事长
施恩宁	总经理

衡阳融冠房地产开发集团有限公司

衡阳融冠房地产开发有限公司（简称"融冠房地产"）是一家依法经营的企业，位于湖南省衡阳市蒸湘区紫云北街 4 号，这里环境优美，交通方便。融冠房地产主要提供金融服务、阳光房建设等。根据生产经营需要，设有多个部门。面对复杂的外部形势和艰巨的生产经营任务，融冠房地产凝聚全员智慧，奋力攻坚克难，取得了骄人的成绩。

融冠房地产综合实力雄厚，加工设备先进，检测手段完善，建有完整的质量保证体系，及时引进大批先进生产设备，为确保产品的技术水准和质量的稳定提高奠定了坚实的基础。

- **2020 融冠房地产部分高管名录**

姓名	职务
薛理勇	执行董事、总经理
聂慧荣	总经理

融侨集团股份有限公司

融侨集团股份有限公司（简称"融侨集团"）由著名华人企业家林文镜先生在 1989 年创办于中国福州，经过 30 年的稳健发展，已成为一家拥有全产业拓展能力的综合性外商投资企业，定位为城市美好生活综合服务商。

在全产业开发链条中，融侨集团下设地产集团与产业集团，双轮两翼并行发展，其中地产集团以房地产开发为核心，同时涉足枢纽港口及大型工业村的建设运营，产业集团围绕国家政策鼓励的民生产业进行多元布局，涉足商业、酒店、教育、医疗、农业等板块的开发运营。

根据克而瑞机构统计，2020 年公司销售额达 859 亿元。

在企业发展中，融侨集团始终秉持"为居者着想，为后代留鉴"的经营理念，专注于科学开发项目、人文管理企业，坚持回报国家及社会，致力于打造"医食住教，美好生活在融侨"。

在不断壮大企业、创造社会价值的同时，融侨集团坚守企业公民之责，反哺社会，至今为社会各类公益事业累计捐赠逾 11 亿元。

- **2020 融侨集团部分高管名录**

姓名	职务
林宏修	董事长
林开启	执行总裁
林开杰	产业集团总裁
林开骏	农业板块负责人
林 华	副总裁
叶 醒	常务副总裁
彭克军	武汉融侨置业执行总经理

融信中国控股有限公司

融信中国控股有限公司（简称"融信中国"，HK03301）于2003年成立，总部位于上海，2016年1月在香港上市，同年纳入MSCI指数及恒生指数，并入选首批深港通成分股。已布局海峡西岸、长三角、长江中游、大湾区、京津冀、中原、成渝、西北、山东半岛等全国九大核心城市群。

2020年公司合约销售金额1551.7亿元，布局43个城市，共计177个项目，总土储约2654万平方米。

在中国城市化进程中，融信中国以"品质地产领跑者，美好生活服务商"为愿景，为改善人居环境、构筑幸福生活而不懈努力。以公益履责，用文化凝心，融信中国持续践行公益，用心回报社会，致力于为更美丽的中国而奋斗。

2019年，融信中国完成全国化布局，实践聚焦、平衡、高品质、快周转战略，荣获"2019中国房企综合实力20强""2019中国房企品牌价值TOP12""2019中国房地产百强企业——成长性TOP5""2019中国房地产开发企业综合发展6强""2019中国房地产企业十大营销铁军"。

• 2020 融信中国部分高管名录

姓名	职务
欧宗洪	董事局主席、行政总裁、执行董事
余丽娟	总裁
曾飞燕	执行董事、首席财务官
阮友直	执行董事、主席助理
郎 辉	福建区域集团总裁
马伟峰	河南区域总经理
孙群存	品牌营销中心副总经理

山东儒辰控股集团有限公司

山东儒辰控股集团有限公司（简称"儒辰集团"）是一家以房地产开发为主导产业的现代化企业集团，总部位于美丽的临沂沂河之滨——环球汇金湾，目前，业务范围主要涉及房地产业、金融业、服务业、国内贸易等领域。经过多年艰苦卓绝的发展，儒辰集团现已成为鲁东南地区的知名商业集团。

根据克而瑞机构统计，2020年公司销售额达199.3亿元。

• 2020 儒辰集团部分高管名录

姓名	职务
李 军	董事长、总裁

瑞安房地产有限公司

瑞安房地产有限公司（简称"瑞安房地产"，HK00272）是瑞安集团的房地产旗舰公司，于 2004 年成立，2006 年 10 月在香港联交所上市。总部设于上海，致力于成为领先的、以商业地产为主的房地产开发商、业主及资产管理者。

根据克而瑞机构统计，2020 年公司销售额达 176.8 亿元。

瑞安房地产主要从事开发、销售、租赁、管理及长期持有优质商业及住宅多用途物业，在发展多功能、可持续发展社区项目方面成绩尤为卓越。凭借前瞻性的理念、创新思维以及国际化经验，瑞安房地产配合政府的城市发展目标，充分挖掘当地的历史文化特质，透过整体规划，以独特的设计理念和卓越的开发与运营管理能力，打造集"生活、工作、学习、休闲"于一体的整体社区，为现代生活注入活力，为城市可持续发展提供解决方案。

• 2020 瑞安房地产部分高管名录

姓名	职务
罗康瑞	主席
孙希灏	董事总经理、财务总裁、投资总裁
罗宝瑜	瑞安管理董事总经理、中国新天地副主席
王 颖	瑞安管理董事总经理、中国新天地董事总经理

瑞安建业有限公司

瑞安建业有限公司（简称"瑞安建业"）为瑞安集团成员之一，1997 年于香港联合交易所上市，主要从事房地产及建筑业务。

瑞安建业凭着多年在水泥及建筑业务方面的丰富经验，得以在中国房地产行业发挥独特优势。公司运用专业知识缔造高速资产流转模式以发展专门房地产，并投资知识型社区项目大连天地。

• 2020 瑞安建业部分高管名录

姓名	职务
陈棋昌	独立非执行董事
罗康瑞	主席

睿古控股集团有限公司

睿古控股集团有限公司（简称"睿古控股"）成立于 2010 年，旗下企业涵盖地产开发、建筑施工、金融投资、资产管理、文化创意、贸易物流等六大产业板块。成员企业睿古地产（集团）是中国房地产百强企业，国内领先的城市更新运营商。集团开发的项目遍及黑龙江、福建、内蒙古、海南、宁夏，累计开发体量超过 400 万平方米，自持运营商业面积超过 80 万平方米。

• 2020 睿古控股部分高管名录

姓名	职务
林长征	董事长兼 CEO

河南润安建设集团有限公司

河南润安建设集团有限公司（简称"润安建设"）于 2000 年 10 月 9 日在安阳市工商行政管理局注册成立，注册资本为 2010 万元，在公司发展壮大的 20 年里，始终为客户提供好的产品和技术支持、健全的售后服务，公司主要经营房地产开发（凭资质证书）、建筑材料批发、工程管理服务。

- **2020 润安建设部分高管名录**

姓名	职务
李庆祥	执行董事、总经理
陈振林	总经理

北京润丰房地产开发有限公司

北京润丰房地产开发有限公司（简称"润丰"）成立于 2001 年，是具有国家房地产开发一级资质的企业。

润丰进入房地产行业以来，始终坚持以"发展企业，回报社会，真正实现企业与社会和谐及可持续发展"为出发点，以建设四海、创世百年为发展战略，以市场为导向，以满足客户要求为己任，以建筑"高性价比"的住宅产品和完善的商业配套设施为目标，把公司打造成房地产领域最具竞争力的龙头企业。

润丰拥有多年的房地产开发经验，凭借雄厚的经济实力和高水准的专业技术团队，与国际知名的建筑规划、园林设计公司（美国 ADI 公司）等达成战略合作伙伴关系，通过专业团队的强强联手和科学管理，诚信经营，稳步、扎实发展，在平凡中提炼、创新中超越、潮流中迅猛发展，短短几年时间就以严谨、务实的工作和坚韧的企业形象在京城房地产行业独树一帜。

- **2020 润丰部分高管名录**

姓名	职务
陈水波	董事长、总经理

润江集团

河北润江投资集团有限公司（简称"润江集团"）成立于2012年，是一家以地产开发为核心，物业服务、商业运营、科技孵化等综合产业并举发展的集团化公司，致力为客户提供高品质产品的同时，积极推动城市发展，成为区域内领先的"美好生活服务商"。

集团现拥有员工900余人，投资额135亿元，累计开发项目20余个，竣工及在建施工面积约350万平方米，物业服务面积120余万平方米，储备商业运营面积14.09万平方米，产品涵盖住宅、工业产业园、商业综合体等多种物业类型，遍布石家庄主城区及藁城、正定、鹿泉、栾城等"新四区"。

润江集团先后荣获中国房地产业协会"企业信用评价AAA级信用企业"、河北省房地产业协会"河北省优秀房地产开发企业"、克而瑞"石家庄房地产市场影响力TOP10"等荣誉。

未来，润江集团力争综合实力、品牌价值、销售额排名进入全国房地产企业100强，做推动城市发展的"美好生活服务商"。

- **2020 润江集团部分高管名录**

姓名	职务
焦 贺	董事长
边 芳	副总裁
张习军	副总裁

SOHO 中国有限公司

SOHO中国有限公司（简称"SOHO中国"，HK00410）成立于1995年，由董事长潘石屹和首席执行官张欣联手创建。公司在北京和上海城市中心开发和持有高档商业地产，坚持独特创新的建筑理念，建造符合时代精神的建筑，所开发项目均成为城市建设中的里程碑建筑。2007年10月8日，SOHO中国在香港上市，融资19亿美元，成为当时亚洲最大的商业地产IPO企业，多次入选《财富》杂志中文版评选的"最受赞扬的中国公司"全明星榜。

公司开发的第一个项目就是SOHO现代城。SOHO中国先后在北京推出了"建外SOHO""SOHO尚都""三里屯SOHO"等商业房地产项目，成为北京市各区域的地标性建筑；2009年，SOHO中国收购东海广场一期，正式进军上海，成为北京、上海最大的办公楼开发商，开发总量达500万平方米。2015年，SOHO中国的共享办公产品SOHO 3Q正式上线，现已成为国内最大的共享办公室运营商。

2019年，古北SOHO盛大亮相；丽泽SOHO获得LEED金级认证；望京SOHO率先完成5G全覆盖，成为第一个5G全覆盖的大型商业楼宇。

- **2020 SOHO 中国部分高管名录**

姓名	职务
潘石屹	董事会主席
张 欣	行政总裁
阴 杰	高级副总裁、首席建筑师
吴宣霆	高级副总裁、首席运营官
倪葵阳	首席财务官

福建三木集团股份有限公司

福建三木集团股份有限公司（简称"三木集团"）成立于 1984 年 10 月，1996 年 11 月公司股票在深圳证券交易所上市（股票代码：000632）。三木集团是福建省内推行现代企业制度的先行者，公司率先实现股份制改革，率先实现企业兼并重组，率先实现法人股协议转让、股票上市，率先组建企业集团，在现代企业管理与运营方面积累了丰富的经验。经过 30 多年的发展，三木集团逐渐成为以房地产开发、商业旅游资产运营和进出口贸易为主营业务的综合类企业集团，地产业务涉及福建、上海、山东、湖南等多个省市，贸易合作伙伴遍及世界 100 多个国家和地区，集团的外贸进出口总额连续多年名列福州第一、福建省前茅。截至 2018 年 12 月 31 日，公司注册资本 4.655 亿元，总资产 78 亿元。三木集团的战略目标是：培养企业核心竞争力，提高专业化运营能力，成为海峡西岸经济区具有影响力的上市公司，成为值得信赖的常青树企业。

- **2020 三木集团部分高管名录**

姓名	职务
卢少辉	董事长

三庆实业集团有限公司

三庆实业集团有限公司（简称"三庆实业"）成立于 1997 年，注册资本 12 亿元，是一家集不动产开发、投资、教育为一体的现代化企业集团。三庆实业不动产板块，涵盖住宅地产、商业综合体、旅游地产等物业类态，在济南、三亚、武汉、聊城、烟台、淄博、威海等地相继开发了 30 多个项目。

三庆实业及开发项目曾荣获房地产行业各类奖项，包括"广厦奖""中国质量万里行全国先进单位""山东地产品牌企业三十强""济南地产品牌企业""中国最佳写字楼金奖""中国海景景观住宅示范项目"等称号，塑造了"三庆房产、美丽家园"的良好品牌形象。

三庆实业秉承"三庆集团，共享共赢"的企业理念，在多个事业领域相继繁荣发展的基础上，不断强化完善管理，精心打造三庆城市主人、三庆青年城、三庆联合财富广场、三庆汇德公馆等高品质、精细化楼盘，满足市场对产品的要求，提升三庆品牌美誉度和影响力。同时，投资发展的久兆新能源、宝雅电动车创领行业品牌，进一步加强了企业生命力，加速集团产业化运营。

- **2020 三庆实业部分高管名录**

姓名	职务
吴立春	董事长、总经理

上海三盛宏业投资（集团）有限责任公司

上海三盛宏业投资（集团）有限责任公司（简称"三盛宏业集团"）成立于 1993 年，立足上海，走向全国，已成长为房地产开发、科创及大数据、海洋投资、城市建设、现代生活服务等产业多元发展的投资型、集团型民营企业，名列中国服务业企业 500 强，上海企业 100 强，具有 AA 级信用等级，旗下拥有三十余家下属公司，遍及全国各地。其中，中昌数据为 A 股上市公司，中昌国际控股集团为香港 H 股上市公司，钰景园林为新三板挂牌公司。

房地产开发是三盛宏业集团的主营业务之一，项目遍及长三角、珠三角、环渤海等区域，开发面积超千万平方米。

根据克而瑞机构统计，2020 年公司销售额达 439.5 亿元。

三盛宏业集团以"智慧智能、养生健康、服务便捷、文化和谐"为方向，大力推进房地产产品创新，持续做强做大房地产业，连续十五年获得"中国房地产百强企业"殊荣，并入选"中国房地产百强企业盈利性 TOP10"及"中国房地产百强企业运营效率 TOP10"。"颐景园"品牌多次荣获"中国房地产园林地产专业领先品牌"，被誉为国内"第一园林地产"，品牌价值 91 亿元。同时，三盛宏业集团以智慧、繁华、人文、匠心为方向，全新推出"颐盛系"品牌，引领都市核心居住新体验。

• 2020 三盛宏业集团部分高管名录

姓名	职务
陈建铭	董事会主席
王巍	总裁
曹远忠	执行总裁、产品营造部总经理
屈国明	上海区域总经理
栗剑	沈阳区域总经理

三盛控股（集团）有限公司

三盛控股（集团）有限公司（简称"三盛控股"）主要经营物业开发和销售及物业投资。三盛集团有限公司及其附属公司（统称三盛集团）实际控制人林荣滨先生于 2017 年 4 月成功收购本公司股权。收购完成后，三盛集团继续开拓潜在商机及谋求可持续发展，并采纳公司名称三盛控股（集团）有限公司。

• 2020 三盛控股部分高管名录

姓名	职务
林荣滨	董事会主席、执行董事兼提名委员会主席
程璇	执行董事、行政总裁
高先照	烟威事业部总经理

三湘印象股份有限公司

三湘印象股份有限公司（简称"三湘印象"）成立于1996年，于2012年8月通过借壳在深圳证券交易所挂牌上市，股票代码为000863。

在房地产业务上，三湘印象以上海三湘（集团）有限公司为核心，是集建筑安装、建材加工、装饰设计、房产经纪、广告传播、物业管理于一体的全产业链服务商，具有房地产开发、金属门窗工程、装饰施工、物业服务四个国家一级资质。

秉承"关注细节，追求完美，成就卓越"的管理理念，品质为先、质量立业，三湘印象先后承建了虹口区文苑小区、三湘花苑、三湘花园、芙蓉花苑，三湘世纪花城，嘉定区安亭老街 11 号地块，宝山区三湘雅苑、松江华亭新苑、三湘四季花城、泗泾三湘商业广场、三湘七星府邸、三湘未来海岸、三湘海尚城、虹桥三湘商业广场、三湘海尚名邸等多个工程。

立足长三角及京津冀两大区域，公司坚持绿色建筑可持续发展理念，开发项目获得"广厦奖""国家康居示范工程""国家优质工程奖""中国绿色建筑三星认证"、上海市建设工程"白玉兰"奖、上海市"优秀住宅金奖"等，多项自主研发成果获国家专利，"宜居型高层住宅小区太阳能利用与建筑综合节能关键技术应用"项目获上海市科技进步奖。

未来，三湘印象计划短期内将择机在长三角、京津冀和粤港澳大湾区新增土地储备，并将紧跟房地产消费升级节奏，突出绿色科技地产的优势和价值，针对改善型细分市场，形成以绿色设计为龙头，集绿色建造、绿色装饰、绿色运营相融合的开发运营模式。

- **2020 三湘印象部分高管名录**

姓名	职务
许文智	董事长
王 盛	总经理

安徽三巽集团

安徽三巽集团（简称"三巽集团"）创立于 2004 年，是以房地产开发为核心，集商业运营、物业管理等为一体的城市建设综合发展企业集团。多年来一直致力于中高端产品的开发和建设，拥有住宅创新项目墅系、院系、府系，拥有员工逾千人。

根据克而瑞机构统计，2020 年公司销售额达 102.3 亿元。业绩再攀新高，发展势头强劲，在安徽本地房企的各项数据排名中均处于领先位置。

三巽集团秉承"创造城市幸福生活"的开发理念，致力于中高端产品的开发和建设，打造了三大精品住宅体系：墅系、院系、府系，为客户提供高品质的生活解决方案。三巽集团在发展壮大的同时，不忘初心，始终承担企业的社会责任，用公益行动服务和回馈社会。

2018年，三巽集团总部迁至上海，实现了走出安徽，布局长三角区域的阶段性战略目标，并正式开启了"深耕区域，布局全国"的战略新征程。未来，三巽集团将继续以"阳光、开放"的姿态，遵循稳健的发展原则，迭代产品、提升服务，为客户建好房，造好房，倾尽全力，创造城市幸福生活。

- **2020 三巽集团部分高管名录**

姓名	职务
钱　堃	执行董事、总经理
章晓辉	副总裁
王子忠	副总裁、皖豫区域公司总经理
吴恒斌	助理总裁

三亚太阳湾开发有限公司

三亚太阳湾开发有限公司（简称"三亚太阳湾"）于 2001 年 7 月 17 日成立，经营范围包括旅游度假区综合开发，房地产开发与经营，海洋资源开发，农业综合开发，旅游景点设施及娱乐设施，投资开发，种植业，养殖业，农副产品生产与加工，化工产品（不含危险品），矿产品，纺织品，电子产品，日用百货，家用电器，建筑材料，工艺品（不含金制品）贸易，酒店及与其相关配套设施的开发、建设及管理等。

- **2020 三亚太阳湾部分高管名录**

姓名	职务
王树生	董事长

广东森岛集团有限公司

广东森岛集团有限公司（简称"森岛集团"）创立于 1996 年，前身是海南森岛工贸有限公司。2003 年森岛集团开始进军房地产和文化教育产业，并在现代休闲农业的发展模式上进行积极探索。经多年发展，森岛集团已成为集房地产、版权贸易、文化创意产业、内外贸易为一体的大型现代民营企业集团，旗下拥有东方文德、森岛湖、万木草堂、国家版权贸易中心（越秀）等众多知名项目品牌，以坚持、专注为信念；以"以文化教育为理念，赋予建筑物灵魂"为宗旨。坚持细节出绩效，实力出品质的理念，未来，森岛集团将一如既往，继续在文化地产领域深耕习作，打造更多精品。

• 2020 森岛集团部分高管名录

姓名	职务
郭建基	董事长
余炳焕	森岛集团常务副总裁、广州市花都佳业房地产开发有限公司总经理

沙河实业股份有限公司

沙河实业股份有限公司（简称"沙河实业"，SZ000014）是由沙河实业（集团）有限公司控股的上市公司，隶属于深圳市国资委。沙河实业股份有限公司 1992 年在深圳证券交易所上市，主要从事房地产开发以及配套工程开发建设、新型建材的生产与建设、物业租赁与管理、物资供销、国内外商业及投资兴办实业等。

以房地产开发与经营为主要业务，现已成功开发出荔园新村、侨洲花园、鹿鸣园、宝瑞轩、世纪村等十多个住宅小区，建筑面积 100 多万平方米。如今，沙河实业股份有限公司实施名牌精品战略，致力于全方位开拓和多元化发展。

公司通过资产重组，使得资产质量和盈利水平迅速提升，进而为社会提供更多的优质产品及服务，确保了公司的可持续发展。

• 2020 沙河实业部分高管名录

姓名	职务
陈　勇	董事长
温　毅	总经理

山东邦泰控股集团有限公司

山东邦泰控股集团有限公司（简称"山东邦泰"）是一家以开发高端人文地产为发展目标的潍坊本地开发企业。2007 年进入房地产行业，集团总资产 15 亿元，下设山东邦泰置业有限公司、潍坊花满楼房地产开发有限公司、潍坊如家物业服务有限公司、山东邦泰地产研究院暨筑营建筑规划设计有限公司。

根据克而瑞机构统计，2020 年公司销售额达 71.5 亿元。

山东邦泰主要以房地产开发、商品房销售、物业管理服务、建筑设计等业务为主，发展愿景是"成为中国地产业最具人文价值的领军品牌"，坚守"让生活更有品质，让城市更加美丽"的企业使命，努力打造中国院子、人文美宅第一品牌。

2020 年山东邦泰开发的项目有：邦泰·天璞、邦泰郡王府二期·东郡、邦泰·天瑜、邦泰·天琅。储备土地 500 余亩，开发面积 70 余万平方米。

- **2020 山东邦泰部分高管名录**

姓名	职务
杜其强	执行董事、总经理
赵彦华	监事
丁志军	城市总经理项目负责人

山东旭辉银盛泰置业有限公司

山东旭辉银盛泰置业有限公司（简称"山东旭辉"），由旭辉集团与银盛泰集团联手成立。融合两大企业的资源优势，深耕山东，致力于成为负责任、受人尊敬的高品质品牌房企。秉持"以善筑美，辉盛未来"的品牌理念，肩负"精致生活美学家"的品牌使命，经过多年的发展，旭辉银盛泰完成山东全省布局，已进驻7大城市，有40多个项目熠熠闪耀。

- **2020 山东旭辉部分高管名录**

姓名	职务
李 扬	总裁

山西嘉生繁祉房地产开发有限公司

山西嘉生繁祉房地产开发有限公司（简称"山西嘉生繁祉"）于 2013 年 1 月 10 日成立。公司经营范围包括：房地产开发与经营；物业服务；建筑施工：土石方工程施工；建筑材料（不含木材）、装饰材料、钢材、电线电缆、塑料制品的销售等。

- **2020 山西嘉生繁祉部分高管名录**

姓名	职务
周慧婷	执行董事
王 栋	总经理

山西金泉房地产开发有限公司

山西金泉房地产开发有限公司（简称"山西金泉房地产"）成立于 2010 年 12 月 3 日，经营范围包括房地产开发与销售等。

- **2020 山西金泉房地产部分高管名录**

姓名	职务
孙汉伟	执行董事、总经理
温锦滨	总经理
郑艺煌	监事

山西晋甲第房地产开发有限公司

山西晋甲第房地产开发有限公司（简称"山西晋甲第"）于 2019 年 4 月 23 日成立，经营范围包括：房地产开发等。

- **2020 山西晋甲第部分高管名录**

姓名	职务
魏天仓	总经理
王永彬	执行董事

山西晋泰瑞房地产开发有限公司

山西晋泰瑞房地产开发有限公司（简称"山西晋泰瑞"）成立于 2013 年 5 月 20 日，注册地位于山西综改示范区太原阳曲园区府东街东段 68 号园区总部基地 4 层 H 区，经营范围包括房地产的开发与销售。

- **2020 山西晋泰瑞部分高管名录**

姓名	职务
杨宏胜	董事长、总经理

山西千渡房地产开发有限公司

2011 年三千渡投资管理有限公司（简称"山西千渡地产"）成立，启动山西太原近 60 万平方米综合体项目三千渡的开发建设。2015 年 7 月山西千渡房地产开发有限公司成立（简称"千渡地产公司"），并以千渡房地产公司为开发主体参与杏花岭区长江村城中村改造，正式启动第二个房地产开发项目千渡·东山晴。

- **2020 山西千渡地产部分高管名录**

姓名	职务
陈 文	总建筑师、董事长

中国上城集团有限公司

中国上城集团有限公司（简称"上城集团"，HK02330）于 2003 年在香港上市，总部设在香港，主要业务是在工业技术、商业贸易、物业投资和资本投资领域。主要房地产开发项目为综合住宅、商业及停车位。

- **2020 上城集团部分高管名录**

姓名	职务
刘　锋	董事会主席
陈　贤	董事会副主席
刘世忠	行政总裁

上海城建（集团）公司

上海城建（集团）公司（简称"上海城建"）于 1996 年 10 月成立，经市国资委授权经营集团内国有资产，是一家以工程投资建设、设计施工和管理为一体的大型企业集团。

上海城建具有市政公用工程施工总承包特级资质、公路工程、房屋建筑等施工总承包一级资质和房地产开发一级资质，拥有全资和控股子公司 15 家、事业部 3 家。旗下有多家特级、一级施工企业、甲级勘察和设计院，形成了以基础设施设计施工总承包为龙头、以基础设施投资和房地产开发经营为依托，集各类工程投资、设计、施工、管理、设备和材料供应为一体的大型企业集团。

多年来，上海城建承建或参建的上海市重大工程达 300 多项，同时还积极参与其他城市的轨道交通工程、大桥工程、基础设施建设。此外，上海城建还承建了新加坡、安哥拉、印度、泰国等国家的基础设施建设。

上海城建获得"中国建筑企业 500 强""鲁班奖""国家优质工程奖""詹天佑大奖""中国市政工程金杯奖""上海市政工程金奖"等 150 余项，还荣获"十一五"全国建筑业科技进步与技术创新先进企业、全国建筑业质量管理先进企业、全国"五一劳动奖"、全国优秀施工企业、全国用户满意施工企业、全国建筑业新技术应用先进企业、上海房地产 18 年功勋企业、中国建设系统最具影响力品牌等荣誉称号。

根据克而瑞机构统计，2020 年上海城建销售额达 77 亿元。

- **2020 上海城建部分高管名录**

姓名	职务
张　焰	董事长、党委副书记

上海城投置地（集团）有限公司

上海城投置地（集团）有限公司（SH600649，简称"上海置地"）是上海城投集团市场化板块的核心企业，于 1993 年 5 月在上交所上市交易。发展至今，形成了以房地产为核心主业，开发、运营和金融三大业务协同的发展格局。实行开发与运营轻重资产分离的专业化管理。未来将重点负责租赁住宅以及商业运营业务，提升资产价值，实现新的业务增长点和产业链延伸。

根据克而瑞机构统计，2019 年公司销售额达 91.5 亿元。

城投控股房地产开发业务由所属企业上海置地负责实施。上海置地注册资本 25 亿元，具有房地产开发一级资质，立足城市更新和保障房细分市场，兼顾多元业务发展格局，以差异化的竞争策略，确保在行业政策调控和市场周期波动中的相对优势，主要产品领域包括：成片土地开发、保障房和普通商品房建设、办公园区、写字楼开发、"城中村"改造等。

上海置地重点开发的项目有租赁房项目，露香园地区，朱家角商品房项目，"湾谷"科技园，松江、嘉定、闵行保障房，九星，朱泾"城中村"改造等。同时，置地集团积极贯彻落实长三角一体化发展战略，2018 年首次走出上海，在黄山、常州、江阴等地落实了项目布局。

根据克而瑞机构统计，2020 年上海置地销售额达 108.6 亿元。

• 2020 上海置地部分高管名录

姓名	职务
戴光铭	董事长
陈晓波	总裁
周冬生	副总裁
周仁勇	副总裁
庄启飞	副总裁

上海地产（集团）有限公司

上海地产（集团）有限公司（简称"上海地产"）成立于 2002 年，是经上海市人民政府批准成立的国有独资企业集团公司，注册资本 42 亿元。上海地产的主营业务包括土地储备前期开发、滩涂造地建设管理、市政基础设施投资、旧区改造、房地产开发经营等。截至"十二五"末，上海地产的总资产达 2123 亿元，旗下拥有 5 家具有房地产开发一级资质的企业、2 家上市公司、2 个国家级开发区。

根据克而瑞机构统计，2020 年上海地产的销售额达 88.7 亿元。

上海地产自成立以来，充分发挥国有企业集团的优势，在土地储备前期开发、滩涂造地建设管理、保障性住房开发建设、国有资产保值增值等方面，出色地完成了市委、市政府交办的任务，较好地完成了服务社会和发展自身两篇文章。

在新的历史发展阶段，上海地产将紧紧围绕市委、市政府工作大局，将集团打造成为上海城市更新的重要运作平台之一，高质量地完成事关上海长远发展的各项重大任务，包括旧区改造及城中村改造、保障房建设、工业园区置换升级、历史风貌区和老建筑保护等，为上海城市的功能完善和社会发展做出新的更大贡献。

- **2020 上海地产部分高管名录**

姓名	职务
冯经明	董事长、党委书记
朱嘉骏	党委副书记、总裁
管韬萍	副总裁

上海东苑房地产开发（集团）有限公司

上海东苑房地产开发（集团）有限公司（简称"上海东苑"）于 1993 年创建于上海，业务涉及房地产投资开发、商业资产管理、股权金融投资等多个领域。经过 20 多年的发展，上海东苑已经成长为一家多元化的集团公司，产业遍及海内外多个城市及地区。

- **2020 上海东苑部分高管名录**

姓名	职务
侯抗胜	集团董事长
何红萍	副总裁

上海桂鸿长房地产开发有限公司

上海桂鸿长房地产开发有限公司（简称"上海桂鸿长房地产"）成立于 2017 年 6 月 20 日，注册地址在上海市闵行区联航路 1818 弄 56 号二层、三层，主要从事房地产开发，房地产经纪，物业管理，停车服务。

- **2020 上海桂鸿长房地产部分高管名录**

姓名	职务
陈慧娟	董事长

上海建工房产有限公司

上海建工房产有限公司（简称"上海建工"，SH600170）是上海国资委下属企业中较早实现整体上市的企业。前身为创立于1953年的上海建筑工程管理局，1998年发起设立上海建工集团，并在上交所上市。2010年和2011年，经过两次重大重组，完成整体上市。具有国家房地产开发一级资质，是上海房地产行业最早通过ISO9001质量管理体系认证的企业之一；曾获得国家建设部授予的"销售'放心房'表彰企业"称号。

上海建工形成了以长三角区域，以及华南区域、京津冀区域、中原区域、东北区域、西南区域和其他若干重点城市组成的"1+5+X"国内市场布局，承建的工程覆盖全国34个省市自治区的120多座城市。同时在海外20个国家或地区承建项目，其中在柬埔寨、尼泊尔、蒙古国、马来西亚、哈萨克斯坦、东帝汶等。近年来，先后开发了徐汇·龙兆苑、佳龙花园、建工汇豪商务广场、上海建工嘉定工业园等一大批优质楼盘和商务楼项目。

2019年，上海建工入选"2019年外滩·上海品牌创新价值榜TOP50"，并以上半年1705.458亿元的营业收入排名《财富》中国上市公司500强第55位，比2018年上升了6位。

- **2020 上海建工部分高管名录**

姓名	职务
朱忠明	董事长
李昇辉	董事、总经理
裘 磊	副总经理、苏州区域公司总经理
吴 骞	副总经理、上海振新物业董事长
章少青	上海城建（江西）置业有限公司总经理

上海盘谷房地产有限公司

上海盘谷房地产有限公司（简称"上海盘谷"）是一家外商投资房地产开发企业，注册资本5亿元，主要股东为泰国曼谷的城市地产集团和香港的亚洲金融集团。

- **2020 上海盘谷部分高管名录**

姓名	职务
CHALI SOPHONPANICH	董事长
宋 海	总经理

上海朴石房地产开发有限公司

上海朴石房地产开发有限公司（简称"上海朴石"）成立于 2013 年 2 月，是一家立足长三角，辐射全国"地产＋文旅"的创新型房地产企业集团。持续深耕住宅商业等重资产领域的品牌开发与文旅商综合体、产业园区等领域的特色运营开拓。

- **2020 上海朴石部分高管名录**

姓名	职务
姚伟示	集团董事长
艾　旭	总经理
高　杨	副总裁、项目管理中心总经理
吴　婧	副总裁、设计研发中心总经理
何忆君	副总裁、营销与市场品牌中心总经理
刘　维	副总裁、成本管理中心总经理
张士强	首席财务官、资金与财务中心总经理

上海荣光实业有限公司

上海荣光实业有限公司（简称"上海荣光"）成立于 2012 年 4 月，是国内知名的专业性房地产开发企业，以房地产的综合性开发建设为集团核心业务，同时开展投资管理、投资咨询等相关业务，为客户提供专业化、市场化、人性化、多元化的服务。

- **2020 上海荣光部分高管名录**

姓名	职务
李光文	董事长
赵　雁	监事

上海上坤置业有限公司

上海上坤置业有限公司（简称"上坤"）成立于 2010 年，系深圳盈信集团投资有限公司成员企业，以地产开发、商用地产管理为主营业务，致力于成为"城市优质生活服务商"。在上海、江苏、浙江、安徽、广东、河南、湖北七大区域成立了事业部。

根据克而瑞机构统计，2020 年公司销售额达 265.1 亿元。

上坤旨在打造更宜居的产品，拒绝产品复制、关注客户体验，不断从使用者的角度出发，做出"被需要"的产品，用设计、科技、人文赋予产品全新的生命力。落成四大产品系："乐居系"包括公园系和乐城系，定位为时尚、有趣、简约，充满时代感的活力社区；"悦居系"包括湾系和四季系，定位为智慧、精工、舒适，赋能都市轻奢生活；"逸居系"包括半岛系和天系，完美融合自然与精工，注重品质和品位；"优居系"定位为城市稀贵资产，在稀缺的土地资源上雕刻生活范本。

凭借持续良好的业绩表现和强大的综合实力，上坤获"2019 中国房地产百强企业""中国房地产开发企业发展潜力 10 强""最佳新锐品牌"等荣誉称号。

• 2020 上坤部分高管名录

姓名	职务
朱 静	创始人、CEO
夏 添	集团执行副总裁
王同君	助理总裁
梁 晶	助理总裁
佟文艳	集团副总裁
陈世勋	助理总裁
黄 慷	助理总裁

上海实业城市开发集团有限公司

上海实业城市开发集团有限公司（简称"上实城开"，HK00563）1993年在香港上市，前身为中新地产，由上海实业集团旗舰企业——上实控股于2010年6月收购其45.02%的股份，并完成公司更名及整合。公司以房地产开发、运营等综合业务为主要投资方向，是上海实业集团旗下最具发展前景的房地产业务整合平台之一。

作为领先的城市核心区域运营商，上实城开以满足城市主流人群高品质居住及商业发展需求为使命，推动城市生活方式革新，推进城市综合发展。开发项目广泛分布于上海、北京、天津、重庆、西安、长沙等城市，涵盖高端居住社区、高档写字楼、购物中心、星级酒店、产权式公寓多种业态。同时，以全球化视野构建战略格局，通过产业经营与资本运作并举推动企业发展。

上实城开已制定三年发展规划，未来在区域布局上将呈现以上海为中心，形成集沿海、沿江两线，长三角、环渤海、中西部二三线城市的"一心、两线、三圈"的"弓形"布局。上实城开将凭借高效的项目运作和一流的经营管理模式，跻身于地产红筹股前列，成为中国最具影响力和投资价值的城市地产运营商。

• 2020 上实城开部分高管名录

姓名	职务
曾 明	董事会主席
周 雄	董事会副主席、总裁
叶维琪	副总裁
黄 非	副总裁
钟 涛	副总裁，北京、天津、沈阳公司董事长
李 滨	副总裁
周 燕	副总裁
杨 勇	副总裁
何 彬	副总裁
陈建柱	公司秘书、法务副总监

福建上一集团有限公司

福建上一集团有限公司（简称"上一集团"）自1995年开始涉足房地产业，经过十多年的不懈努力，初步形成了房地产业、工业、贸易、创投四大支柱产业发展格局，初步走上集团化、多元化发展的快车道。多年来，上一集团始终秉承"敬天爱人、诚信为本"与"务实高效、开拓进取"的企业精神，本着"安全经营、巩固发展、抓住机遇、与时俱进"的企业经营理念，坚持"外塑形象、内强素质、夯实基础、规范管理"的创业原则，抓质量、求创新、谋发展，大力推进企业品牌建设，随着"上一·日出东方"品牌的不断建设，上一集团所倡导的"轻松的日子、健康的家园"的先进人居文化开发理念越来越深入人心，上一集团希望通过自己的开发和建设，可以使更多的业主在"上一·日出东方"系列社区中住得轻松、住得健康，为创建和谐社会做出应有的贡献！

• 2020 上一集团部分高管名录

姓名	职务
刘必东	董事长

上亿企业集团有限公司

上亿企业集团有限公司（原上海亿丰企业集团，简称"上亿集团"）是一家集开发、运营管理为一体的综合性商业地产公司。公司于 1997 年正式成立，总部位于上海，项目遍及全国 40 多座城市。上亿集团旗下有上亿中心、上亿广场、上亿商贸城、上亿国际汽车城四大业态及两大自主品牌：最家空间，领航家。

1997 年，上亿集团前身上海亿丰经济发展有限公司成立，同年在浦东杨思创建恒大陶瓷建材市场，亿丰这艘商业航母从此启航。2002 年，走出上海进军江苏，开创产权式经营商业模式。同年昆山亿丰投资发展有限公司成立，次年亿丰陶瓷装饰城成功面市，新一代商贸城为商家与用户带来新的全方位的经营消费体验。2004 年，挥师北上，成立了沈阳亿丰置业发展有限公司，以沈阳为根据地，深耕周边区域市场，探索商业新模式，开发新型超大体量商业综合体以及住宅项目。2005 年，挥师浙江，以省会城市杭州为大本营成立了浙江亿丰置业有限公司，复制沈阳商业模式，次年浙江亿丰商业投资管理有限公司的诞生，标志着亿丰的品牌管理进入新阶段。品牌自营、合作加盟相结合，使"诚信卓越、协作共赢"成为亿丰的不懈追求。

2007 年，亿丰集团上海总部成立，通过"北上、西进、南扩"，以"让商业改变城市"为使命，精准把握城市发展命脉、2010 年，沈阳新抚、辽宁大连、上海三林等一座座商业体的建成让"商业改变城市"不仅仅只是口号。2013 年，辽宁亿丰集团投资有限公司成立，大片区管理策略使集团化发展更加有序，上亿集团已发展成为集城市综合体和专业市场开发、商业运营、物业管理、星级酒店、家具建材贸易、商务休闲娱乐、文化旅游产业等为一体的综合性企业。

- **2020 上亿集团部分高管名录**

姓名	职务
胡国仁	法定代表人（董事长、总经理）

上置集团有限公司

上置集团有限公司（简称"上置集团"，HK01204）1999年在香港上市，2015年成为中民投集团旗下企业。上置集团先后在伦敦、旧金山、悉尼、香港、北京、上海等20多个城市实现业务布局，开发了多个高端住宅、综合体项目。按照"金融＋产业＋地产"融合发展的思路，上置集团以地产开发和地产投资双轮驱动为策略，逐步打造金融城综合体开发、产城融合产业小镇、资产并购等三大核心业务板块，加快推进企业转型。

上置集团经过20多年的发展，在高端住宅开发领域积累了丰富的经验，成功打造了华府天地、雅宾利等高端地产品牌，同时发挥建设、招商、运营优势，打造集商业、办公、金融、商务、餐饮等功能于一体的城市名片，成功开发了包括绿洲中环中心、华府天地购物中心在内的多个优质项目。在星级酒店开发领域，上置集团拥有丰富的经验，仅在上海地区就开发了包括美兰湖高尔夫度假酒店、斯格威铂尔曼大酒店在内的多个星级酒店。

上置集团发挥高端物业投资建造的优势，聚焦现代城市金融和生活功能融合升级，在重点城市核心区域打造金融城系列产品。结合自身优势和产业资源整合能力，在重点城市周边，选择具有一定规模的片区，通过整体规划、大型基础设施建设、优质城市公共配套、优势产业资源导入，建设具有复合功能的现代化城区，提升城市化水平。

- **2020 上置集团部分高管名录**

姓名	职务
彭心旷	董事会主席、行政总裁
黎根发	副总裁、信息资源部总经理
彭雄文	首席财务官

广东尚东投资控股集团有限公司

广东尚东投资控股集团有限公司（简称"尚东控股集团"）是一家专注于在内地一线城市从事股权投资、房地产开发、产业园区开发运营、资产经营管理以及不动产投资和品牌运营的综合性集团公司。尚东控股集团始创于1997年，注册资本2亿元，总部位于广东省广州市，在北京、上海、香港均设有分支机构。

尚东控股集团有"尚东不动产""尚东创投""尚东金服"三个业务板块。尚东控股集团治理结构完善，管理机制健全，拥有一支经验丰富的、由多个行业精英组成的经营管理团队，各级管理及专业技术人员超过600人。

经过多年的发展与积累，集团的综合实力不断增强。尚东控股集团于2011年至2018年连续八年入选"广东地产资信20强"，并于2013年至2017年连续五年获得"中国房地产百强企业"称号。

- **2020 尚东控股集团部分高管名录**

姓名	职务
郭泽伟	董事长
柯建华	总裁
杨梓根	副总裁

安徽尚泽投资集团有限公司

安徽尚泽投资集团有限公司（简称"尚泽投资集团"）是一家追求卓越、专注品质的多元化民营企业，经过多年的发展，形成了以房地产开发为主，涉足酒店管理、物业服务、商业管理、金融投资等行业的多元化集团公司，旗下拥有安徽尚泽置业有限公司、安徽万凯置业有限公司、合肥厚诚工贸有限公司、全椒尚泽置业有限公司、合肥兴盈置业有限公司、枞阳县尚泽置业有限公司、合肥东尚置业有限公司、合肥琪瑞房地产开发有限公司、合肥尚泽酒店管理有限公司、合肥百乐门置业有限公司、安徽菲华房地产开发有限公司、天长市天森置业有限公司、合肥琪瑞饮食服务有限公司、合肥瑞康物业管理有限公司、安徽百恒商业运营管理有限公司、安徽尚泽商业管理有限公司、安徽尚泽建设投资有限公司、合肥尚福源商业投资管理有限公司、合肥皖沪投资管理有限公司、西藏尚泽创业投资有限公司、合肥琪瑞油脂有限公司、安徽优展商贸有限公司等多个子公司。2009年3月，尚泽投资集团涉足金融领域，投资参股安徽肥东农村合作银行。

自2001年开始，尚泽投资集团旗下各地产开发公司深挖市场潜力，追求卓越品质，逐步由单一开发住宅项目向商业综合体开发的方向发展，累计开发面积已超过400万平方米。公司独立开发的项目有尚泽·大都会、尚泽·琪瑞康郡、尚泽·琪瑞公馆、尚泽壹号院、百乐门广场、尚泽·紫金公馆、创智广场、琪瑞大厦、瑞景家园、瑞景兰庭、碧桂园、瑞士花园；联合开发的项目有蚌埠·壹号院、舒城国宾官邸、学林雅苑、中央花园、港汇广场、天森·国际花都。目前正在开发的项目有：尚泽·琪瑞东郡、枞阳江南府以及与中梁集团、文一集团、新华集团联合开发的舒城东方御府。

• 2020尚泽投资集团部分高管名录

姓名	职务
王 军	总裁
侯其涛	执行董事、总经理

深圳经济特区房地产（集团）股份有限公司

深圳经济特区房地产（集团）股份有限公司成立于 1980 年，1993 年深深房 A（SZ000029）在深交所挂牌交易。公司前身为深圳经济特区房地产公司，1992 年 2 月经深圳市政府批准更名为深圳经济特区房地产（集团）股份有限公司（简称"深房集团"），成为深圳市政府直属的一级企业。

作为深圳经济特区最早成立的房地产开发公司，深房集团曾在中国房地产开发史上创造了多个"第一"，包括：第一个有偿使用国有土地的公司；第一个引入外资合作开发土地的公司；第一个采用楼宇预售手段筹集开发资金的公司；第一个按国际惯例实行建设工程公开招标的公司；第一个成立物业管理公司对开发的楼宇、住宅进行全方位管理的公司；在深圳举行的第一次土地使用权拍卖会上夺标等。深房集团以"敢为天下先"的精神，为中国房地产业、深圳特区的经济建设和社会发展做出了巨大的贡献。

30 多年来，深房集团累计开发了高层楼宇 60 余栋，多层住宅 500 余栋，花园别墅 400 余栋，合计竣工面积300 多万平方米。投资区域以深圳为中心，遍及广州、汕头、江门、肇庆、北京、上海、哈尔滨、沈阳、西安、武汉、昆明、昆山等各大中城市；此外，在中国香港及美国、加拿大、澳大利亚等地均有投资项目。深房集团注册资本 101166 万元，营业期限为永续经营，已发展成为一家以房地产开发与经营为主业，集物业管理与经营、建筑工程设计、施工与管理、旅游开发与经营等多元化经营于一体的企业集团。

- **2020 深房集团部分高管名录**

姓名	职务
周建国	董事长
陈茂政	总经理
唐小平	副总经理、董事会秘书

深圳市物业发展（集团）股份有限公司

深圳市物业发展（集团）股份有限公司（简称"深物业集团"）成立于 1982 年 11 月，总承包建设的深圳国际贸易中心大厦，被誉为"神州第一楼"，并创造了三天一层楼的奇迹，成为"深圳速度的体现，改革开放的象征"，并荣获地域地标类"深圳文化名片"称号。

1992 年 3 月，集团正式在深圳证券交易所挂牌交易。集团现股本总额为 5.96 亿股，其中 A 股 5.28 亿股，B 股 0.68 亿股。

自成立以来，集团秉承"敢为人先、变革图强"的"国贸"精神，已形成房地产开发、物业管理、房屋资产运营、餐饮服务、仓储、工程监理等跨行业、多元化的经营格局。在房地产业务方面，开发了深圳国际贸易中心大厦、国贸商业大厦、皇城广场等高层商务建筑群；还开发了田园都市花园（上海）、俊峰丽舍、新华城、皇御苑、深港 1 号、廊桥国际、彩天怡色、前海港湾花园、松湖朗苑（东莞）、半山御景（徐州）、湖畔御景（扬州）等一大批高中档住宅小区；总承包建设了我国最大的对外陆路口岸——皇岗口岸；合作开发了天安国际大厦、罗湖商业城等知名商务楼宇。在物业管理服务方面，近年来，通过创新升级服务模式向综合行政后勤管家转型，根据产业园区生态需求为客户提供"高新产业园区物业服务 + 行政服务 + 私人定制化服务"产品，成为阿里巴巴、华为、京东等著名企业的物业服务商，行业地位不断提升，管理面积超过 1300 万平方米，经营业绩和品牌影响力节节攀升。

- **2020 深物业集团部分高管名录**

姓名	职务
刘声向	董事长、董事
王航军	董事
沈雪英	董事

深业集团有限公司

深业集团有限公司（简称"深业集团"）是深圳市人民政府全资拥有，深圳市国资委直管的大型综合性企业集团，于 1983 年在香港注册成立。集团以房地产开发、运营服务、基础设施建设、新兴产业投资为主业，同时涉足现代农业、高科技制造等领域。

根据克而瑞机构统计，2020 年公司销售额达 144 亿元。深业集团现有香港上市公司 1 家、内地上市公司 1 家、全资或控股企业 14 家。深圳控股有限公司 HK00604 是深业集团的核心企业，于 1997 年在香港联合交易所上市，在香港资本市场享有良好信誉和较高知名度，是香港恒生中资指数成分股和大摩中国自由指数成分股。

长期以来，深业集团作为深圳市政府在香港的经贸代表机构，为深圳及内地其他城市引进资金、技术、项目和现代化管理经验做出了积极的贡献，在香港政商界建立了深厚的人脉关系，成为深圳市与香港政商界联系的桥梁之一。深业集团与深港两地的金融机构保持着良好的合作关系，是深圳市与国际资本市场联系的重要纽带之一。

未来，深业集团将继续立足深圳，聚焦粤港澳大湾区及一、二线核心城市，做强房地产业，坚持由"开发销售"向"开发销售加持有"模式转型，着力打造运营服务平台，并依托资本金融机制进行产业筛选和业务重塑，实现"城市空间价值塑造引领者"的企业愿景。

- **2020 深业集团部分高管名录**

姓名	职务
吕 华	董事长、党委书记
黄 伟	总经理、党委副书记
刘 崇	副总经理
董 方	副总经理

深圳控股有限公司

深圳控股有限公司（简称"深圳控股"，HK00604）于 1997 年在香港上市，是深圳市国资委旗下最大的房地产上市公司。公司核心业务包括物业（含住宅地产、产业地产及商业综合体）开发、物业投资及管理。公司深耕深圳、聚焦粤港澳大湾区，布局其他中国核心城市，致力于成为一流的房地产开发及不动产运营商。

深圳控股坚持"聚焦大湾区、深耕深圳、专注一二线重点城市"的公司战略，大力拓展优质土地储备，不断提升资产品质和回报水准；在保持开发销售规模稳健增长的同时，优化包括商业、办公及长租公寓等产品在内的投资物业组合，寻求长租公寓领域发展机会；打造具备核心竞争能力的智慧园区、商业管理、住宅物业运营平台，发挥专业运营优势，培养新的产业和利润增长点，提升运营服务收入，并借力资本市场，加速推动物业资产证券化。

深圳控股在国内多个城市共拥有规划总建筑面积 628 万平方米的土地储备，其中位于粤港澳大湾区的优质土地储备规划总建筑面积约 385 万平方米。公司将致力进一步优化土地储备的结构，将资产和业务进一步向深圳等一线城市和重点二线城市集中。

- **2020 深圳控股部分高管名录**

姓名	职务
吕 华	董事会主席
黄 伟	总裁
王敏远	副总裁
梁开平	副总裁
董 方	副总裁
房绍业	财务管理部总经理
朱国强	资本运营部总经理
黄燕珊	法律事务总监、董事会秘书

沈阳市城建房地产开发集团有限公司

沈阳市城建房地产开发集团有限公司（简称"沈阳城建"）成立于 1999 年 2 月 9 日，主要经营范围为房地产开发等。

- **2020 沈阳城建部分高管名录**

姓名	职务
董伟钧	董事长

上海升龙投资集团有限公司

上海升龙投资集团有限公司（简称"升龙集团"）由知名企业家林亿先生于 1999 年创办于福建，总部位于上海，是一家集地产开发、资产管理、商业运营、金融投资为一体的全球化城市综合运营商，其物业涵盖甲级写字楼、商业综合体、高端住宅、五星级酒店等多种类型；业务主要聚焦于我国环渤海经济区、中原经济区、长三角经济区、海西经济区、粤港澳大湾区等五大核心经济区，以及澳大利亚、北美洲、欧洲等地的海外城市群。

升龙集团在城市更新领域深耕 20 年，已完成 20 多个旧改项目，面积逾 3000 万平方米，总投资额超 2000 亿元，被誉为"城市更新专家"。集团拥有近 300 名金融投资、规划设计、拆迁管理、产业运营等方面的专家，深度布局多个区域，努力打造专业化的城市更新服务平台，提供城市综合运营解决方案。

作为较早涉足商业地产运营的开发商，升龙集团对集团开发的商业地产项目开展调研定位、规划设计、招商策划、市场推广、运营管理、物业管理等一系列科学化、专业化、系统化的管理服务，在全国已开业的商场数量达 15 个之多，对项目公司在前期立项到后期运营过程中进行一对一、点对点的专业管控。

升龙集团多年来稳健经营，保持低杠杆的运作模式，连续多年跻身中国房地产开发企业 100 强，荣获"中国房企综合实力 37 强""中国房企品牌价值 34 强""中国房地产企业盈利能力十强""中国房地产企业品牌价值成长性十五强"等荣誉。

- **2020 升龙集团部分高管名录**

姓名	职务
林 亿	董事局主席
康 音	监事

四川圣桦集团有限公司

四川圣桦集团有限公司（简称"圣桦集团"）2012 年成立于天府之国——成都。

依托"投资 + 空间 + 服务 + 运营"四大核心能力，集团旗下人居、商业、康养项目不断成为当地市场标杆；集团于 2019 年正式跻身"中国房地产百强企业"，旗下物业公司——圣诚物业跻身"中国物业服务百强企业"。

2019 年，集团品牌定位蝶变为"幸福生活服务商"，整合旗下业务板块，创造性地提出"CHD 中央幸福区"商业模式，集团的"幸福城市计划"在全国的拓展不断提速……

2020 年，集团旗下七大区域公司成立，集团蝉联"中国房地产百强企业"，集团旗下圣诚物业蝉联"中国物业服务百强企业"，集团旗下圣瑞商管跻身"中国商业地产百强企业"，集团实现在地产开发、物业服务、商业运营三大领域"百强"的成就。

目前，集团业务版图已覆盖京津冀、长三角、珠三角和华西、华中主要城市，区域深耕发展步伐更加坚定！

- **2020 圣桦集团部分高管名录**

姓名	职务
严 明	经理、执行董事
林俊朋	监事
何理平	副董事长、成都公司总经理

郑州盛澳集团有限公司

郑州盛澳集团有限公司（简称"盛澳"）位于国家服务业综合改革试点城市、以新郑国际机场为中心的郑州，主要经营房地产开发与经营业务。

• **2020 盛澳部分高管名录**

姓名	职务
秦文福	执行董事、总经理
孙晓飞	监事

广西盛邦投资集团有限公司

广西盛邦投资集团有限公司（简称"盛邦集团"）的主营业务为房地产开发，总部位于广西首府南宁市民族大道华润大厦 B 座 13 层。

盛邦集团创始人魏孝栋自 2005 年进入广西房地产行业，与盛天集团合作开发了十余个项目。2013 年，魏孝栋携雄厚的资金、强大的团队和丰富的管理经验创建了盛邦集团。目前盛邦集团开发的项目有：盛禾佳园、盛邦珑湖、盛邦领地、盛邦珑庭、盛邦香颂、盛邦珑悦、盛邦中山郡、盛邦滨江府。盛邦集团快速发展，相继成立了物业服务公司、营销代理公司、金融公司，合作经营的有盛天地（商业）、盛天 88 街区（商业）、盛天混凝土等，形成了以房地产为主体，集商业管理、物业服务、金融业务等为一体的多元化大型投资集团。盛邦集团始终坚持"盛者为邦、匠心专筑"的企业理念，以产品质量为企业发展生命线，以诚信为团队发展的基石，精细管控每一处产品细节，一切以品质为先，以品质铸就品牌。2018 年，盛邦集团以优异的成绩跻身广西本土房企十强；2019 年，盛邦集团斩获"广西民营企业 100 强"殊荣，不负"地产行业影响力品牌""城市人居推动者"的盛名。同时，盛邦集团的事业版图不断扩大，迅速布局柳州、贵港两城，确定了扎根南宁布局广西的战略目标。

饮水思源不忘本，树高千尺不离根。为积极响应党和政府的号召，承担社会责任，2016 年，盛邦集团全额捐资 500 万元成立中华思源工程扶贫基金会盛邦助学基金，该基金已资助近 500 名贫困学子圆梦大学。同年，盛邦集团员工自发组织成立爱邦义工队，资助贫困山区小学，关爱留守儿童，以点滴之小善，共筑社会之大爱，为推进社会的不断发展贡献自己的一分力量。

• **2020 盛邦集团部分高管名录**

姓名	职务
魏存秀	总裁
魏孝栋	经理、执行董事
李丽飞	监事

安阳市盛久置业有限公司

安阳市盛久置业有限公司（简称"盛久置业"）注册资本为 2000 万元，位于安阳市汤阴县长虹路与中华路交叉口北，所属行业为房地产业，经营范围包含房地产开发与经营、建筑施工（涉及许可经营项目，应取得相关部门许可后方可经营）。

- **2020 盛久置业部分高管名录**

姓名	职务
高振江	执行董事
张 超	总经理
韩永光	监事

河南盛润置业集团有限公司

河南盛润置业集团有限公司（简称"盛润"）是以房地产开发为主的大型股份制企业，注册资本金 6000 万元。自 2000 年 8 月成立以来，公司以前瞻的战略眼光，分别在电力、交通等领域相继完成了战略开发，取得了巨大的社会成就。

公司以"认真，务实，高效，创新"的企业精神，以"业主的利益才是第一位"的服务理念，树立"用建筑关爱生活"的企业经营理念，坚持以品质求生存，以个性求发展，强力实施品牌发展战略。公司总资产达 10 亿元人民币。

作为一家有社会责任感的实力企业，盛润公司始终如一地追求企业的可持续发展。公司曾被河南省消协授予全省唯一的"消费者信得过的房地产企业"称号；被郑州市消协授予"消费者信得过的房地产公司"称号；被郑州市房管局授予"承诺销售放心房信誉单位"称号；被郑州市建设委员会授予"2007 年度郑州房地产开发先进单位"称号以及被媒体综合评定为"2007 年度中原房地产榜中榜知名品牌企业"；曾多次被评为河南省房地产开发 50 强企业；公司的"盛润·白宫"项目更是获得原建设部颁发的"2007 中国十大地标性写字楼项目"奖项。

- **2020 盛润部分高管名录**

姓名	职务
舒蒲娟	执行董事、总经理
李喜朋	监事

广西盛天集团

2004年底，广西盛天集团（简称"盛天集团"）响应"百企入桂"的号召，入驻南宁，集团旗下拥有20家子公司，所涉领域总投资额达130多亿元。盛天集团以"诚信"和"品质"作为企业发展的立足点，产品始终定位于城市主流市场。集团不断探索，积极创新，成为南宁乃至广西有口皆碑的品牌企业。盛天置地作为盛天集团主营业务的房地产板块，一直秉承集团"诚信成就大业 品质决定品牌"的企业经营理念和执着追求，赢得了广大消费者的信赖和"盛天系 非凡品"的良好口碑。盛天置地经营规模在广西始终名列前茅，是中国房地产开发500强企业。

• **2020 盛天集团部分高管名录**

姓名	职务
林炳东	董事长、总裁
林勇尧	盛天集团副董事长、常务副总裁、盛天置地执行董事
林 劲	盛天置地总经理

石榴置业集团股份有限公司

石榴置业集团股份有限公司（简称"石榴集团"）2007年成立于北京，经过十余年创新发展，逐渐形成地产开发、物业服务、科技产业投资运营、文旅新城、长租公寓等多种业务共同驱动的发展模式，业务已覆盖全球60余个城市。

根据克而瑞机构统计，2020年石榴集团销售额达407.3亿元。集团聚焦京津冀、长三角、珠三角等中国最具活力的核心城市群，业务涉及投资规划、开发建设、商业管理及物业服务等，具备大体量、多业态的综合开发能力，拥有深受尊重的企业品牌声望，并以出色的品控与优秀的服务，成为中国领先的品质物业提供商。

在坚持地产开发为核心业务的同时，跟随国际新技术发展趋势，集团旗下的竹海科技在北京、上海、深圳、硅谷、达拉斯、柏林、特拉维夫建立创新中心，率先建立"办公社区＋网络社区""中国一线城市平台＋海外创新中心""科技＋商务＋投资"三位一体的科技企业孵化模式，以强大的科技支撑和投资力度引领创新园区发展，成为区域经济发展的创新引擎。

截至2019年底，石榴集团总资产规模超过2000亿元，累计地产开发面积近5000万平方米，其中大型综合体项目投资约450亿元，荣获"2019中国房地产开发企业100强"称号，同时，跻身"2019中国房地产开发企业区域运营10强""2019中国房地产开发企业成长速度10强"，旗下住宅项目多次荣获"广厦奖""长城杯""精瑞奖"等国家级奖项。

• **2020 石榴集团部分高管名录**

姓名	职务
崔 巍	董事长
蔡少斌	总裁
李继戎	总裁助理
徐振峰	石榴中心园区总经理
金永宏	石榴物业董事长

时代中国控股

时代中国控股（HK01233）成立于 1999 年，2013 年在香港上市，现已成为中国领先的城市发展服务商，业务主要覆盖住宅开发、城市更新、产业运营、商业运营、社区服务、家具家装、未来教育等领域。

2020 年公司累计合同销售金额约 1004 亿元。

时代中国控股一直深耕珠三角地区，并逐步布局长三角地区、西南地区、华中地区等中国具有高增长潜力的区域。投资项目覆盖近 20 个经济发达城市，共拥有 200 多个处于不同开发阶段的项目，为超过 60 万名业主提供了高品质的生活居所及服务。

2019 年，荣获"中国房地产百强企业""2019 中国房地产开发企业 50 强""2019 中国房地产开发企业综合发展 10 强""2019 中国房地产卓越 100 榜""2019 中国房地产上市公司综合实力 50 强"等称号。

时代中国控股将继续奉行"爱、专注、创造"的核心价值观，致力成为世界 500 强企业，为客户提供更好的产品和服务，为股东创造更大的回报，让更多人实现向往的生活。

- **2020 时代中国控股部分高管名录**

姓名	职务
岑钊雄	董事会主席、行政总裁
关建辉	执行董事 统筹管控集团级工作标准
白锡洪	执行董事 整合集团级战略业务资源
岑兆雄	执行董事、东莞公司总经理
李　强	副总裁、审计监察与法律事务负责人
牛霁旻	副总裁、财务资金与成本中心总经理

实地地产集团有限公司

实地地产集团有限公司（简称"实地集团"）2006 年在广州成立，始于地产而不止于地产。14 年来，实地集团一直致力于将人类科技的一切探索创新以人居业态为依托运用于生活中的方方面面，将科技与人文连接，重新构建人类对于自身与居住空间关系的认知，已经发展成为一家综合性企业。

根据克而瑞机构统计，2020 年实地集团销售额达 257.4 亿元，业务覆盖全国六大最具成长力城市群，在 26 城全面绽放。每落子一地，均从区域先天资源的统筹出发，开发每个城市的独特魅力，探索每个城市的人文价值，创造与之匹配的智能生活解决方案，为每座城市打造专属的人居经典。

实地集团坚持用户至上原则，关注每一个个体的真实需求。从项目规划之初，就从用户痛点出发，以科技创新的产品思维先行，借助智能产品、数据分析、生活配套三位一体的服务体系，满足用户对居住环境安全、家庭健康、时间管理、情感交互等多维度的需求，以此为主线来逐步构建 SLS（Smart Life System）智慧人居系统，为用户打造美好生活体验的同时，引领行业发展方向，提升城市整体的人居品质。

实地集团引领 IoT（物联网）智慧生活新时代，荣获"2019 中国地产风尚大奖"。

- **2020 实地集团部分高管名录**

姓名	职务
张　量	董事长
罗剑威	总裁

云南实力集团有限公司

云南实力集团有限公司（简称"实力集团"）成立于 2000 年，总资产规模逾 300 亿元，年销售额近 110 亿元，旗下产业及业务遍及国内及东南亚，2018 年中国房地产百强企业，2019 年荣膺"中国文旅地产运营十强企业"。

2016 年，实力集团旗下云南园林绿化股份有限公司（股票代码：870611）在新三板挂牌上市；2018 年，实力集团旗下云南实力物业服务股份有限公司（股票代码：872548）在新三板挂牌上市。

实力集团正逐步成为一家主业突出、多元发展、全国经营，产业与资本双轮驱动、文旅产业具有领先优势的大型集团公司，真正从"云南的实力"成长为"中国的实力"。

- **2020 实力集团部分高管名录**

姓名	职务
张 娅	总裁
高 成	副总裁
王晓艳	文旅集团总经理

世纪金源集团有限公司

世纪金源集团有限公司（简称"世纪金源"）成立于 1991 年，是一家综合性跨行业国际集团。集团以"房地产居住、星级大饭店及文旅、大型购物中心、金融资本运营、物业管理与服务、医养大健康"为支柱产业，在科技孵化、互联网科技、新能源、汽车制造等领域深入投资布局，集团投资 2390 亿元，开发各类商品房 7100 万平方米，缴纳各项税金已达 421 亿元。

集团围绕社会大需求核心，构建"世纪金源幸福产业生态圈"，打造"幸福生活方式服务引领者"，赋予"陪伴无时无刻，服务美好生活"企业品牌价值内涵，引导各产业实现全生命周期的"价值型服务"升级。在中国拥有 9 大区域集团，3 大行业集团，20 家五星级酒店、10 家大型购物中心、1 家奥特莱斯，各类子公司百余家。集团投资地域遍及福建、北京、上海、江西、重庆、云南、湖南、贵州、安徽、陕西、江苏、浙江、湖北、西藏、新疆、香港，以及菲律宾、瑞典、丹麦等地。集团现有员工两万余名，英才荟萃，实力雄厚。

集团多年来热心公益慈善事业，共捐资近 60 亿元，获得各项荣誉 300 多项，连续荣登"中国企业 500 强"和"中国服务业企业 500 强"排行榜。

- **2020 世纪金源部分高管名录**

姓名	职务
黄 涛	董事局执行董事、总裁
兰 扬	高级副总裁、酒店文旅事业部总裁、酒店集团常务副总裁
林中华	高级副总裁、财经管理委员会主任
翟兵权	高级副总裁、生活服务事业部总裁、物业服务集团总裁
李 赟	高级副总裁、商业管理事业部总裁、商业管理集团总裁
林中华	高级副总裁、财经管理委员会主任

世茂集团投控有限公司

世茂集团投控有限公司（简称"世茂集团"）于 2006 年 7 月 5 日在香港上市。公司业务重点为在中国大陆经济发达或极具发展潜力的城市，发展大型及高质素的综合房地产项目，包括住宅、酒店、零售及商用物业。

2020 年公司累计合约销售总额约 3003.1 亿元。业务覆盖香港、上海、北京、广州、深圳、杭州、南京、武汉、厦门等全球 100 余个城市，公司版图涉及地产、酒店、商业、主题娱乐、物业管理、文化、金融、教育、健康、高科技、海外投资等领域，形成了多元化业务并举的"可持续发展生态圈"。

世茂集团从客户的细微化需求出发，对旗下住宅产品进行精研创新，在稳固高端产品领先优势的同时，注重对刚需、改善型、高端客户群痛点的洞察和对产品的精雕细琢，先后推出云系、璀璨系、国风系、天誉系、龙胤系等五大优质产品体系，在解决客户痛点的同时，锻造出市场认可的产品。

本着"缔造生活品位"的理念，世茂品牌在中国大陆首创了房地产"滨江模式"，将景观、园林和建筑等各种元素融合进了每一个家庭的日常生活，创造了一个个地产精品。同时，公司始终坚持创新、前瞻的地产开发思维，以"成就城市梦想"为己任，实践"城市经营者"的理想，致力推动城市化进程。

- **2020 世茂集团部分高管名录**

姓名	职务
许荣茂	集团董事局主席
吴凌华	董事、总裁
吕 翼	执行董事兼副总裁
汤 沸	财务管理中心负责人、世茂福晟首席财务官
严伟国	苏沪地区公司助理总裁、南京城市公司总经理

广东世荣兆业股份有限公司

广东世荣兆业股份有限公司（简称"世荣兆业"）是一家2008年在中国深圳证券交易所挂牌上市的房地产公司。目前，世荣兆业旗下有世荣实业、年顺建筑、世荣营销、世荣物业、绿怡居园林、世荣投资（广州）等多家全资子公司，经营范围涵盖了房地产投资、开发、工程建筑、楼盘销售、园林绿化、物业管理等多个领域。

公司上市12年以来陆续开发了锦绣荣城、世荣名筑、世荣翠湖苑、世荣碧水岸，世荣蓝湾半岛、世荣井岸大观、世荣尚观花园等多个高质量楼盘项目。

世荣兆业坚持"自然相伴·人本生活"的经营理念，贯彻诚信经营的方针和稳健理性的发展战略，不断夯实发展根基。经过在珠海区域多年的深耕细作，公司开发的楼盘已得到市场的高度认可，伴随着公司综合实力的日益壮大，开发面积、销售收入稳步增长，品牌形象不断增强。世荣兆业已经成长为地产开发综合竞争力在珠海房地产行业中名列前茅的标杆企业。

• 2020 世荣兆业部分高管名录

姓名	职务
周泽鑫	董事长
梁晓进	总裁
陈银栋	副总裁
严文俊	副总裁、董事会秘书

首创钜大有限公司

首创钜大有限公司（简称"首创钜大"）（前身为钜大国际控股有限公司）在香港联合交易所主板上市，股票代码为HK01329，战略定位为北京首都创业集团有限公司旗下唯一以奥特莱斯综合营运为核心业务的商业地产平台。2016年首创钜大成功引入战略股东远洋集团和KKR（科尔伯格·克拉维斯·罗伯茨），并成功搭建"国有控股+国际顶级投资机构+国内险资背景大型投资集团"的多元化股东结构，这对于拓展首创钜大的国际优质商业资源和提升管理能力打下了坚实的基础。

自2015年以来，首创钜大"轻""重"并举，持续稳步拓展，稳固竞争优势，以"成为中国最大的奥特莱斯营运商"为企业愿景，充分发挥国有控股红筹上市公司的优势，凭借新型休闲购物模式，以消费结构变革和品牌意识崛起为契机，现已成功入市8座首创奥特莱斯，项目遍布北京、湖州、万宁、昆山、杭州、南昌、武汉、合肥、郑州、济南、西安、重庆、昆明等一二线及消费热点城市，加上建设中的青岛、南宁、大连、厦门项目，首创钜大旗下持有及管理的奥莱项目达到17个，成为国内奥莱项目布局最多的公司，实现了行业规模领先的竞争优势。

• 2020 首创钜大部分高管名录

姓名	职务
钟北辰	执行董事、董事会主席
魏伟峰	独立非执行董事

首创置业股份有限公司

首创置业股份有限公司（简称"首创置业"）于 2003 年 6 月 19 日在香港上市，公司控股股东北京首都创业集团有限公司是北京市国资委所属的大型国有企业集团；公司战略合作伙伴新加坡政府投资公司（GIC）由新加坡政府全资持有，是全球顶尖的主权财富基金。

公司经过多年发展，已构建起住宅开发、奥特莱斯综合体、城市核心综合体、土地一级开发四大核心业务线以及高科技产业地产、文创产业、长租业务三大创新板块，拥有强大的国资背景和产业协同、广泛的国际合作、创新型资本运作、精细化运营管理等竞争优势，业务区域辐射全国 30 余个大中型城市，并已成功布局澳大利亚、法国等海外市场。除自身上市平台外，首创置业拥有一家香港上市公司首创钜大有限公司（HK01329），业务集中于发展奥特莱斯综合物业项目及商用物业项目。

根据克而瑞机构统计，2020 年公司销售额达 708.6 亿元，以北京、天津、上海、重庆、成都、深圳为六大核心城市，聚焦京津冀、长三角、粤港澳大湾区三大核心城市圈，实现资源优势聚焦与区域重点开发，以中高端住宅产品为引领，针对改善型客户和首置客户，全面提升以精准研发为核心的产品创新能力，推进产品标准化建设，改善服务，打造公司特色品牌。

2019 年，首创置业召开"首创制造 2020"品牌发布会，宣告将以产品品质提升为未来发展方向。以"天阅系""禧瑞系"等高端产品线的快速复制及大数据运用为基础，提升产品核心竞争力及核心运营能力，实现精准研发、品牌提升、精益管理，打造综合营运领先优势。

- **2020 首创置业部分高管名录**

姓名	职务
李松平	董事长
钟北辰	首创置业执行董事、总裁
范书斌	执行董事、财务总监
胡卫民	高级副总裁
林智勇	客户发展中心总经理
高广汉	营销总监、设计营销中心总经理

北京首钢房地产开发有限公司

北京首钢房地产开发有限公司（简称"首钢地产"）是首钢集团旗下的全资子公司，成立于 1998 年 11 月，注册资本金 30 亿元，拥有房地产开发企业一级资质，是中国房地产协会理事单位。

首钢地产依托首钢集团资源优势，实施"双轮驱动"发展战略，一方面实施首钢自有土地利用计划，一方面实施市场化项目运作方案。目前，已形成北京、西南、环渤海及东南四大战略区域，开发产品涵盖住宅、公寓、别墅、商业、写字楼、旅游度假及酒店等多种业态，累计获得房地产业界近百个奖项。同时，与知名房企碧桂园、中海、华润、金科等形成合作伙伴关系。

首钢地产已经形成集房地产投资、开发、资产运营为一体的市场化房地产投资开发集团，拥有 23 家下属公司，管理资产总额达 500 亿元。

• **2020 首钢地产部分高管名录**

姓名	职务
吴 林	董事长
韩俊峰	总经理

北京首都开发控股（集团）有限公司

北京首都开发控股（集团）有限公司（简称"首开集团"）于 2005 年 12 月 10 日正式挂牌成立。首开集团是在北京市国资委主导下由城开集团、天鸿集团合并重组形成的、以房地产开发和经营为主营业务的市属国有大型企业集团，首开集团及前身经历了 30 多年的发展，是中国最早成立的房地产企业之一，总资产约 400 亿元，年开复工面积超过 400 万平方米；物业管理面积约 2200 万平方米，物业经营面积近 100 万平方米；年销售收入超过 100 亿元，房地产开发综合实力在全国位居前列。

2019 年 3 月 9 日，北京首都开发控股（集团）有限公司与北京房地集团有限公司重组合并。2019 年 9 月 1 日，2019 中国服务业企业 500 强榜单在济南发布，首开集团排名第 144 位。

• **2020 首开集团部分高管名录**

姓名	职务
潘利群	董事长
李 岩	总经理、董事
苏 新	福州城市公司党支部书记、总经理

海南双大集团有限公司

海南双大集团有限公司（简称"双大集团"）由北京华夏双大国际控股集团投资组建。北京华夏双大国际控股集团是集金融服务、旅游地产开发、矿产能源开发为一体的大型企业集团，自 2007 年进入海南后，专注于投资海南的房地产和旅游地产。经过多年的发展，目前已经形成了集旅游地产、精品酒店、旅游景区、地产营销策划、物业管理等为一体的综合性现代化企业集团。

双大集团以"创造人与人、人与自然、建筑与环境和谐共生的精致生活方式"为使命，致力于成为健康休闲居住方式的创造者和引领者，为民众提供的不仅仅是居住空间，更是居住方式，提升民众的生活品质。集团充分利用海南独特的政策优势和人文环境，凭借雄厚的资金实力、精英荟萃的人才优势、诚信合作的经营宗旨、日渐成熟的开发实力以及精益求精的建筑质量，先后投资近 60 亿元，迅速在三亚、五指山、保亭、琼中等地开发了涉及房地产、旅游与酒店等领域的多个项目。目前，已经运作完毕及正在运作的项目有五指山双大和园养老社区住宅、卓达·东方巴哈马、揽海听涛公寓小区、三亚双大国际公馆、三亚山湖湾休闲地产、三亚双大海棠香居休闲地产、保亭野奢世界山水雨林旅游地产、保亭自驾车宿营地、保亭风情街、保亭七仙御园雨林温泉度假酒店、琼中半山和园养生度假社区等多个高品质项目产品，广获业内、业主好评。

• 2020 双大集团部分高管名录

姓名	职务
吴 迪	执行董事、总经理
张朝辉	监事

顺发恒业股份公司

顺发恒业股份公司（简称"顺发恒业"）成立于 1997 年，原名为浙江万向房地产开发有限公司，注册资本 7.835 亿元; 公司经营范围为房地产开发经营、物业管理、装饰装潢、建筑装饰材料销售、园林绿化、经济信息咨询、实业投资。顺发恒业秉承"提供物超所值的产品与服务"的不动产经营理念，致力于成为拥有核心竞争力和核心价值的现代公司。根据发展战略，顺发恒业将在全国重要大中型城市大力拓展新项目，努力树立"顺发恒业"优秀品质。

顺发恒业有限公司位于中国经济活跃、发展具有潜力的长三角地区核心城市——杭州，是一家拥有一级开发资质的房地产开发公司。

• 2020 顺发恒业部分高管名录

姓名	职务
管大源	董事长

湖南顺天建设集团有限公司

湖南顺天建设集团有限公司（简称"顺天建设"）创建于 2000 年，注册资金 15 亿元，流动资金 20 亿元，总资产 35 亿元。连续多年入榜"中国民营企业 500 强""湖南企业 100 强""湖南省民营企业 100 强"的大型建设集团企业，涵盖建筑工程、房地产开发、酒店经营、旅游投资、农林绿化五大经营板块 18 家分公司。

• 2020 顺天建设部分高管名录

姓名	职务
冯　昌	董事长、总经理
苏松泉	董事

杭州宋都房地产集团有限公司

杭州宋都房地产集团有限公司（简称"宋都集团"）创立于 1984 年，总部坐落于杭州钱江新城 CBD 核心区域，是杭州最早"老十八家"知名专业房地产开发企业之一，历经 30 余年磨砺，以杭州为大本营精耕细作、稳扎稳打，陆续为各大热点城市呈献了阳光国际、印象西湖、大奇山郡、新宸悦府、江宸府、如意春江等众多经典地产项目，产品线涵盖多元化物业类型，从普通公寓到高端别墅，从毛坯住宅到精装修房，从住宅、复合商业到旅游地产。

根据克而瑞机构统计，2020 年公司销售额达 198.1 亿元。

集团秉承"正、真、诚、新"的企业核心价值观，坚守"勤奋、好学、融洽、节俭"的企业精神，以地产和金融的双轮驱动作为发展战略指引，以"臻享品生活"为品牌方向，以客户需求为导向，以全产品周期、全生活周期为原则，致力于成为城市建设的筑梦者、品质生活的营造者。集团 2019 年再次荣获浙江省 AA 级"守合同重信用"企业荣誉称号；位列"2019 中国房地产开发企业浙江省 10 强"第 8；入选"美好生活品牌房企"。截至 2019 年，宋都已连续 11 年荣获"中国房地产百强企业——百强之星"称号，连续 3 年入选"中国华东房地产公司品牌价值 TOP10"。

2019 年，集团成立以来首次召开媒体见面会，发布"鲲鹏计划"，以舟山为重点、布局大江东与奉化，并将布局"长三角＋"作为鲲鹏计划的重心，以此占领更多的领域。

• 2020 宋都集团部分高管名录

姓名	职务
俞建午	董事长、总裁
汪庆华	执行总裁
戴克强	副总裁
蒋焱俊	副总裁
陈振宁	副总裁、财务负责人

苏宁环球股份有限公司

苏宁环球股份有限公司（简称"苏宁环球"，SZ000718）是一家在深圳证券交易所主板上市的以房地产开发为主营业务的企业，1987 年始创于南京，1992 年开始进军房地产行业，2005 年登陆深交所。公司凭借雄厚的实力跻身中国企业五百强前列，并以骄人的业绩位列中国房地产企业二十强，"苏宁环球"品牌家喻户晓、享誉全国。

苏宁环球作为南京地区的龙头房地产开发企业，开发了多个著名地产项目，包括"瑰字"系列住宅项目、千秋情缘住宅项目、威尼斯水城与天润城项目等。随着公司"深耕南京，立足江苏，布局全国"的发展战略不断地推进，公司多个高端商业地产、住宅地产等项目在上海、吉林、无锡、昆明、芜湖等地相继上马，为这些城市的发展注入了新的活力。

苏宁环球在实现跨越式发展的同时，还热衷于公益事业，主动承担社会责任。公司出资设立了"苏宁环球爱心基金会"；在东南大学等著名高等学府设立了"苏宁奖学金"；在西藏、新疆及苏北贫困地区捐建多所希望中学、小学；积极参与省、市、区"见义勇为基金会"等。为济贫救困、匡扶社会正义、促进社会和谐发展做出贡献。

- **2020 苏宁环球部分高管名录**

姓名	职务
张桂平	董事长、总裁
郭如金	副总裁
李 伟	副总裁

苏宁置业集团有限公司

苏宁置业集团有限公司（简称"苏宁置业"）专注于当代城市空间的智慧化开发与运营，是推动产业变革的智慧地产运营商，也是未来苏宁围绕智慧零售线下布局的最大商业连锁商，母公司苏宁集团最优的不动产持有与管理平台。苏宁置业开发商业地产、产城小镇、住宅地产三大地产板块，形成了购物中心、星级酒店、物业服务三大运营体系。

根据克而瑞机构统计，2020 年公司销售额达 179.1 亿元。

2016 年，苏宁置业被由中国商业地产联盟发起，中华全国商业信息中心、华夏时报社联合主办的"中国商业地产行业发展论坛"评选为"中国最具价值商业地产开发商"。

苏宁置业被中国房地产研究会、中国房地产业协会与中国房地产测评中心评为"2016 中国房地产企业 100 强"，位列第 63 名。中国房地产开发企业商业地产综合 10 强，中国房地产开发企业商业地产运营 5 强。

2017 年，苏宁置业被国务院发展研究中心企业研究所、清华大学房地产研究所和中国指数研究院三家权威研究机构联合主办的"2017 中国房地产百强企业研究成果发布会"授予"2017 中国房地产企业 50 强""2017 中国房地产百强企业—成长性 TOP10""2017 中国商业地产优秀企业 5 强"等荣誉。

2018 年苏宁置业被国务院发展研究中心企业研究所、清华大学房地产研究所和中国指数研究院三家权威研究机构联合主办的"2018 中国房地产百强企业研究成果发布会"授予"2018 中国房地产企业 50 强""2018 中国房地产百强企业—运营效率 TOP10""2018 中国商业地产优秀企业 4 强"等荣誉。

• 2020 苏宁置业部分高管名录

姓名	职务
金 明	总裁
楼晓君	执行董事、总经理

苏州新区高新技术产业股份有限公司

苏州新区高新技术产业股份有限公司（简称"苏高新股份"）由苏州国家高新技术产业开发区管理委员会于 1994 年发起成立，1996 年于上海证券交易所挂牌上市，是苏州高新区首家、苏州市首批上市公司。

公司立足"高新技术产业培育与投资运营商"的战略定位，重点布局创新地产、节能环保、战略新兴产业提档升级，加强非银金融与其他产业融合发展，通过高新技术产业投资逐步实现产业结构调整与布局，建立"创新地产 + 高新技术产业投资"双轮价值驱动的商业模式。截至 2019 年 12 月，公司直接控股子公司 12 家，间接控股子公司 46 家，参股企业 21 家。

• 2020 苏高新股份部分高管名录

姓名	职务
王 星	董事长
宋才俊	董事长秘书

天津泰达股份有限公司

天津泰达股份有限公司（简称"泰达股份"，SZ000652）是以生态环保、区域开发为主，以能源贸易、金融投资为辅的综合型上市公司。自1996年公司上市以来，依托"泰达"品牌形象，把握京津冀协同发展、建设自由贸易区、滨海新区开发开放、建设国家自主创新示范区及"一带一路"倡议等五大历史机遇，顺应国有企业二次创业的新时代潮流，业已成为资产规模达300多亿元的集团化上市公司，业务范围涵盖天津、上海、江苏、河北、辽宁、贵州等省市。

连续数年进入财富中国评选的"中国企业500强"，在2018年的评选中位列第385名，在天津市国有控股上市公司中排名首位。

区域开发产业项目资源丰富，效益优异，努力实现"小而美"的战略定位，初步建立起完整产品线，提高公司的核心竞争力，不再追求规模的盲目扩张，提升项目的综合运营管理水平，合理控制项目的担保结构和负债水平。

经过多年的发展积累，泰达股份区域开发产业形成了以土地价值体现为中心的一二级联动开发模式。公司深度介入区域规划和开发运营，重点布局在辽宁、江苏、天津等地，进行土地整理、市政配套建设、住宅和商业综合体项目开发以及科技园区规划，构建了区域规划、开发、建设、产品定位、招商、运营、配套设施管理等一系列运营体系。

- **2020 泰达股份部分高管名录**

姓名	职务
胡 军	党委书记、董事长
孙国强	党委副书记、常务副总经理
付 强	党委委员、纪委书记
谢剑琳	党委委员、副总经理
马 剑	党委委员、副总经理
周京尼	党委委员、职工监事、工会主席
彭 瀚	总经济师
王 贺	副总经理

汤臣集团有限公司

汤臣集团有限公司（简称"汤臣集团"）20 世纪 80 年代末建于香港，并在香港成功上市。集团是以房地产开发为主业，兼营高尔夫球场、PVC 工业及酒店的大型企业集团，同时为香港上市公司"川河集团有限公司"的重要股东之一。目前，集团主要营运基地设在上海。

20 世纪 90 年代初，汤臣集团即以前瞻性的战略目光看好上海，并率先投资参与浦东的开发建设。汤臣集团是改革开放后最早投资上海浦东的外资企业之一，也是上海浦东主要的房地产开发商之一。集团率先为浦东建立了一系列的"第一"配套设施：第一家五星级酒店——锦江汤臣洲际大酒店，第一个涉外高档商务中心——汤臣中心，第一栋五 A 级涉外写字楼——汤臣金融大厦，以及位于市中心地段的汤臣高尔夫球场，并在周边分期建设了汤臣高尔夫别墅。现今，汤臣高尔夫国际社区已经成为浦东最具规模和影响力的成熟社区之一。2004 年，汤臣高尔夫别墅荣获上海最受欢迎楼盘评选特别大奖。汤臣集团也多次获得"上海最佳企业"的称号。

• **2020 汤臣集团部分高管名录**

姓名	职务
李灿辉	独立非执行董事
徐 枫	董事局主席
汤子嘉	副主席
王少剑	独立非执行董事

厦门经济特区房地产开发集团有限公司

厦门经济特区房地产开发集团有限公司（简称"特房集团"）是经厦门市人民政府批准设立的以住宅产业为核心，工程设计、建筑施工、物业服务、产融投资、生活服务、园林绿化、资产运营、酒店运营、现代农业、文体产业、产业园运营、信息技术和代建业务等多产业共融发展的综合性国有独资企业。

特房集团在投身城市开发建设的过程中，始终秉承"构筑有形，追求无限"的企业精神和"责任，让生活更美好"的企业理念，致力于建造温馨美好的生活家园，多年来赢得了政府和社会大众的广泛认可，屡获"全国房地产开发企业 500 强""全国服务业企业 500 强""全国守合同重信用企业""福建省百强企业""福建服务业企业 100 强""厦门市百强企业"等殊荣，特房集团所开发建设的项目多次获得中国建设工程最高奖鲁班奖、詹天佑住宅金奖和国家优质工程奖等奖项。

• **2020 特房集团部分高管名录**

姓名	职务
黄偏明	董事长
许文杰	总经理

天地源股份有限公司

天地源股份有限公司（简称"天地源"）是西安高科（集团）公司旗下一家上市有限公司，注册资金 8.6 亿元，具有住房和城乡建设部颁发的房地产开发一级资质，是布局全国的知名房地产企业。

根据克而瑞机构统计，2020 年公司销售额达 82.9 亿元。按照"立足于区域深耕，拓展全国"的主业发展思路，初步形成了以西安为中心的西部市场，以苏州为中心的长三角市场，以深圳为中心的珠三角市场，以天津为中心的京津冀市场，以宝鸡、咸阳、榆林为着力点的陕西市场，以重庆为中心的西南市场和以郑州为中心的中原市场的全国性战略布局，形成了从房地产开发、销售、物业经营、物业服务到不动产代理的环形产业链。

天地源高举"做文化地产领跑者"大旗，在项目开发中，将生活和居住环境、人文关怀动态结合，将建筑文化、地域文化、社区文化和企业文化并联融合，走出一条具有自身特色的文化地产道路，获得过"中国房地产住宅开发专业领先品牌价值 TOP10- 文化地产"，以及"中国北部房地产公司品牌价值 TOP10"等多项殊荣。

2019 年是天地源新发展规划的起始之年。新发展规划，可概括为"12345"，即确定 1 个战略定位：美好生活运营商；2 大核心策略：高效运营、开放合作；3 项关键机制：动力机制、控制机制、资源分配机制；4 种业务组合：地产开发、地产运营、物业服务、金融服务；5 项继承措施：文化地产、资本运作、精细化、产品力、人力资源。

- **2020 天地源部分高管名录**

姓名	职务
袁旺家	董事长、代理总裁
刘永明	常务副总裁
杨 斌	副总裁、天津天地源董事长
解 嘉	副总裁、上海天地源、苏州天地源董事长

天津市房地产发展（集团）股份有限公司

天津市房地产发展（集团）股份有限公司（简称"天房发展"，SH600322）成立于1993年，前身为1981年成立的天津市建设开发公司，1992年整体改组为股份制企业。2001年9月在上交所上市，成为天津市房地产行业首家上市公司。现已发展成为以房地产开发经营为主，物业管理为辅，集建筑设计、商品房销售、房屋出租和咨询服务为一体的大型房地产综合性企业。

在多年发展壮大的进程中，天房发展积极参与旧城区改造等城市建设项目，大力开发建设经济适用房，努力开发建设受百姓欢迎的住宅产品，拥有房地产行业一级资质，先后被评为国家二级企业、全国房地产开发综合效益百强企业、全国房地产行业精神文明建设先进单位；被金融机构评定为信誉等级AAA企业；被评为天津市优秀企业、"八五""九五"立功先进企业、天津市房地产开发信誉和实力企业20强；进入"中国房地产企业200强"，同年还被中国企业联合会和中国企业家协会评为"中国服务业企业500强"。

- **2020 天房发展部分高管名录**

姓名	职务
郭维成	董事长
杨 杰	副总经理
纪建刚	总会计师
杨 宾	总工程师
金 静	总经济师

福州天福集团有限公司

福州天福集团有限公司（简称"天福集团"）成立于1994年，是一家以房地产开发为核心，涉及建筑施工、工程监理、房地产全程策划、销售代理、二手房服务、担保金融等多个业务领域的集团公司。截至2013年3月1日，天福集团土地储备250余万平方米，拥有超过22个涉及房地产领域的子公司。截至2013年，天福集团大步前行，在福建、广西、陕西、江苏、湖北、山东、河南、山西、内蒙古、黑龙江等11省（区）同时操作20余个项目，开发建筑面积达510余万平方米，天福集团根植福建正向布局全国的方向强势发展。从大本营福州开始，天福集团的业务已扩展至包头、鄂尔多斯、呼和浩特、佳木斯、固始、新乡、西安等十多个城市和地区，基本上已实现全国性的布局策略。

- **2020 天福集团部分高管名录**

姓名	职务
林雅华	董事局主席、总裁

西安天浩置业有限公司

西安天浩置业有限公司（简称"天浩置业"）成立于 2010 年 6 月，注册资金 5000 万元，是一家集房地产开发、销售、物业管理为一体的专业化地产公司。公司秉承"追求卓越无止境，与时俱进创未来"的经营理念，遵循"追求卓越，筑造精品"的企业宗旨，坚守"为客户提供最佳人居环境、最智能化解决方案；为同仁搭建最具创造力的施展平台；在创造创新中实现企业价值与个人价值；为社会创造更多精神财富"的企业使命，为将公司建设成为一流的地产企业而不懈努力。

• 2020 天浩置业部分高管名录

姓名	职务
郭京昊	董事长、总经理

唐山天河房地产

唐山天河房地产开发有限公司（简称"天河地产"）成立于 2013 年 12 月 25 日，注册地位于唐山市路北区东窑道 2 号，法定代表人为张超，经营范围包括房地产开发与经营。

• 2020 天河地产部分高管名录

姓名	职务
贾三英	总经理
张　超	执行董事
王淑侠	监事

北京天恒置业集团有限公司

天恒集团为西城区国资委所属的国有独资公司，1981年西城区成立第一家城市建设开发公司以来，相继与西城区住宅建设开发公司、北京华兴新业商贸有限责任公司合并，成为北京天恒置业集团有限公司（简称"天恒置业"），业务集中于地产开发、城市更新、商业、金融、科技、文旅、酒店、康养、教育等产业项目。

根据克而瑞机构统计，2020年公司销售额达132.7亿元。

天恒置业以地产开发为核心，政府项目与市场项目兼有。政府类地产项目包括市政基础设施建设、保障房建设、土地整理、区域提升、历史文化名城保护、棚户区改造等；市场类地产项目包括全业态商品房和政策性住房建设。

天恒集团始终注重服务百姓民生，传承历史老品牌，振兴传统老字号，同时依托自身资源，深入挖掘市场机会，开拓文旅、物业、教育、金融等新产业。在有效运营自有产业的基础上，天恒集团积极寻求优势品牌合作开发，通过强强联合实现互利共赢。

立足"十三五"发展，天恒集团以产业为驱动，以地产为载体，以特色运营类服务为内容支撑，构建"产业＋地产＋服务"的业务协同发展模式和产品特色，实践"销售与持有共进、开发与运营并举、产业与金融互动"策略和差异化发展，实现战略目标。

在保证经济效益的同时，天恒集团深挖客户需求，注重产品品质，用心营造"健康品质地产"，获得"国家质量奖""中国房地产开发企业综合效益百强""中国房地产企业500强""中国房地产诚信企业"等诸多荣誉。

- **2020天恒置业部分高管名录**

姓名	职务
刘海涛	董事长、总经理
杨 威	常务副总经理
周 兴	地产运营事业部总经理
张予华	产业运营事业部总经理
孙爱军	天恒物业总经理

北京天鸿控股（集团）有限公司

北京天鸿控股集团有限公司（简称"天鸿集团"）前身是 1983 年成立的北京市第一房地产开发经营公司，成立 30 多年来，公司立足北京，布局全国，已进入上海、济南、杭州、长沙、武汉、洛阳、南京、厦门、莆田、兴隆、昆山、徐州等 20 多个城市；开发项目 50 余个，开发规模逾千万平方米，开发类型包括房地产开发、市政设施和保障性住房、一级土地整理、产业园区运营、社区配套建设与服务、物业经营和管理等；是拥有国家房地产开发一级资质和物业管理一级资质、具有较强开发和综合服务能力的品牌企业。

• 2020 天鸿集团部分高管名录

姓名	职务
柴志坤	党委书记、董事长
董江涛	董事、总经理

深圳市天健房地产开发实业有限公司

深圳市天健房地产开发实业有限公司（简称"天健地产"）为国有控股上市公司深圳市天健集团（SZ000090）的全资子公司，成立于 1988 年 6 月，注册资本 6 亿元。公司以房地产开发经营为主营业务，为国家一级房地产开发企业，拥有深圳天健龙岗地产、长沙天健地产、广州天健地产、南宁天健地产、上海天健置业、惠州宝山地产等多家区域公司和所属企业。

天健地产积极布局上海、南宁、广州、长沙、惠州等城市，开发和运营了大量高品质的房地产和商业项目，形成了天健经典、天健时尚、天健城邦等产品系列，曾获联合国人居环境社区奖、广东省绿色住区称号。产品类型涵盖住宅、公寓、写字楼、酒店、城市综合体、现代工业园等，赢得了市场的认可，客户和合作伙伴的支持。以建造阳光生活为理念，打造地产开发一流品牌。

天健地产是深圳特区工业区开发的先驱和开拓者，以"持续创造价值，成为令人尊敬的城市综合运营商"为企业愿景，不仅取得了骄人销售业绩，更因产品创新和产品品质获得了社会的广泛认同，且通过了 ISO9000 认证；荣获"深圳十大品牌开发商""中国房地产诚信企业""中国房地产百强之星""深圳房地产行业最具品牌价值企业""深圳市房地产最具竞争力企业"等称号。

• 2020 天健地产部分高管名录

姓名	职务
宋　扬	总裁
韩德宏	党委书记
何云武	副总裁
尹剑辉	副总裁
陈　强	副总裁
方东红	副总裁、董事会秘书
江　建	总工程师

西安天朗地产集团有限公司

西安天朗地产集团有限公司（简称"天朗地产"）2001 年创建于古都西安，是一家以城乡产业投资与运营为发展方向的全国性企业集团，业务涉足投资、资本、地产、建设、科技、文旅、农业、康养、教育、物业、酒管、商管等 12 个专业板块，创新发展为"中国城乡产业运营商"，致力于城乡区域的综合治理。

2019 年，公司实现了跨产业的产业驱动和产业联动，凭借投资能力、建设能力、运营能力和服务能力等四大核心能力优势，构建了涵盖城乡产业投资、建设、运营与服务的一体化生态链，助力国家新型城镇化进程。

同时，围绕着特色小镇和田园综合体两大产品形态，公司推出了"科技 +""文化 +"和"农业 +"三大运营模式，并凭借丰富的城镇化产业的专业能力与运营经验，在西安周边打造了不同主题的特色小镇和田园综合体，深入推进城乡区域综合治理，为"大西安"的建设发展贡献力量。

公司具备了极强的城市更新与住宅开发能力。从大众精品到城市精品，公司秉承"品质之心，巨匠之道"的精神，通过精细化的管理，以及优质的资源配套，为各类人群、不同家庭提供更好的人居环境。公司获得"中国特色地产运营优秀企业—中国特色小镇服务运营商""中国房地产百强之星""中国西部房地产公司品牌价值 TOP10""中国房地产综合开发专业领先品牌价值 TOP10—城镇化运营服务"等荣誉称号。

- **2020 天朗地产部分高管名录**

姓名	职务
孙 茵	董事长、总裁
周 岗	副总裁
陈兴培	副总裁
马 琳	副总裁
欧阳翼文	副总裁
彭 欣	副总裁

河南天伦地产集团有限公司

河南天伦地产集团有限公司（简称"天伦地产"）成立于 1997 年，自成立以来，天伦地产怀着对社会、对客户的责任感，开发的优秀地产项目遍布郑州市各个城区，其中天伦庄园项目是郑州高端住宅的扛鼎之作。天伦地产拥有丰富的土地储备，通过一二级联动，与万科集团合作开发东赵项目，与绿城集团共同实现"天伦投资、专业运营"的房地产开发模式。

兄弟公司天伦旅游的核心项目楚河汉界旅游度假区是河南省重点项目，位于郑州市北郊，园区占地 2 万亩，是中国象棋棋盘楚河汉界原型鸿沟所在地，项目区内拥有国家级文物保护单位汉霸二王城遗址。计划总投资 230 亿元，将打造成为集文化、旅游、休闲、度假、居住、运动等为一体的超大型综合体，致力于成为河南旅游新名片。

- **2020 天伦地产部分高管名录**

姓名	职务
张道远	董事长、总经理

甘肃天庆房地产集团有限公司

甘肃天庆房地产集团（简称"天庆集团"）有限公司成立于 2000 年，注册资本 1 亿元，是甘肃本土发展起来的跨业界、跨地域、跨国界的大型集团公司。历经 20 年的发展，天庆集团的业务网络已延伸至美国、加拿大，国内涉及北京、上海、深圳、苏州、珠海在内的多个地区，业务领域涵盖房地产、金融投资、文化教育、物业服务等八大主要板块。下属子、分公司及参股、控股单位达到 38 家，提供就业岗位近万个。

根据"立足甘肃、辐射全国、走向世界"的战略布局，自 2013 年起，天庆集团将业务拓展至加拿大、美国，2014 年在加拿大成立天庆投资集团，继而成立 Tianco 投资集团，在蒙特利尔市投资建设 YUL 项目、斯坦利项目，在温哥华投资爱德华国王大街项目，并于 2015 年携手美国 DC 合伙企业顺利签约休斯敦市艾伦大道项目，该项目建成后将成为休斯敦市中心城市新地标，进一步巩固了天庆集团公司国际化的格局。天庆集团海外投资规模达到 50 亿元。在金融领域，天庆集团投资规模达 30 亿元，并携手国内知名投资机构重点关注基础设施、医疗健康、新能源、教育、消费及现代服务业、现代农业、TMT（数字新媒体产业）等多个投资领域，并在生物医药领域设立专项产业基金。

作为甘肃省最早获得国家房地产开发、物业"双一级"资质的综合性大型民营企业集团，20 年来，天庆集团始终坚持"努力做最受尊敬的企业"的宗旨，加强规范管理，实施品牌战略，先后在兰州市开发建设了天庆花园、天庆嘉园、天庆丽舍情园、天庆国际商务大厦、天庆莱茵小镇、天庆格林小镇、天庆国际新城、天庆山河一品、天诚丽舍；在天水市开发建设了天庆嘉园、天庆国际、麦积小镇；在定西市开发建设了天庆嘉园、天庆国际大酒店、天庆金域蓝湾；在珠海市开发建设了天庆晋海岸、天庆粤凯广场；在加拿大投资开发了 YUL、斯坦利、爱德华国王大街项目；在美国投资开发艾伦大道项目等一大批具有代表性的精品住宅和商业地产项目，累计开发面积逾 800 万平方米，在建、拟建项目面积 500 多万平方米，累计上缴税金 13 亿多元。

• 2020 天庆集团部分高管名录

姓名	职务
韩泽华	经理
韩 庆	执行董事
金兰凤	监事

北京天润置地集团有限公司

北京天润置地集团有限公司(简称"天润集团")创立于 1986 年,总部位于首都北京。集团坚守品质、秉持匠心,历经 30 余年的稳健发展,布局全国 9 省 12 城。

集团以房地产开发及持有物业租赁为主营业务,形成天润置地(国家一级房地产开发资质)、天润资管、天润物业、天润投资四大板块。

天润资管旗下超甲级商务地标有位于北京国贸 CBD 腹地的天润国际财源中心 IFC(LEED-EB 铂金级认证)、东二环建国门内的天润财富中心 TFC(LEED-CS 金级认证)、望京商务核心区的东湖国际中心。在建写字楼项目包括北京东三环多功能城市综合体世纪城市、南昌红谷滩中央国际商务区华章天地。

天润集团高品质住宅代表作有: 北京东湖湾、品质华宅典范北京天润·香墅湾 1 号、江南水乡生活范本周庄天润·尚院等。

- **2020 天润集团部分高管名录**

姓名	职务
贾树森	董事长、总经理

天山房地产开发集团有限公司

天山房地产开发集团有限公司(简称"天山集团")创立于 1980 年,业务集通用航空、文旅开发、城市运营、金融服务等多领域为一体,以万创产业集团、海世界集团、资本集团、实业集团、房地产开发集团为五大支撑,实施国际化发展战略,产业及项目遍布京津冀、香港、上海、山东、陕西、江苏、宁夏等多个省市区及地区。旗下天山发展控股(HK02118)2010 年在香港上市。集团正致力成为一家主业突出、多元发展、全球经营,产业与资本双轮驱动,并在多行业具有领先优势的全球性企业集团。

集团 2004 年取得建设部颁发的国家房地产开发企业一级资质,业务范围遍及全国几十个大中型城市。以天山·水榭花都系列品牌成为北方人居建筑难以超越的经典之作,荣获河北省首个国家康居示范工程、中国名盘 50 强、河北省首届石家庄首个广厦奖等众多奖项。

集团秉承"品质如天、诚信如山"的经营理念,创出优质工程及优质样板工程数百项,连续十年单位竣工工程优良率达到 100%,多年跻身省、市百强企业并名列前茅,获得"中国房地产开发企业 100 强""中国房地产责任地产 10 强""国家康居示范工程""广厦奖""河北省最具社会责任感企业"等众多荣誉。

- **2020 天山集团部分高管名录**

姓名	职务
吴振山	董事会主席
吴振岭	副主席
张少耀	首席财务官、公司秘书

青岛天泰集团股份有限公司

青岛天泰集团股份有限公司（简称"天泰"）1994 年创立于青岛，是一家以房地产开发与经营为主，业务涉及旅游休闲、物业管理、建筑设计等多个产业的企业集团。

天泰具备国家一级房地产开发资质，是中国较早实施品牌战略的房地产企业。天泰以"建筑爱的世界"为企业愿景，致力于营造爱家、爱生活的全人关怀社区，经过 25 年的成长，成为国内颇具发展潜力的房地产企业，荣获 2019 中国房地产新锐品牌价值排名第一名、2019 中国环渤海区域房地产公司品牌价值 TOP10、中国绿公司百强企业。

截至 2021 年 1 月，天泰累计已开发面积超过 600 万平方米，开发项目类型涵盖社区住宅、商业办公、旅游地产、特色产业等。成功布局山东省的青岛、济南、烟台、潍坊、淄博、临沂、滨州 7 座城市，覆盖"两圈四区"中的济南都市圈、青岛都市圈和烟威、东滨、临日三个都市区。未来，天泰将通过"招拍挂"收并购等方式与当地企业合作进一步扩大在省域的布局范围，提高市场占有率，实现规模化发展。

- **2020 天泰部分高管名录**

姓名	职务
王清建	董事长
王钰雅	董事、总经理

天阳地产有限公司

天阳地产有限公司（简称"天阳地产"）成立于 2001 年，布局全国，形成以房地产开发、物业管理、商业开发与运营、房地产代建等产业为主的经营之路。公司秉承"立足长远，面向未来"的发展宗旨，开拓创新，立志成为对品质不懈追求的房地产行业领跑者。

根据克而瑞机构统计，2020 年公司销售额达 203.7 亿元。

天阳地产以"缔造城市更美好的生活"为努力方向，成功开发了明珠商业中心、明珠公寓、棕榈湾、蔚蓝等 20 余个项目，从深耕杭州到布局长三角，为城市树立品质楼盘和人居典范。

公司以产品立身，以诚信立市，载誉无数——连续 14 年获得 AAA 级信用企业，荣获"杭州匠心房企""浙江省房地产企业 TOP10""腾讯全国百强房企""浙江省诚信企业示范单位""年度竞争力企业""杭州房地产十大最具影响力企业""中国（杭州）十大城市运营商"等称号。

天阳地产凝心聚力，"暖暖"上行，深耕杭州市场之余，成功挺进宁波、丽水、桐庐、台州、绍兴等城市，开拓全新版图，让越来越多的城市与客户感受天阳"向上的力量"。

- **2020 天阳地产部分高管名录**

姓名	职务
蔡学伦	董事长
朱忠德	常务副总经理
石 焱	副总经理

山东天业恒基股份有限公司

山东天业恒基股份有限公司前身为山东济南百货大楼（集团）股份有限公司，1994年1月3日在上海证券交易所上市。2006年底由山东天业房地产开发集团有限公司成功重组，更名为山东天业恒基股份有限公司（简称"天业恒基"，SH600807），开启了公司高速发展的新篇章。

经过多年的发展，公司已发展成为涵盖房地产、矿业、金融、创投等多个领域的综合性公司。公司具有房地产开发一级资质，注册资本8.8463亿元，总资产101亿元。下辖3个分公司、12个全资子公司、3个控股子公司。

公司先后获得了"山东省房地产开发企业50强""中国房地产开发企业500强""济南市房地产开发企业综合信用评定AAA企业"等多项房地产行业荣誉，以及"山东民营企业100强""省工商企业免检单位""全省对外经济技术先进企业""山东省外经贸先进企业""济南市文明单位""爱心助残之星""最具社会责任感品牌""中国上市公司竞争力公信力调查最佳社会责任奖""对山东上市公司协会工作做出突出贡献的上市公司奖"等多项综合性荣誉。

经过多年发展，公司"产融结合、多轮驱动、多元化协同发展"的战略格局已经形成。"产业+资本"的战略布局使公司房地产、矿业、金融、创投业务相互促进、协同发展，提升了公司的盈利水平和竞争力。

• **2020天业恒基部分高管名录**

姓名	职务
刘金辉	董事长、总经理

青岛天一仁和房地产集团有限公司

青岛天一仁和房地产集团有限公司（简称"天一仁和"）成立于2002年，具备国家房地产开发一级资质，开发建设项目涵盖高端住宅、商业综合体、精品酒店等多种业态，创新拓展"地产+"产业业务，开发面积逾300万平方米，总产值超过200亿元，连续4年销售额位列青岛一线房企前5强。

深耕青岛市场多年，集团已经发展成为以地产开发建设、商业运营管理、金融投资服务三大业务板块为主的综合性集团，成为区域具有影响力的领先品牌企业。

集团全面布局山东市场，通过合理选定扩张城市，科学完善标准产品线，持续加强对城市发展中产城融合的研究和资源构建，深度参与城市发展阶段的产业整合、城乡融合、强化产业资源整合能力与运营能力，逐步完善金融服务与商业管理能力。

2019年，天一仁和集团产城融合项目落地，集团以"对标城市发展、深研产城需求、强化人居环境、创造智慧产城"为企业战略发展目标，形成产城融合资源产品的标准化与可复制化，打造天一仁和标杆型产品系和产城融合样板，积极拓展融资渠道和形式，实现区域扩展和稳健发展。

• **2020天一仁和部分高管名录**

姓名	职务
魏 平	董事长、总经理
魏 帅	副总裁

天誉置业（控股）有限公司

天誉置业（控股）有限公司（简称"天誉"）成立于 1996 年，2006 年在香港上市，总部位于广州。经过 20 余年的发展，成为以房地产开发为主营业务，同时在青创发展、物业服务、文体旅游、医疗健康、信息产业等领域多元发展的综合性集团。

根据克而瑞机构统计，2020 年公司销售额达 241.1 亿元。

天誉是具有一级房地产开发资质的企业，以广州为起点，形成了业务辐射全国的经营布局，先后在广州、深圳、南宁、重庆、徐州、昆明等全国各核心城市及潜力地区成功开拓了多个房地产项目，并积极进入珠海、清远、柳州等地。至今，天誉已打造了广州天誉半岛、广州天誉花园、广州威斯汀酒店、南宁天誉城等多个高端项目和城市地标建筑。主要业务板块包括高端豪宅、商务综合体、高端写字楼、高端酒店以及高端洋房等。

天誉秉承"以信誉为本，以品质取胜"的企业理念，用心创造美好和谐人居，致力成为国内领先的城市综合运营服务商，获得"2019 年中国房企品牌价值粤港澳大湾区投资价值十强""2019 年度粤港澳大湾区资本投资价值十强"等荣誉称号。

• 2020 天誉部分高管名录

姓名	职务
余 斌	董事会主席、行政总裁
王成华	总裁
文小兵	行政副总裁、广州总部总裁
张莲顺	副总裁、公司秘书
林圣杰	广州总部副总裁
谢晓华	广州总部副总裁
曾凡友	广州总部副总裁
谭永强	广州总部副总裁
陈健文	广州总部副总裁

天元盛世控股集团有限公司

天元品牌创立于 1992 年，天元盛世控股集团有限公司（简称"天元盛世"）秉承稳健的作风，坚持以诚信求发展，矢志与城市共繁荣，20 多年间始终将社会价值作为企业责任和使命。集团核心板块"天元置业"秉承"精工善筑"的理念，多年来深耕房地产领域，以地产开发战略促进了集团的长远发展。天元置业充分了解客户的需求，开发的众多精品项目屡获殊荣，并以过硬的品质保证，成为行业标杆。

"天行健，君子以自强不息；地势坤，君子以厚德载物"，天元盛世集团秉承自强不息、以德为人的精神，始终坚持以诚信和信誉立足社会。集团化的运营实现了产品服务品牌的稳步提升、战略目标的不断推进。与此同时，集团以公益实践"以善之心，筑城市大美"的企业文化宣言，20 多年间各类社会公益捐助累计达上亿元，以实际行动实现企业的社会责任，助力城市的发展。

- **2020 天元盛世部分高管名录**

姓名	职务
刘建元	董事长、天元置业董事长兼总经理
钱俊平	董事

同创集团地产公司

同创集团地产公司（简称"同创集团"）是由 2012 年 4 月成立的深圳市同创房地产有限公司发展而来，由来自万科、中海等中国知名地产集团具有 20 年中国房地产开发经验的高管创立。2017 年 7 月，同创集团正式成立，包含同创地产、同创资产、同创基金和同创物业四大板块。秉承"与梦想同行"的宗旨，抱有满怀激情与梦想的心态，以多年在中国房地产行业最前沿公司积累的专业能力和经验为基础，立足深圳、广州、香港城市圈，聚焦精品资产和精品地产，以成为中国资产活化运营行业领跑者为己任。

- **2020 同创集团部分高管名录**

姓名	职务
陶翀富	总经理
罗 霆	同创集团副总经理、深圳同创总经理

上海同济科技实业股份有限公司

上海同济科技实业股份有限公司（简称"同济科技"）于 1993 年 11 月改制创立，1994 年 3 月"同济科技"股票在上海证券交易所上市，是同济大学控股的综合性上市公司，注册资本 6.2 亿元。

根据公告，2019 年 1~6 月，新签施工合同额约 20.25 亿元，较上年同期增长 34.6%，其中 1000 万元以上的施工合同 25 个，合同金额累计 19.24 亿元。

公司依托同济大学的人才、技术、学科优势，集中精力发展具有同济品牌优势的工程咨询服务、环境工程科技服务与投资建设、科技园建设与运营、建筑工程管理、房地产开发等业务领域，致力成为城镇建设和运营全产业链解决方案的提供者。

公司拥有多家全资、控股子公司及参股公司，是城镇建设和运营管理领域里，以科技为先导、以资本为驱动，按市场化模式运作的科技型、创新型上市公司。

• 2020 同济科技部分高管名录

姓名	职务
王明忠	董事长
张 晔	总经理

上海外高桥保税区开发股份有限公司

上海外高桥保税区开发股份有限公司（简称"外高桥"，SH600648）成立于 1992 年，是中国（上海）自由贸易试验区核心区域——外高桥保税区及其周边区域的开发主体，总资产 280 亿元。公司主要负责外高桥保税区及周边相关土地等国有资产的投资、经营和管理，以 10 平方公里的外高桥保税区规划用地和周边相关地块的房地产开发和经营为主业，承担着自贸试验区及周边区域的开发建设、招商稳商、功能推进和运营服务。

作为中国第一个保税区综合开发商，外高桥集团股份以海关特殊监管区和税收优惠的政策优势为起点，推动外高桥保税区逐步发展成为集出口加工、国际贸易、转口贸易、保税仓储和商品展示等功能于一身的经济开放型区域。

2019 年，由外高桥打造运营的中国（上海）自贸试验区版权服务中心和上海国际艺术品保税服务中心正式启动运营。自此，上海自贸区外高桥片区"1+5"的文化产业阵型正式形成。通过一个平台、五大中心，从硬件设施、软件配套、功能服务等多方面，加速自贸区文化产业转型升级，推动上海服务、上海文化品牌的蓬勃发展。

2019 年，外高桥保税区内 28 家企业荣获"经济特别贡献 20 强""现代服务业突出贡献 20 强""民营企业突出贡献 20 强""科技创新突出贡献 20 强""高成长性企业突出贡献 20 强""创新创业 20 强"等六大奖。外高桥保税物流园区获评"2019 年度优秀物流园区"。

• 2020 外高桥部分高管名录

姓名	职务
刘 宏	董事长
俞 勇	代理总经理
张舒娜	副总经理、董事会秘书

安徽皖投置业有限责任公司

安徽皖投置业有限责任公司（简称"皖投置业"）成立于 2002 年 12 月 26 日，系安徽省投资集团控股有限公司的全资子公司，注册资金 30.9 亿元，拥有国家房地产开发一级资质。

公司以住宅地产开发为核心业务，先后开发皖投置业园、望湖城·桂香居、全椒水岸星城、天下锦城、蚌埠国际汽车城、合肥天下名筑、安庆天下名筑、合肥天下艺境、皖投·尊府、产融结合创新中心等项目。

在推进项目开发的同时，公司多方合作，强强联手，不断拓展业务范围。2005 年涉足物业管理业务，组建安徽外滩物业管理有限公司；2014 年开始，积极探索、推进棚户区改造，相继于安庆、阜阳等地创新棚改项目开发，创建棚改盈利模式。2015 年，出资 4 亿元，与安徽省投资集团、合肥市建设投资控股（集团）有限公司共同组建安徽中安智通科技股份有限公司，参与城市智能化交通产业及汽车后市场服务。2016 年，按照"平台 + 基金"的模式，联合安徽省建设投资有限责任公司，引入社会资本，共同发起设立安徽中安新城建设基金，采取母子基金架构（母基金规模 50 亿元，基金总体规模预计达 200 亿元），涉足地产金融领域，并实现当年运营当年盈利。

近年来，公司围绕"地产开发 + 金融 + 运营"三位一体的业务发展模式，以"投资逻辑"谋求项目拓展多渠道、多元化。截至 2019 年上半年，公司累计开发项目总占地面积逾 6000 亩，总建筑面积超 770 万平方米，总资产 165 亿元，净资产 52 亿元，公司有员工约 300 人，其中党员人数 65 人。

• 2020 皖投置业部分高管名录

姓名	职务
伍 建	董事长
丁昌华	总经理、董事
陈 翔	安徽省投资集团董事长、党委书记

大连万达集团股份有限公司

大连万达集团股份有限公司（简称"万达集团"）创立于 1988 年，经过 30 余年发展，已成为以现代服务业为主的大型跨国企业集团。万达是世界领先的不动产企业、影视企业、体育企业、儿童产业企业。万达广场、万达影城、万达酒店、万达文化旅游城、万达宝贝王成为中国知名品牌。

根据克而瑞机构统计，2020 年公司销售额达 832.2 亿元。

旗下万达商管集团是全球领先的商业物业持有及管理运营企业，在全国开业北京 CBD、上海五角场、成都金牛、昆明西山等 280 座万达广场，累计持有物业面积 3586 万平方米，年客流 38 亿人次。2018 年万达商管集团收入 376.5 亿元。

旗下万达文化集团是中国领先的文化企业，2018 年收入 692 亿元。旗下包括影视集团、体育集团、宝贝王集团、文旅集团、大健康产业公司，已成为万达新的支柱产业。

旗下万达地产集团是中国较早的城市旧区改造、较早的跨区域开发的房地产企业，是世界领先的城市综合体开发企业，已在全国开发建设数百个万达广场、万达酒店、万达城、万达茂和住宅项目。

旗下万达投资集团拥有投资、网络小贷、私募基金等业务，通过普惠金融支持实体经济和社会民生。

万达集团把"共创财富，公益社会"作为企业使命。30 多年来，万达集团奉献于社会慈善事业的现金累计超过 60 亿元，是中国民营企业中慈善捐赠额最大的企业之一，也是获得国家"中华慈善奖""消除贫困奖"最多的企业。

• 2020 万达集团部分高管名录

姓名	职务
王健林	董事长
齐 界	万达集团常务董事、总裁，商管集团董事长、总裁、文化集团董事长、地产集团董事长
丁本锡	副董事长
刘海波	首席副总裁
肖广瑞	高级副总裁
柏雪峰	高级总裁助理、发展中心总经理
韩 旭	副总裁
王 忠	发展中心西北区总经理
宁 军	河南省区域总经理
全华钢	济南城市公司总经理
刘光敏	高级总裁助理、成本管理中心总经理
王 晓	南京城市公司总经理
李景文	沈阳城市公司总经理
宁奇峰	万达商管首席副总裁
刘海波	万达商管首席副总裁
王志彬	万达商管常务副总裁
张春远	万达商管副总裁、人力资源中心总经理
曲晓东	万达商管副总裁、南区项目管理中心总经理
于修阳	万达地产集团副总裁、成本管理中心总经理

姓名	职务
黄国斌	万达商管副总裁、北区项目管理中心总经理
高晓军	万达商管高级总裁助理、财务总监
尹　强	万达商管高级总裁助理、商业规划研究院执行院长
张　霖	万达地产集团总裁
曾茂军	万达电影总裁
高益民	万达体育 CEO

烟台市万光城建综合开发有限责任公司

烟台市万光城建综合开发有限责任公司（简称"万光城建"）成立于 1999 年 9 月 24 日，注册地是莱山区清泉路 57 号，法定代表人为姜振山。经营范围包括房地产开发经营；水暖安装；室内装饰；建筑材料、装饰材料经销；房屋建筑、物业管理（仅供分公司经营）；房屋租赁。烟台市万光城建综合开发有限责任公司对外投资 8 家公司，有 3 处分支机构。

- **2020 万光城建部分高管名录**

姓名	职务
姜振山	董事长
郝维明	董事
刘春基	董事
衣龙凤	监事

万科企业股份有限公司

万科企业股份有限公司（简称"万科"，SZ000002）成立于 1984 年，经过 30 余年的发展，已成为国内领先的城乡建设与生活服务商，公司业务聚焦全国经济最具活力的三大经济圈及中西部重点城市。2016 年公司首次跻身"《财富》世界 500 强"，位列榜单第 356 位，2017、2018、2019 年接连上榜，分别位列榜单第 307、332、254 位。

公司将自身定位进一步升级为"城乡建设与生活服务商"，并具体细化为四个角色：美好生活场景师，实体经济生力军，创新探索试验田，和谐生态建设者。所搭建的生态体系已初具规模。

根据克而瑞机构统计，2020 年公司销售额达 7011.2 亿元。

在住房领域，公司始终坚持住房的居住属性，坚持"为普通人盖好房子，盖有人用的房子"，在巩固住宅开发和物业服务固有优势的基础上，业务已延伸至商业、长租公寓、物流仓储、冰雪度假、教育等领域，为更好地服务人民美好生活需要、实现可持续发展奠定了良好基础。

未来，公司将始终坚持"大道当然，合伙奋斗"，以"人民的美好生活需要"为中心，以现金流为基础，深入践行"城乡建设与生活服务商"战略，持续创造真实价值，力争成为无愧于伟大新时代的好企业。

• 2020 万科部分高管名录

姓名	职务
郁 亮	董事会主席
祝九胜	总裁、执行董事
王文金	集团董事
张 旭	集团董事
谭华杰	高级副总裁
朱 旭	副总裁、董事会秘书
丁力业	高级副总裁，印力集团董事长、总裁
丁长峰	高级副总裁、冰雪事业部首席执行官
刘 肖	高级副总裁、北方区域本部首席执行官、北京公司总经理
孙 嘉	高级副总裁、南方区域事业集团首席执行官、长租公寓事业部董事长
王海武	首席运营官
张 海	高级副总裁、上海区域本部首席执行官、上海公司总经理
张纪文	高级副总裁、梅沙教育事业部首席执行官
朱保全	高级副总裁、物业 BG 首席执行官
阙东武	副总裁、万科置业（海外）首席执行官
王 蕴	副总裁
周 巍	副总裁、万科产业城镇公司董事长

北京万通地产股份有限公司

北京万通地产股份有限公司（简称"万通地产"，SH600246）成立于 1998 年，2000 年在上交所上市，是一家专业化地产公司，主营方向为高档住宅物业开发与经营。公司拥有滨海新区的区位优势，现有开发项目包括北京"亚运新新家园"、北京"新城国际"、天津"万通华府"等。

作为房地产行业的创新者和开拓者，万通地产首倡由"香港模式"变为"美国模式"，按照"美国模式"来优化公司经营资源配置，成为拥有住宅开发和商用物业为核心的业务体系、开发与运营并重的地产公司，从而使公司具有稳定的利润来源和良好的反周期能力。

万通地产是中国房地产行业领导品牌企业之一，曾多次获得"中国名企""中国房地产十大品牌企业""中国地产蓝筹企业"和"中国十大最具价值房地产公司"等荣誉称号，是"中国城市房地产开发商策略联盟"的联合创始企业和轮值主席单位，是全国工商联房地产商会轮值主席单位。

- **2020 万通地产部分高管名录**

姓名	职务
江泓毅	董事长、首席执行官
白 牧	首席客户官（副总经理）

上海万星房地产集团有限公司

上海万星房地产集团有限公司（简称"万星地产"）在房地产领域先后开发住宅、商业综合体等数十个项目。经过十多年的经营，集团从单一房地产开发企业发展为跨地域、跨产业综合经营的集团公司，造就了一大批富有经验的工程项目经理、物业经理、产品经理、投资经理、贸易经理，组建了多地域事业部经营、远程管理的团队。

- **2020 万星地产部分高管名录**

姓名	职务
董大根	执行董事
陈蓉梅	监事

上海万业企业股份有限公司

上海万业企业股份有限公司（简称"万业企业"，SH600641），成立于1991年10月，是一家具有新兴产业基因的高科技上市公司。公司控股股东为上海浦东科技投资有限公司，其持股占公司总股本的28.16%。第二大股东与第三大股东分别为三林万业（上海）企业集团有限公司和国家集成电路产业投资基金股份有限公司，各持股份分别占公司总股本的13.53%和7.00%。公司借助平台优势，依托国内国外两个市场，通过"外延并购＋产业整合"的方式，快速向集成电路产业领域转型。

公司房地产开发业务主要是房地产开发与销售，经营模式以自主开发销售为主。业务板块主要为住宅地产开发，房地产开发的业务范围主要集中在上海、苏州、无锡等长三角区域城市。公司住宅地产开发业务的主要产品为各类住宅产品，包括高层公寓、多层洋房与别墅等。

- **2020 万业企业部分高管名录**

姓名	职务
朱旭东	董事长
程 光	副董事长、董事
任 凯	副董事长、董事

万泽实业股份有限公司

万泽实业股份有限公司（简称"万泽实业"，原名为汕头电力发展股份有限公司）成立于1992年，1994年1月10日在深交所挂牌上市，成为粤东地区第一家上市公司。公司股票简称万泽股份，股票代码：000534。公司主要业务为房地产投资、开发和经营，电力生产，蒸气热供应等。

公司房地产业务开发和经营项目以深圳为基础，同时辐射珠三角、长三角、北京、西北等区域。至今，公司已成功开发了深圳的"万泽·云顶天海"、北京的"万泽·御河湾"等楼盘；在售的项目有深圳的"万泽·云顶香蜜湖"、常州的"万泽·太湖庄园"和"万泽·国际大厦"；在建的项目有北京的"万泽·经济开发区"、西安的"万泽·鸿基新城"。以"万泽"命名的地产项目正逐步在全国大中城市中出现，"万泽"品牌得到了广大投资者的认同和肯定。

公司不断调整经营策略，力求以稳健、持续的态势发展壮大。

- **2020 万泽实业部分高管名录**

姓名	职务
黄振光	董事长、总经理
毕天晓	董事、总经理、常务副总
蔡勇峰	董事长秘书、副总经理兼董事

青岛伟东置业集团

青岛伟东置业集团（简称"伟东置业"）成立于 1998 年，是伟东集团投资设立的地产开发平台。青岛伟东置业集团集大型住宅、现代商业、五星级酒店、旅游地产等业务为一体，是一家综合性开发的品牌地产企业。

1998 年，伟东置业秉承"建筑城市幸福"的理念，在青岛、济南的城市化建设中不断开拓，一系列特色小镇逐步规划布局，至今已累计开发面积超 400 万平方米，被誉为"旧城改造专家"，连续八年被国务院发展研究中心评为"中国房地产百强企业"，曾多次获得"中国地产鲁商领军企业""典范中国房地产品牌楼盘""最受欢迎高性价比楼盘""济南市民最信赖的房地产品牌公司"等称号。

伟东置业积极应对新的挑战，适时转变发展战略，向着产业地产的方向前进，努力实现从传统地产到产业地产的转型。伟东人将以"创著名品牌，建百年企业"为愿景，在"诚信、勤奋、团结、创新"的企业精神的激励下，深耕细作房地产开发建设，并打造百年伟东置业，以"匠心"精神打造伟东置业地产品质。

- **2020 伟东田置业部分高管名录**

姓名	职务
牟东明	总裁
王端瑞	董事长

吉林省伟峰实业有限公司

吉林省伟峰实业有限公司（简称"伟峰实业"）以房地产开发为主业，涉足建筑施工、物业管理、餐饮、旅游等诸多领域，是一家综合性现代化企业。

自成立以来，伟峰实业始终以践行城市理想为己任，将"生活、艺术、家"的情怀深入产品细节当中，在长春市打造了诸多经典建筑作品，先后开发了伟峰国际、伟峰领袖领地、伟峰东第、伟峰东樾、伟峰资讯中心、伟峰东域等高品质项目，并与吉盛伟邦合作开发壹湖国际，成功引领了城市商务办公的新风尚，同时也为改善人居环境树立典范。

伟峰实业定位高端地产，精研长春楼市。产品线涵盖高端商务、商业，别墅、洋房等。项目一经推出，受到市场及业界热捧。经过多年积累，伟峰实业以全系地产产品开发经验、深厚的高端地产开发底蕴，奠定了长春本土地产领袖地位。

- **2020 伟峰实业部分高管名录**

姓名	职务
贲庆峰	董事长
郭 利	董事

安徽伟星置业有限公司

安徽伟星置业有限公司（简称"伟星置业"）成立于 1993 年，由中国伟星集团、浙江伟星房产开发有限公司等共同投资组建，是一家专注城市品质住宅开发的房地产开发公司，于 2000 年进军芜湖，先后开发了中西友好花园、香樟城市花园、香格里拉花园、平湖秋月、左岸生活、凤凰城、圣地雅歌、伟星城、金域蓝湾、伟星时代金融中心十个经典楼盘项目，均成为芜湖房地产业具有里程碑意义的项目，也奠定了伟星置业在芜湖的品牌地位。

伟星置业始终坚持"筑美生活"的开发思路，历经 20 多年的潜心发展，已成为具规模、跨区域、专业化的房地产开发企业，足迹遍及浙江、安徽、广东、广西、江西、湖南、湖北等七省，打造了 30 多个精品楼盘。产品覆盖普通公寓、多层电梯公寓、高端住宅、排屋、别墅、写字楼等多种物业形态。东郊路一号地块的落槌，吹响了伟星置业进军商业地产的号角，不久的将来，一座地标式的商业写字楼将屹立在繁华的芜湖市中心。

伟星置业挖掘区域价值、聚焦市场需求，以前瞻性的创新意识，务实的操盘能力，着力将每一个项目打造成为区域内标杆性的作品，区域竞争优势明显，行业品牌凸显，多次荣获"中国房地产企业百强"和"安徽省民营企业十强"称号。

- **2020 伟星置业部分高管名录**

姓名	职务
姜礼平	董事长
朱立权	董事
卢 韬	董事
车雯姬	监事

文一地产有限公司

文一地产有限公司（简称"文一地产"）成立于 2004 年，系文一投资控股集团旗下全资子集团，具备国家房地产开发一级资质。经过十余年的稳健发展，现已成功打造瑞泰、托斯卡纳、名门、锦门、豪门、湾六大系列近 60 个精品楼盘，累计开发面积达 600 余万平方米，产品涉及商业、住宅、办公、别墅等。

根据克而瑞机构统计，2020 年公司销售额达 113.4 亿元。

作为中国房地产百强企业，文一地产连续多年稳居合肥楼市销售冠军，项目遍及安徽多个市县及武汉、南昌，辐射华中、华东区域。位列中国民营企业 500 强第 262 位、中国服务业企业 500 强第 175 位、中国房地产开发企业 100 强、安徽民营企业 100 强营收第 2 位、安徽民营服务业企业百强之首、合肥服务业企业 5 强。

- **2020 文一地产部分高管名录**

姓名	职务
周文育	董事长
韦 勇	总裁

卧龙地产集团股份有限公司

卧龙地产集团股份有限公司（简称"卧龙地产"，SH600173）成立于1993年，1999年在上交所上市，是一家房地产集团企业，具有国家房地产开发一级资质，项目广泛分布在清远、武汉、绍兴、上虞、银川、青岛等城市，总规划建筑面积近400万平方米。

集团立足于产业投资，以产业资本化的运作方式，通过资本运作与行业整合，做大做强所有产业，树立行业的优势地位，使资本运作与产业成长相互辉映，实现产业与资本经营的联动飞跃，创造传统产业的新价值。

集团秉承"打造精品楼盘，成就完美生活"的经营理念，开发的卧龙·天香华庭、卧龙·天香西园、卧龙·金湖湾、清远义乌商贸城、卧龙·丽景湾、卧龙·剑桥春天、卧龙·山水绿都等几大系列楼盘均成为当地地标性楼盘，赢得了广大消费者的喜爱和市场的充分肯定。

集团先后获得"浙江房地产开发企业20强""中国房地产最具发展潜力企业""中国最具影响力品牌企业""浙江房地产十大新锐品牌"等荣誉称号，开发的工程项目或楼盘，也先后荣获"浙江省十佳别墅排屋""武汉市建筑工程黄鹤楼奖""中国城市魅力经典楼盘""中国品质典范住宅""最具投资价值商业地产"等50多项国家或地方奖项及荣誉称号。

- **2020 卧龙地产部分高管名录**

姓名	职务
陈嫣妮	董事长
王希全	总经理
郭晓雄	常务副总经理

辽宁渥尔夫房地产开发集团有限公司

辽宁渥尔夫房地产开发集团有限公司（简称"渥尔夫"）是集房地产开发、销售、物业管理于一体的大型集团公司。公司设有财务部、工程部、销售部、外联部、企划部、采购部、成本部、人力资源部、行政办公室等多个部门。

公司始终秉承"品质构筑诗意生活"的经营理念，矢志不渝，发展创新。多年来，取得了长足的进步和卓越的成绩。先后成功开发水木清华、水清木华、水晶城一期、水晶城二期、水晶湖畔、水晶半岛、凤凰水城等多个项目，取得了较好的经济效益，并一直致力于慈善捐款、捐资助学、拥军优属等企业公民事业，勤勉践行。

- **2020 渥尔夫部分高管名录**

姓名	职务
张书娟	董事长、总经理

江苏吴中地产集团有限公司

江苏吴中地产集团有限公司（简称"吴中"）成立于1992年8月，是苏州较早从事房地产开发建设的专业公司之一，现为具有国家房地产开发一级资质的大型房产开发集团企业。

公司凭借强劲实力开发各类房产项目累计近千万平方米，形成了苏州、长春、南通、嘉兴等国内城市的跨地域发展格局。同时，公司积极拓展海外房地产市场，2013年正式进入澳大利亚墨尔本。

公司连续多年荣获银行"AAA"信用等级企业，通过了ISO9001：2000质量管理体系认证，跻身中国房地产企业TOP100，荣膺"江苏地产十大领军企业""江苏省房地产综合实力前十名""苏州市房地产综合实力前三名"等称号，"吴中"商标获得"江苏省著名商标""苏州市知名商标"称号，在江苏乃至全国赢得了良好的市场口碑。

- **2020 吴中部分高管名录**

姓名	职务	姓名	职务
张祥荣	董事长	曾昌宇	总裁

五矿地产有限公司

五矿地产有限公司（简称"五矿地产"，HK00230）是中国五矿集团有限公司下属一级公司，是中国五矿的香港上市旗舰平台，是国资委首批确定的16家以地产作为主业的央企之一。经过20多年的探索和实践，逐步形成了以房地产开发为核心，产业地产综合运营、多领域建筑安装为两翼，资产管理、地产服务和地产金融业务为支撑的业务格局，通过积极推进"4+X"区域布局，在深耕环渤海城市群、长三角城市群、粤港澳大湾区城市群、中部城市群的基础上，拓展成渝城市群等其他国家级城市群的核心城市。

根据克而瑞机构统计，2020年公司销售额达256.1亿元。房地产开发项目、商业地产项目、产业地产项目共计73个，分布于全国21个城市。

在房地产开发领域打造多个经典住宅产品系，包括低密度"澜悦系"、核心地段"金城系"、大规模人文社区"万境系"，以及"特色小镇系"。

产业地产综合运营领域布局营口、汕头、郫都区以及大邑县。

在多领域建筑安装领域，承建了上海世博演艺中心、北京奥运会场馆等一批标志性工程。

在资产管理领域打造了城市商业综合体品牌"LIVE"、社区商业品牌"幸福里"以及长租公寓品牌"拾贰悦"，并在北京、香港等多地运营酒店、写字楼等高端物业。

在地产服务领域，构建了具有自身特色的37°C生活服务体系。

在地产金融领域，与美国保德信、华润信托、鼎信长城基金等开展了业务合作与创新探索。

在城市运营开发领域，在河北香河和天津宜兴埠镇启动了大型的城市运营开发项目。

- **2020 五矿地产部分高管名录**

姓名	职务	姓名	职务
何剑波	董事会主席	杨尚平	董事副总经理
刘则平	董事副总经理	刘波	总经理
陈兴武	董事副总经理		

武汉城市建设集团有限公司

武汉地产开发投资集团有限公司、武汉中央商务区投资控股集团有限公司、武汉建工（集团）有限公司、武汉园林绿化建设发展有限公司、武汉市工程咨询部等 5 家武汉市属企业整合重组为武汉城市建设集团有限公司（简称"武汉城建"）。

• **2020 武汉城建部分高管名录**

姓名	职务
付明贵	党委书记、董事长
葛起宏	董事
明　伟	董事

武汉当代地产开发有限公司

武汉当代地产开发有限公司（简称"武汉当代"）成立于 1995 年，是一家从事综合性房地产开发，在湖北省具有较大影响力的房企，综合实力在区域性地产界名列前茅，曾荣膺"武汉市场房地产行业十大品牌""湖北市场房地产行业十佳信誉品牌""中国房地产品牌企业 50 强"等佳誉。

公司采取"独立开发 + 联合开发 + 代建"的模式深耕武汉市场，业务覆盖住宅地产、商业地产、产业地产以及小城镇综合体等，所开发的楼盘包括当代国际花园、当代中心、当代卡梅尔小镇、当代安普顿小镇、当代国际城、当代光谷梦工场、当代云谷、当代璞誉等 20 多个项目，同时，公司稳健布局成都等其他重点城市，实现跨区域发展。

未来，公司将以地产开发运营和资本运作为主要竞争优势，通过多种渠道实现规模化扩张，致力成为顶尖的房地产全产业链综合服务商。

• **2020 武汉当代部分高管名录**

姓名	职务
刘学杰	董事长
周继红	董事、总经理
李　俊	董事
易典坤	监事

武汉联投置业有限公司

武汉联投置业有限公司（简称"武汉联投"）成立于 2009 年 5 月，注册资本金 30 亿元，是湖北省联合发展投资集团有限公司（简称"联投集团"）旗下的核心子公司之一，负责联投集团地产板块的建设与经营，主营业务包括房地产开发、商品房销售、酒店管理、物业管理、广告传媒等。

公司成立以来，以联投集团的资源优势为依托，立足武汉、辐射"1+8"城市圈，依靠优秀团结的经营管理团队和项目运作团队，凭借高标准的战略规划、准确的市场定位、专业的市场化运作及不断深化的品牌影响力，建设了一批极具影响力、保障民生、改善人居环境的优质项目。经过多年潜心经营，公司呈现厚积薄发之势，在行业内逐步建立起竞争优势，品牌影响力日益增强。

未来，公司将秉持"勇于担当，追求卓越"的企业精神，坚持"责任地产、品质生活"的核心经营理念，着力打造武汉乃至华中区域地产旗舰企业。

• 2020 武汉联投部分高管名录

姓名	职务
黄 思	董事长
曹 明	经理

中国武夷实业股份有限公司

中国武夷实业股份有限公司（简称"武夷实业"）是以房地产业为基础，外向型经济为主导的密集型大型企业。主要经营范围：国内外房地产投资开发、物业管理；国内外工程承包；境内外投资、兴办实业等。公司在美国、加拿大、肯尼亚、赤道几内亚、南苏丹、菲律宾等国家和地区以及中国国内各省市设立子公司、合资公司和分支机构。武夷实业是福建建工集团总公司独家募集设立的股份公司。1997 年在深圳证券交易所上市交易（SZ000797）。

30 余年的发展进程中，武夷实业已构建了从投资开发、规划、设计、施工到运营、维护的全产业链服务能力，在海内外开发运营了 100 多个项目，总面积超 1000 平方米，创造出"武夷嘉园""武夷花园""武夷绿洲""武夷名仕园"等多个优秀楼盘品牌；沿着"一带一路"沿线建立了 12 个海外经营生产基地，形成了以肯尼亚为中心的东非市场，以菲律宾为中心的东南亚市场，持续强化国内外产业链的关联和互动。

作为福建省"一带一路"龙头企业，武夷实业连续 27 年入选 ENR《工程新闻记录》"全球最大 250 家承包商"，连续获得四项中国建筑工程鲁班奖、两项国家优质工程奖，入选"2019 中国企业社会责任 500 优"名录，2020 年荣获"福建省五一劳动奖状"，"党旗飘扬在海外"成为武夷党建的金字招牌。

• 2020 武夷实业部分高管名录

姓名	职务
林增忠	党委书记、董事长
郑景昌	总经理

西藏城市发展投资股份有限公司

西藏城市发展投资股份有限公司（简称"西藏城投"）原名西藏金珠股份有限公司，2009 年 11 月，重组完成后公司更名为西藏城市发展投资股份有限公司，转型为房地产开发、矿业投资企业。公司目前总股本 81966.0744 万股，注册地址为西藏自治区拉萨市金珠西路 56 号 14 楼，第一大股东为上海市静安区（原为闸北区）国有资产监督管理委员会，占上市公司 47.78% 股权。

公司下属子公司北方城投是上海市静安区最大的房地产开发企业之一，拥有房地产开发企业二级资质证书，公司及其前身拥有 20 多年的房地产开发经验，目前主要经营业务为旧区改造、普通商品房、别墅、办公楼和保障性住房开发。公司已经开发永和小区、牡丹苑、永乐苑、和泰花园、和源名城、和源福邸等 20 多个小区。

通过多年的努力，西藏城投基本形成了房地产、矿业及商业资产运营的产业格局，初步实现了业务跨区域、跨行业转型，广泛与社会资本、地方政府合作的经营模式。

- **2020 西藏城投部分高管名录**

姓名	职务
朱贤麟	董事长
曾 云	总经理
于隽隽	副总经理
王柏东	副总经理
程晓林	副总经理

杭州西湖房地产集团有限公司

杭州西湖房地产集团有限公司（简称"西房集团"）是具有国家房地产开发一级资质的专业房地产开发企业，1984 年成立以来，始终秉承"关怀城市，创造经典"的经营理念，为城市筑造精品。业务涵盖了地产开发、商业运营、生活服务等板块，并积极拓展工程代建、医疗等领域。

1993 年拿下杭州市首个"招拍挂"土地项目打造京都苑，陆续开发星都嘉苑、锦绣江南、云溪香山、西溪永乐城等项目。城市进阶中，西房始终以"城市先见者"之名，引领人居走向，目前已形成两大著名产品系："外滩系"城市高品级公寓与"壹号系"城市院墅，先后荣获中国土木工程最高奖项"詹天佑奖"、国家康居住宅示范工程住宅创新奖等国家级重要奖项。2015 年集团被授予"全国文明单位"称号。

集团以"情系社会，回报社会"为己任，积极参与各类社会公益事业，为城市建设和社会经济的发展做出贡献。

- **2020 西房集团部分高管名录**

姓名	职务
叶晓龙	董事长、党委书记
叶振华	总裁
张宇峰	副总裁

内蒙古西蒙奈伦置业有限公司

内蒙古西蒙奈伦置业有限公司（简称"西蒙奈伦"）成立于 2009 年 8 月 7 日，注册地位于内蒙古自治区呼和浩特市如意开发区腾飞大道ＴＣＬ手机工业园二楼，法定代表人为韩洪武。经营范围包括许可经营项目：无；一般经营项目：房地产开发（凭资质证书经营）、销售、房屋租赁、投资与资产管理；企业自有公共设施管理；企业管理咨询服务。

- **2020 西蒙奈伦部分高管名录**

姓名	职务
林　林	总经理

西王置业控股有限公司

西王置业控股有限公司（简称"西王置业"，HK02088）于 2001 年成立，总部设于山东省邹平县，并于 2005 年 12 月 9 日在香港联合交易所主板上市。公司于 2012 年起进军物业开发业务，力求将业务多元化，并在新业务中谋求突破。2013 年 6 月 29 日，公司取得股东批准出售玉米加工业务，将主要业务更改为物业开发。目前，公司在山东省拥有 5 个处于不同发展阶段的物业项目，包括兰亭项目、美郡项目、清河项目、印台山玉米文化项目及即墨项目。未来数年，公司将密切注意本地极具潜力的新市场，继续挑选优质地块持续发展。

- **2020 西王置业部分高管名录**

姓名	职务
王　棣	主席
王金涛	行政总裁
王伟民	执行董事
程　刚	执行董事

厦门住宅建设集团有限公司

厦门住宅建设集团有限公司（简称"厦门住建集团"）系厦门市直管国有企业，2006 年 5 月由厦门市建设系统四大国企重组而成，是具有房地产开发一级资质的企业，主营房地产开发与经营、工程总承包（委托代建）和与房地产产业链相关的投资管理与资产经营等业务。集团旗下共有 6 家核心直属企业及 31 家控股参股企业。截至2018 年年底，集团公司注册资本金 26.7166 亿元，总资产 311.7 亿元，净资产 65.4 亿元。

多年来，集团及各级企业累计完成城市土地成片综合开发各类建筑近 3000 万平方米，其中商品房开发突破1000 万平方米，创造了良好的社会效益和经济效益，连续多年跻身"厦门百强企业""中国房地产百强企业""中国服务业 500 强企业"行列。

当前，集团定位"美丽厦门城市运营商和海西城市圈服务商"，以服务厦门城市发展为核心，通过市场与公益相结合、开发与经营相结合、产业与金融相结合，打造商品房开发、类别地产开发运营、财政投资项目建设管理、资产运营管理、业主综合服务、城建服务与新兴产业六大专业化发展平台，形成"深耕厦门、拓展海西、辐射全国"的区域布局，致力于发展成为"美丽厦门城市运营商的引领者，海西著名、国内知名的城市运营商"，努力实现转型升级跨越式发展的宏伟蓝图。

- **2020 厦门住建集团部分高管名录**

姓名	职务
杨贤平	党委书记、董事长
苏玉荣	总经理

香港置地集团有限公司

香港置地集团有限公司（简称"香港置地"）1889 年创立，是具有领导地位的物业投资、管理及发展的上市集团，持有及管理近 80 万平方米优质写字楼及高档零售物业。香港置地的物业吸引了国际知名企业及奢华品牌进驻。

根据克而瑞机构统计，2020 年公司销售额达 243 亿元，位列中国房地产开发企业第 111 名。

香港置地在香港中环持有约 45 万平方米的优质物业。此外，香港置地主要通过合营公司在新加坡拥有 16.5 万平方米的高级写字楼物业，以及在雅加达中心区持有一个具有领导地位的写字楼物业组合的半数权益。香港置地也正在大中华区及东南亚多个城市发展高品质住宅及综合项目，包括位于北京王府井的高档零售中心。香港置地在新加坡的附属公司 MCL 地产，为当地著名的住宅发展商。

- **2020 香港置地部分高管名录**

姓名	职务
凯撒克	董事长
凌常峰	中国区总裁
林思灵	中国商用物业总经理

深圳香江控股股份有限公司

深圳香江控股股份有限公司（简称"香江控股"），1994 年注册登记，1998 年在上海证券交易所挂牌上市，2006 年公司名称由"山东香江控股股份有限公司"变更为"深圳香江控股股份有限公司"。2015 年公司进行资产重组，将业务线从住宅、商贸地产平台的开发拓展到商贸的招商运营等领域，成为"城市建设"与"招商运营"双轮驱动的综合服务集团，产业覆盖科技创新、会展经济、健康产业、家居连锁、商贸物流、城市建设、教育产业等多个领域，是国内著名的综合性上市公司，被评为"中国民营上市公司 100 强"。

- **2020 香江控股部分高管名录**

姓名	职务
翟美卿	董事长、总经理
翟栋梁	副总经理
范 菲	副总经理
吴光辉	财务总监、董事会秘书
王 勇	华中区域总经理

湖南湘潭祥和置业有限公司

湖南湘潭祥和置业有限公司（简称"湘潭祥和"）位于湖湘文化的重要发祥地、中国红色文化的摇篮、国家长株潭城市群"两型社会"综合配套改革试验区中心城市、有"小南京""金湘潭""湘中灵秀千秋水，天下英雄一郡多"等美誉的湘潭市，2011 年 8 月 22 日成立，注册资本为 2680 万元，主营业务为房地产开发经营。公司始终坚持为用户创造更大价值的营销理念；在反思中寻找差距、在对比中赶超先进的学习理念；贴近市场，心系用户，换位思考，真诚服务的服务理念；为海内外客户提供良好的产品和服务的理念。

- **2020 湘潭祥和部分高管名录**

姓名	职务
邱晓晖	董事长
林桂兴	总经理

石家庄祥聚房地产开发有限公司

石家庄祥聚房地产开发有限公司（简称"祥聚地产"）成立于 2020 年 6 月 2 日，经营范围包括房地产开发经营与物业服务。作为石家庄本土房企，祥聚地产将核心城区长安区作为战略布局的主力区域，以智慧型住宅产品为核心竞争力产品，构建多类型产品线并举的完整产品体系。打造"品质、互动、细节、智能"的产品理念，满足人们对美好生活智能化、人性化的更高品质的追求，为城市带来全新生命力的理想居所。致力成为"美好生活智造者"。

- **2020 祥聚地产部分高管名录**

姓名	职务
赵玉辉	总经理

祥隆企业集团有限公司

祥隆企业集团有限公司（简称"祥隆企业"）成立于 1995 年，总部位于山东省烟台市，下辖科技、投资、金融、教育、矿业、地产六大产业集团。祥隆企业秉承"追求卓越、持续发展"的经营理念，恪守"诚意、正心、创新、共赢"的核心价值观，坚持"诚诚恳恳做人，踏踏实实做事"的企业精神，历经多年的发展积淀，逐步成长为具备较强影响力和认知度的跨区域、多元化企业集团。

旗下祥隆地产坚持立足本土、实施区域深耕的发展战略，秉持"筑悦生活"的开发理念，致力打造客户满意的产品，累计开发面积已超过 300 万平方米，待开发土地储备达 1500 亩，产品涵盖住宅、写字楼及综合性商业项目，开发规模和综合实力居于区域本土房地产行业前列。祥隆地产将坚持规模化、专业化和品牌化的发展道路，坚定不移地推进烟台人居住环境的升级换代，继续致力为客户提供优质的产品和服务，努力成为区域房地产行业的引领者。多次获得"山东省房地产开发综合实力 50 强企业"等荣誉。

- **2020 祥隆企业部分高管名录**

姓名	职务
辛 军	董事长
张吉亮	总裁
祝英林	副总裁
于胜利	祥隆地产总裁

祥生地产集团有限公司

祥生地产集团有限公司（简称"祥生地产集团"）成立于 1995 年 1 月 4 日，总部位于浙江，房地产开发一级资质企业，是一家致力成为健康、可持续发展的品质标杆房企。2020 年，祥生地产集团位列"2020 中国房地产百强企业"第 27 位。

根据克而瑞机构统计，2020 年集团销售额达 1306 亿元，位列全国房地产开发企业第 30 名。

集团将满足人们对健康、愉悦、安全、舒适生活的追求视为已任，整合多年开发经验，逐步从城市品质住宅筑造商转型为幸福生活运营商。业务遍布上海、浙江、江苏、安徽、江西、湖北、湖南、福建、内蒙古、山东和辽宁等 20 余个省市区。累计在全国已拥有超过 16 万名业主，超 2300 万平方米土地储备（不含小镇项目）。

在"1+1+X"战略引领下，聚焦产品与服务的精细打磨，集团正向着规模与品质双优的发展目标蓬勃向前。2020 年，祥生地产在原有"大城春晓""悦说新语""府樾同辉"等七大产品线基础上升级迭代形成"TOP 系""云境系""府系""樾系"四大产品线，聚焦满足多元人居需求。

- **2020 祥生地产集团部分高管名录**

姓名	职务
陈国祥	董事长
陈弘倪	行政总裁
郭彦东	呼和浩特总经理

祥泰实业有限公司

祥泰实业有限公司（简称"祥泰实业"）是一家集开发建设、建筑施工、国内外贸易、中介服务、物业管理等产业链环节于一体，住宅开发与商业地产运营并重的综合性房地产发展商。房地产开发经营是祥泰实业的核心主导产业，业务涵盖住宅、写字楼、商业、酒店等多种物业类型。历年开发项目包括祥泰广场、祥泰城、祥泰和院、祥泰新河湾、祥泰汇东国际、祥泰森林河湾等共计 17 个。

祥泰实业总资产50余亿元，销售面积150余万平方米。公司2014年进入济南市房企前十名，2015年在商品房、商品住宅、商办类销售九项指标再次全面进入前十名，成为唯一一家连续两年各项指标均进入前十名的济南民营企业，并连续两年位居济南民营房企第一名，先后被评为"中国房地产（齐鲁）领航企业""山东地产十大金牌企业""最受消费者信赖房地产企业"等。

当前，公司拥有充足的土地储备（320余万平方米），并握有和谐商圈、市中区新金融中心片区、和平路教育片区及东城大辛庄片区等黄金地块资源。公司确立以济南为核心发展区域的"一城三年百亿"战略目标，并伺机拓展其他城市，未来的祥泰必将创造更大的辉煌。

- **2020 祥泰实业部分高管名录**

姓名	职务
于大卫	董事长
邴长利	总经理

祥源控股集团有限责任公司

祥源控股集团有限责任公司（简称"祥源控股"）始创于 1992 年，是一家以文化旅游投资运营为主导的大型企业集团，系上市公司祥源文化（SH600576）、交建股份（SH603815）的实际控制人。2019 年，祥源控股成功蝉联"中国旅游集团 20 强"荣誉称号。目前，总资产 500 亿元，拥有员工 6000 人。

根据克而瑞机构统计，2020 年公司销售额达 195.6 亿元，位列全国房地产开发企业第 128 名。

祥源控股秉承"健康地活着"的企业愿景，坚持生态优先、绿色发展，以"旅游目的地建造者"为企业使命，积极履行企业公民的社会责任，不断探索中国文旅产业发展的创新模式。自 2010 年涉足文旅产业以来，祥源控股逐步形成了文旅、地产、建设三大产业集群，通过资源整合、产业协同与专业运营，不断建立完善旅游产品设计研发、运营管理、智能系统、资本运营等后台支撑体系，通过景区建设和消费内容的双向升级，逐步打造了一批颇具特色的旅游目的地。在深耕文旅产业的同时，祥源控股积极推进具有祥源特色的精准扶贫工作。

- **2020 祥源控股部分高管名录**

姓名	职务
俞发祥	董事长
赖志林	党委书记、执行总裁
何林海	副总裁
曾志舜	湖南区域公司总经理

象屿地产集团有限公司

象屿地产集团有限公司（简称"象屿地产"）成立于 1993 年，是《财富》世界 500 强、大型国企厦门象屿集团的全资子公司。公司专门从事地产领域的开发与运营，聚焦地产开发、商业运营、物业服务三大业务领域，以住宅开发为核心，涵盖商业、旧改、长租、养老等丰富业态。是一家集土地成片开发、房地产开发运营和基础设施建设为一体的专业化集团公司。

根据克而瑞机构统计，2020 年公司销售额达 122.7 亿元，位列全国房地产开发企业第 157 名。

公司业务覆盖福建、上海、江苏、重庆、天津等核心区域，形成"布局全国，深耕区域"的战略布局。象屿地产将企业发展深深融入区域经济之中，为城市发展源源不断输入能量，致力打造受人尊敬的综合型城市服务运营商。

公司始终坚持专业化运作、稳健经营、精耕细作，赢得了社会各界的信任与尊重，连续多年获评"中国房地产百强企业""中国房地产开发企业稳健经营 10 强""中国华东房地产公司品牌价值 TOP10"。

- **2020 象屿地产部分高管名录**

姓名	职务
张水利	董事长

重庆协信远创实业有限公司

重庆协信远创实业有限公司（简称"协信远创"）创立于 1999 年，是协信控股集团旗下专注于"高周转为主导、产商协同"发展的业务平台。2020 年，新加坡城市发展集团（简称 CDL）入股，成为协信远创的控股股东，协信远创成为 CDL 拓展中国房地产市场的重要业务平台。

根据克而瑞机构统计，2020 年公司销售额达 268.1 亿元，位列全国房地产开发企业第 96 名。

协信远创砥砺 20 余载，足迹遍布全国七大区域，实现了 17+ 城市的全面布局。目前已开发面积近 2000 万平方米，累计开发项目百余个。公司有品质住宅、城市综合体、科创产业园区、长租公寓等多元化业态，重资产持有与轻资产运营协同发展，"为产业赋能增值、让建筑具有生命"，描绘以"城市共生体"为核心的美好生活蓝图。荣膺"2020 年中国房地产企业综合实力 50 强""中国社区服务 TOP20""中国房地产企业品牌价值 50 强""2020 年度中国地产风尚大奖""2020 中国年度成长力企业"等多项荣誉。

- **2020 协信远创部分高管名录**

姓名	职务
吴 旭	董事长
佘润廷	总裁
李汉平	CFO、信息披露负责人

兰州欣和置业有限公司

兰州欣和置业有限公司（简称"欣和置业"）成立于 2011 年 9 月 2 日，注册资金 1000 万元，坐落于甘肃省兰州市城关区，是集商业地产开发、经营、物业管理为一体的专业地产开发公司。欣和置业在兰州东部商圈投资 20 亿元倾心打造东部商圈首个集大型购物中心、星级酒店、甲级写字楼、地下超市、大型地下停车场为一体的综合商业体，让本项目的物业价值最大化，实现本项目物业环境、经济效益、社会效益的统一。东湖宾馆曾经是兰州东部商圈最重要的标志性商业建筑之一，但是随着时间的推移，东湖宾馆原有的硬件和经营模式已经不能适应新的时代，革新势在必行！全新的"东湖广场"就在这样的背景下应运而生。东湖广场占地面积 34.6 亩，建设用地面积 24.77 亩，总建筑面积约 19.3 万平方米，总投资约 15.21 亿元，是以体验式主题购物广场、5A 写字楼、五星级酒店为主要业态的一站式综合商业基地。

- **2020 欣和置业部分高管名录**

姓名	职务
李忠鑫	董事长

烟台新潮房地产开发有限公司

烟台新潮房地产开发有限公司（简称"新潮房地产"）成立于 1999 年 7 月，为烟台新潮实业股份有限公司的全资子公司，主要从事房地产与城市基础设施综合开发。公司注册资本 1.2 亿元，拥有房地产开发三级资质，技术力量雄厚。目前公司在册人数为 35 人，其中高级工程师 3 名，工程师 9 名，助理工程师 6 名。公司下设物业公司——烟台新潮物业管理有限公司。近年来，公司在房地产领域取得了优异的成绩，先后开发了新潮 1 号小区、新潮 2 号小区、新潮 3 号小区等项目 . 并成功地组织建设了养马岛赛马场改扩建工程。目前在建项目有银和怡海公馆、新潮崇文花园、新潮慢城宁海、新潮瀛洲宁海等。

- **2020 新潮房地产部分高管名录**

姓名	职务
戚建波	总经理

新城控股集团股份有限公司

新城控股集团股份有限公司（简称"新城控股"）1993 年创立于江苏常州，现总部设于上海。2015 年在上海证券交易所上市，成为国内首家实现 B 转 A 的民营房企。经过 27 年的快速发展，成为跨足住宅地产和商业地产的综合性房地产集团，2020 年位列中国房地产行业第 8 位，截至 2020 年上半年，公司总资产超 5066 亿元。

根据克而瑞机构统计，2020 年公司销售额达 2521.6 亿元，位列全国房地产开发企业第 12 名。

截至 2020 年 12 月 25 日，新城控股集团已进入中国 128 个大中城市，包括上海、北京、天津、重庆、杭州、南京、苏州、济南、西安、成都、长春、常州等，开发中或已完成项目超过 600 个。

新城控股坚持住宅地产与商业地产双核驱动的战略模式，即以住宅开发为主，同时理智选取优质地块进行商业综合体的开发运营。在住宅地产方面，公司计划形成以"上海为中枢，长三角为核心，并向珠三角、环渤海和中西部地区扩张"的"1+3"战略布局；在商业地产方面，公司计划在全国范围内选择优质地块进行开发。

• 2020 新城控股部分高管名录

姓名	职务
王晓松	董事长
梁志诚	总裁
曲德君	联席总裁

新东润地产有限公司

新东润地产有限公司（简称"新东润地产"）成立于 2004 年，秉承"建筑，不仅仅是居住的空间，更应该是居者对话世界的方式"的企业理念，形成了集投资、开发建设和物业服务为一体的全过程运作体系和高效的多业态综合开发能力。产品覆盖了住宅、商业、产业地产、特色小镇开发等多种业态。

公司布局两个核心板块：河南板块、海南板块。经过 16 年多的发展，公司累计开发项目 17 个，服务超 5 万户家庭，累计交付面积 1200 余万平方米，土地储备 1 万余亩。

品质地产代表项目有：东郡蓝湾，郑东新世界，龙源湖国际广场，东润华景，机场酒店综合体项目等。小镇运营代表项目有：海南乐东麓鸣海四季旅居小镇，郑州雁鸣湖康养休闲度假小镇，新密袁庄千亩大盘，新乡陈桥湿地康养度假小镇，焦作山水康养度假小镇，三亚云谷互联网产业基地，朱仙镇人文康养度假小镇等。

未来几年，新东润地产将立足于大郑州区域，适时进入省外城市，形成多区域、多项目并行的发展格局，同步开发品质项目和小镇项目。

• 2020 新东润地产部分高管名录

姓名	职务
贠德军	董事长

武汉新港建设投资开发集团有限公司

武汉新港建设投资开发集团有限公司（简称"新港投"）为市属国有独资企业，组建于 2000 年 7 月，其前身为武汉交通国有控股集团有限公司。2009 年 8 月，为实施湖北省委、省政府打造武汉新港的宏伟战略，武汉市国资委以原武汉交通国有控股集团公司为基础，整合资源，扩充职能，正式更名组建了武汉新港建设投资开发集团有限公司，成为武汉新港投资、融资、建设、营运和管理的平台。

公司主要从事公路客运、港航物流、国际贸易、煤炭贸易、港口建设、土地开发整理、房地产开发等业务，资产总额达 220 亿元，净资产 68 亿元，现有国有独资、控股、参股及集体企业共 20 家、员工 6000 余人。

公司及下属企业先后荣获"湖北省文明单位"，湖北省改革工作"先进单位"，湖北省、武汉市"五一劳动奖章"，武汉市"百强企业""和谐企业"，武汉市"先进基层党组织""学习型党组织建设工作先进单位"，武汉市国资委改革创新特别奖等荣誉称号。

• **2020 新港投部分高管名录**

姓名	职务
陈伯虎	董事长

新湖中宝股份有限公司

新湖中宝股份有限公司（简称"新湖中宝"）于 1999 年在上海证券交易所上市，主营业务为高科技、地产和金融服务等。截至 2019 年 12 月底，新湖中宝注册资本 86 亿元，总资产 1440 亿元，净资产 352 亿元，系"沪深300"指数成分股和 MSCI 中国 A 股指数成分股。

根据克而瑞机构统计，2020 年公司销售额达 2521.6 亿元，位列全国房地产开发企业第 155 名。

公司地产业务的实力和品质居行业前列，目前在全国 30 余个城市开发住宅、商业和文旅项目，总开发面积达 3000 多万平方米。近年来公司逐步加强了对以上海内环为核心的环上海城市带的布局，其中上海内环开发面积约 200 万平方米，增值潜力巨大。同时在长三角投入一级土地开发达 1000 多万平方米，为地产业务的可持续发展奠定了坚实基础。

公司积极履行社会责任，发起设立了浙江新湖慈善基金会，2017—2019 年慈善公益支出 1 亿元，用于深度贫困地区的教育脱贫、乡村振兴等项目。其中：出资 7000 万元发起"新湖乡村幼儿园计划"，在云南怒江州实现乡村幼儿园全覆盖，并在全国其他深度贫困地区创办"新湖乡村幼儿园"；向香港知名慈善机构新家园协会捐资 3000 余万元，促进创建香港和谐共融社会，2015 年以来组织近万名香港青年来内地参观交流，增强了香港青年对祖国的文化认同和民族凝聚力；在湖北恩施等地开展新湖"益贫乡村"等公益项目。

• **2020 新湖中宝部分高管名录**

姓名	职务
林俊波	董事长
赵伟卿	总裁
虞迪锋	副总裁、董事长秘书
潘孝娜	副总裁、财务总监

安徽新华房地产集团

安徽新华房地产集团（简称"新华地产"）成立于 1995 年，集房地产开发、景观设计、商业运营与物业管理于一体，具有国家房地产开发一级资质和国家物业管理一级资质，是中国房地产开发综合竞争力百强企业。

新华地产始终坚持立足合肥、布局安徽、进军全国的发展战略，秉承"用心筑造幸福家"的理念，以城市板块运营商的定位，在合肥、山东、阜阳、上海、巢湖、宣城和六安等地打造了多个片区开发、品质华宅、精品公寓、高端别墅、大型城市综合体等多元化系列作品，累积开发项目超 1000 万平方米，服务业主超过 30 万人。

- **2020 新华地产部分高管名录**

姓名	职务
李登文	总裁
万治国	常务副总裁
汪双六	副总裁
吴昌军	副总裁

新华联文化旅游发展股份有限公司

新华联文化旅游发展股份有限公司（简称"新华联文旅发展"）作为中国 500 强企业新华联集团旗下的重点企业之一，1992 年开始涉足房地产开发行业，2011 年 7 月 8 日在深交所上市。

在 20 多年的成长历程中，依托新华联集团雄厚的资金实力和强大的品牌影响力，新华联文旅发展得到了迅速发展，旗下开发项目已遍及全国 20 多个省、市、自治区，并拓展至韩国、马来西亚、澳大利亚等国家，开发总面积超过 5000 万平方米，控股香港上市公司新丝路文旅，形成了文化旅游业、金融业、房地产开发业、商业、酒店业、建筑业、物业、娱乐业、园林等多产业布局。自上市以来，新华联文旅发展加快了战略转型升级的步伐，确立了"文旅 + 金融 + 地产"的发展定位，致力将文旅产业打造成战略支柱型产业。承载着强烈的责任感和使命感，新华联文旅发展投身树立中华民族文化品牌的大事业，已在华东、华南、华北、西北地区以及韩国济州岛布局大型文旅项目。

- **2020 新华联文旅发展部分高管名录**

姓名	职务
马晨山	董事长
苟永平	总裁
杨云峰	副总裁
张 荣	副总裁
于 昕	副总裁
周向阳	副总裁
刘华明	副总裁、财务总监
杭冠宇	副总裁、董事会秘书
傅 波	湖南公司总经理
刘中亚	上海公司总经理

上海新黄浦实业集团股份有限公司

上海新黄浦实业集团股份有限公司（简称"新黄浦"，SH600638）是由黄浦区房地产经营公司、黄浦区兴华实业开发公司和美华房屋建筑装饰公司三家全民所有制企业合并而成。1993 年 3 月 26 日在上海证券交易所挂牌上市，是上海市内最早组建上市的房地产企业之一。

公司是国家房地产开发一级资质企业、上海市合同信用等级 AAA 级企业、上海市四星级诚信创建企业，以及上海市房地产开发企业首批诚信承诺先进单位。

经过多年发展，公司目前已基本形成"房地产＋金融"双轮驱动的发展格局。其中房地产业务板块累计开发面积逾 200 万平方米，开发的著名商业楼宇包括总建筑面积 22 万平方米、被国家行业权威部门评为"上海最具影响科技园区"和"上海房地产 18 年十大经典楼盘"之一的上海科技京城；上海北外滩——浦江国际金融广场；坐落于上海外滩与"中华第一街"南京东路交汇处的新黄浦金融大厦；位居上海浦东陆家嘴金融贸易区的永华大厦和阳光世界等。

- **2020 新黄浦部分高管名录**

姓名	职务
赵峥嵘	董事长
陆却非	总经理
胡少波	副总经理
苏　刚	副总经理
唐　梁	副总经理
车海鳞	副总经理、财务总监

武汉新纪元地产集团有限公司

武汉新纪元地产集团有限公司（简称"新纪元"）于 2009 年 7 月 31 日在武汉市原工商行政管理局（现市场监督管理局）登记成立。法定代表人杨东强，公司经营范围包括房地产开发、商品房销售

- **2020 新纪元部分高管名录**

姓名	职务
杨东强	执行董事兼总经理

新疆城建（集团）股份有限公司

新疆城建（集团）股份有限公司（简称"新疆城建"）成立于 1993 年 2 月，注册资本为 3.66 亿元。公司主营业务为基础设施建设、房地产开发、城市公用类事业投入、新型基础材料生产与销售等相关多元化运营业务。

公司具有国家市政公用工程施工总承包一级、房屋建筑工程施工总承包一级、建筑装修装饰工程专业承包一级、公路工程施工总承包二级、水利水电工程施工总承包二级等十余项行业资质。

公司通过了 ISO9001 质量管理认证、ISO14001 环境管理体系认证、ISO18001 职业健康安全管理体系认证，是新疆地区首家获得质量管理体系、环境管理体系和职业安全管理体系国内（BCC）和国际(NQA)认证证书的企业。2006 年公司顺利完成质量、环境和职业健康安全"三标一体化"管理体系的融合。

公司以"服务社会、发展自我、构建和谐"为己任，实现"股东、社会、客户、员工"四者利益并举：公司以"回报股东，奉献社会，为客户创造价值、造福职工"为宗旨，致力行业健康、有序、科学发展，抓住机遇，不断延伸新疆城建产业链条，实现发展目标。

- **2020 新疆城建部分高管名录**

姓名	职务
陈永旭	董事长
吴 涛	总经理

新锦安实业发展（深圳）有限公司

新锦安实业发展（深圳）有限公司（简称"新锦安"）成立于 1995 年 8 月，属合资有限责任公司，注册资本 1111 万美元。公司有深圳市房地产综合开发和物业管理资质，主要经营范围为房地产开发、物业及停车场管理。公司以全新的管理模式、完善的技术、卓越的品质、工业化标准打造多个品质上乘的住宅及工改项目，同时涉足高新科技、金融投资及物流等领域，是多元化经营的现代化大型企业集团，被业界誉为最具竞争力及发展潜力的企业之一。

- **2020 新锦安部分高管名录**

姓名	职务
高金明	董事长、总经理

新力控股（集团）有限公司

新力控股（集团）有限公司（简称"新力控股"，HK02103）2010 年创办于南昌，历经 10 年的发展，已从区域龙头企业晋升为全国 30 强房企。在战略布局上，新力控股聚焦江西、长三角、大湾区、中西部核心城市以及中国其他区域的潜力城市，成功进驻 50 多个城市。2019 年 11 月 15 日，新力控股成功登陆香港资本市场，成为最年轻的在香港上市的内地房企。2020 年，跻身"中国房地产开发企业 30 强"。

根据克而瑞机构统计，2020 年公司销售额达 1196.4 亿元，位列全国房地产开发企业第 35 名。

2020 年是新力控股成立 10 周年，也是上市后的第一年，公司开启新的征程，通过 5S 健康住区驱动全新健康人居体系，升级居住生活体验。针对购房到居住的全服务周期，升级打造领先行业的客户服务保障体系，让资本市场和客户对企业未来发展充满信心。未来，公司将继续在江西、长三角、大湾区、中西部核心城市以及中国其他区域的潜力城市开发物业项目，进一步巩固现有市场地位，致力实现"根植江西，布局全国"的战略性发展目标。

- **2020 新力控股部分高管名录**

姓名	职务
张园林	董事长、行政总裁
吴 昊	广州区域公司总经理
刘 明	长沙地区公司总经理
胡衍放	武汉城市公司总经理
黄 鹰	沪苏区域公司总经理
王敬伟	赣越城市公司总经理
王 强	赣西城市公司总经理
钱根发	合肥城市公司总经理

江西省旅游集团文旅产业投资发展有限公司

江西省旅游集团文旅产业投资发展有限公司（简称"新旅"）是江西省旅游集团一级控股子公司，成立于 2017 年 7 月，拥有 15 家子公司，业务范围涵盖文旅产业、旅居置业、大基建、物业管理、供应链五大板块。截至 2020 年 5 月，新旅已布局全国三省六城十五个项目，产业覆盖江西、海南、宁夏三个省（区），深耕南昌、赣州、九江、宜春、文昌、银川六座城市，总资产突破 100 亿元，团队规模近千人，在文化、旅游、教育、康养领域获得多个 IP 合作授权，在房地产开发和建筑施工领域取得 1 个一级、7 个二级、8 个三级资质企业。

新旅已在全国落地六大文旅产品体系，包括 IP 主题乐园：九江皮皮鲁总动员儿童主题乐园；新旅文化旅游城产品：公益书院、企业书院、社区书院等；城市文商旅产品：九江浔阳里 1723；城市温泉度假产品：南昌湾里观山樾度假村；城市精品度假酒店产品：南昌湾里明樾堂度假酒店；城市文旅度假区产品：海南逸龙湾国际滨海度假区。四大旅居置业产品系为：明樾台、明樾湾、明樾府、明樾堂四大住宅产品系。

• **2020 新旅部分高管名录**

姓名	职务
黎友才	董事长、总经理
潘俊丹	副总经理
胡慧凝	副总经理
徐振文	副总经理
魏 勇	副总经理
邓志勇	副总经理

新明中国控股有限公司

新明中国控股有限公司（简称"新明中国"，HK02699）于 2014 年 1 月 16 日注册成立。旗下子公司于台州市经营开发项目以来，经过多年的发展，逐渐拓展至上海、重庆、滕州及杭州，如今已成为一家优质的综合性住宅及商业物业开发商。目前，新明旗下拥有位于不同城市的 16 个物业开发项目，总建筑面积约 217 万平方米。

在住宅开放方面，为进一步改善住宅用户的生活环境，新明中国专注开发环境舒适兼备优质配套设施的高级住宅单位，包括质量优越、设计卓越的中层公寓、高层公寓及联排别墅，同时提供临街零售门店以及会所及游泳池等配套设施，满足客户的日常娱乐及消闲需要。

在商业项目发展方面，新明不断致力扩大商业发展项目规模，开发以儿童用品及服务为主题的商业发展项目，并选择经济发展迅速的城市，以独特的发展策略为购买力日益增强的消费者提供良好的服务。

• **2020 新明中国部分高管名录**

姓名	职务
陈承守	主席、行政总裁
李 杰	执行总裁

江苏新能源置业集团有限公司

江苏新能源置业集团有限公司（简称"新能源置业"）于 1996 年 5 月在扬州成立，具有国家房地产开发企业一级资质。自成立以来一直以"做中国健康住宅产业的优等生"为理念，打造让老百姓信得过的房地产品牌。20 多年来先后在扬州、仪征、北京、泰兴、盐城等地开发建设了近 600 万平方米、40 多个各具特色、绿色健康的住宅小区和商务楼，美化了城建蓝图。代表项目有栖月苑、月亮园、淮左郡、奥都花城、和美第、阳光美第、运河一品、名门一品、豪第坊·扬州院子、南山公馆，北京太扬家园等。

集团经过 20 多年的发展，取得了较为显著的经济效益和社会效益，获得了全国、省、市、区多项荣誉：中国房地产诚信企业、中国房地产开发企业 500 强、江苏省房地产开发综合实力 50 强企业等。开发的月亮园、奥都花城获得"广厦奖"；豪第坊·扬州院子被联合国人居署评为"HBR·中国范例贡献奖"；阳光美第被授予全国可再生能源建筑应用示范项目并荣获"全国绿色生态建筑住宅奖金奖"。

- **2020 新能源置业部分高管名录**

姓名	职务
包广林	董事长
王秋云	总裁

重庆新鸥鹏地产（集团）有限公司

重庆新鸥鹏地产（集团）有限公司（简称"新鸥鹏地产"）是中国民营 500 强企业新鸥鹏企业集团下属的三大产业板块之一，以"教育 +"产业链赋能城市产品。2019 年，新增项目 11 个，签约项目 30 余个，全国 173 家政企代表团到公司考察交流。2020 中国房地产开发企业 500 强测评成果正式发布，新鸥鹏地产位列第 96 位，重回中国地产 100 强。

新鸥鹏地产带着"教育 + 地产"的发展模式，进入北京、西安、杭州、北海等城市，并在美国和罗马尼亚等世界多个国家和地区进行了布局。公司聚焦"教育 +"产业链核心竞争力，旗下拥有 K12+4 学历教育体系、国际教育、教育 MALL、中国云教育产业园等，形成了完整的"教育 +"产业链体系，并与曲江文化集团合资成立曲江新鸥鹏文化教育控股集团。依托"文化 +""教育 +"产业优势，文教、文商、文旅、健康、会展、演艺六大产业链交互赋能，公司全国化布局进入高速增长期。

- **2020 新鸥鹏地产部分高管名录**

姓名	职务
周永勇	董事长、总裁
许丰伟	常务副总裁

新世界中国地产有限公司

新世界中国地产有限公司（简称"新世界中国"）为香港上市公司新世界发展有限公司（HK00017）旗下的内地物业旗舰，是最早进入内地的港资企业之一。新世界中国秉承"以人为本"的理念，以"打造令人心满意足的社区，构建繁荣安定、活力充沛的个性都会"为愿景。新世界中国糅合传承与创新，大力发展大型综合商业地标、写字楼、商场、住宅社区及酒店等，缔造让人、城市、自然共融并可持续发展的项目，赋予每个城市新的活力。

2020年，公司开发的天津周大福金融中心荣获世界高层建筑与都市人居学会颁发的建造奖、最佳高层建筑奖（400米及以上）及结构工程奖；皇家特许测量师学会颁发的RICS中国奖年度建造项目冠军、RICS中国奖年度BIM最佳应用冠军，以及RICS中国奖年度专业咨询服务团队（建造领域）优秀奖。

• 2020 新世界中国部分高管名录

姓名	职务
郑志刚	行政主席
蔡汉平	副行政主席
黄少媚	行政总裁
薛南海	设计总裁
黄咏东	运营总裁

新天地产集团有限公司

新天地产集团有限公司（简称"新天地产"，HK00760），创立于1995年，是一家以房地产开发为主，集资产经营和物业管理为一体的多元化企业，其房地产开发项目涵盖顶级豪宅、国际别墅小区、优质住宅屋苑、甲级写字楼、国际品牌星级酒店、大型购物中心等，已开发的各类物业超过百万平方米，并跻身综合房地产发展商行列，成为国内领先的房地产开发商，多次被授予"广州市房地产开发综合实力十强企业""广东省百强民营企业""广东地产资信企业20强"等荣誉。

公司始终秉承"做精品求长远"的产品理念和"合作、共赢、发展"的市场理念，注重产品创新、品牌价值体现。2010年，集团完成赴港上市工作，正式登上国际资本市场，集团主业模式由传统的房地产开发战略性地转变为城市更新（三旧业务）发展，成为该领域的首批开拓者。集团重点布局珠三角地区，并辐射全国。

• 2020 新天地产部分高管名录

姓名	职务
张高滨	董事会主席、总裁
张永棠	常务副总裁

杭州新天地集团

杭州新天地集团（简称"新天地"）是以"城市中央活力区、城市文化名片、养生度假区"三大主力产品为引擎驱动，文、商、旅三位一体协调发展的城市复合产业运营商。集团成立于 2008 年，目前总资产 300 亿元，净资产 100 亿元。集团业务以杭州为源头，辐射北京、深圳、重庆、西安等城市，秉承"以产兴城、以城促产、以业聚人"的运作思路，树立"精品导向、精益运营"理念，凝心聚力发展产业，精心细致做好产品，推动城市和区域繁荣，创建美好生活。

- **2020 新天地部分高管名录**

姓名	职务
刘文东	董事长
金国华	副总裁

四川新希望房地产开发有限公司

四川新希望房地产开发有限公司（简称"新希望地产"）于 1998 年正式成立，是新希望集团八大产业板块的重要组成部分。历经 22 年的发展，新希望地产不断加强专业化运作，实现了资产和经营规模的持续跨越发展，形成了住宅、商业综合体、写字楼、酒店、长租公寓、文旅小镇、专业市场、总部工业园的全类产品线，包含房地产开发、商业运营、物业管理的多元经营业态。

根据克而瑞机构统计，2020 年公司销售额达 1031 亿元，位列全国房地产开发企业第 40 名。公司综合实力位居中国房地产 40 强，品牌价值位居中国房地产 30 强，产品品牌位居中国房地产 10 强，社区服务位居中国房地产 40 强。新希望地产稳健拓展全国版图，立足西南大本营，深耕环沪城市群，发展环渤海城市群，布局华中城市群，成功挺近粤港澳大湾区。2017 年落户苏州、嘉兴，2018 年落户杭州、重庆，2019 年初落户南京、天津，2019 年底落户广州、佛山、武汉，2020 年成功落户西安，至今累计开发面积已超 2000 万平方米，深耕全国 15 个新一线、强二线城市。

- **2020 新希望地产部分高管名录**

姓名	职务
姜孟军	执行总裁
武 敏	常务副总裁
董 李	副总裁、文旅总裁
樊俊宏	副总裁

新星宇建设集团有限公司

新星宇建设集团有限公司（简称"新星宇"）是集工程建设、产业化、物业管理、商业服务、金融投资五大板块于一体的全产业链企业集团，入选中国民营企业500强。作为吉林省工程建设行业的龙头企业，新星宇的增长较快，2013年以后营业额持续超过百亿元。近年来，新星宇紧跟国家"一带一路"倡议，积极参与多项国家级PPP试点项目，获得各级政府和广大客户的一致好评。

新星宇在城市综合管廊、水环境综合治理、海绵城市、智慧城市等领域不断深入探索，开展多元化转变。历经多年发展，新星宇锤炼出多个具有极强专业能力的产业型公司，打造了拥有丰富管理经验和操作能力的人才团队，铸造了国内知名的"新星宇"品牌。

• 2020 新星宇部分高管名录

姓名	职务
张琪武	董事长

上海新长宁（集团）有限公司

上海新长宁（集团）有限公司（简称"新长宁集团"）成立于1996年3月，1998年7月重组。集团围绕长宁国际精品城区建设，在稳定房产主业的基础上，积极参与住房保障、物业服务、低碳节能、市政道路、绿化养护和教育培训等城市运营和配套服务，着力打造集多轮业务驱动于一体的城市运营服务商，是长宁区最具实力的企业集团之一。

集团已连续20余年荣获"上海市重点工程实事立功竞赛优秀公司"，以高品质的房产开发和成熟的品牌形象，位居上海房地产开发企业50强前列。荣获了全国"守合同重信用"企业"全国中华慈善突出贡献奖""上海市企业文化示范基地""长宁区深化全国文明城区创建先进集体"等荣誉称号。

集团根据长宁区产业发展战略和城市更新战略定位，按照区国资委的"三年行动计划"，集团积极布局"2+2"发展战略，在做优做精房产开发经营、积极推进城市更新、努力谋划新兴领域和加快产业延伸升级等方面取得阶段性成果。

• 2020 新长宁集团部分高管名录

姓名	职务
倪 尧	党委书记、董事长
马 彬	副总经理
俞志辉	副总经理

鑫都集团

公司始于 1990 年，并于 2006 年组建为鑫都集团，至今已发展成为一家涉足地产、金融、能源、投资等领域的多元化企业集团，业务遍及全国。

集团的核心业务为房地产开发，自 2000 年进军地产领域以来，一直秉承 "为城市增添活力，为生活筑造精彩" 的开发理念，坚持为客户提供高品质的住宅产品和居住环境，靠质量与信誉赢得了市场的认可及口碑。为实现深耕山东、布局全国、走向世界的发展战略，集团于 2018 年将旗下鑫都置业集团总部搬迁至北京，广纳人才，以 "匠心慧筑·美好生活" 为宗旨，以科技推动产品升级，打造符合未来美好生活需求的科技智慧型住宅，引领行业发展的新趋势。展望未来，鑫都集团将坚持 "突出主业、适度多元" 的发展策略，积极打造物业、建筑、设计等房地产全产业链。

- **2020 鑫都集团部分高管名录**

姓名	职务
刘晓东	董事长

沈阳鑫丰富俪城房屋开发有限公司

沈阳鑫丰富俪城房屋开发有限公司（简称 "鑫丰"）是一个集团化的企业，是品牌化的企业，是质量和信誉的象征，公司由香港鑫丰投资有限公司所成立。旗下有房地产开发、物业管理、制造业等十余家企业。以鑫丰品牌集团独有的管理模式、经营模式、发展模式，在国内外享有盛名。

公司从 2000 年起进军地产领域，主要投资商业住宅，先后开发几百万平方米、十几处商业楼盘项目，现正在建设中的 "鑫丰·雍景豪城" 和 "鑫丰·熙区府" 项目，都地处市中心 "西部十字金廊" 之上，这里是沈阳市最受欢迎的黄金地段，坐拥百万客流。

鑫丰努力推动行业规则的建设，不断完善生产方式、技术和管理，提高行业规范化程度，实现 "有质量增长" 并推动行业技术进步。

- **2020 鑫丰部分高管名录**

姓名	职务
崔正锋	董事长
崔绍昱	总经理

青岛鑫江置业集团有限公司

青岛鑫江置业集团有限公司（简称"鑫江集团"）成立于 1995 年，以助力城市综合发展、提升高质量美好生活品质为己任。历经多年的发展，已成为集地产开发、酒店运营、社会公益于一体的多元化集团企业，获得"山东省守合同重信用企业""山东省热心慈善事业先进单位""青岛市文明单位""青岛市书香企业""青岛市地方纳税五十强"等多项省市荣誉。2019 年、2020 年连续入选青岛市民营企业 100 强。2020 年向新冠疫情防控工作捐款 200 万元。

鑫江集团具备国家房地产开发企业一级资质，并始终致力于开发高质量的人居产品，不断提升和改善美好生活品质。成功开发建设了水青木华、水青花园、拉菲庄园、水青花都、鑫江玫瑰园、鑫江桂花园、鑫江合院、鑫江华府、鑫江花漾里等 21 个不同定位的精品人居产品，全面覆盖客户刚需、刚改、终改各置业阶段需求，总开发面积超过 400 万平方米。

- **2020 鑫江集团部分高管名录**

姓名	职务
方润超	总经理

鑫苑（中国）置业有限公司

鑫苑（中国）置业有限公司（简称"鑫苑"）创立于 1997 年，2007 年 12 月 13 日成功登陆美国纽交所，为中国首家在美国纽交所上市的房地产开发企业，年均复合增长率为 67%。鑫苑旗下地产关联板块，涵盖了融资代建、产城运营、智慧科技、商业管理、物业管理五大板块，形成了完整的科技地产生态系统，持续为地产业态发力提供支持。

根据克而瑞机构统计，2020 年公司销售额达 226.3 亿元位列全国房地产开发企业第 116 名。

成立 20 余年来，鑫苑始终秉承"品质地产"和"科技地产"的开发建设理念，连续 15 年跻身中国房地产百强企业。截至目前，鑫苑累计开发建设项目超过 60 个，累计开发面积超过 2000 万平方米，为超过 20 万业主提供了优质居所。作为首批赴美上市、进军海外的中国房地产企业，国际地产一直是鑫苑的重要业务，范围辐射美国、马来西亚等多个国家和地区，打造了一系列精品项目。

- **2020 鑫苑部分高管名录**

姓名	职务
张 勇	董事长
聂亚云	副总裁、河南区域公司董事长

信达地产股份有限公司

信达地产股份有限公司（简称"信达地产"，SH600657）是中国信达旗下房地产上市公司，公司直属包括具有房地产开发一级资质、投资企业十余家，开发项目主要分布在国内 20 多个大中型城市。

根据克而瑞机构统计，2020 年公司销售额达 255 亿元，位列全国房地产开发企业第 104 名。

公司以房地产开发为核心，以商业物业经营管理、物业服务、房地产专业服务为支持，坚持房地产主业与资本运营协调发展和良性互动的发展模式，同时以经济效益为核心，完善产品体系与城市布局，努力扩大公司的品牌效应。

作为房地产开发业务运作平台，信达地产依托信达系统资源，发挥自身在房地产开发方面的专业能力，强化集团协同联动，打造专业化、差异化、特色化的发展模式，建立地产开发、协同并购、专业服务三大体系互补的业务发展格局，努力成为具有广阔发展空间的综合开发投资服务商。

- **2020 信达地产部分高管名录**

姓名	职务
丁晓杰	董事长、总经理
张 宁	副总经理
潘建平	副总经理
陈永照	副总经理
陈 瑜	副总经理

安阳市信合置业有限公司

安阳市信合置业有限公司（简称"信合置业"）是一家集房地产开发、经营、销售、物业管理为一体的综合性企业。自 2010 年成立以来，公司秉承"敬业、忠诚、团结、进取"的企业精神和"务实、创新、规范、卓越"的经营理念，始终走在安阳地产的前沿。

公司在坚持以中高端精品住宅开发为主，以城市地标性物业建筑为辅的基础上，逐渐形成了自身的发展优势与发展潜力。公司在积极承担企业及社会责任的同时，广纳人才，任人唯贤。现拥有各专业高级工程师、工程师及多层次、高素质员工 30 余人，内设技术研发部、工程部、营销部等多个核心部门。

信合置业在不断提升自身内功的同时，更加专注于"和谐、自然、舒适"的产品特色，同时主张"和谐生活、自然舒适"的开发理念，不断提高企业综合实力及产品质量。在打造精品住宅、引领新居住时代发展方向的同时，力争得到社会、行业及老百姓的认同及赞誉。

- **2020 信合置业部分高管名录**

姓名	职务
孙建华	总经理

深圳市信义控股集团有限公司

深圳市信义控股集团有限公司（简称"信义集团"）成立于 1992 年，一直坚持以持续提高人居质量为己任，具有雄厚的开发实力和专业、优秀的开发管理团队、丰富的项目开发经验。公司秉承"诚信筑家，以人为本"的理念，按照重管理、高标准、高质量的开发要求及社会效益和经济效益并举、诚实守信的原则，先后为数以万计的家庭构筑了幸福的家园，开发的业态涵盖别墅、商业、住宅、工业园等。

信义集团高度重视诚信经营和创新发展，先后获得中国质量检验协会授予的"全国产品和服务质量诚信示范企业"及"全国行业质量示范企业"等称号；荣获"全国诚信建设示范单位""中国质量承诺·诚信经营企业（品牌）""中国房地产系统质量合格·顾客满意·国家标准产品（单位）""年度房地产单项开发 15 强"等荣誉。

• **2020 信义集团部分高管名录**

姓名	职务
李贤义	集团主席

河南信友置业集团有限公司

河南信友置业集团有限公司（简称"信友集团"）成立于 2010 年，目前已成为以地产开发为核心，涵盖地产金融及地产全产业链价值于一体的综合性集团企业。信友集团业务布局河南、山东、广东、广西、北京、上海等地，在全国 16 个城市有 31 个项目，累计开发及在建面积约 1500 万平方米，服务业主 10 余万人。

根据克而瑞机构统计，2020 年公司销售额达 143 亿元，位列全国房地产开发企业第 148 名，荣登全国房企权益销售榜第 95 位，在河南排名第 5 位，成长速度全国十强。

2020 年是信友新五年计划的开启之年，也是向着跨千亿元目标奋进的第一年。截至 2020 年 12 月 31 日，信友集团年度权益销售额 264.6 亿元；销售合同面积 391.8 万平方米，在建面积超 500 万平方米；在售项目 25 个；销售套数 32312 套。围绕"精品地产、金融联动、智慧社区、生态运营、友邻服务"五大核心，信友集团坚持"美好城市生活"的使命，构建"天字系、府系、城系、公馆系"四大产品系，以"好产品、好智慧、好配套、好服务、好邻里"5G 社区为载体，打造新时代下的美好生活方式。

• **2020 信友集团部分高管名录**

姓名	职务
王海涛	董事长
李 强	总裁

自贡市星河房地产开发有限公司

自贡市星河房地产开发有限公司（简称"星河地产"）是由 1985 年成立的荣县旭阳镇房地产开发有限公司改制而成，目前拥有国家房地产开发二级资质，职工 200 余名，先后开发了上百万平方米的商业住宅，其中，星河湾、奥运绿洲、新城体育中心等经典项目均有口皆碑。

星河地产 30 余年风雨征程，获得了多个荣誉：AA+ 信用等级、四川房地产开发企业 200 强、2010—2011 年度先进私营企业、2013 年城乡建设工作先进集体等。

一分荣誉，十分责任，星河地产在取得成绩和荣誉的同时，并没有忘记自己肩负的社会责任，自 2000 年以来，星河地产投身到大大小小的公益事业中，尽自己的绵薄之力去回馈社会大众，在扶贫、助学、济困、赈灾、修路等公益事业上捐助总额超过千万元。

• 2020 星河地产部分高管名录

姓名	职务
李金玉	董事长

星河控股集团有限公司

星河控股集团有限公司（简称"星河控股集团"）成立于 1988 年，历经 32 年发展，旗下现有地产、金融、产业、置业、物业五大业务集团，业务涉及地产开发、城市更新、酒店管理、物业服务、金融投资、产业运营等多个领域，已成为国内大型综合性投资集团。

根据克而瑞机构统计，2020 年公司销售额达 341 亿元。位列全国房地产开发企业第 84 名，连续九年名列"中国房地产百强企业"。

2020 年，凭借强大的综合实力及良好的企业口碑，星河控股集团旗下产业赢得多项殊荣：星河地产集团荣获 2019 年粤港澳大湾区房企权益销售金额 TOP50；星河产业集团荣获 2020 粤港澳大湾区产业园区优秀运营商；深圳市星河商置集团有限公司荣获 2020 粤港澳大湾区商业优秀运营商；深圳市星河智善生活股份有限公司荣获 2020 粤港澳大湾区物业服务创新先锋；深圳丽思卡尔顿酒店获 2020 深圳十大经典酒店项目。

• 2020 星河控股集团部分高管名录

姓名	职务
黄楚龙	董事长
姚惠琼	副董事长、总裁
时 锋	副总裁、华南区域总裁

星河湾集团有限公司

星河湾集团有限公司（简称"星河湾集团"）一直秉持"舍得、用心、创新"的核心价值观，努力创立行业的品质典范。身处改革开放的前沿阵地，在党和政府的关心下，星河湾已逐步发展成为一家拥有城市运营、酒店、物业管理、生产制造、教育、商业、投资等多个商业版图的集团化企业。集团旗下拥有近百家分（子）公司，员工近万人。

根据克而瑞机构统计，2020 年公司销售额达 132.4 亿元，位列全国房地产开发企业第 154 名。

星河湾集团专注精品、坚守品质，在中国民办企业中以品质闻名，享有美誉、屡获殊荣，包括："中国城市更新杰出贡献企业"称号；中国质量信誉监督协会授予的"中国质量服务信誉三优单位"；太原星河湾荣获中国房地产业协会、住房和城乡建设部住宅产业化促进中心颁发的"广厦奖"；中国土木工程学会住宅工程指导工作委员会、詹天佑土木工程住宅科技发展专项基金委员会颁发的"詹天佑土木工程大奖"；入选"国家康居住宅示范工程"并获得规划设计金奖等。

• **2020 星河湾集团部分高管名录**

姓名	职务
黄文仔	董事长
邹小乔	长沙公司总经理
沈群明	广州区域副总裁
孙小烈	上海区域副总裁
徐玉军	太原城市公司总经理
王 贇	西安公司总经理
邹恩鹏	沈阳公司总经理

江苏星源房地产综合开发有限公司

江苏星源房地产综合开发有限公司（简称"星源房产"）成立于 1996 年 8 月，拥有房地产开发一级资质，注册资金为 6600 万元。成立以来一直被评为"信用 AAA 级资信企业"，是多年的纳税大户。先后获得"中国房地产企业 200 强""江苏省房地产企业 50 强""南通市房地产企业 20 强""南通市最佳信贷诚信企业"等 60 多项荣誉。

公司在不断的探索中潜心研究，勇于创新，不断追求所开发项目的舒适性、安全性和文明性的完美结合，几年来已圆满完成星源佳苑、星源花苑、通州星源城、东郊庄园、星源名居、星源和谐家园、新源翰学苑等开发项目 18 个。在产品开发过程中严格执行国家标准和行业规定，所开发小区配套齐全、设施完善、绿化达标，工程合格率达 100%。

• **2020 星源房产部分高管名录**

姓名	职务
姜广泉	董事长

邢台同信房地产开发有限公司

邢台同信房地产开发有限公司（简称"邢台同信"）于 2018 年 6 月 12 日成立。法定代表人苏子成，公司经营范围包括：房地产开发与经营；物业管理服务；房地产租赁经营服务；市场管理服务；建筑材料（不含木材）、五金产品、日用百货、文具用品的销售（依法须经批准的项目，经相关部门批准后方可开展经营活动）等。

- **2020 邢台同信部分高管名录**

姓名	职务
苏子成	董事长
乔志国	总经理

杭州兴耀房地产开发集团有限公司

杭州兴耀房地产开发有限公司（简称"兴耀房产"）成立于 1992 年，公司注册资本金 1 亿元，具有国家房地产开发二级资质。公司立足滨江区，通过自营和合作开发在滨江区先后开发了铁岭花园、温馨人家、温兴风情苑、兴耀大厦等多个地产项目。此外，近年来公司先后在绍兴、海宁、丽水、安吉等地开发了多个地产项目，总开发面积逾 300 万平方米，涵盖普通住宅、低密度别墅、写字楼、商业及工业地产等物业类型。

公司自成立以来，一直追求稳健发展，这在当前的市场环境下更显重要。为了更好地整合资源，带领公司朝更专业的方向发展，公司在 2014 年 5 月成立房产集团。

目前公司在杭州市场正在开发的项目有星耀城项目（商业综合体，总建筑面积 16 万平方米），星悦湾项目（住宅，总建筑面积 26 万平方米）和鑫都汇项目（商业综合体，总建筑面积 10 万平方米）。2014 年 6 月 20 日又以近 4.5 亿元竞得滨江区中心地块，占地 18228 平方米，毗邻地铁 1 号线和规划中的地铁 6 号线江陵路换乘站，与星耀城项目仅一路之隔，定位为精品商业项目。

- **2020 兴耀房产部分高管名录**

姓名	职务
黄耀坤	董事长
黄东良	总裁
黄月君	常务副总裁
鲍雄亮	副总裁

湖南秀龙地产置业集团有限公司

湖南秀龙地产置业集团有限公司（简称"秀龙地产"）始创于 2010 年，集团业务涵盖地产开发、旅游投资、教育投资、绿色农业、医疗健康及环保能源等多个领域。旗下拥有湖南华城旭悦置业有限公司、湘潭华彩置业有限公司、湖南长润置业有限公司、湖南斌辉建设工程有限公司、湖南湘郡物业管理有限公司、长沙韬略教育发展有限公司、湖南郡城投资开发有限责任公司、湖南梅山之恋旅游股份有限公司等 20 余家子公司。

集团公司拥有一支团结、专业、富有激情和创造力的管理团队，目前有在职员工近 800 人，其中具有中高级职称的 200 余人。集团公司采用集团管控、子公司独立运营的经营管理模式，以"缔造品质生活"为使命，以"成为令人尊敬的城市运营配套服务商"为愿景，积极向文旅产业、教育产业、现代农业、健康医疗、环保能源等领域开拓业务，促进公司快速、健康、可持续发展。

- **2020 秀龙地产部分高管名录**

姓名	职务
肖玉军	董事长

徐州欧蓓莎置业有限公司

徐州欧蓓莎置业有限公司（简称"徐州欧蓓莎"），亚洲品牌 500 强企业，是一家以房地产综合开发经营、市场经营管理、房屋租赁、市场营销策划、商品展示服务为一体的综合性房地产开发企业，具备房地产开发二级资质。公司成立于 2010 年 3 月，注册资本 5000 万元。拥有中、高级职称或大学本科以上学历的人员占职工总人数的 70% 以上，具有充足的资金实力和高度专业化的项目开发管理能力。是徐州市综合实力强、发展规模大的商业地产开发企业之一。

公司于 2010 年 3 月进驻徐州，专注开发"欧蓓莎国际商城"项目。该项目位于经济开发区高铁板块，建筑面积为 78 万平方米，总投资 50 亿元，集家居装饰、建筑建材、商务办公、金融服务、餐饮娱乐等为一体。徐州"欧蓓莎国际商城"项目，是"欧蓓莎"商业地产品牌的重要组成部分。目前吴江、德阳、建德、大丰、镇江、淮安、潍坊等城市的"欧蓓莎"项目已成功推出，并获得广大商户的信赖与追捧。

- **2020 徐州欧蓓莎部分高管名录**

姓名	职务
杨 林	董事长

旭辉控股（集团）有限公司

旭辉控股（集团）有限公司（简称"旭辉"，HK00884）2000 年成立于上海，2012 年在香港主板整体上市，是一家以房地产开发、运营和物业服务为主营业务，定位于"美好生活服务商、城市综合运营商"的综合性大型企业集团。

根据克而瑞机构统计，2020 年公司销售额达 2310 亿元，位列全国房地产开发企业第 14 名。

旭辉成立 20 年来，秉承"用心构筑美好生活"的使命，旭辉始终追求"有质量的发展"，目前集团业务遍布海内外共计 90 个大中城市，累计开发项目 530 余个，服务逾 40 万户业主。

旭辉围绕着为客户提供美好生活的出发点，开展多元化业务，推动房地产生态圈的打造，借助房地产主业的优势，不断开拓创新，业务和关联公司的业务遍及社区生活服务、长租公寓、教育、养老、商业管理、建筑产业化、基金管理、工程建设、装配式装修等。

- **2020 旭辉部分高管名录**

姓名	职务
林　中	董事会主席
林　伟	董事会副主席
林　峰	执行董事、行政总裁
杨　欣	副总裁、首席财务官
周　青	总裁助理、武汉事业部总经理
杜　洋	总裁助理、东北区域事业部总经理
方轶群	副总裁、上海区域总裁
张　播	副总裁、西南区域总裁
董　毅	华北区域集团总裁
徐晓明	大连城市公司总经理
陈睿麒	西北事业部总经理
郑治胜	河南区域公司总经理
赵军明	深圳区域总裁
邹　刚	江苏区域集团副总裁、淮海城市公司总经理
姚志强	江苏区域集团副总裁、苏南公司总经理
李建锋	江苏区域集团副总裁、南京城市公司总经理
沙　欢	江苏区域集团总裁助理、苏州城市公司总经理
戴　磊	石家庄公司总经理
林祝波	成都事业部总经理
郑海川	贵阳公司总经理
林铃忠	天津公司总经理
孙国富	太原公司总经理

雅戈尔置业控股有限公司

雅戈尔置业控股有限公司（简称"雅戈尔置业"）成立于 1992 年，为国家房地产开发一级资质企业，公司注册资本 32 亿元，总资产近 200 亿元，净资产约 50 亿元，形成了以房产开发为核心，酒店管理、旅游开发、健康医疗等相关产业的成熟产业链布局。

根据克而瑞机构统计，2020 年公司销售额达 172.3 亿元，位列全国房地产开发企业第 136 名。

雅戈尔置业从宁波起步，历经 20 多年的耕耘发展，秉承"品质地产先行者"的品牌理想，稳健开拓，多次荣获中国房地产行业综合性大奖"广厦奖"、全国物业管理示范小区、"钱江杯"等国家级和省部级荣誉，品牌影响力深入人心。

在企业快速发展的过程中，雅戈尔置业始终以"负责任的企业公民"为己任，努力实践社会责任。多年来坚持致力推行"四节一环保"住宅的探索与尝试，多次荣获中国房地产诚信企业、浙江省消费者信得过单位、全国纳税五百强等社会荣誉。

- **2020 雅戈尔置业部分高管名录**

姓名	职务	姓名	职务
钱 平	董事长	王国良	总经理

雅居乐集团控股有限公司

雅居乐集团控股有限公司（简称"雅居乐"，HK03383）成立于 1992 年，是一家以地产为主，多种业务协同发展的综合性企业集团，2005 年在香港联交所主板上市。一直以来，雅居乐始终关注人们对美好生活的追求，致力成为优质生活服务商。雅居乐覆盖国内外 80 多个城市，有 200 多个项目，打造的广州雅居乐富春山居及海南清水湾等作品享有盛誉。

根据克而瑞机构统计，2020 年公司销售额达 1381.5 亿元，位列全国房地产开发企业第 26 名。

经过 28 年的发展，雅居乐已形成地产、雅生活、环保、雅城、房管、资本投资、商业管理和城市更新八大产业集团并行运营的格局。截至 2020 年 6 月 30 日，总资产规模超过 3000 亿元，业务覆盖国内外 200 多个城市，员工人数超过 59000 人。

雅居乐现为恒生综合指数、恒生环球综合指数、恒生港股通指数系列、恒生高股息率指数、恒生中国内地地产指数、恒生增幅指数、恒生中国（香港上市）100 指数、摩根士丹利中国指数及力宝专选中港地产指数的成分股。雅居乐的品牌理念是"一生乐活"。

- **2020 雅居乐部分高管名录**

姓名	职务	姓名	职务
陈卓林	董事会主席、总裁	张海明	地产集团广州区域总裁
王海洋	副总裁、地产集团总裁	王立生	地产集团西安区域总裁
徐 渊	地产集团上海区域总裁	张 科	地产集团太原事业部总经理
李 炜	地产集团重庆区域总裁	潘武略	地产集团长沙事业部总经理
翟朝锋	地产集团云南区域总裁	邵 晴	房管集团华东区域片区总经理
赵 磊	地产集团南京区域总裁		

江苏亚东建设发展集团有限公司

江苏亚东建设发展集团有限公司（简称"亚东"）是一家从事地产、旅游、商业、教育、实业经营，以及资本运作的集团化企业。国家房地产开发一级资质企业，下辖三个集团公司，22家成员企业，拥有近3000名员工，总部设在南京。

25年来，亚东以创建美好生活服务型企业、做美好生活优秀服务者为使命，立足南京都市圈，拓展长三角，涉足海内外。先后在江苏、安徽、广西、浙江等地开发了数十个精品住宅及文旅综合体，近年来，更将开发业务成功拓展到北美洲及澳大利亚。集团十次被评为"江苏省房地产开发行业综合实力50强"，荣获联合国人居署颁发的"可持续发展特别贡献奖"等；曾先后多次荣获"信用江苏、诚信单位""A级纳税信用单位""南京市慈善工作先进单位"，称号；荣列南京市民营企业文化建设首批示范单位，以两个文明建设的显著业绩，被南京市委、市政府授予"南京市优秀民营企业"光荣称号。

- **2020 亚东部分高管名录**

姓名	职务
聂筑梅	董事局主席
高 巍	董事长
蒋 炯	总经理

兰州亚太实业（集团）股份有限公司

兰州亚太实业集团股份有限公司（简称"亚太集团"）创建于1996年8月，系甘肃省地产界首家上市企业，是以"房地产开发、工业品产销、资本化运营"为核心，以"资产管理、经贸商贸、矿业开采、生物制药"为主要组织部分的大型股份制企业，下属8家专业化集团公司，32家分公司，现有员工7000余人，总资产260亿元。

亚太集团自创建以来，始终以房地产开发为主营产业，已成功开发30多个经典小区，累计开发面积800多万平方米，正在开发建设的地产面积约500万平方米，主要分布在上海、浙江、海南、兰州、平凉、武威、定西、永登等地，现正在由房地产开发"三驾马车"倾力开发建设，房地产主营产业已成为推动企业持续发展的"稳定器"和"压舱石"。

集团多年来先后荣获"中国名盘100强""甘肃省房地产开发企业30强"等殊荣，在"甘肃省民营企业50强"评选中，连续三年稳居榜首，多次荣获"陇商十大优秀企业" "兰州十大优秀企业" "民营示范企业"等称号。

- **2020 亚太集团部分高管名录**

姓名	职务
朱全祖	董事长、总裁
朱宗宝	执行总裁
韩 勇	副总裁
程中杰	副总裁
魏军斗	副总裁
瞿继栋	房地产集团董事长

吉林亚泰房地产开发有限公司

吉林亚泰房地产开发有限公司（简称"亚泰地产"）以"大健康、生态养生、多业态"为发展方向，在发展高品质生态养生住宅的基础上，积极发挥集团产业链优势，开发多业态的产品体系。现有 16 家企业，形成集土地整理、房地产开发、住宅产业化设计、建筑施工、装饰工程、环境工程、物业服务为一体的完整产业链，是全国知名的房地产开发商。开发项目已经拓展到全国 6 省 11 市，现有土地整理项目 2 个，住宅地产项目 17 个，商业地产项目 4 个，土地储备达到 312.63 万平方米，资产规模已达到 203.96 亿元。

- **2020 亚泰地产部分高管名录**

姓名	职务
韩冬阳	董事长、总裁

河南亚新投资集团

河南亚新投资集团（简称"亚新集团"）成立于 1997 年，秉持创造美好生活的初心，致力为大众提供更高品质的创新产品和服务。现已构建了包括亚新地产、亚新物业、亚新文旅、亚新金融、亚新教育等多元业务生态，成为以地产为核心的美好生活方式服务商。

根据克而瑞机构统计，2020 年公司销售额达 84.5 亿元，位列全国房地产开发企业第 184 名。

旗下的亚新地产是国家一级资质的房地产开发企业，致力为客户提供精细化、智慧化的产品和服务。亚新地产是中原成品房开发先行者，目前已建立起中原领先的成品房标准体系，形成了满足不同市场需求的多个产品系列。累计开发面积超过 1000 万平方米，为 10 余万名业主提供了优质的服务与体验。亚新地产在河南的在售项目有 17 个，已形成满足不同人群需求的产品体系。亚新深耕河南市场，同时开启全面发展的步伐，如今，亚新地产业务布局已包括上海、北京、美国加州等地。

- **2020 亚新集团部分高管名录**

姓名	职务
马亚萍	董事长

河南亚星置业集团有限公司

河南亚星置业集团有限公司（简称"亚星"）于 1993 年 3 月在郑州市上街区成立，2007 年组建成立河南亚星置业集团有限公司。经过 20 多年的快速发展，目前已成为业务涵盖房地产开发、建筑安装、物业管理、商业管理、园林景观、型材加工、教育文化的集团化企业。具有国家房地产开发一级资质、建筑施工一级资质、物业管理一级资质。

亚星集团成立之初即确定"创新为业，诚信为本"的企业理念，20 多年来，始终坚持"质量第一、百年大计"的管理准则，现已成功开发精品项目 40 余个，开发总面积达到 800 余万平方米。所开发项目亚星盛世家园获得房地产行业质量奖"广厦奖"。

亚星集团根植中原，深耕西南，先后对齐礼闫和黄冈寺成功进行城中村改造和村民安置，对西南片区的发展具有里程碑的意义。

2020 年，亚星荣获中国地产最具社会责任企业；亚星盛世物业荣获 2020 中国物业服务百强企业荣誉。历年来亚星集团多次获得郑州市"优秀民营企业""纳税先进单位"等荣誉，多次受到郑州市委市政府的嘉奖。

• 2020 亚星部分高管名录

姓名	职务
高 峰	董事长

四川炎华置信实业（集团）有限公司

1997 年杨毫和叶乃炎先生创立置信品牌。2004 年 4 月 29 日，通过战略调整和资源整合，原置信公司成立了成都置信集团和炎华置信集团，这两个集团股权独立，品牌共享。

自组建之日起，炎华置信就建立了现代企业制度，设立了股东会、监事会和董事会。集团总部下设董事会办公室、审计、财管中心、技术中心和营销中心等多个部门。目前，炎华置信主要涉及房地产开发、旅游度假、旅居康养、商业运营、物业服务五大产业板块。炎华置信旗下全资、控股和参股的企业有 14 个，分别是 8 家房地产开发公司：尚源房产、佳丰地产、三合实业、武田房产、德兴置业、万隆房产、金联实业、川出置业。1 家园林公司青林景观，1 家装饰工程公司盛羽装饰，1 家商管公司荣信行，1 家投资公司东顺投资，1 家农贸发展公司光合联，1 家全国物业管理一级企业洁华物业。集团有员工共计 1000 余人。集团内人才济济，硕士以上学历者和高级技术人才达 160 人之多，平均年龄 36 岁。团队组建合理务实，拥有一批高效敬业的职业经理人，是一支年轻而又充满朝气的专业房地产开发公司。

炎华置信已经成功开发了"大华世都"和"置信逸都花园·情融苑"，并与置信房产、蔚信房产共同推出了震撼中国房地产界的大型仿古建筑群"芙蓉古城"，倾力打造了古蜀金沙的川西民居"置信逸都金沙园·晴朗居"、"置信柳城谊苑"、"炎华置信·观澜半岛"、"炎华置信·上林宽境"、炎华置信·花间集、炎华置信·西江月、炎华置信·花间兰庭、炎华置信·上林西江国际社区、炎华置信·青城郡、炎华置信·花千集、炎华置信·上林开府等 50 多个项目，累计开发面积逾 1000 万平方米，在建项目 4 个，拟建 2 个，土地储备面积 400 余亩。

• 2020 炎华置信部分高管名录

姓名	职务	姓名	职务
叶乃炎	董事长	李 睿	董事
张 效	董事、总经理	郑月松	监事

阳光 100 中国控股有限公司

阳光 100 中国控股有限公司（简称"阳光 100"，HK02608）是专注于年轻知识精英和中产阶级目标市场，并在这一细分市场保持领先的发展商。公司创建于 1999 年，其前身广西万通企业由易小迪先生于 1992 年创办。1999 年，阳光 100 在北京成功开发阳光 100 国际公寓项目，并随着中国房地产市场化进程，进入快速增长时期，目前已在全国 20 多个中心城市成功布局。公司于 2014 年在香港联交所主板挂牌上市。

根据克而瑞机构统计，2020 年公司销售额达 105.2 亿元，位列全国房地产开发企业第 172 名。

作为全国性知名品牌，阳光 100 致力于从开发商向运营商、从单一住宅向复合型物业开发的转变。业务遍及中国核心城市圈的各大中心城市，旗下拥有三大产品系列：独创性的街区综合体、共享式服务公寓及大型复合社区。

截至 2020 年 6 月 30 日，阳光 100 土地储备总建筑面积为 1193 万平方米，按平均售价计，近 2000 亿元，其中包含大量一二级联动开发的土储面积，土储规模和质量远高于同等规模的房企。

- **2020 阳光 100 部分高管名录**

姓名	职务
易小迪	董事会主席、行政总裁
萧德迎	辽宁公司总经理

阳光城集团股份有限公司

阳光城集团股份有限公司（简称"阳光城"，SZ000671)，高成长性绿色地产运营商，脱胎于世界500强企业阳光控股，25载砥砺前行，布局全国超100座城市，筑就超300个精品项目。

根据克而瑞机构统计，2020年公司销售额达2180.1亿元，位列全国房地产开发企业第18名。

阳光城秉承"精英治理、三权分立"的顶层设计，以"规模上台阶 品质树标杆"为战略目标，凭借"管理先进、团队优越、通达人性、奋发进取"的经营理念，阳光城正不断开拓进取，筑就中国城市的美好生活。

阳光城以"品质可靠、绿色环保"的产品理念，打造先于时代人居发展的住宅产品战略"绿色智慧家"。从圆梦城居生活理想的翡丽系，到优享品质生活的悦澜系，从演绎东方建筑美学的檀系，到大师级经典人居著作TOP系，阳光城以卓越的产品力，匠心筑梦，一路前行。

站在运营城市的高度，阳光城致力于打造商业运营、酒店开发、建筑施工、产业运营的地产业务全产业链，在全国拥有17座星级酒店，22座标杆商业综合体，为中国城市的发展与繁荣贡献力量。

• 2020 阳光城部分高管名录

姓名	职务
朱荣斌	执行董事长、总裁
吴建斌	执行副总裁
阚乃桂	执行副总裁
谭立新	副总裁
徐国宏	副总裁、福建大区总裁
江　河	副总裁、上海公司总裁
张　平	广州区域总裁
夏　康	川渝区域总裁
刘　玮	川渝区域副总裁、成都公司总经理
吴圣鹏	云贵区域总裁
黄小达	广西区域总裁
余志岗	云贵区域执行副总裁、云南公司总经理
谢　琨	津冀区域总裁
陈良良	湖南区域总裁
蒋必强	安徽区域总裁
吴　乐	深圳区域总裁
孔　博	豫鲁区域总裁

阳光大地置业集团有限公司

2002 年阳光大地置业集团有限公司（简称"阳光大地"）初创于四川眉山，2016 年阳光大地置业集团总部成立于四川成都，历经 20 余年的发展，截至 2020 年底，已布局全国 7 个省 52 座城市，开发运营 176 个项目，开发面积达 1500 万平方米。

根据克而瑞机构统计，2020 年公司销售额达 324.2 亿元，位列全国房地产开发企业第 85 名。

2020 年，公司竞得 56 宗地；首入湖南、成都、广西、内蒙古；荣登西三角地区企业社会责任百强榜；稳居 1~11 月四川省强地级市重点房企销售榜销售面积、销售金额第 1 位。

集团不仅获得了由住房和城乡建设部颁发的房地产开发一级资质和物业管理一级资质，还秉持"精益求精、稳中砥行"的品牌主张，持续精耕城市人居开发、生活场景改善等领域，在稳步发展中砥砺前行，为城市筑就幸福蓝图，为市场革新人居理念，为客户兑现理想生活。至今，阳光大地已形成房地产开发、研发设计、建筑施工、装修装饰、物业管理五大业务板块，从前期开发到后期物业管理，提供了一站式专业化的产业链服务。

- **2020 阳光大地部分高管名录**

姓名	职务
邓凝伟	董事长
张朝伟	总裁

阳光新业地产股份有限公司

阳光新业地产股份有限公司（简称"阳光新业"，SZ000608）1996 年在深圳证券交易所挂牌上市，2006 年与新加坡政府产业投资公司（GIC RE）旗下 Reco Shine 公司签订战略投资协议，成为国内第一家引进国际战略投资的 A 股上市地产公司。阳光新业专注于商业地产项目的持有、开发、招商和运营，同时涉足高端住宅、酒店、写字楼、城市综合体的开发与经营。为建立商业地产核心竞争优势，公司着力整合各类商业资源，打造涵盖投资、策划、规划、开发、招商、运营的全过程、全价值链运营模式。凭借 20 余年的专业地产开发运营经验，公司已建立起以京津沪区域为重点，同时在全国范围发展和布局的业务规模，在全国持有、管理的商业地产项目共计 29 个，总建筑面积超过 130 万平方米。

- **2020 阳光新业部分高管名录**

姓名	职务
周 磊	董事长
熊 伟	总裁
常立铭	副总裁、财务负责人
张志斐	副总裁

海南椰岛房地产开发有限公司

海南椰岛房地产开发有限公司（简称"椰岛地产"）成立于 2009 年 8 月，公司以海南省委、省政府打造海南国际旅游岛的发展为契机，充分利用海南房地产业蓬勃发展的区位优势，依托椰岛（集团）的品牌效应和优秀的企业文化支撑，迅速构建一流团队，多渠道筹资融资，启动盘活土地存量，适度增加土地储备，扎实稳妥地推进开发，力争打造出一批一流的楼盘，创出一流品牌，使房地产业迅速发展成为椰岛集团最重要的产业支柱。

- **2020 椰岛地产部分高管名录**

姓名	职务
郭　川	总经理

内蒙古伊泰置业集团有限责任公司

内蒙古伊泰置业集团有限责任公司（简称"伊泰置业"）是伊泰集团旗下专业从事房地产投资、开发和经营的企业，具有房地产开发二级资质。公司成立于 2006 年 5 月 9 日，注册资本金 90 亿元，总资产近 200 亿元，职工 209 人，其中合同制员工 187 人、聘用人员 22 人。

目前，公司业务已从内蒙古拓展到海南、四川、北京、河北、新疆等省（市、区），逐步形成以鄂尔多斯及整个内蒙古地区为重点，辐射全国的战略版图。公司开发面积约 255 万平方米，现有包括华府岭秀、仁和新城、呼市华府世家项目一期、海南伊泰天骄和成都伊泰天骄等在内的 20 个已开发项目；储备土地约 58 万平方米。

- **2020 伊泰置业部分高管名录**

姓名	职务
纪宪华	总经理
吴和平	呼和浩特总经理
单宪华	包头总经理

云南怡美实业集团有限公司

云南怡美实业集团有限公司（简称"怡美集团"）成立于 2011 年，是一家专注于旅游目的地资源整合、服务和运营的综合性集团。通过现代旅游综合体的建设，整合吃、住、行、游、购、娱等旅游相关要素，构建完整的旅游商业生态圈，实现旅游产业的升级和融合。

集团业务聚焦在康养旅居领域，以旅游服务平台进行导流，主营业务包含旅行社、旅游车和会员运营平台"一悦联盟"；以商业运营平台实现营收和资管，主营业务包含酒店管理、文化演艺、新商贸和综合体运营；以置业平台构建战略节点，主营业务包含综合体、景区和度假区。通过三个平台资源整合进行产业布局和实践，全力打造"秘境康旅"康养旅居产业链，代表项目有七彩云南·花之城、楚雄时空等。

置业平台是怡美集团实现康养旅居地产发展的平台，发展区域以核心城市的周边、旅游目的地的核心区域为主。发展模式以开发项目和物业管托两种运营模式，最终实现房地产销售、合作分成及租售中介的收益。

• **2020 怡美集团部分高管名录**

姓名	职务
徐江涛	总裁

颐和地产集团有限公司

颐和地产集团有限公司（简称"颐和地产"）创建于 1992 年，根植于广州，发展于全国。经过 20 多年的发展，颐和地产集团现已成为拥有 40 余家全资、控股企业的大型集团公司，拥有一支具备多年自主开发、投资、经营管理特色酒店、国际教育、绿色地产项目经验的专业团队。

颐和地产集团坚持以特色豪宅、旅游地产为核心的"有限多元化"产业架构，以高尚绿色住区开发为龙头，以特色酒店经营与物业服务、国际化教育事业为支撑，坚持以人为本、细节至上的精品发展战略。颐和地产集团通过实施"立足广州、辐射全国"战略，先后在广州、北京、上海、西安、杭州、沈阳、银川、鞍山、包头、成都、新疆、甘肃、河南、湖南等多个省、市、区投资开发建设了高档住区、特色酒店、高尔夫设施、学校及教育机构等。目前在全国拥有超过 30 个大型项目，完成了华南区域、华北区域、华东区域、西北区域的布局，并已成功进军澳大利亚、美国、韩国和毛里求斯等海外市场。

• **2020 颐和地产部分高管名录**

姓名	职务
何建梁	董事长

亿达中国控股有限公司

亿达中国控股有限公司（简称"亿达中国"，HK03639）于2014年6月27日在香港上市，是集园区开发、园区运营、工程建设、物业管理等业务于一体的综合性集团化企业。

作为中国领先的商务园区运营商，秉承"以产促城、产城融合、协调发展、共创价值"的运营理念，自1998年开始，亿达中国深耕大连、武汉，重点布局京津冀、长三角、大湾区、中西部及其他经济活跃区，已在全国20余个城市先后开发和运营了大连软件园、大连生态科技创新城、武汉软件新城、北京中关村壹号等40余个商务园项目，凝聚了包括近百家世界五百强企业、百余家行业百强企业在内的千余家企业客户和合作伙伴，积累了丰富的商务园区开发运营和服务管理的经验，形成了独特的商业模式和产业优势。

亿达中国致力于在更多的城市复制和创新成功的商业模式，打造科技创新引领、高端产业集聚、绿色生态示范、人文交互共生的产业生态和城市生态，努力为社会、城市、客户、投资者、合作伙伴创造价值，做中国最好的商务园区运营商。

• 2020 亿达中国部分高管名录

姓名	职务
姜修文	董事会主席兼行政总裁
于世平	执行董事
郑晓华	执行董事
梁天辉	大连公司总经理

深圳市益田集团股份有限公司

深圳市益田集团股份有限公司（简称"益田集团"）成立于1996年2月，经过24年的沉淀与积累，目前已发展成为拥有旅游商业、智慧地产、新兴产业、文化教育、医疗健康多元业务板块，员工人数逾4000人，总资产规模逾500亿元、净资产近200亿元的股份制企业集团公司。连续多年获得"广东房地产综合实力10强""深圳地产资信10强"等荣誉，2017—2020年连续四年获评中房协"中国商业地产企业品牌价值10强""中国房地产开发企业100强"，2019—2020年获得中房协"中国房地产开发企业商业地产运营10强"荣誉。

益田集团分别以深圳、上海、北京、长春、西安、贵阳为中心，已经完成华南、华东、华北、东北、西北、西南等区域的全国战略布局。未来，益田也将秉承"铸树精品，创新无限"的经营理念，用我们的"精益用心"，为客户带来更多的"精彩体验"，并将持续践行"服务社会，实现企业、客户利益最大化"的企业使命，为实现成为"品质生活引领者"的战略目标而不懈努力。

• 2020 益田集团部分高管名录

姓名	职务
吴群力	董事长
黎志强	董事局副主席、总裁
郑志刚	益田地产集团董事长

赤峰毅刚百合集团有限责任公司

赤峰毅刚百合集团有限责任公司（简称"毅刚百合"）始建于 1998 年，现由赤峰毅刚房地产开发有限责任公司、赤峰中昊运输有限责任公司、赤峰嘉毅物业管理有限责任公司、赤峰市环回商贸有限责任公司、赤峰亿达房地产开发有限责任公司、赤峰艾美房地产开发有限责任公司出资构成，旗下拥有昭乌达电脑城、赤峰汽车站、百货大楼布料家纺城、百合商务酒店等经营实体。

集团的地产公司始建于 2000 年，秉承工匠精神和创新理念，采取自主开发和合作开发等多种模式开发了百合园、万商阳光、百合花园、金百合、松山商业步行街、富河国际 C/D 区、同心园、河畔骏景、香格里拉、唯美品格、百合国际、百合商务大厦、龙山鸿郡、天丰商贸城、艾美国际、百合田园 A/B 区、和苑、尚苑等高品质住宅小区，为改善赤峰市区人居环境，提升城市品位做出了卓越贡献，被社会各界赞誉为"赤峰名宅"品牌建筑企业。

- **2020 毅刚百合部分高管名录**

姓名	职务
王毅刚	董事长
白伟华	总经理
马根明	副总经理
杨松涛	房地产事业部总经理

银城国际控股有限公司

银城国际控股有限公司（简称"银城"，HK01902）总部设立于南京，自 2002 年起从事物业开发，专注于在长三角地区开发优质住宅物业。截至 2020 年 6 月 30 日，业务包括南京、无锡，等在内的 10 个城市的 46 个物业项目，并拥有总建筑面积约 551 万平方米的土地储备，其中应占集团权益的土地储备建筑面积约 433 万平方米。

根据克而瑞机构统计，2020 年公司销售额达 232.1 亿元，位列全国房地产开发企业第 113 名。

自 2002 年起，公司连续 18 年被江苏省房地产业协会评为江苏省房地产开发行业综合实力 50 强，并于 2019 年初登榜首。公司荣获"2020 中国特色地产运营优秀企业""2019 中国房地产成长性企业二十强"及"2019 年度中国品质地产"等众多奖项。

- **2020 银城部分高管名录**

姓名	职务
马保华	执行董事、总裁
朱 力	执行董事、副总裁
王 政	执行董事、副总裁
邵 磊	执行董事、副总裁
孙 斌	安徽公司总经理

山东银丰投资集团有限公司

山东银丰投资集团有限公司（简称"银丰集团"）成立于 1999 年，注册资本 20 亿元，是一家以从事实业投资经营为主，兼顾资本运营的控股企业集团公司。

根据克而瑞机构统计，2020 年公司销售额达 83.4 亿元，位列全国房地产开发企业第 185 名。

银丰集团现已形成金融投资、房地产开发、生物工程、物业管理四大业务板块。其中，金融投资板块主要包括股权投资、资本运营、投融资咨询服务、基金、银行等业务，负责集团金融投资类业务的管理和运作；房地产开发板块拥有完整的房地产开发、建筑工程项目管理、装饰装修、房屋租赁等产业链条；生物工程板块主要从事细胞储存、制备及临床应用的技术开发与服务，基因检测、低温医学、健康管理、保健服务等；物业管理板块以"物业服务 + 多元化服务"为主要产业，已开展家政、餐饮、养老、社区商业运营、出行等多元化服务。

• 2020 银丰集团部分高管名录

姓名	职务
王 伟	董事长、总裁
李 斌	地产集团董事长

南通银洲房地产开发有限公司

南通银洲房地产开发有限公司（简称"银洲地产"）成立于 1991 年，1997 年改制成股份制企业。公司注册资本 6000 万元，具有国家房地产开发一级资质，"AAA"级资信企业。

公司秉持"求实创新，负重奋进"的企业精神，成立以来累计开发面积达 35.9 万平方米，房屋质量合格率达100%，连续创南通市开发面积、销售总量之最。公司先后开发了银洲新村、和平新村、东洲花苑、宝岛花园、锦绣华庭、世纪家园、皇家花园及苏州国际服装城等一大批市内外优质工程项目，先后荣获"南通市房地产开发先进单位""南通市房地产开发十强企业""启东市工程项目建设先进单位""启东市房地产开发经营先进单位"等称号。

• 2020 银洲地产部分高管名录

姓名	职务
沈琦博	总经理
欧慧艺	副总经理、营销总监
周 磊	副总经理

福建永鸿投资发展集团

福建永鸿投资发展集团（简称"永鸿集团"）拥有下属子公司 37 家，母公司为福建永鸿投资发展有限公司。主要投资文化产业、房地产业、金融业和酒店业，产业遍布福州、漳州、莆田和福清等地，拥有员工近千人，总资产约 190 亿元。2020 年，集团荣膺"中国房地产开发企业 200 强"（第 151 位），多次获得"中国房地产开发企业稳健经营 10 强"荣誉称号，并荣获"中国房地产开发企业责任地产 10 强"荣誉称号。

集团以实现居者有其屋为梦想，致力于房地产开发各项事业。2016 年，集团与闽南商业领军品牌中闽百汇强强联合，打造永鸿中闽百汇商场，该商场的建筑面积超过 2 万平方米，于 2020 年开业。此外，集团还收购了漳州鸿创商业地产的控股权及"华商购物公园"的相应权益，以扩大商业营运规模。集团通过设立招商中心，成功运作永鸿建材城项目，不断满足和创新消费需求，丰富城市功能，在漳州开发区奠定自身城市运营商的地位和角色。

• 2020 永鸿集团部分高管名录

姓名	职务
林雄申	董事长
林海旭	漳州区域总经理

甘肃永坤房地产开发有限公司

甘肃永坤房地产开发有限公司（简称"永坤地产"）于 2011 年 8 月 29 日在兰州市工商行政管理局注册，注册资本为 10000 万元，法定代表人为林熙明。主要经营房地产开发，商品房销售等。永坤地产对外投资 12 家公司。

• 2020 永坤地产部分高管名录

姓名	职务
陈丽丽	总经理

永泰房地产（集团）有限公司

永泰房地产（集团）有限公司（简称"永泰集团"）创立于 1999 年，注册资本 3 亿元，有员工 3000 余人。经过 20 余年的发展，已形成以房地产为主导产业，集酒店、房地产经营、商业管理、物业管理、金融管理为一体的产业链。截至目前，资产规模超过 230 亿元，开发面积逾 690 万平方米，年销售额逾 50 亿元，拥有国家房地产开发一级资质，系中国房地产业协会常务理事单位，中国房地产百强企业。

在"12341"五年战略发展目标的指引下，永泰集团不断深化"用发展解决生存问题，以增量解决存量问题"的两个战略驱动，持续深耕京津冀城市圈，逐步向珠三角城市圈、长三角城市圈和长江经济带不断拓展，形成"三圈一带战略区域"，力求通过五年的砥砺磨炼，实现"高品质、高增长、高回报、低负债"四个运营目标，并成为一家以住宅开发为主，涵盖文化旅游，大健康产业及酒店运营、商业运营、物业管理的健康、良性、有价值创造的综合性国内知名中型企业集团。

- **2020 永泰集团部分高管名录**

姓名	职务
戴 皓	董事长

厦门永同昌集团有限公司

厦门永同昌集团有限公司（简称"永同昌"）系香港永同昌发展有限公司（澳资）于 1992 年在祖国内地投资设立，历 28 年发展，现已成为集房地产开发、建筑施工、物业管理、新能源汽车制造、酒店公寓、旅游产业、矿业探采、综合贸易、股权投资等多产业为一体，跨行、跨业、跨区、跨国的特大型投资企业集团。旗下拥有投资企业 160 余家，员工近万名。2019 年，集团资产总值逾 680 亿元，实现利税逾 20 亿元。截至 2020 年 4 月，永同昌累计扶贫与慈善捐款逾 6.3 亿元。

永同昌从事房地产开发 20 余载，建设项目遍及厦门、福州、北京、武汉、漳州、抚州、丹东、临沂、哈尔滨、伊春等全国多个城市，并且在蒙古国乌兰巴托、赞比亚卢萨卡、博茨瓦纳哈伯罗内投资建设；商业物业、酒店、矿业、金融、高科技投资、汽车服务等产业也已经具有了较大的规模和较强的实力。

2020 年 12 月，入选"抗击新冠肺炎疫情先进民营企业"名单。

- **2020 永同昌部分高管名录**

姓名	职务
胡东鹏	总裁
赵向东	常务副总裁、武汉公司董事长
任 航	副总裁、福州公司总经理
赵 峰	副总裁、辽宁公司总经理
肖志刚	副总裁、广东公司总经理
唐益平	副总裁、江浙沪公司总经理

郑州市永威置业有限公司

郑州市永威置业有限公司（简称"永威"）2005年成立于郑州，具有国家房地产开发一级资质，是一家集房地产开发、建材、物管、园林、商业、教育、酒店、装饰、医疗为一体，产值超百亿元的多元化产业发展的集团式房地产开发企业。

根据克而瑞机构统计，2020年公司销售额达135.4亿元，位列全国房地产开发企业第152名。

永威以精细化为立足之本，专注于高端项目开发，高标准的建材品质、建筑质量，观赏性与参与性兼得的园林景观，精细贴心的物业服务，成为永威享誉业界的精细化基因。秉承"深耕中原，布局重点城市"的战略方针，永威已进驻郑州、西安、苏州、石家庄等多个重点城市，累计开发36个精品项目。截至2019年，房地产板块已建及在售面积突破千万平方米，进入全国地产品牌价值百强、产品力百强行列。未来，永威将一如既往地发挥在精细化产品开发和运营方面的优势，推动城市化进程。同时通过产品学院等公益行动，践行社会责任，创造幸福价值，向上向善，唯真唯美。

• **2020 永威部分高管名录**

姓名	职务
李 伟	董事长

重庆渝开发股份有限公司

重庆渝开发股份有限公司（简称"渝开发"，SZ000514）成立于1978年，是重庆市最早的一家房地产开发企业，具有国家房地产开发一级资质。1993年在深交所上市，现已发展成为集房地产开发、市政资产经营、会展经营、酒店经营为一身的多元化公司，总资产70.5亿元，净资产25.9亿元。公司一直致力于创新房地产项目开发和建设模式，近年来，开发建设了国汇中心、渝开发·新干线大厦、上城时代、祈年悦城、橄榄郡等精品项目，代理建设西永和南岸茶园两个公租房项目，共463万平方米。同时，积极推进与品牌企业的合作，与万科共同开发朗润园项目，引进上海复地联合开发山与城项目。2014年公司渝北回兴地块、大学城香蕉园地块、茶园鹿角地块项目陆续面市，项目涵盖别墅、洋房、高层。

• **2020 渝开发部分高管名录**

姓名	职务
王安金	董事长
艾 云	总经理

宇业集团有限公司

宇业集团有限公司（简称"宇业集团"）成立于 1992 年，源自香港，以皖江为起点，根植长三角，发展成为涵盖地产开发、金融投资、医疗健康等多个板块，全资及控股企业近百家，投资上市公司近十家，净资产近 200 亿元的大型企业集团。在安徽、江苏、湖南、湖北、广东、北京、浙江、云南、香港，以及澳大利亚、瑞士、法国等 30 多地有了产业和投资，近几年保持着每年有十几亿到二十亿元现金利润的增长规模。集团现有员工近 2000 人，在建筑开发、规划设计、商业运营、金融投资、医疗健康等领域拥有一大批中高级专业人才。

集团恪守"赢在战略、赢在市场、赢在团队、赢在文化"的信念，取得了优异的绩效和良好的信用，先后获评"全国优秀外商投资企业""中国房地产开发综合实力百强企业""责任湘商"等荣誉。

- **2020 宇业集团部分高管名录**

姓名	职务
周旭洲	董事局主席

雨润地产集团

雨润地产集团（简称"雨润"）传承雨润品质，构筑地产精品。雨润始终坚持高质量、高标准、高品位的战略定位，适时提出五星级建筑品质和五星级管家服务的"双五星"标准，不断推出高端地产项目，缔造值得珍藏的传世精品。现已形成城市精品住宅、旅游地产和商业地产三大产品体系。

"星雨华府"是雨润悉心研磨的城市精品住宅连锁品牌，邀请国际顶尖设计师设计，采用国际知名品牌建筑材料，引进五星级酒店物业服务，项目遍布南京、西安、青岛、长春、沈阳、威海、淮安、常州、铜陵、大冶等地。

"雨润·水视界"是旅游地产的代表作，位于雨润黄山国际旅游度假区内，建筑造型沿坡地起伏和道路蜿蜒呈"S"形布局，实现了景观视角的最大化，可全方位饱览度假区内果岭逶迤、松林傲立、湖泊点缀的无边秀色。

"雨润国际广场"是商业地产的经典之作，每个项目均位于各城市的 CBD（中央商务区）、CLD（中央生活区）双核心区域，是名副其实的城市新地标。

- **2020 雨润部分高管名录**

姓名	职务
王信琦	董事长

禹洲地产股份有限公司

禹洲地产股份有限公司（简称"禹洲集团"，HK01628）1994年成立于厦门，2009年11月，禹洲集团在香港联交所成功上市。2016年，禹洲集团总部搬迁到上海；2018年，禹洲集团正式开启千亿征程；2020年，禹洲集团启用深圳总部，上海—深圳双总部战略落地。至此，禹洲逐渐实现长三角单核到长三角＋大湾区双核的跨越，开启新的征程。

根据克而瑞机构统计，2020年公司销售额达1049.7亿元，位列全国房地产开发企业第37名。

砥砺耕耘20余载，在禹洲集团创始人、董事局主席林龙安先生的带领下，禹洲始终秉承"大禹治水，荒漠成洲"的先贤精神，已发展成为集房地产开发、商业投资运营、酒店运营、物业管理、金融和通信科技等多种业务为一体，业务覆盖长三角、粤港澳大湾区、环渤海、海西、华中和西南六大城市群的大型综合性集团，总资产近1700亿元。

• 2020 禹洲集团部分高管名录

姓名	职务
林龙安	董事局主席、行政总裁
郭英兰	董事局副主席
许 珂	执行总裁
萧 睿	联席执行总裁
邱于赓	高级副总裁、首席财务官及公司秘书
夏 溧	高级副总裁、东部区域总经理
林聪辉	副总裁
齐 鸣	副总裁
张 岩	副总裁
赵华中	副总裁
谢建峰	福州公司总经理
滕 鹏	武汉公司总经理
王 利	扬州公司总经理
徐长征	上海公司总经理

钰龙集团股份有限公司

钰龙集团股份有限公司（简称"钰龙集团"）成立于 2009 年，其前身是成立于 1999 年的武汉惠誉房地产股份有限公司。钰龙集团经营范围涵盖房地产开发、生态农业、金融投资、白酒生产与销售四个领域，旗下拥有全资或控（参）股湖北新海盛顿置业有限公司、天立不动产（武汉）有限公司、正安实业（武汉）有限公司、武汉东港地产有限公司、武汉精英物业服务有限公司、湖北黄龙湖生态农业发展有限公司等 10 余家企业。钰龙集团秉承"谦虚做人、用心做事"的企业理念，凭借多年积累的丰富地产经营资源和运营经验，致力打造城市高端物业，相继开发了浦发银行大厦、广发银行大厦、卓尔钰龙国际中心、钰龙金融中心等 5A 甲级高端写字楼项目，开发体量位居武汉金融街首位。已建成或在建的商业综合体及住宅项目有钰龙时代中心、东港国际花园、钰龙湾等。公司连续多年被评为"AAA"级信誉企业、"守合同重信用企业"、武汉市汉南区建筑业"十强企业""湖北省建筑业综合实力 20 强企业"。

• 2020 钰龙集团部分高管名录

姓名	职务
喻红桥	董事长

广西裕达集团有限公司

广西裕达集团有限公司（简称"裕达集团"）是集城市基础设施投资建设、金融、酒店经营以及地产等业务为一体的大型综合性集团，集团注册总资本为 19.16 亿元，净资产超 100 亿元，经过 15 年的发展，基本形成了"城市基础设施投资（主业）+ 金融 + 酒店及旅游 + 地产 + 工程 + 贸易"六大业务板块，下辖有广西裕达基础设施投资共享平台、广西裕达工程集团、广西裕达旅游集团、广西裕诚金投集团、广西裕达集团、广西裕达集团贸易有限公司、广西联睿建设工程项目管理有限公司等子集团、子公司共 30 多家，现有员工超 2000 人。

集团本着"敬业勤勉、雷厉风行、自强不息"的企业精神，倡导"成为中国优秀的城市综合服务商"的核心理念，积极参与和推进城市建设，服务于城市发展，为社会经济发展做出更大的贡献。2017 年，集团以年度 34.95 亿元的销售金额在广西房企产业权威数据排行榜中位列"广西房企销售金额 50 强"第 15 位、"广西本土房企销售 20 强"第 5 位，荣获"广西标杆房企大奖"；2020 年位列"广西民营企业 100 强"第 12 位。

• 2020 裕达集团部分高管名录

姓名	职务
邓亚保	董事长、总裁

裕华集团

裕华集团成立于 2000 年，拥有国家房地产开发一级资质、国家建筑工程总承包一级资质、国家物业服务企业一级资质，开发业态覆盖精品住宅、别墅、写字楼、工业厂房、商业综合体等多种形态，已发展成为集房地产开发、物业服务、建筑安装、商业运营为一体，多元发展的集团化房地产公司。

裕华集团一直秉承"裕而从容，自蕴风华"的企业精神，先后开发裕华·文汇、裕华·文苑、第九城市、迎宾路 3 号、裕华广场、千鹿山、裕华·光合世界、裕华·满园、裕华·行园、裕华·晴园、裕华·会园、裕华高新动力谷、裕华城等众多精品楼盘。

从 2005 年起，裕华集团连续多年向慈善机构捐款、捐物，组织"关爱孤寡老人"等慈善活动，积极履行社会责任。先后资助数十名贫困学生完成学业，2008 年汶川地震、2010 年玉树地震后，集团积极组织向灾区捐款捐物。2020 年新冠肺炎疫情暴发以来，集团先后向郑州市中原区、新密市、巩义市慈善总会和惠济区教体局捐款共计 100 万元，同时捐助各类物资用于疫情防控。

• 2020 裕华集团部分高管名录

姓名	职务
田 润	执行董事、总经理

广东元邦地产开发有限公司

广东元邦地产开发有限公司（简称"元邦地产"）成立于 1998 年，2007 年 5 月 9 日元邦地产在新加坡证券交易所成功上市。公司始终坚持"品质筑家"的宗旨，通过产业规模与资本整合的发展，目前已形成以住宅地产为主业，商业地产、旅游地产、酒店开发、房地产销售策划、市场经营管理等共同发展的产业布局，旗下拥有 21 家全资及控股公司，公司员工均为来自全国各地的行业精英，其中包括博士研究生、硕士研究生、高级工程师等专业技术人员。

元邦地产秉持"倡导生活文明"的理念，对房地产产品质量精益求精，倡导并践行健康、文明、舒适的人居生活环境，使"生活文明"理念在元邦地产开发的各个项目上大放异彩，成功打造了元邦·山清水秀、元邦·明月园、元邦·明月星辉、元邦·明月水岸等多个精品楼盘，总开发面积达 300 多万平方米。目前，元邦地产足迹遍及广州、惠州、南昌、万源、威海、通化等大中城市，形成了以广州为核心、广州周边地区为重点逐步向全国辐射的战略格局。

• 2020 元邦地产部分高管名录

姓名	职务
陈建锋	董事长、总经理

厦门源昌集团有限公司

厦门源昌集团有限公司（简称"源昌"）是一家集房地产开发、工程总承包、投资担保、酒店投资、报广传媒、国际贸易、建材贸易、股权投资、物业管理于一体的大型集团企业。目前旗下拥有的企业包括：厦门源昌集团有限公司、厦门源昌城建集团有限公司（福建省建筑行业十强）、福建省合嘉源集团有限公司、厦门昌吉贸易有限公司、香港汶昌投资发展公司。总注册资金 10 亿元。经过 20 年的发展，源昌集团共计开发房地产项目面积超过 600 万平方米，在厦门开发建设面积 400 多万平方米，泉州地区、上海市开发建设面积 200 多万平方米，目前还拥有大量的商业经营场所及写字楼。源昌集团与德国凯宾斯基酒店管理公司合作经营管理的一座超白金五星级酒店——厦门源昌凯宾斯基大酒店已经于 2012 年 6 月正式营业，目前该酒店的各项经营指标居福建省高端酒店及凯宾斯基管理公司系统的前茅。

• 2020 源昌部分高管名录

姓名	职务
侯昌财	董事长

远创置业集团有限公司

远创置业集团有限公司（简称"远创集团"）成立于 1995 年，以"匠筑精工，品质为基"的信念，与时俱进，砥砺前行。集团公司经营范围涵盖了房地产开发、建筑工程、新型建材、物业运营管理、物流等城市建设领域的方方面面。业务主要分布在江苏省、吉林省、辽宁省、黑龙江省、河北省、北京市等地。

集团公司下辖房地产开发企业远创置业为国家房地产开发一级资质企业，吉林省房地产业协会常务副会长单位，中国房地产 200 强企业。

远创置业集团始终坚持为每一位业主提供最好的产品和最好的服务。物业企业远创物业运营管理面积达到 250 万平方米，以客户至上的理念，贴心专业的服务，满足人们对美好生活的各方面需求。

• 2020 远创集团部分高管名录

姓名	职务
吴 俊	执行董事、总经理

远太集团（福建）有限公司

远太集团（福建）有限公司（简称"远太集团"）于 1988 年 12 月在福建泉州成立，由香港远太国际发展实业公司全额投资，前身为远太企业开发有限公司，1995 年 12 月扩充升级为远太集团（福建）有限公司，下属 4 家外商独资企业。

目前集团公司已拥有国内子公司 19 家，注册资本达 1.8 亿元，员工达 3000 余人，业务范围已从单一的房地产开发拓展到实业投资、贸易、证券、酒店、酒楼、娱乐、装潢装饰、广告等各个领域，投资区域也由泉州一地扩展到福州、厦门、北京等地，年营业额达 5 亿元以上，是一家以房地产为龙头，工商贸、文体旅并举的大型综合外资企业。

自成立以来，连年被市、区政府评为"纳税大户"和"外资企业纳税先进单位"，被银行评为"AAA"信用等级。累计为各种社会公益事业捐款 1500 万元，被福建省人民政府授予金质奖章，受到社会各界的广泛赞誉。

• 2020 远太集团部分高管名录

姓名	职务
林文侨	董事长
庄江波	北京开发事业部总经理

远洋集团控股有限公司

远洋集团控股有限公司（简称"远洋集团"，HK03377）创立于 1993 年，2007 年在香港上市，主要股东为中国人寿保险（集团）公司及大家保险集团有限责任公司。

根据克而瑞机构统计，2020 年公司销售额达 1183.4 亿元，位列全国房地产开发企业第 36 名。

远洋集团以"建筑健康和社会价值的创造者"为战略愿景，致力成为以投资开发为主业，开发相关新业务的综合型实业公司。业务范围包括住宅和综合开发、不动产开发运营、产业合作与客户服务等。

远洋集团在中国高速发展的城市及城市群中，拥有约 200 个处于不同开发阶段的房地产项目，包括华北地区的北京、石家庄、廊坊和秦皇岛等；环渤海地区的天津、大连、济南和青岛等；华东地区的上海、苏州、杭州和南京等；华南地区的深圳、广州、福州和中山等；华中地区的武汉、合肥、郑州和南昌等；华西地区的成都、西安、重庆和昆明等。此外，公司业务版图已拓展至新加坡、印度尼西亚等。截至 2020 年 6 月 30 日，土地储备逾 3700 万平方米。

• 2020 远洋集团部分高管名录

姓名	职务
李 明	董事局主席、行政总裁
崔洪杰	执行总裁、产品营造事业部总经理
王洪辉	执行总裁、资本运营事业部总经理
王楷翔	华中事业部南昌公司总经理

湖南愿景集团有限公司

湖南愿景集团有限公司（简称"愿景集团"）是一家涵盖房地产开发、投资、物业管理、商业运营、住宅工业化、新型建材生产、装饰装修、园林景观、现代农业、文化教育等多个产业的民营企业集团。旗下自营及投资合作的房地产项目开发及相关产业公司 50 多家，员工近 2000 人。集团房地产开发始终坚持合作双赢的核心经营理念，秉承"构筑人间美好风景，实现人类美好心愿"的使命，21 年来先后在北京、武汉、宜昌、威海、成都、重庆、长沙、西安、柳州、中山、昆明、永州、襄阳、宁乡、益阳、耒阳等全国 25 个城市自营及投资合作开发房地产项目 60 多个，开发建筑面积达 1500 万平方米。开发的产品涵盖别墅、中高档住宅、写字楼以及商业综合体等，开发了武汉东方夏威夷国际花园、武汉奥林匹克花园、愿景城、长沙山水芙蓉、山水誉峰、山水湾、愿景童话里、愿景国际广场、愿景壹号院等花园系列、山水系列、愿景系列楼盘。

2014 年，在国家推进装配式住宅的号召下，愿景集团凭借多年住宅开发经验，先后在湖北黄冈市、湖南益阳市建设两个现代化的装配式产业园。

• **2020 愿景集团部分高管名录**

姓名	职务
欧阳乐	总经理

越秀地产股份有限公司

越秀地产股份有限公司（简称"越秀地产"，HK00123）成立于 1983 年，1992 年于香港上市，是全国第一批成立的综合性房地产开发企业之一。母公司越秀集团是中国跨国公司 100 强企业，目前已形成以房地产、金融、交通基建、食品为核心的"4+X"现代产业体系，截至 2020 年 6 月底，越秀集团总资产超 6900 亿元。

根据克而瑞机构统计，2020 年公司销售额达 970.3 亿元，位列全国房地产开发企业第 46 名。

37 年来，越秀地产坚守"成就美好生活"的品牌使命，践行"商住并举"的发展战略，发挥"开发＋运营＋金融"商业模式的独特竞争优势，先后开发了 200 多个高品质住宅项目、40 多个优质商业物业。近年又积极布局康养产业、长租公寓、城市更新、"地产＋"等新兴业务领域，同时成为广州地铁的股东，合力开拓"轨交＋物业"TOD 发展模式。

公司形成了以粤港澳大湾区为核心，以华中、华东、北方、西南四大区域为重要支撑的"1+4"全国化战略布局。截至 2020 年 6 月底，越秀地产总资产近 2400 亿元，总土地储备近 2400 万平方米，在职员工超 1.3 万人。

• **2020 越秀地产部分高管名录**

姓名	职务
林昭远	董事长
林 峰	副董事长、总经理

粤海置地控股有限公司

粤海置地控股有限公司（简称"粤海置地"，HK00124）是广东省规模最大的境外综合性企业集团粤海控股集团有限公司的间接附属公司，总部位于香港。1997年8月在香港上市，2013年起，公司企业战略和业务目标专注于房地产开发及投资业务。

公司目前在中国广东省深圳市持有粤海城项目及若干投资物业，并在广东省广州拥有三个物业项目：2015年收购的番禺区如英居项目，以及2018年收购的越秀区珠光路项目粤海·拾桂府和荔湾区宝华轩项目，其可供出售或出租总楼面面积超过10万平方米。

• **2020 粤海置地部分高管名录**

姓名	职务
徐叶琴	主席、执行董事
李永刚	执行董事、董事总经理

广州粤泰集团股份有限公司

广州粤泰集团股份有限公司（简称"粤泰股份"，SH600393）的前身为广州东华实业，成立于1979年4月，是大型综合性企业集团，公司总资产超100亿元，主营房地产开发、建设、经营及物业管理。1988年12月公司经中国人民银行广州分行批准开始向社会公开发行股票，成为广州市首家向社会公开发行股票的股份制试点企业。2016年5月12日，东华实业正式更名为粤泰股份。

前期东华实业通过10年的初始创业，成功地创造了自身的企业品牌，形成"以房地产为主业，开发一片，管理一片"的"东华模式"，并在全国范围内创下四项第一：第一家引进外资开发房地产的企业；第一家在境外销售商品房的企业；第一家股份制房地产企业；第一家引进小区物业管理模式的房地产企业。

公司具备国家房地产开发一级资质，业务布局于全国多地，相继开发了"天鹅湾"系列品牌的高端房地产项目，为推进当地人居进程发展，贡献了力量。

• **2020 粤泰股份部分高管名录**

姓名	职务
杨树坪	董事长
梁文才	总裁
杨树葵	副总裁、董事会秘书
蔡锦鹭	副总裁
周经良	副总裁
刘大成	副总裁

三亚樾城投资有限公司

三亚樾城投资有限公司（简称"樾城投资"）成立于 2014 年 10 月 28 日，是隶属于吉视传媒股份有限公司的全资子公司，公司注册资金 1 亿元，下设 6 个部门，主要业务涉及房地产开发、商品房销售、物业管理、工程施工、房屋装修等五个领域。

公司现投资开发"红塘湾一线海景酒店及别墅"项目，占地面积 7.05 万平方米。位于红塘湾核心位置的一线海景，计划于 5 年内打造出三亚顶级的酒店及别墅群项目。

进驻三亚的第一个项目吉贝香，定位为滨海低密度高端度假社区，致力打造红塘湾湾区标杆。总占地面积约 105 亩，总建筑面积约 10 万平方米。总体容积率为 0.7，规划建设有 1 家国际五星级海景度假酒店（万豪酒店集团精品品牌进驻运营）、78 栋一线亲海别墅、54 户多层跃墅。户户有游泳池，提供高端旅游度假配套、五星级酒店专属服务、英国管家式物业服务，可以保证度假生活的舒适性、私密性。

- **2020 樾城投资部分高管名录**

姓名	职务
梁德武	执行董事、总经理

广西云星集团有限公司

广西云星集团有限公司（简称"云星集团"）成立于 1993 年，经过 20 年的稳健持续发展，集团下属有 50 多家子公司，现有员工 4200 多人，项目分布于广州、南宁、柳州、赣州、福州、长沙、深圳、郑州、洛阳、清远、惠州等全国 30 个城市，实现跨区域、多地区发展，形成了包含房地产开发、施工建设、商业贸易、物业管理等多环节为一体的综合性房地产开发服务体系。

根据克而瑞机构统计，2020 年公司销售额达 163.1 亿元，位列全国房地产开发企业第 140 名。

云星集团 27 年来始终专注专心，实现了跨华南、华中、华东、西南，多区域、长距离辐射发展，目前，在全国 30 座城市开发了 80 个项目，为 65 万名业主提供服务。连续多年荣获中国知名品牌房地产开发企业、中国房地产开发企业 100 强、中国服务业企业 500 强、中国房地产开发企业区域运营 10 强、中国房地产开发企业经营绩效 10 强。

云星集团不仅仅是房地产开发商，而是向城市运营、区域运营方向发展的城市综合运营商，不断推进城市的开拓与发展。

- **2020 云星集团部分高管名录**

姓名	职务
徐德海	总裁

浙江省赞成集团有限公司

浙江省赞成集团有限公司（简称"赞成集团"）注册资本 4.28 亿元，资产总额 150 亿元，净资产 20 亿元，年销售收入 60 亿元以上。

集团拥有多家有一、二级资质的房地产开发企业，开发足迹遍及杭州、上海、南京、嘉兴、绍兴、湖州、天台、嵊州、安吉等地，2016 年开发在建面积 140 万平方米，累计开发面积达 1000 多万平方米。

集团有限公司所属的 33 家控股子公司，形成了以房地产开发为主业，工业、国内外商贸业及宾馆服务业等多种产业门类共同发展的产业体系。

"赞成房产"以质量好、户型优、环境美深受广大消费者的欢迎，竣工交付合格率 100%，并有多项工程获省内质量最高奖"西湖杯""钱江杯"，多个楼盘获得中国精品楼盘及全国人居经典大奖等荣誉，赞成房产品牌在市场上享有较高的社会美誉度和公众影响力，2015 年被评为"十二五"浙江房地产品牌 30 强。

• **2020 赞成集团部分高管名录**

姓名	职务
赵大贤	董事长
罗晓伟	总经理
陆利江	党委副书记

洛阳市增凯房地产开发有限公司

洛阳市增凯房地产开发有限公司（简称"增凯"）成立于 1997 年 9 月，是在洛阳市登记注册、以房地产开发为主要经营业务的有限公司，是洛阳房地产"十大名企"。代表作品有香榭里·阳光、香榭里·黎明、香榭里·定鼎广场、香榭里·畔山兰溪等。

其中香榭里·阳光项目于 2005 年、2007 年度荣获"洛阳市名盘""豫西地区受欢迎楼盘奖""豫西地区适宜居住楼盘奖"。正在开发的香榭里·畔山兰溪项目总占地超千亩，总建面超 200 万平方米，建成后将成为容纳 10 万人的超级大盘。

• **2020 增凯部分高管名录**

姓名	职务
杨钦武	董事长
曹乐音	副总经理

上海张江高科技园区开发股份有限公司

上海张江高科技园区开发股份有限公司（简称"张江高科"）于 1996 年 4 月在上海证券交易所正式挂牌上市，系采用公开募集方式设立的股份制上市公司。作为上海科创中心建设核心区的重要上市开发主体，张江高科迎来了转型发展的历史性机遇，即科创中心建设给张江高科转型发展提出了新使命；双自联动给张江高科转型发展提供了新空间；新一轮国资国企改革给张江高科转型发展注入了新动力。

张江高科正以科技投行作为战略发展方向，着力打造新型产业地产运营商、面向未来高科技产业整合商和科技金融集成服务商，努力寻求产业地产和产业投资业务有机融合、协同发展，并对接资本市场进行价值发现。为此，张江高科正积极响应大众创业、万众创新的号召，实施离岸创新、全球孵化、产业并购、张江整合的战略思想，以创业服务业集成商为角色定位，紧密对接全球创新资源，加速集聚全球创新要素，构建开放式创新生态圈，努力成为国内高科技园区开发运营的领跑者和新标杆。

- **2020 张江高科部分高管名录**

姓名	职务
刘　樱	董事长
何大军	总经理
黄　俊	副总经理
郑　刚	副总经理

桂林彰泰实业集团有限公司

桂林彰泰实业集团有限公司（简称"彰泰集团"）成立于 1992 年，29 年来彰泰已发展成为集地产开发、物业服务、城市更新、产城开发、文旅康养、商业酒店、产业链打造等于一体的综合性集团企业。作为桂系地产领军企业，彰泰深耕广西、迈向全国，坚持"1+3"城市战略布局，以广西为大本营并开拓华东、华中、西南三大区域；目前已开发全国 16 城 9 县 100 多个楼盘，开发面积近 2000 万平方米；销售金额和销售面积均为广西房企第 1 名，广西房企新增土储货值第 2 名。

克而瑞机构的数据显示，彰泰集团 2020 年上半年全口径及权益销售金额均排行广西市场第 1 位。除布局广西大本营 11 个城市外，彰泰集团还进入了无锡、南京、武汉、南昌等城市。公司始终坚持精工品质，多次摘得鲁班奖、广厦奖、国家优质工程奖、詹天佑奖等荣誉，实现中国建筑类奖项的"大满贯"。旗下彰泰物业拥有国家物业服务企业一级资质，深耕广西，布局 17 城，签约面积超 2400 万平方米，并荣获"中国物业服务百强满意度领先企业"称号。

- **2020 彰泰集团部分高管名录**

姓名	职务
黄海涛	董事长
孙允钢	华东区域公司城市总经理

招商局蛇口工业区控股股份有限公司

招商局蛇口工业区控股股份有限公司（简称"招商蛇口"，SZ001979）是招商局集团旗下城市综合开发运营板块的旗舰企业。

招商蛇口创立于 1979 年，聚合了原招商地产和蛇口工业区两大平台的独特优势，以"中国领先的城市和园区综合开发运营服务商"为战略定位，聚焦园区开发与运营、社区开发与运营、邮轮产业建设与运营三大业务板块，以"前港－中区－后城"独特的发展经营模式，参与我国以及"一带一路"倡议重要节点的城市化建设。

招商蛇口致力成为"美好生活承载者"，从城市功能升级、生产方式升级、生活方式升级三个角度入手，为城市发展与产业升级提供综合性的解决方案，配套提供多元化的、覆盖客户全生命周期的产品与服务。目前已打造出六大类（启蒙成长、事业成长、家居成长、生活成长、健康成长、夕阳安养），覆盖教育、文化、写字楼、园区、文创、特色产城、长租公寓、住宅、酒店、综合体、商业、邮轮、健康、养老等业务板块，输出 25 条标杆型产品线，开启美好生活新方式。

- **2020 招商蛇口部分高管名录**

姓名	职务	姓名	职务
许永军	董事长	宁海鑫	招商蛇口辽宁公司长春事业部总经理
蒋铁峰	总经理	张 涛	招商蛇口南京公司总经理
王晓波	招商蛇口成都公司总经理	王 献	招商蛇口郑州公司总经理
常 春	招商蛇口合肥公司总经理	吕传来	招商蛇口南通公司总经理

浙江东日股份有限公司

浙江东日股份有限公司（简称"浙江东日"）于 1997 年 10 月在上海证券交易所挂牌上市（股票代码：600113），作为温州市国资委下属唯一的国有控股上市公司，公司一直秉承科学、规范、系统、高效的公司治理结构及规范运作，长期入选上证 380 指数样本股及上证公司治理指数样本股。

在 20 年的发展历程中，浙江东日秉承规范经营、稳健发展的企业宗旨，把握住改革发展的重大机遇，持续推动改革创新，将公司发展为以灯具市场和农产品批发交易市场运营为主业，旗下各大市场交易额总和超 200 亿元，同时涉及工业气体生产，农副产品配送、运输及金融投资等领域的综合型上市公司（下属七家子公司）。2016 年年末，公司市值超 70 亿元，实现利润总额 1.31 亿元，加权平均净资产收益率达到 19.03%。

2020 年 11 月 1 日，浙江东日发布 2020 年三季度报告，浙江东日归属于上市公司股东的净资产 1539342423.29 元，较上年末增长 5.69%；经营活动产生的现金流量净额为 151920086.25 元，同比增加 61.31%。

- **2020 浙江东日部分高管名录**

姓名	职务
杨作军	董事长
杨澄宇	总经理
谢小宇	董事长秘书

河南振兴房地产（集团）有限公司

河南振兴房地产（集团）有限公司（简称"振兴地产"）成立于 1993 年，主要从事房地产开发经营与配套服务以及房屋租赁与配套服务。拥有房地产开发一级资质。公司拥有雄厚的技术力量和完善的组织管理机构，各类专业技术人员占 90% 以上，具有高中级职称人员占 40% 以上，公司在 2003 年顺利通过了 ISO9001：2000 国际质量体系认证，是有一支高素质管理人员队伍和较强实力的房地产开发企业。成功开发了科技绿苑小区、郑州市科技大厦、西站路住宅小区、富田花园、富田丽景花园、富田陇海花园、富田·太阳城等居住小区。

公司先后荣获"广厦奖"等国家、省市级荣誉百余项，并连续多年在河南房地产开发企业中名列前茅。20 余载建筑经典之路，推动了相关城市的发展和人居品质的提升。

- **2020 振兴地产部分高管名录**

姓名	职务
田卫东	执行董事
刘 华	总经理

河北振杨房地产开发有限公司

河北振杨房地产开发有限公司（简称"振杨地产"）于 2016 年 10 月 27 日成立。经营范围包括：房地产开发与经营、小区物业管理、房屋租赁、建筑材料销售等。

- **2020 振杨地产部分高管名录**

姓名	职务
李 敢	董事长
戴 阳	副董事长
孔令新	总经理

深圳市振业（集团）股份有限公司

深圳市振业（集团）股份有限公司（简称"振业集团"）是深圳市国资委直管的国有控股上市公司，1989年5月成立，1992年在深交所上市，是深圳市23家具备房地产开发一级资质的房地产企业之一。集团按照"立足深圳，布局全国"的发展思路，形成以深圳为中心，以广州、天津、西安、长沙、南宁、惠州等城市为重点，并向周边辐射的全国性战略布局。有全资和控股下属企业21家。历年开发项目30多个，累计建筑面积近千万平方米。2019年，集团总资产157.45亿元，净资产71.7亿元，净资产收益率12.39%；人均创收1045.37万元，人均创利286.45万元，人力资本投资回报率887.22%，均位于国内同行业前列。集团保持持续、高比例分红，近三年累计现金分红占公司年均净利润的91.59%。同时，集团积极履行社会责任，先后投入上千万元维护深圳笔架山河道（振业段）箱涵监测；委派工作队精准扶贫，助力龙川县新四村成功脱贫"摘帽"；2020年新冠肺炎疫情期间捐款1010多万元，减免租户租金1560万元。

• **2020 振业集团部分高管名录**

姓名	职务
赵宏伟	董事长
李伟	总裁
杜汛	董事会秘书、副总裁

镇江城市建设产业集团有限公司

镇江城市建设产业集团有限公司（简称"镇江城建集团"）成立于1994年，注册资本10亿元，截至2018年底，集团总资产约1460亿元，净资产达540亿元，信用评级AA+。目前有全资、控股子公司15家，业务涉及房地产开发、物流贸易、物业管理、西南片区生态环境提升等。

近十多年来，集团紧紧围绕"城市建设事业和城市产业发展"两大核心任务，改革创新、不断进取。城市建设方面共筹措资金900多亿元，投资建设了长江路、九华山路、焦山路等一批城市干道，南徐新城核心区开发，太古山、双井路等多项旧城棚户区改造，金山水城、新城花园等保障性住房，推进西津渡历史文化街区保护更新、商务B区图书馆、财富广场"一馆两中心"、镇江南站综合枢纽改造、小龙山山体水系整治等一批重大项目。

• **2020 镇江城建集团部分高管名录**

姓名	职务
庞迅	董事长
翟德智	总经理

河南正弘置业有限公司

河南正弘置业有限公司（简称"正弘置业"），成立于 1997 年，国家房地产开发一级资质企业，打造的奢侈品店正弘国际名店蜚声中原。

2017年于深圳，正弘控股集团正式成立，业务涉及地产、商业、物业服务、高科技装备制造等板块，产业布局深圳、惠州、上海、郑州、洛阳、濮阳、新乡、商丘、登封、新郑等区域城市。

根据克而瑞机构统计，2020 年公司销售额达 98.7 亿元，位列全国房地产开发企业第 175 名。

经过多年开拓进取，以郑州为中心，持续深耕中原经济群并大力拓展粤港澳大湾区。在地产开发领域已经形成高端住宅及别墅、商业综合体、商务商办类、超大型城市综合体、城市特色文旅综合体等多元化产品开发模式。秉持"共筑美好生活"的使命，专注品质生活营造，以优质城市运营商的身份全力缔造美好生活。

• 2020 正弘置业部分高管名录

姓名	职务
李向清	董事长
祁晋波	董事

正黄集团有限公司

正黄集团有限公司（简称"正黄集团"）创立于 2003 年，是一家根植中国，以地产为核心的综合类实业集团。2020 年上榜中国民营企业 500 强，在四川目前仅有 12 家民营企业上榜。集团以大西南为战略大本营，辐射长三角、粤港澳大湾区，形成了以成渝城市群为核心的西南区域，以环沪区域为核心的华东区域，以及以广深为核心的华南区域，布局全国 20 余座新兴城市，主营业务涵盖地产开发、建筑工程、金融投资、康养服务、物业服务、酒店投资、商业运营及装饰设计等领域。

根据克而瑞机构统计，2020 年公司销售额达 81 亿元，位列全国房地产开发企业第 190 名。

目前，正黄集团拥有国家房地产开发二级资质，先后在四川开发了正黄·金域首府、正黄·金域香江、正黄·金域国际、正黄·南滨帝景、正黄·金域华府、正黄·金港名都、正黄·上岭、正黄·公园壹号、正黄·珈蓝谷等十余个精品项目，累计开发面积超过 400 万平方米。

• 2020 正黄集团部分高管名录

姓名	职务
黄　良	董事长
余佳琼	监事

石家庄正基房地产开发有限公司

石家庄正基房地产开发有限公司（简称"正基地产"）是一家集房地产开发、经营、销售等业务为一体的现代化公司。在市场经营活动中，重合同、守信用、诚信纳税、守法经营。逐步积累了丰富的创业经验与良好的客户基础。在成立之初便以"专业、诚信、勤奋、创新"为经营理念，以及追求企业与员工、客户、社会之间"共同、共生、共享"的核心价值观。坚定不移地为客户创造价值；为员工创造前途；为社会创造繁荣。推行科学严谨的管理体制，坚持积极热忱地为客户服务。公司领导审时度势，把握时尚潮流，带领全体员工齐心协力，勇于开拓，与多个相关部门密切合作，共谋发展，建立了一支高素质、高效率的专业化房地产精英团队。在房地产板块，公司先后开发了"文昌府第""绿朗时光""正基九宸"等项目。

• **2020 正基地产部分高管名录**

姓名	职务
朱亚普	总经理

正荣地产控股股份有限公司

正荣地产控股股份有限公司（简称"正荣地产"）是一家大型综合性房地产开发商，专注于开发住宅物业以及开发、运营和管理商业及综合用途物业，并致力发展成为国内高质量发展的均好型房地产开发企业。正荣地产于 2018 年在香港联交所挂牌上市，股票代码 HK06158。

根据克而瑞机构统计，2020 年公司销售额达 1530.2 亿元，位列全国房地产开发企业第 22 名。

凭借在地产行业多年的发展经验，正荣地产植根中国，在明确区域战略地位、巩固区域城市价值的同时，基于对城市群的理解及前瞻性，聚焦城市群发展，坚持城市深耕，截至 2020 年年中，已投资布局长三角、环渤海、中部、西部、海西、珠三角等六大区域，落子上海、南京、苏州、合肥、天津、济南、武汉、长沙、郑州、西安、成都、福州、南昌等 34 座城市，开发运营精品项目约 200 个，土地储备面积达 2740 万平方米。

除了住宅开发，为保持多元化、平衡的业态组合，正荣地产还开发及运维正荣中心、正荣街、正荣邻舍三条商业产品线，以及上海虹桥·正荣中心高端商办项目，西安正荣·彩虹谷妇幼主题型商业项目等一系列商业物业代表作品。

• **2020 正荣地产部分高管名录**

姓名	职务
欧宗荣	董事局主席
黄仙枝	董事长
侯 博	西安区域公司总经理
朱文博	武汉区域常务副总经理
陈超凡	厦门区域公司总经理
赵大鹏	合肥区域总经理
王 朋	正荣地产南昌置业公司总经理

正商集团

正商集团 1995 年创立于郑州，主营业务包括房地产开发、实业两大部分，是集房地产开发、物业管理、工程建设、酒店管理、医院管理、精细化工、教育、投资和信托基金管理于一体的跨国企业集团。经营区域涵盖河南省、浙江省、北京市、湖北省、山东省、海南省、中国香港等，同时业务发展至美国、新加坡、印度尼西亚等地。

根据克而瑞机构统计，2020 年公司销售额达 420.1 亿元，位列全国房地产开发企业第 77 名。

正商集团入选"2020 中国民营企业 500 强"，名列第 246 位，入选"2020 中国民营企业服务业 100 强"，名列第 73 位，在河南本土房企中排名第一，同时是河南本土房企中唯一连续四年入选"中国民营企业 500 强"的企业。

- **2020 正商集团部分高管名录**

姓名	职务
黄可飞	执行董事、总经理

福建正祥投资集团有限公司

福建正祥投资集团有限公司（简称"正祥集团"）始建于 1995 年，秉承"具世界观，造家园福"的品牌理念，现已发展为一家涵盖地产开发、建筑工程、商业运营、物业服务、饭店管理、现代农业、养老医疗、金融投资、文化教育、房产经纪十大产业板块的综合性企业。

自初创伊始，正祥集团就秉着"正诚勤进，祥泰厚丰"的价值观，刻意追求优越的产品与服务质量，赢得各方的普遍尊重与赞誉。通过 20 余年的探索积累，企业经营规模和综合实力已位居同行业前列。

目前，包括房地产在内的多个产业发展已迈入新阶段，民生事业更是成为集团支柱产业的重要组成部分。坐落于中国十大历史文化名街"三坊七巷"的正祥望园，成为繁华都市中的经典商业之作；建设中的大型全龄康养项目和大型综合农业项目，更是正祥集团实现民生梦的应时之举。

- **2020 正祥集团部分高管名录**

姓名	职务
吴付日	执行董事、总经理
林金钗	监事

吉林正业集团有限责任公司

　　吉林正业集团有限责任公司（简称"正业集团"），创建于 1992 年，总部位于吉林省长春市，在北京、长春等多个城市设有分支机构，是一家集农牧产业、生物制药、现代商业、旅游酒店、房地产开发、网络科技、金融投资等七大产业于一体的跨行业、跨区域的多元化企业集团，旗下拥有多家成员企业。

　　长春华正房地产开发有限公司是正业集团旗下的房地产开发品牌企业。华正地产致力打造全新商居理念，以文旅地产、商用和高档住宅开发为重点，形成了"布局东北、辐射北京、重点打造"的经营化格局，先后在北京、长春、通化等城市开发建设了北京涵珍园国际酒店、万事吉公寓、华正广场，长春崇智商城、华正商品批发中心、华正宾馆、建南小区、崇智路民宅小区、自由大路小区和通化华昌小区等多个地产项目。

　　目前，华正地产正在规划设计的有"莲花溪谷"和"新崇智商业综合体"两大重点项目。

• 2020 正业集团部分高管名录

姓名	职务
韩真发	董事长
孙立华	监事

上海证大房地产有限公司

　　上海证大房地产有限公司（简称"证大"）是一家主要从事物业业务的香港投资控股公司。公司主要通过三大分部运营：物业销售分部从事物业的销售业务，其旗下物业包括南京喜马拉雅中心及滨江大拇指广场等；酒店分部持有酒店，如：证大丽笙酒店；物业租赁、管理及代理服务分部提供物业租赁、管理及代理服务。公司主要在中国及南非开展业务。

• 2020 证大部分高管名录

姓名	职务
王乐天	董事会主席

郑州绿都地产集团股份有限公司

郑州绿都地产集团股份有限公司（简称"郑州绿都"），成立于 2002 年，宇通集团关联企业，中国百强房企，集团总部位于上海。业务板块覆盖住宅开发、商业运营、物业管理、工程建工四大模块的全产业链，为城市价值的创新与实现不断输出优质产品。自成立伊始，绿都始终致力打造区域领先的中高端地产品牌，提高产品竞争力，以精益求精的工匠精神，构筑臻品项目，为客户带来更美好的生活与场景体验，推动城市人居美好升级。

2015 年起，绿都全面开启全国化布局。战略聚焦中原和长三角城市群，加速进入一、二线城市。2015—2019 年，绿都接连在上海、苏州、杭州、合肥、南京、南通拿下核心地块，强势布局华东。如今，绿都下辖五大事业部——郑州事业部、上海事业部、杭州事业部、洛阳事业部、合肥事业部。

目前，绿都已于全国 15 座城市打造 50 余个项目，服务 20 多万业主。

- **2020 郑州绿都部分高管名录**

姓名	职务
杨张峰	董事长、总经理
薛荣欣	董事
路向前	董事

成都置信实业（集团）有限公司

成都置信实业（集团）有限公司（简称"置信集团"）成立于 1997 年 11 月 12 日，2004 年 6 月 1 日完成集团化改组，形成了商住地产、产业园区、文化旅游、医疗养老、汽车贸易以及现代服务的六大核心业务板块；是一家多业态、跨地区的综合经营服务投资控股型集团公司。

经过 16 年的积淀，集团兴办了素有"地产黄埔军校"美誉的置信培训学校，构建了"四讲四要八个是"的系统性企业文化。立足于"城市运营商"和"系统生活服务商"的定位，引导城市居住文化潮流。

置信集团属于省市重点发展企业、四川省著名商标，其企业品牌、产品品牌和服务品牌历年来高居本土地产企业前列。在成都、上海、银川、株洲、绵阳、巴中、遂宁，以及成都周边的温江、彭州、崇州、蒲江、新津、都江堰等区域开展产业运营和项目拓展。

- **2020 置信集团实业部分高管名录**

姓名	职务
杨 华	董事长
林 维	总经理

浙江置业房产集团有限公司

浙江置业房产集团有限公司（简称"置业房产"）成立于 2000 年 7 月 27 日，法定代表人为孙妙川，注册资本为 10000 万元，所属行业为房地产业，经营范围包含：房地产开发经营；房屋租赁；物业管理。

• **2020 置业房产部分高管名录**

姓名	职务
孙妙川	董事长

中昂地产（集团）有限公司

中昂地产（集团）有限公司（简称"中昂集团"）成立于 2004 年，总部设于北京。历经 17 年发展，现已成为集投融资、地产开发、基金管理、工程建设、装饰装潢、物业服务、酒店管理等业务为一体，具有国家房地产开发一级资质、建筑业一级资质的大型多元化集团公司。

根据克而瑞机构统计，2020 年公司销售额达 214.7 亿元，位列全国房地产开发企业第 121 名。

目前，集团已在全国主要经济区域完成中心城市布局，形成三大地产业务事业部：以北京为核心的"环渤海经济圈"事业部；以江苏、上海为核心的"长江三角洲"事业部；以重庆、四川为核心的"西南区域"事业部。集团拥有北京中昂、上海昂内、重庆中昂、江苏昂内、四川中昂、海南中昂等多家专业地产公司，以及装饰、建筑、劳务、投资管理公司等多家控股子公司，形成了集投资规划、开发建设和物业服务为一体的全过程运作能力和系统、高效的多业态综合开发能力。产品覆盖了综合商业、大型城市综合体、高档公寓、花园洋房、别墅、旅游地产、写字楼等多种业态。

• **2020 中昂集团部分高管名录**

姓名	职务
易如波	董事长
冯 植	执行总裁
谢 亮	执行总裁
柴 涛	执行总裁
杨砚峰	执行总裁

江西中奥置业有限公司

江西中奥置业有限公司（简称"中奥地产"）始创于 1995 年，秉持坚韧的体育精神，不断超越，用心筑城。自成立 25 年来，中奥地产一贯秉承稳扎稳打、务实高效、追求卓越的企业风格，坚持规模、利润率及负债率"三角平衡"的经营模式。

根据克而瑞机构统计，2020 年公司销售额达 171.5 亿元，位列全国房地产开发企业第 137 名。

目前，中奥地产坚持主营业务房地产作为主发展航道，物业服务为辅航道，同时发展筑达投资、乐盈商业、百臻装饰等子板块业务，形成"1+1+3"的业务战略，驱动企业快速发展。以"区域聚焦、全国发展"为战略导向，先后布局全国 18 座城市，打造 50 多个城市标杆项目，逐渐形成全国化地产网络。2020 年上半年度，中奥地产新增土储位列全国地产百强榜第 31 位。

- **2020 中奥地产部分高管名录**

姓名	职务
田永盛	中奥地产集团执行总裁
任小军	中奥置业总经理
陈星星	中奥地产苏南公司总经理

中邦置业集团有限公司

中邦置业集团有限公司（简称"中邦置业"）成立于 2000 年 11 月，是一家以房地产开发为主营业务的多元化集团公司。集团以"创新生活"为开发理念，坚持"创新、务实、团队"的企业精神，着力打造"现代、时尚、文化"的产品。集团公司连续 4 年入选上海房地产开发企业 50 强。

中邦置业集团具有国家房地产开发一级资质。曾参与开发占地近 200 万平方米的大型社区"联洋新社区"，成功塑造了"联洋"品牌形象，被评为第一批上海市房地产类著名商标，并已成功开发了"联洋花园""联洋年华""中邦风雅颂""中邦晶座城市别墅""中邦城市""中邦 MOHO""珠海中邦商务酒店""启东中邦上海城"等多个知名项目，深受市场好评。项目分布于上海、无锡、启东、珠海、重庆等城市，项目累计开发超过 100 万平方米。

- **2020 中邦置业部分高管名录**

姓名	职务
卫 平	董事长

安徽中丞房地产开发集团有限公司

安徽中丞房地产开发集团有限公司（简称"中丞集团"）是一家集项目投融资、房地产开发、物业管理、商业配套服务为一体的多元化综合性大型企业，总部位于安徽省合肥市滨湖新区，为中国房地产开发集团联合投资股份有限公司的成员企业，注册资本2亿元，现有员工600余人。集团公司设立综合运营管理中心、财务管理中心、营销管理中心、成本管理中心等职能中心，下设安徽中丞物业管理有限公司、安徽柏城财富投资咨询有限公司、安徽中丞集团马鞍山置业有限公司、安徽中丞集团六安置业有限公司、亳州市中丞置业有限公司、菏泽市翰林置业有限公司、菏泽市中丞置业有限公司、芜湖中弘地产开发有限公司等，采用科学设计、精细施工、竭诚服务三位一体的房地产专业开发管理模式，实现了开发运营的规范化与标准化。多年来，中丞集团公司秉承"诚信务实、追求卓越、服务社会"的品牌理念，为逾百万客户提供了优越的居住环境。集团公司已完成及计划投资总额达180亿元，建设面积近600万平方米。

• **2020 中丞集团部分高管名录**

姓名	职务
董必波	执行董事、总经理
陈树琴	监事

武汉中央商务区城建开发有限公司

武汉中央商务区城建开发有限公司（简称"中城"）是武汉中央商务区投资控股集团有限公司旗下的大型国有房地产企业。作为武汉本土的大型国有房地产集团企业，中城专注于武汉中央商务区的建设，并积极致力城市门户区域的开发，在武汉先后开发了丽水花园、裕荣家园、武昌城市公园等多个地产项目，取得了业内瞩目的销售业绩及良好的客户口碑；同时，中城坚持以优秀企业公民的角色自觉承担社会责任，积极参与了多项公益事业及危房改造、城中村改造、棚户区改造、双竞双限房和经济适用房等保障型住房、民生型住房的开发与建设。

目前，中城在武汉中央商务区外已实现约200万平方米项目土地储备，中城上城、中城国际、中城时代、中城青年汇等多个精品项目正在陆续亮相武汉市场。

• **2020 中城部分高管名录**

姓名	职务
冷 莹	董事长、总经理
李双泉	董事
任汉江	董事

中迪禾邦集团有限公司

中迪禾邦集团有限公司（简称"中迪禾邦"）于 2006 年成立，是一家根植于川渝、发展于全国的综合性大型企业集团。经过十余年的高质量发展，作为中国民营企业 500 强，中迪禾邦坚定地以"产业深度经营＋产业投资"为双擎动力，不断夯实产业基础，壮大实体经济，同时搭建产业投资、协同并购、资本融合三大体系并举的发展格局，不断激发自身的蓬勃活力，充分发挥各产业板块优势，努力实现资产规模化、业务全国化、产业集群化的发展战略目标。

目前，中迪禾邦集团业务范围覆盖全国 13 个省（市），正积极发挥产业经营、资本运营的协同效应，搭建资源整合平台，深入布局现代城市运营、物业与社区运营、大健康、文化旅游、现代农业、能源等多个核心产业。截至 2019 年，中迪禾邦集团已连续 4 年获评"中国房地产开发企业 100 强""中国房地产百强企业"，三度蝉联"中国房地产开发企业品牌价值 100 强"，四度蝉联"中国西部房地产公司品牌价值 TOP10"。

• **2020 中迪禾邦部分高管名录**

姓名	职务
刘军臣	董事长
李 勤	执行董事、总裁

中房置业股份有限公司

中房置业股份有限公司（简称"中房股份"，SH600890）原名为长春长铃实业股份有限公司，是 1993 年通过改制设立的股份有限公司。1996 年 3 月 18 日，公司 A 股股票在上海证券交易所挂牌上市。在京开发的长远天地、乐城等房地产项目享有较高的市场知名度，在天津滨海新区、徐州等地的新兴项目，启动在即。展望未来，秉承为股东创造价值，让利益相关各方满意的经营宗旨，中房股份将坚定不移地走市场化壮大发展的道路；同时，通过生产经营与资本经营的健康结合，以及规范化操作，制度化管理，奠定了可持续性发展的坚实基础。

• **2020 中房股份部分高管名录**

姓名	职务
朱 雷	董事长
卢 建	总经理
赵 昱	中房集团辽宁置业有限公司总经理

上海中福地产置业有限公司

上海中福地产置业有限公司（简称"中福"）是专业从事商业地产和住宅地产开发、经营的公司。多年来，公司秉承"团结、求精、务实、创新"的经营理念，以优异的开发品质、完善的服务管理和独具特色的项目创意，先后在上海市中心城区成功开发建设了中福城（共3期）、中福大厦、中福公寓、中福花苑（青年汇）、中福古玩城、中福大酒店、世福汇大酒店等多个高档住宅小区及商业项目。 公司目前已逐步发展为集地产开发、钢结构建设、室内装潢、物业管理、酒店经营、网络通信、古玩经营、艺术品拍卖等多方向发展的集团公司。中福公司现有全资子公司8家，控股公司2家，参股关联公司1家。

- **2020 中福部分高管名录**

姓名	职务
胡培毅	董事长
张庆荣	总经理

中庚地产实业集团有限公司

中庚地产实业集团有限公司（简称"中庚集团"）创建于1997年，致力于城市运营23载，资产总值超过1200亿元。目前已形成地产、产业园区、供应链和金融投资四大核心业务板块，业务领域涉及住宅开发建设、产业运营、金融服务、酒店管理、商业投资、园林绿化、物业管理，并参与政府PPP项目，是一家具有内外资背景、全国性、全产业链、综合性大型集团公司。

根据克而瑞机构统计，2020年公司销售额达143.7亿元，位列全国房地产开发企业第146名。

中庚集团在地产领域精耕细作23年，已布局京津冀经济圈、环渤海经济圈、长三角经济圈、海西经济圈、成渝经济圈、长江中游经济圈六大区域。落子福建、上海、北京、重庆、大连、江苏、浙江、湖北等国家重点省市。累计投资、开发的项目40多个，土地开发建筑面积1100多万平方米。

- **2020 中庚集团部分高管名录**

姓名	职务
梁衍锋	执行董事、总经理
陈 武	中庚集团大连区域总经理

北京中关村科技发展（控股）股份有限公司

北京中关村科技发展（控股）股份有限公司（简称"中关村科技"）于 1999 年 6 月注册成立，并于当年 7 月在深交所挂牌上市，股票代码 000931，股票简称"中关村"。2007 年 1 月，公司完成股权重组和股权分置改革，鹏泰投资、广东粤文、海源控股等三家企业收购了北京住总集团所持中关村科技的全部股权，公司从一家国有控股企业成功转变为由多种经营成分组成的现代股份制企业。 新股东介入后，公司根据自身资源和能力，确立了"科技地产"的战略方向。公司将充分利用"中关村"品牌资源、股东资源和自身资源，致力于科技园和物流园区的开发与管理、房地产开发与建筑施工等业务领域，努力成为中国 A 股上市公司中实力最强的公司之一。

• **2020 中关村科技部分高管名录**

姓名	职务
许钟民	董事长
侯占军	总裁
董国明	副总裁
贾鹏云	副总裁
李 斌	副总裁

中国城市基础设施有限公司

中国城市基础设施集团有限公司（简称"中国城市基础设施"）是一家投资控股公司，经过多年发展及开拓，集团成功发展多元化组合，包括住宅物业、购物商场、写字楼、酒店和天然气业务。这样的组合为集团带来了稳定现金流，保证集团的可持续发展及开拓其他潜能高的业务。数年前，集团开始从事与环保、清洁能源及中国城市化发展等有关的基础设施业务，其中包括天然气销售及分销、天然气管道建设、固废处理及垃圾发电等项目。2017 年 12 月出售天然气业务，为集团带来了可观的投资回报。随着国家深化改革和社会发展，以及城市化的快速发展，大众对环境问题日益关注，推进环保产业的发展及清洁能源的应用已成为大势所趋，国家陆续推出的环保及清洁能源利好政策都将为集团在相关领域的基础设施业务的发展提供广阔的空间，潜力巨大。

• **2020 中国城市基础设施部分高管名录**

姓名	职务
李朝波	董事会主席
季加铭	执行总裁
叶天放	执行总裁

中国宏泰产业市镇发展有限公司

中国宏泰产业市镇发展有限公司（简称"中国宏泰发展"，HK06166)始创于 1995 年，是香港联交所主板有代表性的上市公司和国内产业地产五强企业之一，是我国新型城镇化建设、园区 PPP 模式的先行者和成功者，是国内领先的以产业升级服务、园区运营和基础设施投资为核心业务的产业市镇综合发展商。在"一带一路"倡议、京津冀协同发展和长江经济带等国家战略指引下，中国宏泰发展聚焦产业市镇、通用航空、工业设计、金融服务、文旅、大健康、科技创新、新能源、酒店管理和置业等产业板块，在 13 座城市开展业务，在 5 座城市投资建设 10 个产业市镇园区（包括科技小镇、航空小镇、体育小镇、金融小镇等特色小镇），为区域经济社会发展提供了有力支撑。

• **2020 中国宏泰发展部分高管名录**

姓名	职务	姓名	职务
王建军	董事会主席	徐 明	副总裁
王亚刚	副总裁	杨 允	副总裁
崔向旭	副总裁		

中国金茂控股集团有限公司

中国金茂控股集团有限公司（简称"中国金茂"）是世界五百强企业之一的中国中化集团有限公司旗下的房地产和酒店板块的平台企业，于 2007 年 8 月 17 日在香港联合交易所主板上市（HK00817）。

根据克而瑞机构统计，2020 年公司销售额达 2237 亿元，位列全国房地产开发企业第 15 名。

基于对城市潜能的远见，中国金茂整合国际领先的优质资源，引进合理互生的城市规划理念，实现区域功能和城市活力的全面提升。目前，公司已稳健布局五十余座城市，并成功打造了以"金茂"品牌为核心的高端系列产品。

"金茂"为中国驰名商标。自 2005 年以来，"金茂"品牌已连续 16 次入围"中国 500 最具价值品牌"榜。2020 年，"金茂"以 353.67 亿元的品牌价值位居"中国 500 最具价值品牌"榜第 184 位。

• **2020 中国金茂部分高管名录**

姓名	职务	姓名	职务
宁高宁	董事会主席	欧阳俊	中国金茂广州城市公司总经理
李从瑞	副总裁	黄鹏森	中国金茂南京区域副总经理、无锡公司总经理
江 南	首席财务官	沈一佳	中国金茂常州公司总经理
宋镠毅	副总裁	姜 楠	中国金茂郑州公司总经理
张 辉	副总裁	关 翀	中国金茂上海区域副总经理、金茂杭州总经理
陶天海	高级副总裁、上海区域总裁	薛 刚	中国金茂集团西安分公司总经理
吴 进	金茂上海区域副总经理、金茂苏州公司总经理	曹贵江	中国金茂太原城市公司总经理
李 斌	中国金茂华南区域总经理助理、深圳公司总经理	袁 烁	中国金茂福州公司总经理
汪进德	中国金茂华中区域副总经理、长沙事业部总经理		

中国新城市商业发展有限公司

中国新城市商业发展有限公司（简称"中国新城市"）是一家主要从事商业地产开发业务的投资控股公司。公司通过4个业务分部进行运营：商业物业开发分部开发及销售商用物业；物业租赁分部租赁投资物业；酒店运营分部拥有及经营酒店；其他分部主要为商用物业提供管理及保安服务。该公司还通过其子公司从事物料贸易、投资管理及生产建筑物料业务。

- **2020 中国新城市部分高管名录**

姓名	职务
施侃成	董事会主席
施南路	首席执行官
刘 波	副总裁
唐怡燕	副总裁
方 彬	副总裁

中国中铁股份有限公司

中国中铁股份有限公司（简称"中国中铁"）是集勘察设计、施工安装、工业制造、房地产开发、资源矿产、金融投资和其他业务于一体的特大型企业集团，总部设在北京。作为全球最大的建筑工程承包商之一，中国中铁连续14年进入世界500强，2019年在《财富》世界500强企业排名第55位，在中国企业500强排名第12位。

中国中铁业务范围涵盖了几乎所有基本建设领域，包括铁路、公路、市政、房建、城市轨道交通、水利水电、机场、港口、码头，等等，能够提供建筑业"纵向一体化"的一揽子交钥匙服务。此外，公司实施有限相关多元化战略，在勘察设计与咨询、工业设备和零部件制造、房地产开发、矿产资源开发、高速公路运营、金融等业务方面也取得了较好的发展。

- **2020 中国中铁部分高管名录**

姓名	职务
陈 云	党委书记、董事长
陈文健	党委副书记、总经理
关爱民	中铁置业山西公司总经理
于亚洲	中铁置业沈阳公司总经理

中国海外发展有限公司

中国海外发展有限公司（简称"中国海外发展"），隶属于中国建筑集团有限公司，1979 年创立于香港，1992 年在香港联交所上市（HK00688），2007 年入选恒生指数成分股。公司拥有 41 年房地产开发与不动产运营管理经验，业务遍布港澳及内地 70 余个城市及美国、英国、澳大利亚、新加坡等多个国家和地区。2019 年，公司总资产达 7239 亿元，净资产达 2891.45 亿元。2019 年，实现销售合约额港币 3771.7 亿元，同比增长 25.2%，净利润 416.2 亿元，盈利能力保持行业领先，经营业绩呈现又好又快增长态势。

根据克而瑞机构统计，2020 年公司销售额达 3634.4 亿元，位列全国房地产开发企业第 6 名。

克而瑞发布"2020 年中国房地产企业项目销售 TOP100"排行榜，中海有 6 个楼盘挺进 TOP15，分别是：上海中海臻如府、济南中海华山珑城、上海中海建国里、广州亚运城（合作项目）、深圳中海汇德理、北京中海寰宇时代。

- **2020 中国海外发展部分高管名录**

姓名	职务
张智超	董事长、总经理
程晓辉	沈阳公司总经理
杨 栋	中海地产南昌公司总经理
陈 澄	中海地产南宁公司总经理
李东持	中海地产西安公司总经理
马玉波	中海地产昆明公司总经理
陈双全	中海地产河南有限公司总经理
魏 鑫	中海地产吉林公司总经理
付熙崿	中海地产广州公司总经理
蒋晓洲	中海地产深圳总经理
陈继云	中海地产兰州公司总经理
王 冲	贵阳中海房地产有限公司总经理

中浩德地产有限公司

中浩德地产有限公司（简称"中浩德地产"）2010 年成立于洛阳，注册资本 2 亿元，是中浩德控股集团发展的引擎之一。下设浩德鑫置地、中浩德物业、中浩德商业、中浩德商贸、匠心景观绿化等子公司。代表作有开元壹号等。

- **2020 中浩德地产部分高管名录**

姓名	职务
罗 桦	总裁
郭利好	总经理

中核兴业控股有限公司

中核兴业控股有限公司（简称"中核兴业"）成立于 1994 年，是中央直接管理的国有重要骨干企业、国家核科技工业的主体、国家核能发展与核电建设的中坚——中国核工业集团有限公司旗下从事房地产开发经营和产业链延伸的重要专业平台之一，具有国家房地产开发企业一级资质。

中核兴业致力于成为备受政府信赖和市场尊敬的"五商"，即产城融合服务商、核技术推广应用平台商、集团内部成员企业协同商、集团公司存量土地开发商及产业园区运营商。致力打造区域品质标杆型项目，开发项目涵盖传统住宅、商业、办公以及城市综合体、产业地产、产城融合等多种业态。在建二级开发项目主要分布在上海、深圳、天津、武汉、重庆、烟台等重点城市，形成了齐头并进的良好态势；土地一级开发项目主要分布在湖北、山东、湖南、贵州等土地市场较为活跃的省份，为公司的持续性发展提供了坚实的基础。

- **2020 中核兴业部分高管名录**

姓名	职务
高宏树	董事长
张　伟	总经理
孙　彪	副总经理

中赫集团有限公司

中赫集团有限公司（简称"中赫集团"）于 2005 年在北京创立，是一家专注于高端地产的开发商和持有运营商。中赫置地是中赫集团在地产开发领域倾力铸造的品牌。中赫置地专注于高端地产的开发，致力于成为高端地产开发的领跑者。迄今，中赫置地在高端地产的产品研发和精益管理上形成了核心竞争力，赢得了较高的知名度和美誉度。同时，中赫集团全面拓展了资产管理业务，致力于持有物业的投资、运营和管理。业务范围覆盖中赫集团战略储备项目及合作方项目的区域规划、综合开发、资产组合的全流程策划、开发管理、项目管理、运营管理等。 中赫集团还在金融、文化等若干领域进行了投资，以期对现有产业形成价值链协同效应。 中赫集团秉持"志者恒进"的企业精神，坚持"用心致极"，以品质创造价值，与客户、员工、合作伙伴及社会和谐发展，致力成为一家受人尊敬的企业。

- **2020 中赫集团部分高管名录**

姓名	职务
周金辉	董事长

河北中宏置业房地产开发有限公司

河北中宏置业房地产开发有限公司（简称"中宏置业"）成立于 2015 年 6 月 15 日，注册地位于河北省石家庄市裕华区建华南街道南焦村 24 巷 21 号，法定代表人为翟鹏。经营范围包括房地产开发与经营、健身服务、健康管理咨询、餐饮服务、餐饮管理（依法须经批准的项目，经相关部门批准后方可开展经营活动）。河北中宏置业房地产开发有限公司对外投资 1 家公司。

• 2020 中宏置业部分高管名录

姓名	职务
李　立	董事长
翟　鹏	经理

中华企业股份有限公司

中华企业股份有限公司（简称"中华企业"）是中华人民共和国成立后上海第一家专业从事房地产开发经营的企业。中华人民共和国成立初期，公司受上海市政府委托，承办外商在沪的房地产转让、租赁和买卖业务。20世纪50年代末，公司在沪率先建造和出售了首批侨汇住宅。20世纪80至90年代，公司营建的各类商品房已达百万余平方米，项目遍布上海各区县及部分外省市，品牌项目代表有：玉兰花苑、海怡花园等侨汇住宅；光明大厦、启华大厦、房地大厦、中华企业大厦、华侨大厦、港泰广场、淮海中华大厦、静安中华大厦等办公商务楼；上海春城、宝石公寓、金鹿公寓、鹿特丹花园、东方中华园、虹桥中华园以及被誉为20世纪90年代上海十大建筑景观的"古北新区"等中高档住宅，在海内外享有一定的声誉。

根据克而瑞机构统计，2020 年公司销售额达 86.7 亿元，位列全国房地产开发企业第 183 名。

• 2020 中华企业部分高管名录

姓名	职务
嘉　骏	董事长
蔡顺明	副董事长
董　鸿	总经理
印学青	副总经理
钟益鸣	副总经理
卢云峰	副总经理
李　剑	副总经理

上海中环投资开发（集团）有限公司

上海中环投资开发（集团）有限公司（简称"中环投资"）建于 1978 年，是一家具有国家房地产开发一级资质、质量信誉 AAA 等级，入选全国百强、长江三角洲 80 强、上海市 50 强的房地产开发企业，并且是中国房地产业协会常务理事、上海市房地产行业协会副会长单位。

公司累计开发各类建筑 1200 多万平方米，解决了数万户居民的住房困难问题。公司全力改造了闻名沪上的"药水弄""朱家湾"两大棚户区；开发建设了北块甘泉小区、真光新村、清涧小区、上海万里城等一大批新型住宅区；先后承担了中山北路物贸街和长寿路商住街的前期开发任务，以及沿线数十处大型公建建设工作。公司正在实践"立足上海，面向全国"的开发战略，足迹遍及吉林、海南各地。

根据克而瑞机构统计，2020 年公司销售额达 97 亿元，位列全国房地产开发企业第 177 名。

- **2020 中环投资部分高管名录**

姓名	职务
胡礼刚	董事长
李卫东	董事、总经理

福建中辉投资集团有限公司

福建中辉投资集团有限公司（简称"中辉集团"）是一家民营多元化投资控股集团，集团涉足房地产、金融投资、资产经营管理、贸易、商业运营管理五大产业，集团旗下项目公司先后在福建、湖北、安徽、北京、辽宁、山东等地投资开发了龙居财富天下、万豪国际星城、万豪大景城、万豪城市广场等众多项目，形成了独具特色的中辉品牌。中辉集团根植福州、精耕八闽、立足海西、放眼全国，以品质战略领衔市场，以先进商业模式稳步扩张，目前集团各项目土地储备超过 5000 亩。

- **2020 中辉集团部分高管名录**

姓名	职务
游 辉	董事长

中惠熙元房地产集团有限公司

中惠熙元房地产集团有限公司（简称"中惠集团"）创立于 1994 年，1999 年开始从事房地产开发，经过多年的发展与积淀，集团已涉足房地产开发、物业服务、金融、文化等领域。集团已明确"科技产业园、科技服务、科技投资"的业务发展战略，致力成为多元发展的投资集团中惠熙元房地产集团有限公司，集团总部设于广东省广州市珠江新城，1999 年确立"以房地产开发为主营业务"的发展战略，经过多年的发展，房地产板块战略布局环渤海、长三角、粤港澳大湾区，开发项目遍及北京、上海、广州、天津、苏州、东莞、佛山、阳江、惠州、湖州等地，开发运营经验丰富，已连续 13 年荣获"广东地产资信 20 强"等荣誉，连续七年荣获"中国地产百强企业"，坚持秉持"基于品·始于心"的经营理念为数十万业主构筑温馨家园。

• 2020 中惠集团部分高管名录

姓名	职务
叶惠全	经理、执行董事

上海中建东孚投资发展有限公司

上海中建东孚投资发展有限公司（简称"中建东孚"）是世界 500 强上市公司中国建筑集团核心业务板块——"中建地产"的骨干成员，是中国建筑第八工程局有限公司专业负责房地产投资开发和物业服务的国有全资子公司。

根据克而瑞机构统计，2020 年公司销售额达 183.6 亿元，位列全国房地产开发企业第 131 名。

公司拥有国家房地产开发企业一级资质，形成了城市综合开发、居住地产、商务地产和保障性住房四大业务线，经营遍及上海、北京、济南、青岛、西安、泰州、包头、营口等多个大中城市，先后开发了"中建·府前观邸""中建·群贤汇""中建·群星汇""中建·尚溪地""中建·文化城""中建·凤栖第"等多个新中式住宅楼盘；公司成功建设了上海"中建大厦"、青岛"中建·紫锦广场"、"中建·文化广场"等甲级写字楼，倾力打造的百万平方米"中建·锦绣城"创造了销售传奇；公司还勇担央企社会责任，投资建设了上海两大保障房项目，总投资约 500 亿元。

• 2020 中建东孚部分高管名录

姓名	职务
韩文东	执行董事、总经理
陈信霖	苏州公司总经理

中建三局房地产开发有限公司

中建三局房地产开发有限公司（简称"中建三局"）隶属于中国建筑第三工程局有限公司，成立于1992年2月。公司总部位于湖北武汉，已进驻西南市场，并积极拓展粤港澳大湾区、长三角、京津冀等重点区域。公司具备国家房地产开发企业一级资质，总部设有14个部门，下辖15个全资子公司，2个参股子公司，已投资及正在开发的项目有19个，总开发面积超过1000万平方米。2019年，中建三局地产销售额超300亿元，位列武汉房企销售排行榜前三甲。

• 2020 中建三局部分高管名录

姓名	职务
李成强	执行董事、总经理

中建三局西部投资有限公司

中建三局西部投资有限公司（简称"中建三局西部投资"）是经中国建筑股份有限公司批准，由中建三局全资设立，拥有独立法人资格的投资平台公司。公司在中建三局"投资＋建造"两轮驱动转型升级发展、优化投资区域布局的战略下应运而生，于2016年7月1日注册成立，2017年1月9日正式揭牌，2017年7月被中建三局明确为局属二级单位。

公司作为中国建筑在西部地区依托工程局成立的唯一投资平台，投资业务聚焦于基础设施融投资、房地产综合开发、环境综合治理、产业园区开发、新兴投资业务等。截至2018年6月，公司累计实现签约合同额664亿元，完成投资额188.2亿元，储备土地154.36万平方米。

公司目前已初步形成"1+1+5"的市场布局，即以成都、重庆为核心，四川境内五个业务区为支撑的布局体系。公司深耕成都，抢抓东进战略契机，成为首个进入空港新城的投资企业，在重庆、昆明、雅安、南充、攀枝花等地均取得项目突破，坚持高端营销，开展高层对接40余次，同泸州、江津等地政府签订了战略合作协议。

• 2020 中建三局西部投资部分高管名录

姓名	职务
吴小春	董事长
周星伟	副总经理
师小军	副总经理

中建信和地产有限公司

中建信和地产有限公司（简称"中建信和地产"）是世界最大的投资建设集团、世界 500 强中建集团旗下骨干企业——中国建筑第五工程局有限公司（以下称中建五局）旗下的城市运营服务平台。

根据克而瑞机构统计，2020 年公司销售额达 113.2 亿元，位列全国房地产开发企业第 163 名。

中建信和地产成立于 2003 年 6 月，业务涵盖住宅开发、商业运营、绿色生态、物业服务、新型城镇化五大板块，经营地域立足湖南、辐射全国、发展海外。2017 年，公司成为湖南房企首个销售额破百亿的公司。2018 年，销售额蝉联湖南房企第一。2019 年，投资额、销售额、投资回款、营业收入四项指标均过百亿元，成功入围"中国房地产百强企业"，成为湖南首家中房协 AAA 级最高信用等级单位。

- **2020 中建信和地产部分高管名录**

姓名	职务
黄　刚	董事长
张金玉	总经理

中交地产股份有限公司

中交地产股份有限公司（简称"中交地产"，SZ000736）成立于 1993 年。

中交地产旗下拥有 30 余家全资、控股企业，业务包括房地产开发、工业地产经营、物业管理等领域，项目遍及京津冀、长三角、珠三角、成渝等地区，已初步实现全国化布局。

根据克而瑞机构统计，2020 年公司销售额达 850.9 亿元，位列全国房地产开发企业第 52 名。

中交地产的发展将秉承中交集团"让世界更畅通，让城市更宜居，让生活更美好"的企业愿景，深刻践行中交集团的房地产业务发展特色战略，紧紧依托中交集团全产业链优势，推动房地产开发与"大土木"、"大海外"、吹填造地、基础设施建设以及城市综合开发运营等业务的协调发展，推动中交房地产业务，以"一体化"、土地一二级联动的发展模式，集中优势资源，建立统一品牌，形成核心竞争力，跻身中国房地产行业前列，成为具有公司特色、国内领先、海外一流的特色房地产商。

- **2020 中交地产部分高管名录**

姓名	职务
彭碧宏	董事长
李永前	总裁
钟　瑾	副总裁
周　冬	副总裁
高慎豪	副总裁
孙卫东	副总裁

中骏集团控股有限公司

中骏集团控股有限公司（简称"中骏集团"）创办于 1987 年，总部设于上海，是一家专注于房地产开发及相关业态的综合性城市运营服务商；集团于 2010 年 2 月在香港成功上市，股票代码 HK01966。

根据克而瑞机构统计，2020 年公司销售额达 1015 亿元，位列全国房地产开发企业第 41 名。

中骏集团业务体系涵盖住宅开发、商业地产、长租公寓、文化旅游地产、产业地产、大型购物中心的营运管理、住宅与公共设施的物业管理、教育、健康管理等业务板块，以及基金管理及投资等金融服务。2020 年，中骏集团销售规模超过 1000 亿元。

中骏集团经过 30 余年的积累与沉淀，在住宅开发主营业务持续高速增长的同时，开启了中骏商管智慧服务和方隅长租公寓两类新的核心业务。

住宅开发战略聚焦在一线及二线城市，弹性进入强三线城市，重点布局"4+1 区域"：长三角经济圈、环渤海经济圈、粤港澳大湾区、中西部核心城市以及海西经济区。现已进入城市超过 60 个，项目遍布上海、北京、深圳、杭州、宁波、南京、苏州、天津、济南、青岛、重庆、成都、郑州、昆明、福州、厦门等核心城市，土储面积超 3200 万平方米。中骏集团自 1996 年开发第一个项目泉州"中骏·骏达中心"以来，至今已经开发建设项目超过 200 个，开发面积超过 6000 万平方米。

• 2020 中骏集团部分高管名录

姓名	职务
黄朝阳	董事局主席、创始人
陈元来	董事局副主席
郑晓乐	董事局副主席
黄伙权	执行董事、执行总裁
黄 伦	执行董事、助理总裁
郑全楼	执行总裁
王 劼	执行总裁
徐 振	中骏集团东南区域苏南事业部总经理
龚德银	中骏集团昆明公司总经理
薄禄伟	中骏集团川渝区域公司总经理
蔡亦忠	中骏集团海西区域公司总经理
孙志勇	中骏集团北京公司总经理

海南中坤渝安投资有限公司

海南中坤渝安投资有限公司（简称"中坤渝安"）成立于 2006 年 1 月，是在海南省文昌市注册的民营企业，位于海南省文昌市高隆湾旅游大道西侧，注册资金 1.8 亿元，公司现有在职员工 200 多人，其中具有中级以上职称 27 人，是具备强劲综合实力的房地产开发企业。

公司投资建设高隆湾"清澜半岛"房地产项目。该项目位于海南省文昌市高隆湾旅游风景区龙头地段，占地 1800 亩，建筑面积约 110 万平方米，三面临海，紧邻东郊椰林名胜风景区，既是文昌新市区的核心地段，也是进出卫星发射基地的门户和游客的集散中心，未来将建设成为海南省内高端大型综合旅游地产项目。"清澜半岛"项目规划突出旅游地产特色，着力打造具有浓郁海洋文化和港湾风情的精品社区，使其成为文昌的地标和名片。项目内将建设超五星级度假酒店、康疗中心、国际会议中心、游客接待中心、风情商业街、旅游码头、渔人码头、大型游艇码头、大企业会所、高档别墅、海景公寓、产权式酒店等。

- **2020 中坤渝安部分高管名录**

姓名	职务
罗智勇	执行董事、总经理

福建中联房地产开发集团有限公司

福建中联房地产开发集团有限公司（简称"中联集团"）成立于 1992 年，总部位于海西中心城市福建省福州市五四路 CBD 核心区，是一家以房地产开发为核心，同时涉足基础设施建设、物业管理、酒店投资与管理等行业的综合性集团企业。中联集团经过近 30 年的辛勤耕耘，积攒雄厚的发展实力，如今已成长为具有较大影响力的国家房地产开发一级资质企业。自成立以来，集团秉承"心建筑、优生活"的企业理念，深耕海西、做大做强企业品牌，开发规模位居福州房地产企业前列，荣获"2015 中国房地产开发企业 100 强"称号，连续多年成为"福州楼市销售十强企业"和福清市最大的城市运营商。目前，在福州、厦门、漳州等地已累计开发土地近 300 万平方米，土地储备近 500 万平方米，资产总值近 200 亿元。

- **2020 中联集团部分高管名录**

姓名	职务
施文义	董事长
李图途	副总裁

中梁控股集团有限公司

中梁控股集团有限公司（简称"中梁"）是一家快速发展的大型综合房地产开发商，2019 年在香港上市（HK02772）。根植于长三角经济区，布局全国，凭借卓越的产品品质、优质的客户服务，中梁稳居中国房地产开发企业 20 强，并位列发展潜力 10 强。

根据克而瑞机构统计，2020 年公司销售额达 1688 亿元，位列全国房地产开发企业第 20 名。

凭借在房地产行业多年经验，中梁在区域扩展的策略引导下，项目已拓展至我国五大经济核心区域（长三角经济区、中西部经济区、环渤海经济区、海峡西岸经济区及珠三角经济区），覆盖包括浙江、江苏、安徽、江西、湖南、湖北、重庆、四川、福建、广东、广西、云南、贵州、山东、河南、河北、辽宁、陕西、山西、甘肃、宁夏、内蒙古、天津等 20 多个省市区的 150 余座城市（地级行政单位），成功开发了 500 余个项目。

• **2020 中梁部分高管名录**

姓名	职务
杨　剑	董事长
游思嘉	执行董事、首席财务官
李和栗	执行董事、联席执行总裁
陈红亮	执行董事及联席总裁
戴学君	中梁控股集团环南昌区域公司董事长
张力予	中梁控股集团粤港澳发展集团广州区域公司江门事业部总经理
徐晓东	中梁控股集团东岳区域董事长
吴　军	中梁控股集团苏州区域董事长
罗明佳	中梁邯郸事业部总经理
何银辉	中梁武汉区域公司董事长
周建中	中梁控股集团西部大区总裁
李廷一	中梁控股集团内蒙古总经理
欧阳林桂	中梁控股集团郑州区域公司董事长
崔金兆	中梁控股集团广州区域公司董事长

中南控股集团

中南控股集团（简称"中南集团"）成立于 1988 年 2 月，现有员工 10 万余人，管理人员近 2 万人，2019 年综合营收 2821 亿元，下有中南建设 (SZ000961) 和磐石新能 (871460) 两家上市公司，形成"4+1"业务布局——中南置地、中南建筑、中南高科、中南实业投资和中南教育。

根据克而瑞机构统计，2020 年公司销售额达 2232.1 亿元，位列全国房地产开发企业第 17 名。

目前业务遍及全国 26 个省、160 多个城市及澳大利亚、阿尔及利亚等海外市场，全集团共有 763 个法人公司，1100 个项目，位列中国企业 500 强第 78 位，中国民营企业 500 强第 11 位，中国建筑企业 500 强第 8 名。荣获鲁班奖 25 项、特别鲁班奖 1 项、詹天佑奖 15 项，以及钢结构金奖、中国建筑装饰奖等国家级大奖 80 余项，获得扬子杯、长城杯、白玉兰杯、泰山杯等省级优质工程奖 200 余项。

• **2020 中南集团部分高管名录**

姓名	职务
陈锦石	董事长、副总经理
陈昱含	中南置地董事长、总裁
姚 可	中南置地常务副总裁
辛 琦	中南置地高级副总裁
唐晓东	中南置地投资副总裁
韩 石	中南置地商业副总裁
张宽权	中南置地人资副总裁
曾志超	中南置地成本副总裁
赵桂香	上市公司内控审计副总裁
梁 洁	中南置地董事会秘书
毕兴矿	中南置地南京区域公司总裁
王 彬	中南置地苏北区域总裁
韩 杰	中南置地西安区域公司总裁、郑州区域公司董事长
翟贵君	中南置地环沪区域公司总裁
王 凯	中南置地杭州区域公司总裁
杨 杰	中南置地海西区域公司总裁
鞠文杰	中南置地武合战区总经理

苏州中锐投资集团有限公司

苏州中锐投资集团有限公司（简称"中锐"）成立于 2006 年 7 月 19 日，法定代表人为钱建蓉，注册资本为 50000 万元，所属行业为房地产业，经营范围包括：实业投资、项目投资、投资咨询；房地产开发、经营，工程信息咨询、房地产信息咨询；建筑工程设计、施工，物业管理。

• **2020 中锐部分高管名录**

姓名	职务
钱建蓉	董事长、总经理

中润资源投资股份有限公司

中润资源投资股份有限公司（简称"中润资源"）在深圳证券交易所主板挂牌上市，主要从事矿产投资、开采与房地产业开发。中润资源发行总股本 929017761 股，公司注册资本 92901.7761 万元。集团公司目前拥有 11 家控股子公司，其中有 6 家矿业公司，1 家房地开发公司。

中润资源进入房地产投资领域后，经过 20 余年发展，已经成为山东房地产业著名品牌企业。

• **2020 中润资源部分高管名录**

姓名	职务
卢　涛	董事长
李明吉	副董事长
伊太安	副总经理

中商控股集团有限公司

中商控股集团有限公司（简称"中商集团"）的前身中商企业集团公司是 1994 年注册的大型商业集团公司。1998 年至 2011 年先后由中央企业工委、国务院国资委直接管理。2011 年经国务院批准，整体并入中国诚通控股集团有限公司，成为其全资控股企业。2018 年 5 月，正式更名为中商控股集团有限公司。

中商集团主营业务为泛农产业、商业物产、资产经营、物流仓储服务、物业租赁服务及现代贸易流通业务，拥有全资、控股子公司 25 家，参股公司 16 家。其中，主要公司有：中商大厦有限公司（北京中商房地产开发有限公司）、中国百货纺织品有限公司、中商商业经济研究中心、中商科学技术信息研究所、秦皇岛华运物流有限公司、厦门华运物流有限公司、天津华运物流有限公司、青岛商业进出口物资接运有限公司、海南中商农产品中心市场有限公司、中诚草业有限责任公司。

- **2020 中商集团部分高管名录**

姓名	职务
顾来云	党委书记、总裁
牛 慧	副总裁、党委委员
吴荣庆	党委副书记、纪委书记
庞 瀛	副总裁、党委委员
孙晓非	总会计师、党委委员

中天城投集团有限公司

中天城投集团有限公司（简称"中天城投"）是贵州省具有国家房地产开发一级资质，无论是土地资源储备、开发规模、资金实力，还是企业影响力、治理结构、管理基础，始终保持贵州省内房地产行业龙头企业的地位，是贵州省的房地产著名品牌。中天城投集团在中国房地产行业内也具有较高的知名度和区域代表性，是万科、万通等国内知名房地产企业发起的"中城联盟"首批成员企业。

根据克而瑞机构统计，2020 年公司销售额达 182.9 亿元，位列全国房地产开发企业第 132 名。

公司已经成功开发中天花园、中天广场、中天·世纪新城、中天·托斯卡纳等多个标志性大型房地产项目，同时涵盖物业、健身、教育等产业，这些产业在贵阳市场占有标杆地位，已形成了中天城投集团所独有的核心竞争力，对旗下产品的销售和可持续发展起着不可估量的作用。

- **2020 中天城投部分高管名录**

姓名	职务
李 凯	执行董事、总经理

中天美好集团有限公司

中天美好集团有限公司（简称"中天美好"）以地产开发为核心主业，在社区服务、长租公寓、商业资产、社区教育等领域协同发展，下辖 30 多家房地产开发子公司和中天美好生活服务集团、资产公司、代建公司，布局深耕环杭、环沪、浙中、苏北等核心区域市场和长沙、西安、乌鲁木齐等省会城市，年开发面积逾 600 万平方米，位列中国房地产开发企业 100 强，发展潜力 10 强。

根据克而瑞机构统计，2020 年公司销售额达 248.5 亿元，位列全国房地产开发企业第 110 名。

- **2020 中天美好部分高管名录**

姓名	职务
华学严	董事长、总经理

中铁二局房地产集团有限公司

中铁二局房地产集团有限公司（简称"中铁二局地产集团"）成立于 1988 年，是中铁二局旗下唯一从事房地产开发的子公司，是成都市最早的房地产开发企业之一。

在区域市场拓展上，集团的项目辐射全国 10 余个大中城市，在四川、福建、广东、海南、贵州、天津等地区开展一级土地整理、大型精品楼盘开发、区域经济合作开发等项目建设，业态涉足商业、住宅、酒店、旅游文化等多种产业类型。

在拳头产品开发上，先后开发了成都武侯新界、郫县西郡英华、温江月映长滩等具有区域影响力的楼盘，并打造了成都中铁城、福州中铁城、三亚中铁城、贵阳中铁城等以"中铁城"为核心品牌的系列产品。

目前，集团开发总面积已达 700 多万平方米，总投资估算 500 亿元以上，已发展成为具有一定市场竞争力、社会影响力和品牌号召力的品牌开发商。

- **2020 中铁二局房地产集团部分高管名录**

姓名	职务
李朝永	党委书记、执行董事
王明月	总经理
陈长春	副总经理

中国铁建房地产集团有限公司

　　中国铁建房地产集团有限公司（简称"中铁建房地产"）隶属于世界 500 强企业——中国铁建股份有限公司，组建于 2007 年 3 月，注册资本金 70 亿元，拥有国家房地产开发企业一级资质、工程设计甲级资质和物业管理企业一级资质，是国资委批准的 16 家以房地产为主业的央企之一，为中房协常务理事单位，获中诚信 3A 级企业最高信用等级评定。2019 年，集团企业总资产超 1500 亿元，历史上首次实现新签合同额和销售额突破千亿元，提前一年实现"十三五"规划目标，迈入千亿元级房企阵营。

　　根据克而瑞机构统计，2020 年公司销售额达 1273.4 亿元，位列全国房地产开发企业第 32 名。

　　目前，集团已形成"7+7+X"的组织架构，将以住宅为主的房地产开发业务整合为七大区域公司；围绕专业能力提升和业务模式创新设立了商业、公寓、物业、设计咨询、创新投资、投资管理、文旅发展七大专业公司；为适应股份公司产业协同需要，设立了南沙、贵州、济南第六大洲三个大型项目公司。

• 2020 中铁建房地产部分高管名录

姓名	职务
李兴龙	党委书记、董事长
李育红	副总经理
叶政谊	副总经理
李留安	中国铁建地产贵州公司总经理
徐昌旭	中国铁建地产集团中南区域党委书记、执行董事
杨　武	太原中铁房地产开发有限公司总经理
樊占刚	中国铁建房地产集团有限公司东北公司总经理、党委副书记
李晓光	中国铁建房地产集团华南公司总经理、党委副书记
奚　洋	中铁建设大连创富公司执行董事、总经理

中铁置业集团有限公司

中铁置业集团有限公司（简称"中铁置业"）是中国中铁股份有限公司的全资子公司。中国中铁拥有 120 多年的历史，现已成为集房地产开发、勘察设计、施工安装、工业制造、金融投资等诸多业务于一体的特大型企业集团，业务遍布全球 90 多个国家和地区，2019 年新签合同额超两万亿元、营业收入近一万亿元，2020 年在《财富》"世界 500 强企业"排名第 50 位，在中国企业 500 强排名第 6 位。

中铁置业于 2007 年成立，是中国中铁房地产板块唯一的品牌和旗舰企业。公司目前有注册资本金 65 亿元，在北京、上海、广州、武汉、西安、贵阳、沈阳、青岛等地拥有 8 家区域公司，以及投资、咨询、物业、商业等专业公司，具有房地产开发企业和物业服务企业两个一级资质，现有员工 3000 人。

中铁置业实施全国性开发战略，重点布局京津冀、粤港澳大湾区、长三角、成渝经济圈以及九大中心城市，积极参与雄安新区建设，累计在全国 30 多个城市开发住宅、旧改棚改、会展、文旅以及代建项目 100 余个，先后为 10 万多名业主提供新居。

- **2020 中铁置业部分高管名录**

姓名	职务
杨智艳	党委书记、董事长
王建营	党委副书记、总经理
张春胜	党委副书记、副总经理、工会主席
朱长清	副总经理、总工程师
王夙君	纪委书记
牛光辉	总会计师
陈荣国	副总经理
刘喆宁	副总经理

中新苏州工业园区置地有限公司

中新苏州工业园区置地有限公司（简称"中新置地"），由中新苏州工业园区开发有限公司与苏州工业园区地产经营管理公司合资组建，于 2001 年 4 月成立，目前具有国家房地产开发企业一级资质，公司注册资本 12 亿元。主要业务为房地产开发、销售和租赁。至今，中新置地已建和在建的开发建设项目有：澜韵园二期、湖左岸花园小区、苏虹工业坊、苏春工业坊、冠鑫工业厂房、叁星工业厂房、便利中心、湖滨楼、左岸商业街、青年公社、大湖城邦等。公司开发建设的湖左岸小区被评选为江苏省"十大明星楼盘"。此外公司还连续获得了"苏州市房地产开发综合实力 20 强""江苏省房地产业企业 50 强""中国房地产业企业 200 强"等多项荣誉。

- **2020 中新置地部分高管名录**

姓名	职务
马晓冬	董事长、总经理

中信泰富地产

中信泰富地产是中信股份旗下专注于房地产行业的投资、开发及运营主体。中信股份（HK00267）是中国最大的综合性企业集团之一，也是恒生指数成分股公司。中信股份涉足的领域包括金融、资源能源、工程承包、制造、房地产以及其他行业，业务遍及中国及海外市场。近年来，中信泰富地产开发的城市综合体、旅游休闲、高端商业、优质住宅等地产项目主要集中于上海及其他长三角地区主要城市，包括位于上海的陆家嘴滨江金融城、中信泰富广场、中信泰富大厦、中信泰富科技财富广场、嘉定新城项目，位于江苏无锡的太湖锦园项目等，并不断向南京、武汉、深圳等重点城市开拓发展。

除地产开发之外，中信泰富地产还着力发展商业资产运营与物业管理服务，并以领先的意识，不断吸收先进的运营及管理理念，将地产开发、商业运营和物业管理做到专业和一流。

根据克而瑞机构统计，2020 年公司销售额达 98.8 亿元，位列全国房地产开发企业第 174 名。

- **2020 中信泰富地产部分高管名录**

姓名	职务
曾　晨	董事长
费怡平	总裁
鲍三中	执行副总裁

杭州中兴房地产开发有限公司

杭州中兴房地产开发有限公司（简称"中兴房地产"）创建于 1993 年，由西湖电子集团有限公司旗下上市公司数源科技股份有限公司及其全资子公司杭州易和网络有限公司共同投资，公司注册资本 2 亿元，有国家房地产开发企业一级资质。

历年来，公司秉承"中正仁和"的企业理念，"和者筑家"的开发宗旨，以建设精品楼盘，提升城市品位为己任，已先后开发建设杭州的中兴公寓、嘉绿苑、文都苑、景城花园、丁桥景园、景洲公寓、九洲芳园；诸暨市的景城嘉苑；合肥市的西湖花园、印象西湖等多个住宅小区和高档商住楼盘，累计开发各类房地产建筑面积 200 万平方米，建筑优质工程率达 90%，销售率达 100%，赢得了社会各界的广泛赞誉。目前，公司在建项目有杭州下沙、长睦、花园岗、三墩北、新三墩北、下沙大学城六个项目保障性用房，合肥的印象西湖项目，衢州金融大厦项目，德清秋山安置房项目。公司积极进取、开拓创新，立足杭州市房地产开发经营的同时面向全国，开拓外地房地产市场。

- **2020 中兴房地产部分高管名录**

姓名	职务
吴小刚	董事长

唐山中冶万城房地产公司

唐山中冶万城房地产开发有限公司（简称"中冶万城"）为中国二十二冶集团下属公司。中国二十二冶集团为中国冶金科工集团一级子公司，是一家主营建筑施工、房地产开发、资源和租赁业务的国有大型企业。唐山中冶万城房地产开发有限公司于2009年底成立，注册资金5000万元，拥有强大的集团背景及雄厚的资金实力。目前，公司主要的开发项目为唐山丰润区浭阳新城项目，该项目占地面积1300亩，总建筑面积超过230万平方米。浭阳新城项目充分体现居住宜居、舒适和高品位，追求经济效益和社会效益的统一。

- **2020 中冶万城部分高管名录**

姓名	职务
孔德权	总经理

中冶置业集团有限公司

中冶置业集团有限公司（简称"中冶置业"）是中国中冶独资的大型国有房地产开发企业，也是中冶集团房地产业务的核心企业，拥有房地产开发企业、物业管理企业两项一级资质。

2012年以来，中冶置业加快转型发展的脚步，着力提升发展质量，不断推进"3+6"区域布局战略和"3+1"区域深耕战略，以"京津冀、长三角、珠三角"为中心，重点布局北京、天津、南京、杭州、广州、深圳、珠海等重点城市，同时兼顾青岛、西安、烟台等二线重点城市，在已进入城市或区域进行深耕，形成京津冀、长三角、粤港澳大湾区三足鼎立、各重点城市竞相发展的良好态势。中冶置业巩固以中高端住宅开发为主，商业地产、物业管理为辅的"一主两翼"业务体系，倾力打造以"德贤系""锦绣系""逸璟系"为代表的高端地产，以"中冶·盛世国际广场"命名的商业综合体品牌，以"和悦系"为代表的商业品牌和"舍"字系长租公寓品牌。中冶置业还与清华大学、北京大学、SOM（一家世界顶级建筑设计事务所）、KPF（一家国际知名的建筑事务所）、华为、京东、阿里巴巴等国内外知名机构建立战略合作关系，成为国际"金钥匙"物业联盟成员，实现了企业品牌向高端领域的华丽蜕变。

- **2020 中冶置业部分高管名录**

姓名	职务
刘福明	党委书记、董事长
冯祥利	党委副书记、总经理
许仲国	党委副书记、纪委书记
孙建伟	副总经理
李美林	副总经理
李移峰	总会计师
魏志宏	北京公司总经理

中垠地产有限公司

中垠地产有限公司（简称"中垠地产"）注册成立于 2014 年 3 月 26 日，为山东国欣颐养健康产业发展集团有限公司控股子公司，注册资本金 5 亿元，开发产品涉及商业、酒店、办公、住宅、文旅等。

中垠地产项目分布于全国三省（山东、江苏、湖南）、两自治区（广西、新疆）、两直辖市（北京、上海），布局济南、南京、青岛等 15 座城市，累计开发项目 26 个，开发土地 244 万平方米，服务社区 14 个，服务业主 2.6 万户。2019 年，公司总资产达 222.68 亿元，销售额突破 32.09 亿元，位列 2020 年中国房地产开发企业 500 强榜第 254 位。

• 2020 中垠地产部分高管名录

姓名	职务
王 健	董事长
李永富	总经理

中渝置地控股有限公司

中渝置地控股有限公司（简称"中渝置地"）是一家主要从事物业发展及物业投资业务的香港投资控股公司。以香港为基地，核心业务包括物业的投资及开发以及财务投资。通过两个业务分部进行运营：物业发展及物业投资分部从事物业发展及物业投资业务；财务投资分部从事证券投资及应收票据业务，同时提供融资服务。公司也通过其子公司从事物业持有及提供公司管理服务业务。中渝置地主要在中国西部从事物业发展业务。

• 2020 中渝置地部分高管名录

姓名	职务
张松桥	董事长
林孝文	总经理

上海中钰置业有限公司

上海中钰置业有限公司（简称"中钰"）成立于 2017 年 11 月 8 日，法定代表人为肖仲明，注册资本为 10000 万元，所属行业为房地产业，经营范围包括房地产开发经营，房地产信息咨询，自有房屋租赁，物业管理，酒店管理。

• 2020 中钰部分高管名录

姓名	职务
肖仲明	执行董事

云南中原实业集团有限公司

云南中原实业集团有限公司（简称"中原实业"）始创于 2001 年，为实现可持续发展战略，集团公司积极开发和拓展了房地产以外的其他产业，并力求把这些新产业打造为集团公司新的利润增长点，旨在规避单一业务和短线投资的风险。目前，除地产及农业外，业务还涉及建筑工程、商业管理、物业管理、矿业开发、贸易等领域的多元化实力企业。已经发展成为一个拥有 2700 多名员工的跨地区、多产业的集团公司。

• 2020 中原实业部分高管名录

姓名	职务
闫政柏	执行董事、总经理

河南中岳秀峰房地产集团有限公司

河南中岳秀峰房地产集团有限公司（简称"中岳秀峰集团"）始创于 1992 年，是河南省成立最早的开发商之一，中国房地产 500 强。公司具有国家房地产开发企业一级资质，总资产近百亿元，拥有员工 1000 余人。目前在澳大利亚、北京、河南、山东、湖南、福建、贵州、青海、湖北、江苏等地拥有 20 多家子公司。经过近 30 年的发展，中岳秀峰集团已形成了以地产开发为核心，商业运营、酒业产销、互联网运营、物业服务、汽车贸易、能源开采和股权管理等多领域稳健发展的产业格局。

集团房地产开发业务已从郑州辐射到全国，足迹遍及江苏、湖北、贵州、青海、福建、山东等地，甚至在澳大利亚墨尔本也有项目。凭借专业的运营团队，成功打造了郑州·新天地、中岳·七里香堤、中岳·俪景湾、东熙汇、江苏·融耀新城、湖北中岳·新天地、济南·东城丽景等项目。

• 2020 中岳秀峰集团部分高管名录

姓名	职务
王铭仪	董事长
王小颜	总裁
安敬平	执行总裁
李志杰	常务副总裁
王泽方	贵州区域董事长
王　强	江苏区域董事长

深圳市中洲投资控股股份有限公司

深圳市中洲投资控股股份有限公司（简称"中洲控股"）创立于 1984 年，于 1994 年在深交所主板上市（SZ000042），是国家房地产开发一级资质企业，其控股股东中洲集团是跨区域、跨行业、多元化发展的综合性集团企业。

2016 年被评为中国房地产上市公司发展速度 5 强及中国房地产上市公司综合实力 50 强，2018 年荣膺中国房地产百强企业和城市运营商品牌 TOP20，2019—2020 年连续被评为蓝筹地产企业。

根据克而瑞机构统计，2020 年公司销售额达 119.6 亿元，位列全国房地产开发企业第 159 名。

公司以房地产开发为主营业务，其他业务涵盖酒店经营、资产管理、物业管理、商业管理、股权投资等领域。公司在全国开发建设多个高品质住宅项目，拥有优质的土地储备，逐步增加自持优质资产，自主经营五星级酒店，持有及运营甲级写字楼，拥有专业的物业管理公司。

• **2020 中洲控股部分高管名录**

姓名	职务
贾 帅	董事长
谭华森	副董事长
彭伟东	总裁
叶晓东	副总裁、财务总监
吴艳萍	副总裁
王玉林	副总裁
赵岩峰	中洲控股（成都）总经理

众安集团有限公司

众安集团有限公司（简称"众安集团"，HK00672），香港主板上市企业，于 1997 年在杭州成立。集团坚持地产核心主业，围绕"地产＋"全面布局，下设房产、商业、服务、资本四大战略板块；业务覆盖中高端住宅、商业地产开发及运营、物业服务、金融、酒店、影院、文旅、健康、教育、农业等，为中国家庭提供全生命周期的生活方案。地产开发是众安集团的主营业务，从 1997 年至今，集团始终秉承稳步前行的发展理念，坚持长三角经济圈深耕的发展模式，打造了一系列精品项目，包括高层、别墅、洋房、排屋、公寓、写字楼、综合体、商铺等各类业态，连续十余年被评为"中国房地产百强企业"，为后续多元化产业的发展奠定了坚实基础。

根据克而瑞机构统计，2020 年公司销售额达 212.2 亿元，位列全国房地产开发企业第 123 名。

• **2020 众安集团部分高管名录**

姓名	职务
施中安	董事局主席

山东众成地产集团

山东众成地产集团（简称"众成集团"）始创于 1987 年，总部位于国家"黄蓝"战略中心城市——东营市，面向东营、潍坊等市场投资开发，是一家涉及房地产开发、投资、设计、施工、监理、营销、物业服务等多领域的企业集团。

众成集团具有国家房地产开发企业一级资质，在开发能力、品牌知名度、设计创新能力、人才应用等方面位居全省前列，连续四年入围中国房地产开发企业 500 强，并相继获得中国房地产最高奖项——广厦奖、中国房地产诚信企业、中国环渤海房地产行业贡献奖、山东房地产 20 年·品牌企业奖等多项殊荣。

• 2020 众成集团部分高管名录

姓名	职务
董建华	董事长、总经理

广东珠光集团有限公司

广东珠光集团有限公司（简称"珠光集团"）前身为广东珠光实业有限公司，创建于 1996 年，2005 年变更为广东珠光集团有限公司。经 20 多年的长足发展，珠光集团已发展成为在全国拥有 50 多家下属二级、项目公司的跨行业、跨地区的综合性大型企业集团。

作为综合性的大型企业集团，珠光集团始终坚持专业化与多元化并行的发展道路，在坚持做强做精房地产开发的同时，通过不断调整和优化产业结构，成功实现了建筑设计与施工、物业管理、中介服务、酒店管理及建材贸易等领域的全面发展。在房地产开发方面，珠光集团在全国范围内开发了碧雅苑、南珠广场、南景园、逸景翠园、珠江广场、南兴花园、珠江御景湾、珠光高派、珠光新城御景、珠光小北御景、珠光南沙御景花园、北京珠江御景、香河御景湖畔、惠州珠光御景、从化流溪御景及新疆红雁池等一批极具影响力的示范项目。

• 2020 珠光集团部分高管名录

姓名	职务
谢炳钊	董事长、经理

广州珠江实业集团有限公司

广州珠江实业集团有限公司（简称"珠江实业集团"）成立于 1979 年 6 月，因承建白天鹅宾馆而开创了国内工程总承包的先河，先后建造了白天鹅宾馆、中国大酒店、花园酒店、天河体育中心等广州市标志性建筑。经过 40 多年的磨砺，已发展成为包括设计勘察、城乡规划、房产投资、总包建设、建筑设计、建筑装修、施工监理、商业经营、物业服务、长租公寓、产业园投资运营、城市设施安全监控、大型体育场馆运营管理等在内的产业链条完整、专业资质齐备、人才队伍健全的广州市属超千亿元资产的全资国有大型智慧城市运营综合服务集团。集团连续多年获主体信用评级 AAA 等级，连续多年入选中国服务业企业 500 强，连续 27 年获"广东省守合同重信用企业"称号。旗下拥有 6 家高新技术企业，多家企业排名国内行业前 50 名。集团投资的广州市从化区南平静修小镇为广州市唯一入选"2019 年度中国美丽休闲乡村"的村落，并荣获"国家森林乡村""全国乡村旅游重点村"等多项荣誉。

• 2020 珠江实业集团部分高管名录

姓名	职务
高东旺	党委书记、董事长
丁昌银	党委副书记

广东珠江投资股份有限公司

广东珠江投资股份有限公司（简称"珠江投资"）成立于 1993 年，27 年来以促进可持续发展为目标，开发社会投资项目，在全国布局城市更新、能源与基础设施、商业、住宅、教育、医疗、文化、科技、金融十大业务板块。服务社会，回报社会，创造性地解决社会问题，提供前瞻性的解决方案。

珠江投资是一家有雄厚投资实力和强烈社会责任感的多元化企业集团，稳健前行，创建美好生活。珠江投资携手珠江人寿、珠江投管共同组建了全国最具影响力的企业航母集群。迄今为止，珠江投资立足广州，迈向全国，战略版图已拓展至北京、上海、深圳、西安、成都等核心城市，形成以一线城市为重点，向二线城市延伸拓展的战略布局。

根据克而瑞机构统计，2020 年公司销售额达 250.4 亿元，位列全国房地产开发企业第 107 名。

截至 2018 年底，珠江集团总资产超 3000 亿元，累计开发了 150 余个项目，包括 83 个住宅项目、13 个大型购物中心、15 栋星级酒店等；与多所 211、985 大学联合办学，开办 3 所本科院校，60 余所中小学及幼儿园，累计全龄招生超 25 万人；计划开设近 300 间社区诊所，医疗健康版图逐步扩张；珠江红船累计接待游客 21 万人次；27 年深耕发展，为百万业主带来珠江好生活。

• 2020 珠江投资部分高管名录

姓名	职务
朱伟航	董事长
郑建明	从化地区公司总经理

北京住总集团有限责任公司

北京住总集团有限责任公司（简称"住总集团"）是以改革创新为驱动、科技研发为先导，建安施工、地产开发、现代服务三业并举，跨地区、跨行业、跨国经营的大型企业集团，是首都国有经济重要骨干企业。集团拥有全资企业、控股企业、参股企业及事业部 30 余家，总资产近 1000 亿元，年综合经营额 600 亿元。

根据克而瑞机构统计，2020 年公司销售额达 111.5 亿元，位列全国房地产开发企业第 167 名。

成立 30 多年来，已建成各类建筑近亿平方米；开发建设住宅小区 75 个，规模 2000 余万平方米。获得数十项鲁班奖、詹天佑奖、国优金奖银奖和数百项市级以上建筑设计奖、优质工程奖。荣膺"中国经济百家诚信企业"和"全国建筑业诚信企业"等称号，位列"中国企业 500 强"和"全球最大 250 家国际工程承包商"。

住总集团拥有全产业链建安施工、地产开发和现代服务的行业顶级资质，拥有对外承包工程和对外贸易经营资格，取得了数十项省部级及以上科技进步奖、国家级专利，编制了数十项国家级标准和工法，以"为生民安其居，为建筑立伟业"为使命，以"一体化经营"协同优势为社会各界客户提供咨询评估、投资开发、规划设计、技术研发、环境改造、施工建设、运营维护全方位、全过程、全周期的运营服务。

• 2020 住总集团部分高管名录

姓名	职务
周泽光	党委书记、董事长
程 越	北京住总房地产开发有限公司副总经理

卓越置业集团有限公司

卓越置业集团有限公司（简称"卓越集团"）1996 年成立于深圳，现已成为一家实力型企业集团，业务布局全国 32 座核心一、二线及潜力城市，业务领域涉及地产开发、城市更新、资产运营、金融投资四大核心板块，且这些业务均已处于行业领先地位。

根据克而瑞机构统计，2020 年公司销售额达 994.1 亿元，位列全国房地产开发企业第 44 名。

目前，卓越集团已经实现了从区域到全国化的战略布局，形成了商务地产与住宅项目并举的丰富产品组合，从超甲级写字楼到城市综合体，从美学标杆大社区到城市豪宅定制，始终引领商务与人居潮流。在住宅领域，集团深入研究不同类型的客户需求，现已形成卓系、悦系、蔚蓝系三大产品线；在商务办公领域，卓越集团已布局深圳福田中心区、后海中心区、前海中心区、宝安中心区，是四个中心区最大的商务地产开发商。

截至目前，集团已开发房地产面积超过 2000 万平方米。未来卓越将聚焦粤港澳湾区城市群、杭州湾城市群、京津冀城市群三大都市圈，因城施策，以客户的诉求为本，打造精致成熟的系列产品。

• 2020 卓越集团部分高管名录

姓名	职务
李 华	董事长
李晓平	总裁
李宏耕	卓越副总裁、上海公司总经理、南京公司董事长
沙 骥	卓越集团执行总裁
孔 勇	卓越集团成都公司总经理
吴 锐	卓越集团上海区域副总经理、苏通事业部总经理
石 源	卓越天津公司总经理
邹国发	卓越置业集团青岛公司总经理
于立彬	卓越集团新区域事业部总经理
王 彬	卓越地产上海区域第一事业部总经理
蔡 军	卓越东莞公司总经理
陈 亮	卓越集团长沙公司总经理
王 庆	卓越集团重庆公司总经理

云南子元（集团）股份有限公司

云南子元（集团）股份有限公司（简称"子元集团"）是以房地产开发为支柱，集旅游开发、金融、物业服务于一体的大型集团。集团总资产逾 100 亿元，是"云南省民营企业 100 强"企业。

子元集团在社会各界的支持下，通过全体同仁多年来坚持不懈的努力，在房地产开发、物业管理、旅游业等传统经营领域取得了骄人的业绩，树立了良好的企业形象。集团先后在云南省各地开发的项目有弥勒王炽商业文化城、版纳丽水景苑一期、版纳智源上居、雨林畅享——别墅岭地、保山易乐上苑、香格里拉香巴拉小镇、日月星城、昆明"润城"500 万平方米的超大型城市综合体、云南饭店重建、新机场生产生活配套服务区建设等。随着集团各地房地产项目的开发，旗下怡和物业管理公司已经在云南多地发展经营，通过多年不懈的努力，"怡和物业"获得了顾客的认同，树立起健康、规范的企业形象，在物业服务行业中享有盛誉，逐步形成了"怡和物业"的公司品牌。集团先后荣获云南省民营企业百强、省级先进私营企业、重合同守信用先进企业、昆明市私营企业五十强、盘龙区区级文明单位等殊荣，与国内外多家房地产企业、投资机构、金融业界单位建立了信任和广泛的合作关系。

- **2020 子元集团部分高管名录**

姓名	职务
林立东	董事长
汪万生	总裁

山东紫金园投资集团有限公司

山东紫金园投资集团有限公司（简称"紫金园"）成立于 2011 年 3 月 8 日，法定代表人为马红蕾，注册资本为 10000 万元。所属行业为商务服务业，经营范围包括：以自有资金对外投资（未经金融监管部门批准，不得从事吸收存款、融资担保、代客理财等金融业务）；房地产开发；商品房销售；物业管理；酒店管理；建材销售。

- **2020 紫金园部分高管名录**

姓名	职务
马红蕾	董事长

西安紫薇地产开发有限公司

西安紫薇地产开发有限公司（简称"紫薇地产"），西安高科（集团）公司直属核心企业，是一家具有国家房地产开发一级资质的国有大型房地产开发企业。

1996 年创立至今，紫薇地产在西安高新区管委会、西安高科（集团）公司的领导下，凭借高质量的住宅产品和信誉，赢得了社会的广泛认可和信赖。紫薇地产及其所开发的项目多次荣获国家、省、市及有关部门的奖励。

目前，紫薇地产已经逐步形成以商品住宅、保障型住宅开发、产业园区与城市公建配套、物业管理、社区服务等多个业态纵深发展的多元化企业集团，七大开发板块遍布西安，旗下有 20 余个社区、10 多万名业主，累计完成开发面积逾 1000 万平方米，积极推动了西安人居环境优化、城市建设的发展。

深耕西安，紫薇地产始终以对城市负责、对社会负责、对业主负责的品牌责任，不断丰富、提升区域和城市复合价值。全程、全龄、全方位的"紫薇之家·五优好宅"住宅生活体系，以人文优、社区优、产品优、配套优、服务优为准绳，融合居住者对生活方式的不断追求，不断升级"好房子"标准。紫薇地产积极响应高新区"首善之区"发展目标，助力"五城同建"。以"做有社会责任感的开发商"为使命，不断营造人文关怀的高品质生活；以"新动力地产"为开发蓝图，构造产业发展最适合的承载空间；以"泛高新生活圈"为承载平台，打造满足理想居住的美好社区。

- **2020 紫薇地产部分高管名录**

姓名	职务
赵 中	董事长

第三篇

中国地产经理人报告

2020 年中国地产经理人发展状况调查报告

2020 年是极为特殊的一年，世界上大多数国家都饱受新冠肺炎疫情折磨，全球经济风雨飘摇。

2020 年 4 月，国际货币基金组织曾预计，2020 年遭遇了自 20 世纪大萧条以来最严重的经济危机。未来 5 年，这场危机将导致全球损失 28 万亿美元。中国的经济也受到新冠肺炎疫情冲击，GDP 一度出现负增长。不过，随着国内疫情逐渐被控制，中央政府推动复产、复工、复市、复商，中国经济逐步恢复。

2021 年 1 月，国家统计局发布的最新数据显示，2020 年我国 GDP 同比增长 2.3%，成为当年全球唯一实现经济正增长的主要经济体；经济总量迈上百万亿元的大台阶，社会生产力达到一个新的水平。

在特殊的经济形势下，职业经理人 2020 年的发展也是充满波折。

上海博尔捷企业集团创始人侯正宇曾表示，后疫情时代，不少行业受到了重创，很多职业经理人在后疫情时代被降薪、被裁员、被转岗……

新冠肺炎疫情之初，房地产行业亦是整体受挫，很多房企的发展举步维艰，架构调整、重组、甚至破产，乃至频繁的人事变动都在猛烈地上演。

不过，整体来看，2020 年房地产行业出现了 V 形反转，房地产开发投资增速对 2020 年的 GDP 做出了非常大的贡献，房地产依然是国民经济的压舱石和稳定器。中国地产经理人作为房地产企业的中流砥柱，肩负着带领企业发展的重要责任，掌握着调动企业资源的大权。他们的发展情况关系到企业乃至行业的未来，在逆境中更加凸显掌舵者的举足轻重。2020 年，中国地产经理人经历了哪些内心挣扎？他们又如何拨开迷雾？他们的现状如何？

延续 2018 年、2019 年的持续关注，乐居财经联合新浪财经、中国企业家、中房网、中物研协正式发起"2020 中国地产经理人调查问卷"。此次调查在全国 60 座城市同步进行，累计收到网络和面访有效反馈问卷上万份。

报告说明：2020 中国地产经理人调查问卷主要包含了从业年限、工作范畴、薪资范畴、薪资构成、领导力品质、年度信心、市场感受、销售渠道、职业规划、工作的困难等职业经理人发展情况判断指标。

计算方法说明：采用扩散指数法 + 加权综合指数法。

平均年薪

　　虽然许多人抱怨加班多、压力大，但是地产行业依然是平均薪酬最高、人才最密集、吸纳就业最多的行业之一。根据猎聘网的数据统计，2020 年地产行业中高端人才分布同比增长了 8%，一举超过互联网、金融等行业，位列第一。

　　2020 年《财富》中国 500 强榜单显示，2020 年地产行业共有 53 家公司上榜，是入榜公司最多的行业，收入总额达到 4.5 万亿元，较 2019 年的 3.7 万亿元有显著增长。

2020 年《财富》中国 500 强房地产行业企业排行榜			
排名	全榜排名	公司名称	收入（百万元）
1	19	碧桂园控股有限公司	485908
2	20	中国恒大集团	477561
3	21	绿地控股集团股份有限公司	428083
4	27	万科企业股份有限公司	367894
5	44	保利发展控股集团股份有限公司	235981
6	66	融创中国控股有限公司	169316
7	71	龙湖集团控股有限公司	151026
8	72	华润置地有限公司	147736
9	92	世茂房地产控股有限公司	111517
10	96	华夏幸福基业股份有限公司	105210
11	101	招商局蛇口工业区控股股份有限公司	97672
12	111	广州富力地产股份有限公司	90814
13	116	新城发展控股有限公司	86851
14	143	江苏中南建设集团股份有限公司	71831
15	145	荣盛房地产发展股份有限公司	70912
16	153	金科地产集团股份有限公司	67773
17	158	金地（集团）股份有限公司	63420
18	169	绿城中国控股有限公司	61593
19	170	阳光城集团股份有限公司	61049
20	172	雅居乐集团控股有限公司	60239
21	174	深圳华侨城股份有限公司	60025
22	184	龙光地产控股有限公司	57480
23	187	旭辉控股（集团）有限公司	54766
24	201	融信中国控股有限公司	51463
25	202	远洋集团控股有限公司	50927
26	204	中国奥园集团股份有限公司	50531
27	213	佳兆业集团控股有限公司	48022
28	216	北京首都开发股份有限公司	47645
29	230	中国金茂控股集团有限公司	43356
30	236	时代中国控股有限公司	42433
31	242	美的置业控股有限公司	41137
32	251	四川蓝光发展股份有限公司	39194
33	256	越秀地产股份有限公司	383391
34	277	保利置业集团有限公司	35171
35	292	大悦城控股集团股份有限公司	33787
36	296	珠海华发实业股份有限公司	33149
37	304	正荣地产集团有限公司	32558
38	314	建业地产股份有限公司	30767
39	353	金融街控股股份有限公司	26184
40	355	宝龙地产控股有限公司	26042
41	363	合景泰富集团控股有限公司	24956
42	364	杭州滨江房产集团股份有限公司	24955
43	381	泰禾集团股份有限公司	23748
44	396	禹洲地产股份有限公司	23241
45	402	天津广宇发展股份有限公司	22987
46	429	上海世茂股份有限公司	21449
47	433	中骏集团控股有限公司	21370
48	436	中天金融集团股份有限公司	21198
49	448	首创置业股份有限公司	20786
50	454	北京北辰实业股份有限公司	20122
51	460	重庆市迪马实业股份有限公司	19697
52	468	花样年控股集团有限公司	19082
53	478	仁恒置地集团有限公司	18666

（来源：根据《财富》数据整理）

根据猎聘网数据统计，地产行业人才平均年薪达 21.6 万元，其中北上广深人才平均年薪超 25 万元，值得一提的是地产行业各城市行业人才的薪酬差距不大，比如绍兴、台州、金华等房价友好且物价较低的二三线城市，也能达到 19 万 ~20 万元的平均年薪。

但乐居财经"调查问卷"的结果显示，2020 年地产经理人的薪资涨幅情况并不乐观。

9 成受访经理人坦言年薪两年未涨

相比于创始人，职业经理人上位纯粹靠能力打拼，靠威望服众。凭业绩说话。当第一代大佬（企业创始人）退居幕后，或者家族世袭企业的继承者（俗称"房二代"）还在成长期时，职业经理人往往成为公司新的领军人。不过，目前多数房企创始人依旧为公司薪资最高的个体，相比之下职业经理人的薪资略显逊色。公开资料显示，2018 年年收入过千万元的房企高管（包括创始人），在国内至少有 100 位。98% 的经理人坦言，2019 年、2020 年的薪资没有增长。

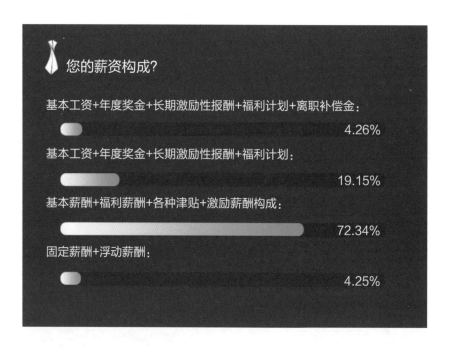

在薪资构成方面，调查数据显示，72.34% 的地产职业经理人为"基本薪酬 + 福利薪酬 + 各种津贴 + 激励薪酬"，另有 19.15% 的人为"基本工资 + 年度奖金 + 长期激励性报酬 + 福利计划"，也有 4.25% 的人是"固定薪酬 + 浮动薪酬"。

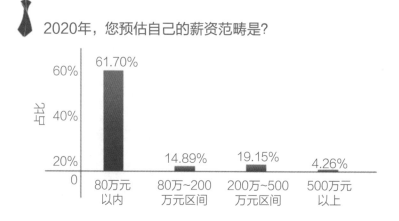

调查结果显示，2020 年，61.70% 的地产职业经理人年薪在 80 万元以内，年薪 80 万~200 万元的占 14.89%，年薪 200 万~500 万元的占 19.15%，而年薪在 500 万元以上的地产职业经理人仅占 4.26%。

人才聚集地域

地产行业与城市发展共生共赢，地产经理人的人才聚集地域与房企的分布区域也基本重合。

中国房地产企业具有很强的地域特性，优势房地产企业均集中在经济发达的城市，尤其以珠三角、长三角、环渤海三大都市圈最为明显。除了三大都市圈外，沿海地带以及成渝城市带也是房地产企业集中的区域。

猎聘网发布的《2020 年度地产行业中高端人才报告》显示，地产行业人才的地域分布中，华东地区遥遥领先，占比 33.56%；西北、东北地区仅占 5.35% 与 3.62%。

（数据来源：2020 年度地产行业中高端人才报告）

女性高管比例不足 3 成

调查数据显示，"2020 中国地产经理人调查问卷"的参与者中 76.81% 为男性，23.19% 为女性。这一比例，接近于抽样调查的 100 家地产公司所分享的中高层统计，20% 左右的女性占比。

2020 年，第一批 90 后已经进入而立之年，重用年轻人的房企不在少数，甚至有一批 90 后早早进入了房企高层的核心位置。

伴随着中国地产"创一代"退休、卸任，"地产二代"也逐渐走向台前。他们多为 80 后、90 后，被父辈们安排到企业各个关键岗位掌管公司业务，更有佼佼者进入了核心高层。

第一批 90 后登上房企高管职位

 第一批90后登上房企高管职位

90后：42.55%

80后：21.28%

70后：31.91%

60后：4.26%

调查结果显示,在年龄方面,42.55% 的房企高管为 90 后,70 后占 31.91%,80 后为 21.28%,60 后仅占 4.26%。60 后、70 后地产人入行 20 余年,囿于地产圈,能够持续主动关注跨领域的行业动向,并对行业发展提出建设性意见的情况极少。帮企业打完江山之后,管理者对企业的价值也逐渐衰退,在有其他行业知识背景的空降兵面前,毫无优势可言。

作为互联网原住民, 90 后是强劲的后浪,他们比 80 后地产人对市场更加敏感,他们所具有的新颖的思维方式是传统的房地产行业急需的。2020 年,迈入而立之年的 90 后频繁出现在大众的视野,房企重用年轻人已不鲜见。

年龄也决定了从事房地产业的年限。调查结果显示,48.94% 的经理人从事房地产行业不足 5 年,5~10 年的占 8.50%,10 年以上和 20 年以上的地产经理人各占 21.28%。

69% 硕士研究生及以上学历

最近几年,一个明显的趋势是,房企的"名校标签"愈演愈烈,甚至出现了"名校制霸地产界"的现象。中海、华润、金地等央企中,绝大部分员工来自 985、211 学校,一些闽系房企,据说存在只招顶尖高校出身的人才的"潜规则"。

纵观当下地产圈,诸多高管自身就是名校毕业,比如孙宏斌、吴向东都有清华大学的教育背景,郁亮毕业于北京大学,林中和林峰都毕业于厦门大学。除此之外,中南财经政法大学是很多房企高管的母校。

数据显示,69% 的地产高管都有硕士研究生及以上学历学位。

2020 年房地产企业高管学历（学位）一览

姓名	母校	最终学历（学位）
孙宏斌	清华大学	硕士
吴向东	清华大学	硕士
朱荣斌	清华大学	硕士
凌常峰	清华大学	硕士
廖鲁江	清华大学	硕士
庄青峰	清华大学	博士
张晋元	清华大学	MBA
黄俊灿	同济大学	EMBA
陈东彪	同济大学	硕士
佘润廷	同济大学	学士
袁 春	同济大学	学士
张智超	东南大学	学士
颜建国	重庆大学	硕士
宋 军	重庆大学	学士
杨永席	重庆大学	学士
阙乃桂	重庆大学	硕士
王本龙	天津大学	硕士
马 军	天津大学	学士
武 磊	天津大学	学士
吕 翼	浙江大学	硕士
凌 克	浙江大学	硕士
谭立新	浙江大学	EMBA
肖 勇	华中科技大学	学士

姓名	母校	最终学历（学位）
蒋达强	上海交通大学	硕士
杨 欣	上海交通大学	硕士
许家印	武汉科技大学	学士
郁 亮	北京大学	硕士
许 珂	北京大学	硕士
孙 嘉	北京大学	硕士
李思廉	香港中文大学	博士
张 杰	复旦大学	学士
葛 明	复旦大学	MBA
迟 峰	吉林大学	EMBA
林 中	厦门大学	MBA
林 峰	厦门大学	MBA
饶 俊	中山大学	学士
莫 斌	南华大学	硕士
祝九胜	中南财经政法大学	博士
王海武	中南财经政法大学	硕士
王文金	中南财经政法大学	硕士
欧俊明	中山大学	学士
李和栗	苏州大学	学士
曲德军	东北财经大学	硕士
李 兴	东北财经大学	学士
张胜利	中央财经大学	MBA
吴建斌	西安交通大学	博士
张 岩	天津美术学院	学士

（数据来源：地产人言、公开资料整理）

超 8 成经理人认为"远见"这种领导力品质最重要

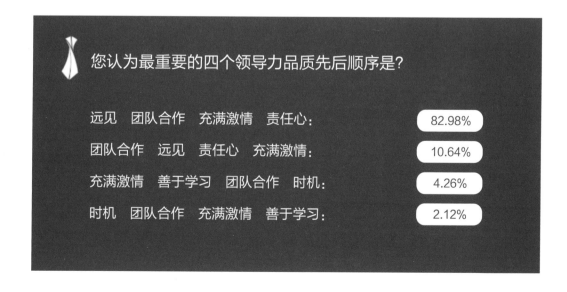

您认为最重要的四个领导力品质先后顺序是？

远见　团队合作　充满激情　责任心：	82.98%
团队合作　远见　责任心　充满激情：	10.64%
充满激情　善于学习　团队合作　时机：	4.26%
时机　团队合作　充满激情　善于学习：	2.12%

除了高学历外，作为职业经理人，必须具备超强的领导力，才能实现企业的良好发展。这是个人的能力，也是企业的选择，房企高度结果导向的业务模式，成就了一代权威型管理者。

对于最重要的四个领导力品质先后顺序，82.98%的职业经理人认为，依次应该是：远见、团队合作、充满激情、责任心。"远见"几乎是参与调查的经理人们公认最重要的品质。

武汉市房地产开发协会副秘书长张涛曾表示，对于地产经理人而言，要有"远见"，面对当前的困难，要始终有"预判2年之后"的眼光。比如，在"三道红线"的压力之下，房企不能再以规模为王，优秀经理人应更加注重企业的运营质量和利润，引导企业顺利转型。

任职周期

贯穿2020年全年的房企高管"离职潮"，在年末被推上高潮。业内人士分析，高管离职与业绩以及战略调整有关，年底业绩考核不达标会导致高管离职；年初企业制定新的发展战略，高管与决策层出现分歧也会导致高管离职。

2020年的情况确实复杂。上半年，中央坚持"房住不炒"定位不变，房地产领域金融监管依然从严。地方政府为应对新冠肺炎疫情带来的影响，因城施策更加灵活，但仍坚守"限购""限贷"底线，以保证房地产市场平稳运行。

下半年，"三道红线"下的房企融资受限，土地市场整体呈现下降趋势。同策研究院于2020年10月12日发布的数据显示，40家典型上市房企9月融资总额为402.14亿元，环比下降51.41%，为2020年以来的月度最低水平。表面上看，房企能借到的钱变少了，但深层次的是整个行业的规则在改变。

2020年，您认为工作中遇到的最大困难是？

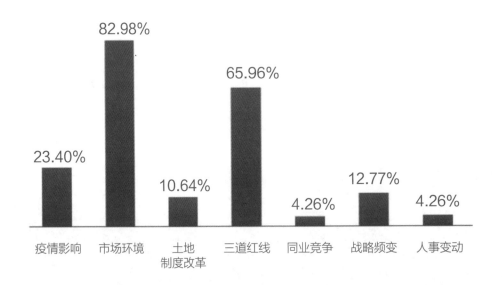

市场环境的改变对于职业经理人的工作也是一大挑战，调查数据显示，2020年，82.98%的经理人认为工作中遇到的最大困难是市场环境，65.96%的人认为"三道红线"影响极大。此外，疫情影响、战略频变、土地制度改革、同业竞争和人事变动也是造成工作困扰的重要因素。

有信心完成年度任务的经理人不足 15%

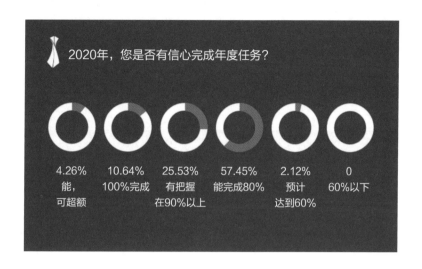

2020 年伊始，新冠肺炎疫情突发使得房地产市场受到巨大的影响，售楼处关闭、春节期间交易量骤降，虽说这一现象在复工复产后有所缓解，投资、销售、拿地等重要指标增幅回升，但对于经理人来说，完成年度任务依然是一个巨大的挑战。

调查结果显示，有信心超额完成年度任务的经理人仅占 4.26%，有信心 100% 完成任务的人占 10.64%，而 57.45% 的经理人只能完成年度任务的 80%，另有 2.13% 的经理人预计只能完成 60%。

68% 的经理人相信线上引流蓄客

2020 年是当之无愧的直播爆发年，头部主播的顶级流量、带货直播的种草效率，无一不在印证"万物皆可播"时代的来临。在新冠肺炎疫情的倒逼下，房地产业也进入线上营销元年。视频直播看房、VR 看房、微信群直播、明星直播等纷纷登场，直播带货改变了传统房地产的蓄客模式，线上卖房加速前行。2020 年 3 月，乐居"好房线上购"上线，完成了购房者在线上看房、选房、认筹、开盘、定房、签约的闭环，实现了房产交易电商化的全面落地。

9 月 16 日，天猫与易居发布战略合作，联合推出"天猫好房"平台。"天猫好房"帮助房地产企业定制线上房产旗舰店，把 3D 购技术、直播以及更多金融服务能力与房产行业结合，一起打通线上看房、购房的全链路。

"双十一"期间，在全民直播的大背景下，房企也搭上了电商的顺风车。大牌明星坐镇、总裁站台、直播送豪礼……超过 100 家房企通过开设旗舰店或者单盘亮相的方式登录"天猫好房"，基本囊括了中国房地产开发企业 500 强中的主流房企，进行让利的热门楼盘超过 3000 个，累计提供了 80 万套的优质住宅房源。

 您认为随着科技的进步，房产销售渠道是否转变？

完成转变为网上销售：	0
线上线下融合，线上完成70%，线下完成30%：	2.13%
线上线下融合，线上完成30%，线下完成70%：	23.40%
线上线下融合，各发挥50%的作用：	6.38%
线上还是吸引流量，主要还是靠线下完成：	68.09%

面对线上直播风口，许多职业经理人都抓住了线上营销的机遇。乐居财经调查显示，尽管经理人认为房地产销售渠道无法完全转变为网上销售，但有 68.09% 的经理人相信可以通过线上流量引导蓄客。另有 23.40% 的经理人认为，线上线下融合，线上完成 30%、线下完成 70% 是当前房产销售比较理想的状态。6.38% 的人认为线上线下融合，各发挥 50% 的作用；还有 2.13% 的经理人认为线上线下融合，线上完成 70%、线下完成 30%。

8 成经理人谨慎创业

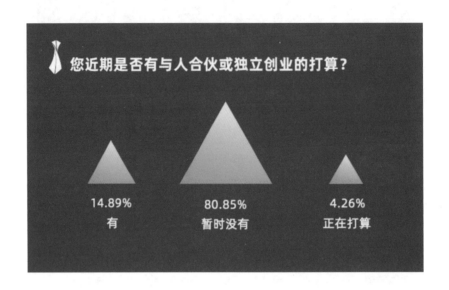

面对职业上的困扰，只有 4.26% 的经理人正在打算与人合伙或独立创业，14.89% 的人有这个想法，而 80.85% 的经理人还是选择按兵不动、暂时观望。

大部分的经理人面对工作上的困难，还是选择直面并努力克服，在乐居财经的调查问卷中，一位经理人表示："企业的运作，随着政策的改变而改变，提前谋划、顺势而为、团队协作可以共同克服困难。"

也有经理人给出了具体的方案："在项目经营层面，持续提高专业水平；保持工作激情、提升活力；勇于创新、敢于尝试新技术、手段；严格自律、带动团队整体责任心和纪律性的提升，以应对未来可能更困难的环境。在企业整体经营层面，客观清醒地认清当前国内、国际形势，认真学习、研究、分析，结合企业实际，与团队共同制定适合企业的策略、措施，并克服困难，认真落实到位。"

7 成经理人认为 500 强房企应寻找"第二曲线"

您对2020年房地产市场的感受是?

历史上最艰难的一年：	17.02%
好于2019年：	0
与2019年的情况基本一致：	57.45%
预计会比2021年好一些：	23.40%
2020年之后，市场会企稳向好：	2.13%

对于 2020 年房地产市场的感受，57.45% 的经理人认为与 2019 年的情况基本一致；17.02% 的经理人认为这是历史上最艰难的一年。

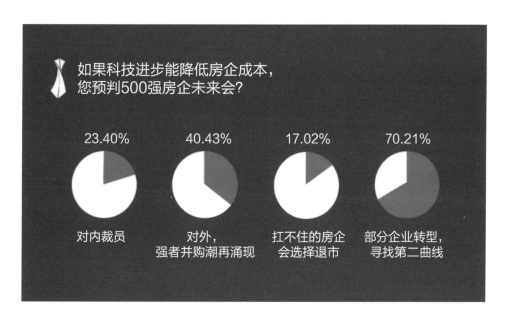

如果科技进步能降低房企成本，70.21% 的经理人认为 500 强房企不要等"躺"赢，应该寻找第二曲线；40.43% 经理人认为强者并购潮将会再度涌现；另有不足 20% 的经理人认为未来扛不住的房企会选择退市，还有23.40% 的经理人认为房企会对内裁员。

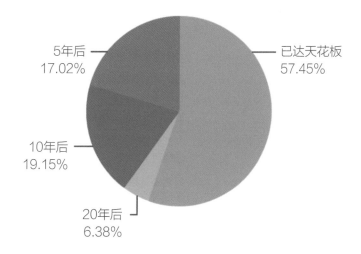

对于未来，57.45% 的地产经理人认为，中国房地产业已触达"天花板"。而认为中国房地产业发展遭遇"天花板"会在 5 年后、10 年后和 20 年后的经理人占比分别为 17.02%、19.15% 和 6.38%。

在 2020 年与房地产高管面对面访谈过程中，多位地产经理人认为房地产行业总体上进入下半场，其基本特点是：市场总量仍然巨大，但区域分化严重，企业集中度不断提高，转型升级成为房企发展的主旋律。

2020 年中国地产圈高管变动情况

2020 年以来，包括碧桂园、恒大、万科、旭辉、蓝光等在内的多家规模房企进行了组织架构的调整。

变局频现，人才是房企制胜的关键因素之一。房企也越来越注重内生型人才的培养，从既有团队中提拔优秀人才进入高管团队。

相比于只身闯荡的职业经理人，年轻的地产二代们有着得天独厚的优势，他们更容易进入公司高层。据乐居财经此前统计，截至 2020 年 11 月 6 日，共有 55 位地产二代开始接管父辈家业。

据不完全统计，2020 年全年，房地产行业共发生 600 余起高管变动事件。

2020 年中国地产高管变动表

序号	姓名	原职位	现职位	原因	时间
1	张岩	奥山控股集团副总裁、中部区域集团总裁	禹洲集团副总裁	跳槽	
2	李永前	中交地产总裁	中交地产董事长	委任	
3	肖春和	正荣集团副总裁	康桥集团地产板块副总裁、华东区域董事长	跳槽	
4	苏仲强	新世界中国地产行政总裁	——	退任	
5	郑志刚	新世界发展执行董事、执行副主席、总经理	新世界中国联席行政总裁，新世界发展执行董事、执行副主席、总经理	升任	
6	蔡汉平	新世界中国营运总裁	新世界中国地产联席行政总裁	委任	
7	黄少媚	新世界中国行政副总裁	新世界中国营运总裁	委任	
8	丁本锡	万达集团副董事长、总裁、商管集团董事长、文化集团董事长、地产集团董事长	万达集团副董事长	卸任	
9	齐界	万达商管集团总裁、万达集团董事	万达集团常务董事、总裁，商管集团董事长、总裁，文化集团董事长、地产集团董事长	升任	
10	梁飞建	万达商管集团副总裁	——	辞任	
11	王锐	万达商管集团首席总裁助理、招商中心总经理	——	辞任	
12	陈毅杭	万达商管集团总裁助理、华南运营中心总经理	——	辞任	
13	韩扬	万达集团总裁助理	万达商管集团副总裁	升任	1月
14	吴承祥	——	万达商管集团首席总裁助理、工程物业中心总经理	获任	
15	章培玉	万达商管集团高级总裁助理	万达商管集团首席总裁助理、招商中心总经理	升任	
16	陈洪涛	万达商管集团高级总裁助理、西南运营中心总经理	万达商管集团首席总裁助理、商业规划中心总经理	升任	
17	许粉	万达商管集团总裁助理	万达商管集团高级总裁助理、资产管理中心总经理	升任	
18	狄国军	——	万达商管集团中南运营中心总经理	获任	
19	邵永利	——	万达商管集团西南运营中心总经理	获任	
20	李颖	——	万达商管集团华南运营中心副总经理、运营管理部总经理	获任	
21	李洋	——	万达商管集团中南运营中心副总经理、招商部总经理	获任	
22	于修阳	万达地产集团副总裁、中区项目管理中心总经理	万达地产集团副总裁、成本管理中心总经理	调任	
23	傅明磊	华夏幸福孔雀城住宅集团总裁	龙光地产执行总裁	跳槽	

序号	姓名	原职位	现职位	原因	时间
24	冯征	绿城中国首席财务官、授权代表	——	辞任	
25	黄仙枝	正荣地产执行董事、董事会主席	正荣地产执行董事、董事会主席兼正荣服务集团董事局主席	升任	
26	吕翼	世茂集团副总裁、福建地区董事长、总裁	世茂集团副总裁、福建地区董事长兼总裁、世茂房地产执行董事	委任	
27	张文龙	融信集团首席营销、品牌营销中心总经理	蓝绿双城副总裁	跳槽	
28	孙群存	——	融信集团品牌营销中心副总经理	委任	
29	董毅	旭辉北京事业部总经理	旭辉华北区域集团总裁	调任	
30	王鹏	旭辉南昌城市公司总经理	旭辉天津城市公司总经理	调任	
31	刘赛飞	世茂房地产非执行董事，世茂股份董事、总裁	世茂股份总裁	卸任	
32	戈源	旭辉集团营销总监	旭辉华北区域集团营销总监	调任	
33	吴雪	旭辉天津事业部总经理	旭辉集团总裁特别助理	调任	
34	谢鑫	当代置业山西地区公司总经理	当代置业总裁助理、山西区域总裁	升任	
35	雷志鑫	当代置业华东区域总经理	当代置业总裁助理、华东区域董事长、总裁	升任	
36	李万乐	荣盛发展集团执行总裁	宝能城市发展建设集团常务副总裁	跳槽	
37	周成辉	恒泰集团总裁	——	辞任	
38	冯小川	禹洲商业集团总经理	——	辞任	1月
39	朱孟依	合生创展集团董事会主席	合生创展战略规划顾问	卸任	
40	朱桔榕	合生创展集团执行董事	合生创展集团董事会主席	升任	
41	王磊	朗诗集团联席总裁	东原集团副总裁	跳槽	
42	田文智	龙光地产开发集团副总裁	——	辞任	
43	陈嵩泓	龙光商业地产集团总裁	——	辞任	
44	吴洋	福晟地产执行总裁、福晟商业集团总裁	——	辞任	
45	邓永铺	司捷环球控股执行董事、财务总裁	信合置业执行董事、财务总裁	跳槽	
46	许汉平	大悦城控股总会计师	——	辞任	
47	殷蕾	华联置业总经理	华联控股副总经理	升任	
48	曾宝宝	花样年战略规划委员会主席	花样年战略规划委员会主席、花样年地产集团CEO	升任	
49	孙国军	——	花样年地产集团副总裁	委任	
50	潘军	花样年集团董事局主席、执行董事、地产集团CEO	花样年集团董事局主席、执行董事	卸任	
51	赵英华	——	花样年地产集团副总裁、深圳区域公司总裁	委任	
52	胡博	中国三迪控股执行总裁	花样年地产集团北京区域公司总裁	跳槽	
53	毛晓冰	花样年地产集团首席八卦官	花样年地产集团副总裁	升任	
54	张惠明	花样年执行董事	花样年地产集团COO	升任	

（续）

序号	姓名	原职位	现职位	原因	时间
55	许朝辉	景瑞控股执行董事、副总裁	——	辞任	1月
56	闫浩	景瑞控股执行董事、联席主席、CEO	景瑞控股执行董事、联席主席、CEO、授权代表	升任	
57	祝林	弘阳商业总裁	——	辞任	
58	张强	盛京银行行长	恒大集团副总裁	升任	
59	朱加麟	——	恒大集团副总裁	获任	
60	李亮	泰禾集团副总裁	弘阳地产副总裁	跳槽	
61	严利	粤泰股份副总裁	广州粤泰控股总裁	调任	
62	何德赞	粤泰股份副总裁		辞任	
63	刘大成	广州粤泰总经理	粤泰股份副总裁	委任	
64	胡国祥	大悦城地产独立非执行董事	大悦城地产荣誉顾问	卸任	
65	陈帆城	俊知集团独立董事	俊和集团独立董事、大悦城地产独立非执行董事	委任	
66	颜建国	中建国际董事局主席、非执行董事，中海发展董事局主席、行政总裁，中海宏洋董事局主席、非执行董事，中海物业董事局主席、非执行董事，中信房地产董事长、总经理	中建国际董事局主席兼非执行董事，中海发展董事局主席，中海宏洋非执行董事，中信房地产董事长、总经理	卸任	
67	罗亮	中国海外发展执行董事、执行副总裁、运营总监、总建筑师	中国海外发展执行董事、执行副总裁、运营总监、总建筑师、董事局副主席	升任	2月
68	张智超	中海发展副总裁	中海发展执行董事、行政总裁	升任	
69	张贵清	中海宏洋执行董事、行政总裁	中海物业董事会主席、执行董事	升任	
70	庄勇	中海地产副总裁、华南区域总经理	中国海外发展董事局副主席、中海宏洋董事局主席	升任	
71	杨林	中海宏洋执行董事、副总裁	中海宏洋行政总裁	升任	
72	唐学斌	彩生活副董事长、非执行董事、授权代表	彩生活副董事长、非执行董事	卸任	
73	陈新禹	花样年执行董事、CEO，彩生活执行董事、薪酬委员会成员	花样年执行董事、CEO，彩生活执行董事、授权代表、薪酬委员会成员	升任	
74	邹昊	蓝光嘉宝服务联席总裁	蓝光嘉宝服务联席总裁、CFO、联席公司秘书、授权代表	升任	
75	张强	蓝光嘉宝服务 CFO	——	辞任	
76	陈振华	蓝光嘉宝服务副总裁、联席公司秘书、授权代表	——	辞任	
77	孙亚洲	万达商管集团高级总裁助理、华北运营中心总经理	万达商管集团副总裁、华北运营中心总经理	升任	
78	沈嘉颖	万达商管副总裁	弘阳商业总裁	跳槽	
79	孙霞	鸿坤副总经理	远洋集团经营中心副总经理	跳槽	
80	刘岩	新华联副总裁	——	辞任	
81	汪群斌	复星国际 CEO	复星国际联席董事长	升任	
82	陈启宇	复星国际联席总裁	复星国际联席 CEO	升任	
83	徐晓亮	复星国际联席总裁	复星国际联席 CEO	升任	

序号	姓名	原职位	现职位	原因	时间
84	薛林楠	复星国际 CFO	复星蜂巢副董事长	调任	
85	张厚林	复星国际高级副总裁	复星国际联席 CFO	委任	
86	张立刚	复星国际财务管理部总经理	复星国际联席 CFO	委任	
87	龚平	复星蜂巢 CEO	复星国际执行董事	调任	
88	李开复	复星国际独立非执行董事	复星国际独立非执行董事、复星国际 ESG 委员会主席	升任	
89	潘东辉	复星国际高级副总裁	复星国际高级副总裁、CHO	升任	
90	杨超	复星国际独立非执行董事	——	辞任	
91	陈凯	中南置地董事长	新力控股联席董事长、总裁	跳槽	
92	杨宁	阳光股份总裁	——	辞任	
93	谢金雄	碧桂园集团副总裁	碧桂园集团副总裁、沪苏区域总裁	升任	
94	卜德华	碧桂园集团副总裁	碧桂园集团副总裁、佛肇区域总裁	升任	
95	程光煜	碧桂园集团常务副总裁、品牌营销中心总经理	碧桂园集团常务副总裁、投资策划中心总经理	升任	
96	彭志斌	碧桂园人力资源管理中心总经理	碧桂园副总裁、兰州区域总裁	升任	
97	黄宇奘	碧桂园成本管理中心总经理	碧桂园成本管理中心总经理、碧桂园安徽区域总裁	升任	2月
98	张志远	碧桂园集团副总裁	碧桂园集团副总裁、碧桂园湖南区域总裁	升任	
99	陈斌	碧桂园江苏区域总裁	碧桂园总部国际及特区事业部总经理	调任	
100	高斌	碧桂园上海区域总裁	碧桂园沪苏区域副总裁	升任	
101	杨翠珑	碧桂园集团副总裁、设计管理中心总经理	碧桂园集团副总裁、成本管理中心总经理	调任	
102	李延喜	招商蛇口独立董事	——	辞任	
103	孔英	——	招商蛇口独立董事	委任	
104	罗嘉奇	嘉年华国际首席财务官	嘉年华国际执行董事、首席财务官	升任	
105	张鹏	嘉年华国际董事会主席、公司行政总裁、执行董事	——	辞任	
106	白雪飞	嘉年华国际执行董事、执行总裁	嘉年华国际执行董事兼执行总裁、嘉年华国际董事会主席	升任	
107	常立铭	阳光新业地产总裁	阳光股份总裁	升任	
108	杨宁	阳光股份董事	——	辞任	
109	班均	京汉股份副总裁、高汉股份董事	京汉股份董事	卸任	
110	姜炜	中梁地产北方区域集团总裁	港龙中国执行总裁	跳槽	
111	王国雄	时代集团执行总裁	华宇集团副总裁	跳槽	
112	张园林	新力控股董事长、执行董事、行政总裁	新力控股联席董事长、执行董事	卸任	
113	曲德君	新城发展执行董事、副董事长，新城控股董事	新城发展非执行董事、副董事长，新城控股董事、联席总裁	升任	3月
114	袁伯银	新城控股董事、联席总裁	——	辞任	

（续）

序号	姓名	原职位	现职位	原因	时间
115	张立洲	华鸿嘉信总裁	——	辞任	
116	朱来宾	中粮集团战略部总监	中粮集团战略部总监、大悦城非执行董事	获任	
117	林洪波	荣盛发展投拓中心总经理	荣盛发展副总裁	升任	
118	景中华	荣盛发展财务总监、财务中心总经理	荣盛发展副总裁	升任	
119	侯光军	绿地香港首席运营官	绿地香港首席运营官、绿地香港湾区总经理	升任	
120	姜忠民	绿地香港总经理助理	绿地香港总经理助理、湾区公司副总经理	升任	
121	杨建	绿地香港总经理助理	绿地香港总经理助理、湾区公司副总经理、广州区域公司总经理	升任	
122	谢雨	绿地香港总经理助理	绿地香港总经理助理、湾区公司副总经理、湾区公司技术研发部总经理	升任	
123	杜福根	绿地香港总经理助理	绿地香港总经理助理、湾区公司副总经理、湾区公司运营管理部总经理	升任	
124	蒋华联	绿地香港办公室主任	绿地香港办公室主任、湾区公司办公室主任	升任	
125	李金明	绿地香港财务部副总经理	绿地香港财务部副总经理、湾区公司成本管理部总经理	升任	
126	张来清	绿地香港广东公司副总经理	绿地香港广东公司副总经理、湾区公司成本管理部总经理	升任	
127	蒋城	——	绿地香港湾区公司营销部总经理	委任	
128	钟永殷	——	绿地香港湾区公司法务风控部总经理	委任	
129	刘罡	——	绿地香港湾区公司人力资源部总经理	委任	3月
130	沈秀玲	——	绿地香港湾区公司商业管理公司总经理	委任	
131	张洁友	——	绿地香港粤西区域公司总经理	委任	
132	王荐	——	绿地香港深圳区域公司常务副总经理	委任	
133	江伟阳	——	绿地香港深圳区域公司副总经理	委任	
134	张炯	——	绿地香港深圳区域公司副总经理	委任	
135	孟伟	——	绿地香港佛山区域公司常务副总经理	委任	
136	陶作良	——	绿地香港广州区域公司常务副总经理	委任	
137	李世军	——	绿地香港广州区域公司副总经理	委任	
138	胡俊	中锐地产总裁	新力杭州区域总裁	跳槽	
139	王彬	中南置地招采经理	中南置地苏北区域总裁	调任	
140	毕兴矿	中南置地苏北区域总裁	中南置地南京区域总裁	调任	
141	徐小兵	中南置地南京区域总裁	中南建设副总裁	升任	
142	潘浩然	福晟国际董事会主席、执行董事	福晟国际董事会主席、执行董事、提名委员会及薪酬委员会成员	升任	
143	吴洋	福晟国际执行董事、地产集团执行总裁、商业集团总裁	——	辞任	
144	吕翼	世茂房地产执行董事兼副总裁、海峡发展公司董事长	世茂房地产执行董事、副总裁，海峡发展公司董事长、世茂福晟总裁	升任	

序号	姓名	原职位	现职位	原因	时间
145	汤沸	世茂房地产财务管理中心负责人	世茂房地产财务管理中心负责人、世茂福晟首席财务官	升任	
146	潘俊钢	福晟国际执行董事、提名委员会及薪酬委员会成员	世茂福晟副总裁、长沙公司董事长	委任	
147	吴继红	福晟国际执行董事、薪酬委员会成员	世茂福晟副总裁	委任	
148	黄韶海	福晟地产集团执行总裁、广州福晟集团董事长	世茂福晟副总裁	委任	
149	石御	福晟地产集团副总裁、福州区域集团总裁	世茂福晟副总裁	委任	
150	夏宇清	世茂海峡营销副总裁	世茂海峡营销副总裁、世茂福晟副总裁、营销管理中心总经理	升任	
151	彭小维	——	世茂海峡设计负责人、世茂福晟副总裁、设计管理中心总经理	获任	
152	阵芳梅	——	世茂福晟副总裁、人力行政管理中心总经理	获任	
153	陈育新	——	世茂福晟副总裁、郑州公司总经理	获任	
154	郭阳春	——	世茂福晟助理总裁	获任	
155	黄玉霜	——	世茂福晟财务管理中心总经理	获任	
156	曾铠斌	——	世茂福晟成本管理中心总经理	获任	
157	陈昊然	——	世茂福晟运营管理中心总经理	获任	
158	张运鸿	——	世茂福晟用户与市场研究中心总经理	获任	
159	黄艺辉	——	世茂福晟投资管理中心总经理	获任	3月
160	魏小明	——	世茂福晟工程管理中心总经理	获任	
161	刘长群	——	世茂福晟用户服务管理中心总经理	获任	
162	王礼宠	——	世茂福晟法律事务中心总经理	获任	
163	徐术坡	——	世茂福晟品牌管理中心总轻理	获任	
164	张江文	——	世茂福晟审计管理中心总经理	获任	
165	陈翔	——	世茂福晟财务管理中心副总经理	获任	
166	郑建南	——	世茂福晟财务管理中心副总经理	获任	
167	黄培林	——	世茂福晟营销管理中心副总经理	获任	
168	林莉莉	——	世茂福晟人力行政管理中心副总经理	获任	
169	黄帧	——	世茂福晟设计管理中心副总经理	获任	
170	郭春雷	——	世茂福晟成本管理中心副总经理	获任	
171	戴志英	——	世茂福晟运营管理中心副总经理	获任	
172	刘思剀	——	世茂福晟用户与市场研究中心副总经理	获任	
173	黄长忠	——	世茂福晟工程管理中心副总经理	获任	
174	杨志军	——	世茂福晟工程管理中心副总经理	获任	
175	马经风	——	世茂福晟用户服务管理研究中心副总经理	获任	
176	王璐莎	——	世茂福晟品牌管理中心副总经理	获任	

序号	姓名	原职位	现职位	原因	时间
177	梁文谦	——	世茂福晟长沙公司总经理	获任	
178	黄永红	——	世茂福晟上海公司总经理	获任	
179	熊伟	——	世茂福晟长沙公司副总经理、财务总监	获任	
180	胡素兰	——	世茂福晟长沙公司副总经理、开发总监	获任	
181	王芳先	——	世茂福晟郑州公司副总经理、财务总监	获任	
182	杜永发	——	世茂福晟郑州公司副总经理、营销总监	获任	
183	陈祝全	——	世茂福晟上海公司助理总经理、投资总监	获任	
184	王仲贤	——	世茂福晟上海公司助理总经理、财务总监	获任	
185	孙哲峰	——	蓝光嘉宝服务副董事长、执行董事	获任	
186	刘侠	蓝光嘉宝服务总裁	蓝光嘉宝服务总裁、执行董事、提名委员会成员	升任	
187	吴刚	蓝光嘉宝服务执行董事兼副总裁	蓝光嘉宝服务副总裁	卸任	
188	梅永红	碧桂园集团副总裁兼农业总裁	碧桂园集团副总裁、华大农业董事长兼总经理	升任	
189	潘俊钢	福晟国际执行董事	——	辞任	
190	吴继红	福晟国际执行董事	——	辞任	
191	吴洋	福晟国际执行董事、福晟地产执行总裁、福晟商业集团总裁		辞任	3月
192	倪宇泰	卧龙地产董事及董事会下设审计委员会委员	——	辞任	
193	涂立森	万通地产董事会审计与风险控制委员会委员	——	辞任	
194	杨少锋	——	万通地产董事	委任	
195	张旭	万科集团董事、执行副总裁、首席运营官	万科集团董事	卸任	
196	王文金	万科集团董事、执行副总裁、财务负责人	万科集团董事	卸任	
197	韩慧华	万科财务管理职能中心合伙人	万科执行副总裁、财务负责人	升任	
198	危建平	大悦城商业华东大区总经理、上海静安大悦城总经理	融创文旅集团上海区域总经理	跳槽	
199	姜明群	泰禾集团财务总监	泰禾投资	调任	
200	王伟华	泰禾投资董事	泰禾集团财务总监	调任	
201	刘颖哲	华发股份副总裁兼华东区域、华中区域常务副董事长、华中区域董事长	华发股份执行副总裁	委任	
202	冯孝忠	恒基兆业首席财务总监	恒基兆业首席财务总监、恒基兆业执行董事	委任	
203	刘王泉	恒基地产执行董事	——	退任	
204	李达民	恒基地产执行董事	——	退任	
205	李朝江	龙湖集团执行董事、薪酬委员会委员	——	辞任	
206	徐瑛	绿城中国董事会办公室助理总经理兼投资者关系负责人	绿城中国联席公司秘书、授权代表	委任	
207	伍秀薇	达盟香港有限公司上市服务部副董事	绿城中国联席公司秘书	跳槽	

序号	姓名	原职位	现职位	原因	时间
208	沈培英	远洋集团执行董事、公司秘书	远洋集团财务总监	调任	
209	王洪辉	远洋集团执行总裁兼远洋资本总经理	远洋集团执行董事、投资委员会成员	升任	
210	钟启昌	——	远洋集团公司秘书、授权代表	委任	
211	王光建	龙湖集团高级副总裁、龙湖冠寓首席执行官、龙湖智慧服务集团董事长	龙湖集团高级副总裁、龙湖冠寓首席执行官、龙湖智慧服务集团董事长、龙湖集团执行董事、薪酬委员会委员	升任	
212	黄征	朗诗地产副总裁	朗诗地产副总裁、执行董事	委任	
213	蒋超	朗诗地产副总裁	朗诗地产执行董事、常务副总裁	委任	
214	申乐莹	朗诗地产执行董事、首席财务官	朗诗地产执行董事、首席财务官、薪酬委员会成员	升任	3月
215	周勤	朗诗地产薪酬委员会成员	——	退任	
216	李均雄	朗诗地产审核委员、提名委员	——	退任	
217	牟勇	深圳控股执行董事	——	退任	
218	陈超	景瑞控股副总裁、CFO	景瑞控股副总裁、CFO、执行董事	委任	
219	朱来宾	大悦城控股董事	大悦城非执行董事	委任	
220	葛明	永升生活服务非执行董事	——	辞任	
221	周迪	永升生活服务 CFO	永升生活服务 CFO、执行董事	委任	
222	陈东辉	亿达中国执行董事	——	辞任	
223	陈德力	新城控股董事、联席总裁	——	辞任	
224	王海武	万科中西部区域首席执行官	万科执行副总裁、首席运营官	升任	
225	李嵬	万科杭州公司总经理	万科集团合伙人、中西部区域事业集团 (BG) 首席合伙人、CEO，成都公司首席合伙人	升任	
226	吴镝	万科上海区域业务集团合伙人	万科杭州公司总经理	升任	
227	王旭	保利置业执行董事	——	退任	
228	陈冬桔	保利发展副总经理	——	退任	
229	肖广瑞	万达集团高级副总裁、人力资源管理中心总经理，万达商管董事	万达商管董事、执行总裁	调任	4月
230	齐界	万达集团常务董事、总裁，商管集团董事长，执行总裁，文化集团董事长、地产集团董事长	万达集团常务董事、总裁，商管集团董事长，文化集团董事长，地产集团董事长	卸任	
231	杨敏	——	云南城投党委书记、董事长	获任	
232	蔡勃	龙湖商业区域总经理	万科中西部区域商业业务总经理	跳槽	
233	谭华	龙湖重庆北城天街项目总经理	重庆万科商业负责人	跳槽	
234	桂桐生	——	葛洲坝地产党委书记、董事长	获任	
235	何金钢	葛洲坝集团总经理助理，葛洲坝地产党委书记、董事长	葛洲坝集团总经理助理	调任	
236	周军华	——	葛洲坝公司董事总经理	获任	

序号	姓名	原职位	现职位	原因	时间
237	杨扬洋	——	葛洲坝地产总经理	获任	
238	郭英成	佳兆业集团董事会主席、执行董事，佳兆业健康董事会主席、执行董事、提名委员会主席	佳兆业集团董事会主席、执行董事，佳兆业健康执行董事	卸任	
239	刘士峰	佳兆业健康独立非执行董事	——	辞任	
240	许昊	佳兆业健康执行董事	——	辞任	
241	翁昊	佳兆业集团执行董事、联席总裁兼上海、西南、粤东区域主席等、佳兆业美好执行董事	——	辞任	
242	郑毅	佳兆业集团主席兼总裁等、佳兆业集团执行董事	——	辞任	
243	郭晓群	佳兆业上海地区主席、总裁	佳兆业集团执行董事、上海地区主席及总裁	升任	
244	李海鸣	佳兆业集团首席营运官	佳兆业集团首席营运官、执行董事，佳兆业美好执行董事	升任	
245	郭晓亭	佳兆业集团投资银行部副经理	佳兆业美好执行董事、佳兆业集团投资银行部副经理	升任	
246	许焰林	佳兆业集团副总裁	——	辞任	
247	苗思华	奥园健康执行董事、总裁	奥园健康执行董事	辞任	
248	苏波	奥园健康执行董事	奥园健康执行董事、总裁	升任	
249	徐晓东	奥园健康 CFO	——	辞任	
250	郑少辉	——	奥园健康副总裁、CFO	获任	4月
251	蒋伟	格力地产副总裁	——	辞任	
252	杨立群	格力地产总经理	格力地产副总裁	调任	
253	张华纲	上海证大执行董事、行政总裁	佳兆业健康董事会主席、执行董事、提名委员会主席	跳槽	
254	何海洋	——	上海证大执行董事、行政总裁	获任	
255	周琦嘉	祥生地产副总裁	——	辞任	
256	方军	远洋集团非执行董事、投资委员会委员	——	辞任	
257	侯俊	——	远洋集团非执行董事、投资委员会委员	获任	
258	单伟豹	路劲基建联席主席、执行董事	路劲基建联席主席	卸任	
259	张俊	中国奥园高级副总裁、商业地产集团总裁	中国奥园执行董事、高级副总裁、商业地产集团总裁	升任	
260	朱浩	正荣地产副总裁	三巽集团副总裁	跳槽	
261	徐春	卓越集团副总裁	新力副总裁、深莞区域总经理	跳槽	
262	李蕙兰	信合置业执行董事、财务总裁、公司秘书	——	辞任	
263	张巧龙	蓝光发展副董事长、董事、蓝光嘉宝非执行董事	——	辞任	
264	王万峰	蓝光发展副总裁、蓝光嘉宝非执行董事	——	辞任	
265	余驰	蓝光发展联席总裁	蓝光发展常务副总裁、蓝光嘉宝非执行董事	调任	
266	迟峰	蓝光发展董事、总裁	蓝光发展董事、总裁，蓝光嘉宝非执行董事	升任	

序号	姓名	原职位	现职位	原因	时间
267	张日芳	禹洲集团营销管理中心总经理	蓝光地产助理总裁	跳槽	
268	侯功海	银座集团董事长、董事	——	辞任	
269	李万乐	宝能城市发展建设集团常务副总裁	——	辞任	
270	石爱民	信达地产副总经理	——	辞任	
271	陈瑜	信达地产总经理助理	信达地产副总经理	升任	
272	王文怀	厦门建发集团副总经理	厦门建发集团副总经理、建发国际非执行董事	升任	
273	陈戈	信达地产董事会秘书、董事会办公室主任	信达地产总经理助理	升任	
274	张勇峰	厦门建发股份董事长	——	退任	
275	郑永达	厦门建发股份党委书记、董事、总经理，厦门建发集团党委委员	厦门建发股份党委书记、董事长、总经理，厦门建发集团党委委员	升任	
276	黄焕明	明发集团董事会主席、非执行董事、授权代表	——	辞任	
277	黄丽水	明发集团执行董事	——	辞任	
278	林家礼	明发集团审核委员会和风险管理委员会委员	明发集团董事会主席、非执行董事	升任	
279	伍文峯	——	明发集团执行董事、授权代表	获任	
280	凌晓洁	中华企业总经理	——	辞任	
281	董鸿	中华企业党委副书记	中华企业党委副书记、总经理	升任	4月
282	郭海兰	中交地产独立董事等	——	辞任	
283	沈宏泽	光明地产党委书记、董事长、总裁	光明地产党委书记、董事长	卸任	
284	董文俊	光明地产副总裁	——	辞任	
285	郭强	光明食品行政事务部总经理	光明地产总裁	升任	
286	苏朋程	光明房地产集团董（监）事会办公室主任	光明地产副总裁	升任	
287	黄少媚	新世界中国地产董事、行政总裁	新世界中国地产董事、行政总裁，新世界发展执行董事	升任	
288	赵慧娴	新世界发展人力资源高级总监	新世界发展人力资源高级总监、新世界发展执行董事	升任	
289	郑志刚	新世界中国联席行政总裁、新世界发展执行董事、执行副主席、总经理	新世界发展联席行政总裁、新世界发展执行董事、执行副主席、行政总裁	升任	
290	徐北南	亿达中国执行董事兼 CFO	太睿国际控股执行董事、行政总裁	跳槽	
291	金建荣	众安集团执行董事、薪酬委员会委员	——	辞任	
292	金妮	中国新城市商业发展执行董事、董事会副主席	众安集团执行董事、薪酬委员会委员	升任	
293	沈励	众安集团非执行董事	——	辞任	
294	施金帆	——	众安集团执行董事	获升	
295	张化桥	众安集团独立非执行董事	众安集团独立非执行董事、薪酬委员会委员	升任	
296	殷皓	龙湖首席探索官	德邦快递集团高级副总裁、首席技术官	跳槽	5月

（续）

序号	姓名	原职位	现职位	原因	时间
297	叶萌	猪八戒网首席技术官	龙湖首席数字官	跳槽	
398	朱剑敏	碧桂园副总裁、新闻发言人，前博智林机器人公司副总裁	某医药公司 CEO	跳槽	
399	王寿庆	旭辉商业助理总裁、旭美商业总经理	旭辉商业文旅公司总裁	调任	
300	陈琦	龙湖商业副总经理	旭辉商业助理总裁、旭美商业总经理	跳槽	
301	肖宏伟	龙湖华西二区总经理	龙湖商业地产部副总经理	升任	
302	钟林	龙湖华南区总经理	龙湖华西二区总经理	调任	
303	吴洋	龙湖金沙天街项目总经理	龙湖华南区总经理	升任	
304	吴宁	旭辉战略总经理	——	辞任	
305	宁静鞭	——	旭辉战略总经理	获任	
306	徐斌	碧桂园集团副总裁、首席信息官	旭辉集团副总裁、首席数字官	跳槽	
307	段静	正荣助理总裁、营销中心总经理	爱家执行总裁	跳槽	
308	冯辉明	三盛地产集团常务副总裁	上坤集团执行总裁	跳槽	
309	周俊	——	上坤融资中心总经理	跳槽	
310	梁剑峰	复星全球合伙人、首席信息官	中梁副总裁	跳槽	
311	吕劲	富力执行董事	——	退任	
312	张辉	富力地产副总裁	富力地产执行董事、副总裁	升任	
313	李万	碧桂园大区营销总经理	花样年营销副总裁	跳槽	5月
314	颜建国	中建国际董事局主席、非执行董事、中海海外发展董事局主席、中海宏洋非执行董事、中海企业发展董事长、总经理	中海发展董事局主席、中建国际董事局主席、非执行董事、中海宏洋非执行董事	卸任	
315	张智超	中海发展执行董事、行政总裁	中海发展执行董事、行政总裁，中海企业发展董事长、总经理	升任	
316	张一	中海企业发展董事	——	辞任	
317	郭光辉	——	中海企业发展董事	获任	
318	刘颖川	——	保利地产副总经理	获任	
319	王卫锋	力高地产集团执行董事、总裁	——	辞任	
320	黄若青	力高集团总裁	力高集团总裁、力高地产集团总裁	升任	
321	曾明	上实城市开发董事会主席、执行董事、提名委员会主席	——	辞任	
322	费佐祥	上实城市开发执行董事	——	辞任	
323	黄海平	上实董事、副总裁，上实东滩投资开发董事长	上实董事、副总裁，上实东滩投资开发董事长，上实城市开发董事会主席、执行董事、提名委员会主席	升任	
324	佘润廷	新力控股执行董事、副总裁	协信地产 CEO	跳槽	
325	谷健	蓝光助理总裁	协信地产营销副总裁	跳槽	
326	陈世勋	——	协信地产投资副总裁	获任	
327	朱慧杰	——	协信地产运营副总裁	获任	

序号	姓名	原职位	现职位	原因	时间
328	刘富强	佳兆业首席财务官	——	辞任	
329	吴建新	佳兆业高级副总裁	佳兆业高级副总裁、首席财务官	升任	
330	孙暐健	方正证券（香港）副总经理、固定收益主管	佳兆业联席首席财务官	委任	
331	蒋灿明	——	恒荣集团总裁	获任	
332	徐兵	美思酒店公司负责人	新城控股酒店管理公司总经理	跳槽	
333	李虹	万通地产董事会董事、副董事长	——	辞任	
334	马健	万通地产董事	——	辞任	
335	梅志明	唯泰中国联合创始人、董事会成员	唯泰中国联合创始人、董事会成员、万通地产非独立董事	委任	
336	张家静	北京万通地产CEO（总经理）	万通地产非独立董事	委任	
337	李爱庆	首创集团党委书记、董事长	——	退任	
338	贺江川	北辰实业董事长	首创集团党委书记、董事长	调任	
339	周茜莉	万通地产董事会秘书	——	辞任	
340	陈波	泰禾集团副总经理	——	辞任	
341	韩辰骁	泰禾集团证券事务代表	——	辞任	
342	梁涵	泰禾证券事务中心证券专业副总监	泰禾集团证券事务代表	升任	
343	卢志强	泛海集团董事长、总裁，中国泛海集团董事长兼总裁，泛海控股董事长、执行董事	泛海集团董事长、总裁，中国泛海集团董事长	退任	
344	宋宏谋	泛海控股副董事长、总裁	泛海集团总裁、泛海控股董事长	升任	5月
345	李明海	泛海集团副董事长、执行副总裁，泛海控股副董事长、执行董事，泛海能源董事长、总裁等	泛海集团副董事长、执行副总裁，泛海控股监事会主席，泛海能源董事长、总裁等	调任	
346	张喜芳	泛海集团执行副总裁、泛海投资集团董事长、泛海控股董事	泛海集团执行董事、执行副总裁，泛海投资集团董事长、泛海控股副董事长	升任	
347	张博	泛海控股董事、民生信托董事长	泛海控股副董事长、总裁，民生信托董事长等	升任	
348	徐阅	——	泛海控股副总裁、武汉中央商务区副董事长	获任	
349	黄驾宙	——	新城商管事业部南区负责人	获任	
350	张成皓	广州万科长租公寓总经理	越秀地产客户关系中心负责人	跳槽	
351	施俊嵘	中原集团副主席	中原集团副主席、行政总裁	升任	
352	徐国富	金科股份董事会秘书	金科服务董事、副总经理、财务负责人、董事会秘书	调任	
353	张强	——	金科股份副总裁、董事会秘书	获任	
354	张巧龙	彰泰集团董事长兼总裁	彰泰集团事业合伙人、集团执行董事	调任	
355	宗式华	上置集团执行董事	——	辞任	
356	黄奉潮	雅居乐执行董事、副总裁，雅生活联席主席、执行董事、总裁、首席执行官	雅居乐执行董事、副总裁，雅生活董事会联席主席、执行董事	卸任	
357	李大龙	雅生活常务副总裁、首席财务官、联席公司秘书	雅生活总裁、首席执行官、执行董事	升任	

序号	姓名	原职位	现职位	原因	时间
358	邬洁颖	雅生活财务中心总经理	雅生活首席财务官	升任	
359	汤国强	美好置业副董事长、总裁	——	辞任	
360	何飞	美好置业联席总裁	美好置业总裁	升任	
361	雷莉	美好置业副总裁	——	辞任	
362	王鸿斌	美好置业副总裁	——	辞任	
363	彭少民	美好置业监事会主席		辞任	
364	金黛	美好置业监事会监事	——	辞任	
365	王耀	美好置业监事会监事、美好未来总裁助理	美好置业监事会主席、美好未来总裁助理	升任	
366	肖懿恩	美好未来综合管理中心副总经理、湖北美好公益基金会秘书长	美好置业监事、美好未来综合管理中心副总经理、湖北美好公益基金会秘书长	升任	
367	石芸	美好置业高级审计经理	美好置业监事会监事、高级审计经理	升任	
368	沙骥	卓越集团执行总裁	卓越集团执行总裁、深圳公司董事长	升任	
369	卜炜	卓越深圳置业总经理	卓越集团深圳公司总经理	调任	
370	陈京洲	卓越深圳地产公司市场营销中心负责人	恒裕集团营销总监	跳槽	
371	邬剑强	奥山控股联席总裁	奥山控股董事局副主席、联席总裁	升任	
372	周凤学	奥山控股联席总裁	奥山控股董事局副主席、联席总裁	升任	
373	徐承	奥山控股副总裁	奥山控股副总裁、中部区域集团总裁	升任	
374	许建华	嘉凯城董事、战略委员会委员	——	辞任	5月
375	黄涛	嘉凯城董事	——	辞任	
376	何大军	张江高科董事、总经理	张江高科副董事长、总经理	升任	
377	唐军	阳光股份董事长、战略委员会主任委员、提名与薪酬考核委员会委员	——	辞任	
378	李国平	阳光股份副总裁	——	辞任	
379	张缔江	阳光股份董事、战略委员会委员、审计委员会委员	——	辞任	
380	符海鹰	阳光股份监事	——	辞任	
381	韩俊峰	阳光股份独立董事、战略委员会委员、审计委员会委员	——	辞任	
382	韩传模	阳光股份独立董事、审计委员会主任委员、战略委员会委员、提名与薪酬考核委员会委员	——	辞任	
383	刘建图	阳光股份监事会主席	——	辞任	
384	常立铭	阳光股份总裁、董事	阳光股份董事	卸任	
385	郭春锋	阳光股份财务负责人	——	辞任	
386	沈葵	阳光股份副总裁	——	辞任	
387	郭维成	——	天房发展董事长	获任	
388	杨杰	——	天房发展副总经理	获任	

序号	姓名	原职位	现职位	原因	时间
389	杨宾	——	天房发展总工程师	获任	5月
390	纪建刚	——	天房发展总会计师	获任	
391	金静	——	天房发展总经济师	获任	
392	祝九胜	万科集团总裁	万科集团总裁、执行董事	升任	
393	王海武	万科集团首席运营官	万科集团首席运营官、执行董事、公司授权代表	升任	
394	张懿宸	中信资本董事长兼首席执行官	中信资本董事长、首席执行官，万科独立董事	获任	
395	陈德力	新城控股董事	宝龙地产联席总裁，宝龙商业行政总裁、执行董事	跳槽	
396	张云峰	宝龙商业集团行政总裁	宝龙商业集团首席财务官、执行董事	调任	
397	唐剑锋	新城控股商管集团副总裁	宝龙商业集团常务副总经理	跳槽	
398	刘伟亮	正荣地产副总裁	正荣地产副总裁、执行董事	升任	
399	欧国强	正荣地产非执行董事	——	辞任	
400	刘洪跃	中兴华会计师事务所合伙人等	中兴华会计师事务所合伙人等、中交地产独立董事	获任	
401	杨小平	福晟国际独立非执行董事	——	辞任	
402	汝海林	旭辉集团高级副总裁、浙江区域集团总裁	旭辉集团高级副总裁、东南区域集团总裁	升任	6月
403	黄晖	旭辉福建公司常务副总经理	旭辉东南区域集团副总裁、福建公司总经理	升任	
404	刘煜	旭辉广州事业部总经理	旭辉广桂区域事业部总经理	升任	
405	阎烨	旭辉南宁公司常务副总经理	旭辉广桂区域事业部副总经理、广西公司总经理	升任	
406	温海成	远洋集团执行董事、执行总裁	——	辞任	
407	崔洪杰	远洋集团执行总裁	远洋集团执行董事、执行总裁	升任	
408	黄春雷	中梁控股执行董事、首席执行官	——	辞任	
409	陈红亮	中梁控股执行董事、联席总裁	中梁控股执行董事、联席执行总裁	升任	
410	李和栗	中梁控股执行董事、联席总裁	中梁控股执行董事、联席执行总裁	升任	
411	胡红卫	中南建设建筑业务总裁	中南建设副总经理、董事	升任	
412	华志伟	——	中南建设独立董事	获任	
413	刘畋	中南建设副总经理、董事	——	辞任	
414	彭飞	中骏集团助理总裁	中骏集团助理总裁、东南区域公司总经理	升任	
415	唐登洋	中骏集团南京区域总经理	中骏集团苏皖区域公司总经理	升任	
416	薄禄伟	中骏集团重庆公司总经理	中骏集团川渝区域公司总经理	升任	
417	肖金明	中骏集团广州公司总经理	中骏集团湖广区域公司总经理	升任	
418	刘汉铨	中国金茂独立非执行董事	——	辞任	
419	顾继伟	——	中梁地产粤港澳发展集团执行董事兼 COO	获任	

序号	姓名	原职位	现职位	原因	时间
420	刘同朋	雅居乐控股副总裁、教育集团董事长、总裁	雅居乐控股副总裁，地产集团董事长，教育集团董事长、总裁，商业管理集团董事长、总裁，城市更新集团联席董事长	升任	
421	潘智勇	雅居乐控股副总裁、首席财务官，资本集团董事长	雅居乐控股副总裁、首席财务官，资本集团董事长，城市更新集团联席董事长	升任	
422	阮家声	雅居乐地产集团副总裁、产城发展中心总经理	雅居乐地产集团副总裁、产城发展中心总经理、城市更新集团副总裁	升任	
423	夏阳	——	雅居乐城市更新集团副总裁	获任	
424	张强	金科股份董事	——	辞任	
425	陈锋滨	——	广州万科长租公寓总经理	获任	
426	崔岩	蛋壳公寓联合创始人、董事、总裁	蛋壳公寓联合创始人、董事、总裁、代理CEO	升任	
427	周勤	朗诗地产执行董事、薪酬委员会委员	——	辞任	
428	谢远建	朗诗地产执行董事	——	辞任	
429	李均雄	朗诗地产独立非执行董事等	——	辞任	
430	吴向东	华夏幸福联席董事长、CEO、总裁	华夏幸福联席董事长、CEO、总裁，阳光城独立董事	升任	
431	童文涛	福晟国际行政总裁、执行董事、提名委员会委员	——	辞任	
432	潘浩然	福晟国际董事会主席、执行董事、提名委员会及薪酬委员会委员	福晟国际董事会主席、执行董事、行政总裁、提名委员会及薪酬委员会委员	升任	6月
433	杨涛	云南城投置业董事长、董事等	——	辞任	
434	李家龙	云南城投党委副书记、总裁、副董事长	云南城投党委副书记、总裁、副董事长，云南城投置业董事长、董事	升任	
435	李尚	鑫苑集团总裁	雪松控股总裁	跳槽	
436	孔贵生	大发地产华中地区总经理	大发地产浙南区域总经理	调任	
437	邹洪涛	大发地产郑州公司总经理	大发地产华中区域总经理	调任	
438	谈惠明	香江控股财务总监	——	辞任	
439	孙伟亮	香江控股助理总裁、人力资源中心总经理	香江控股总经理助理	调任	
440	吴光辉	香港控股财务管理中心总经理	香江控股财务总监	升任	
441	庄惠生	中国海外宏洋公司秘书	——	辞任	
442	黄玉颐	——	中国海外宏洋公司秘书	获任	
443	许文智	三湘印象董事长、总裁	三湘印象董事长	卸任	
444	王盛	——	三湘印象总裁	获任	
445	童莹莹	——	三湘印象董秘	获任	
446	彭心旷	上置集团执行董事、行政总裁	——	辞任	
447	陈东辉	亿达中国执行董事、上置集团执行董事	——	辞任	
448	沃瑞芳	恒盛地产独立非执行董事，审核委员会、提名委员会委员	——	辞任	

序号	姓名	原职位	现职位	原因	时间
449	胡金星	——	恒盛地产独立非执行董事	获任	6月
450	匡娜	中科金审（北京）科技有限公司董事	万通地产副总裁、董事会秘书	跳槽	
451	杨锦海	汤臣集团执行董事、执行委员会委员	——	辞任	
452	林明彦	建业地产非执行董事	建业集团副董事长、建业地产董事长、建业不动产集团董事长	升任	
453	吕正韬	万达地产集团总裁	——	辞任	
454	张霖	万达文化集团总裁	万达地产集团总裁	委任	
455	林峻岭	中骏上海公司总经理	锦艺置业执行总裁	跳槽	
456	何妙玲	恒大集团执行董事、中国恒大副总裁	中国恒大副总裁	卸任	
457	赖立新	恒大地产集团副总裁	中国恒大集团副总裁	委任	
458	刘赛飞	世茂股份董事、公司总裁	——	辞任	
459	吴凌华	世茂股份副总裁	世茂股份总裁	升任	
460	田永盛	正荣产业集团总裁	中奥地产执行总裁	跳槽	
461	李建红	招商局集团董事长	——	退任	
462	缪建民	中国人保集团董事长	招商局集团董事长	委任	
463	黄永年	时代中国 CFO	——	辞任	
464	牛霁旻	时代中国执行董事、副总裁	时代中国执行董事、副总裁、CFO	委任	
465	蒋大龙	恒大集团董事局副主席	——	辞任	
466	马军	中国奥园执行董事、营运总裁	京汉股份董事长	委任	7月
467	申司昀	奥园集团（韶关）总经理	京汉股份总裁	委任	
468	林斌	奥园集团（广东）财务中心副总经理	京汉股份财务总监	委任	
469	黄庆祝	明发集团执行董事、CEO	——	辞任	
470	黄连春	明发集团执行董事、COO、执行副总裁	——	辞任	
471	钟小明	明发集团副总裁	明发集团执行董事、CEO	升任	
472	胡壮	阳光城上海大区财务副总监	银城 CFO	跳槽	
473	宁可	泰禾集团总裁助理、北京区域营销总经理	泰禾集团营销中心总经理	升任	
474	刘枫	泰禾集团总裁助理、厦门区域总经理	——	辞任	
475	舒策丸	五洲国际控股执行董事、董事会主席、行政总裁	——	辞任	
476	沈晓伟	五洲国际执行董事	五洲国际行政代表及授权代表	委任	
477	唐激杨	万科南方区域 BG 产城事业部总经理	——	辞任	
478	张昕	中梁控股北方区域集团中州区域公司董事长	——	辞任	
479	聂宁	中梁控股中部区域集团赣州区域公司营销负责人	——	辞任	
480	梁博	中梁控股粤港澳发展集团（筹）广宁区域公司渠道负责人	——	辞任	

（续）

序号	姓名	原职位	现职位	原因	时间
481	王祥明	华润集团总经理	华润集团董事长	升任	7月
482	傅育宁	华润集团董事长	——	退任	
483	任明霞	越秀地产大湾区轨道交通开发公司总经理助理、投资发展部总经理	珠江实业副总经理	委任	
484	王远志	荣盛发展副总裁	——	辞任	
485	朱思昊	合生创展北京总经理	万通新发展高级副总裁	跳槽	
486	曾劲	金隅集团党委副书记、董事、金隅股份总经理	金隅集团党委书记、董事长	升任	
487	李艳	光明地产副总裁	——	辞任	
488	刘权平	光明地产副总裁	——	辞任	
489	姜德义	金隅集团董事长	北汽集团董事长	调任	
490	谭华杰	万科集团合伙人、食品事业部首席合伙人	万科集团合伙人兼食品事业部首席合伙人、环山集团董事长	获任	
491	郭继勋	万科西安公司总经理	万科西北区域集团总裁、万科西安公司总经理	升任	
492	温介邦	龙湖集团沪苏公司总经理	龙湖集团副总裁	升任	
493	李尧	龙湖集团南京公司总经理	龙湖集团沪苏公司总经理	升任	
494	裴丹	龙湖集团苏南公司董事长	龙湖集团南京公司总经理兼苏南公司董事长	升任	
495	汤炀	龙湖集团大连公司总经理	龙湖集团苏南公司总经理	调任	
496	刘兴伟	龙湖集团沈阳公司总经理	龙湖集团东北公司总经理	升任	
497	严亘辉	龙湖集团运营总监	龙湖集团大连公司总经理	调任	
498	李国栋	中梁西部大区总裁	协信地产副总裁	跳槽	
499	张翼	佳源国际总裁、副主席、执行董事	佳源国际副主席、执行董事	卸任	8月
500	沈宏杰	佳源创盛总裁	佳源国际总裁	升任	
501	王守波	荣盛发展运营中心总经理、工程中心总经理	荣盛发展副总裁	升任	
502	杜秋龙	卧龙地产董事	——	辞任	
503	陈体引	卧龙地产监事会主席	——	辞任	
504	熊建生	实地集团营销常务副总经理	——	辞任	
505	张羽晴	鸿坤营销总经理	实地集团营销副总裁	跳槽	
506	张晋伟	龙湖物业CIO	蓝光嘉宝联席总裁	跳槽	
507	刘卫星	建业地产执行董事	——	辞任	
508	陈瑛	——	建业地产非执行董事	获任	
509	李斌	实地集团财务总监	实地集团执行总裁	升任	
510	王正宇	世联行董事会董事、副总经理、财务总监	——	辞任	
511	傅曦林	世联行董事	——	辞任	
512	田伟	——	世联行董事会董事	获任	
513	邓峰	——	世联行董事会董事	获任	

序号	姓名	原职位	现职位	原因	时间
514	郭天武	——	世联行董事会董事	获任	8月
515	马志达	——	世联行董事会董事	获任	
516	邓成	新希望总裁、董事	——	辞任	
517	张明贵	新希望地产集团总裁	新希望总裁、董事，新希望地产集团总裁	升任	
518	彭志斌	碧桂园副总裁、兰州区域总裁	小米集团副总裁、首席人力官	跳槽	
519	黄士冯	碧桂园贵州区域总裁	华鸿嘉信总裁	跳槽	
520	陈凯	新力控股联席董事长、行政总裁、执行董事	——	辞任	
521	郭柏成	正商实业公司秘书及首席财务总监	时代邻里 CFO	跳槽	
522	源秉民	——	正商实业公司秘书	获任	
523	相立军	富力地产副总裁、西北区域董事长	富力地产副总裁、西北区域董事长、执行董事	委任	
524	周耀南	富力地产执行董事	——	辞任	
525	齐大鹏	中海华东区总经理	——	辞任	
526	刘慧明	中海地产集团助理总裁	中海地产集团助理总裁、华东区总经理、华东区各地区公司董事长、上海公司总经理	委任	
527	崔帅	中海上海公司总经理	——	辞任	
528	康红恩	钜派投资副总裁	祥瑞置业集团总裁	跳槽	
529	陈文博	恒隆集团及恒隆地产执行董事	恒隆集团及恒隆地产董事会副董事长	委任	
530	陈劲松	世联行董事长	世联行联席董事长	升任	9月
531	胡嘉	世联行董事、珠海大横琴集团董事长	世联行董事长、珠海大横琴集团董事长	升任	
532	薛文	珠海大横琴置业财务部经理	世联行财务总监	升任	
533	钟清宇	世联行董事	——	辞任	
534	郑伟鹤	世联行董事	——	辞任	
535	杨毅	世联行独立董事	——	辞任	
536	丁芳	东原集团副总裁	——	辞任	
537	田炯	当代置业非执行董事	——	辞任	
538	曾强	长城国际副总裁	当代置业非执行董事	跳槽	
539	陈劲松	世联行联席董事长、董事	世联行公司董事	卸任	
540	胡嘉	珠海大横琴集团董事长	世联行董事长	跳槽	
541	杨晔	富力地产副总裁	富力城市更新集团董事长	委任	
542	肖明	富力集团副总经理、城市更新集团董事长，广州公司董事长	富力集团副总经理、广州公司董事长	卸任	
543	郭君	美好置业副总裁	——	辞任	
544	马稚新	京基百纳广场物业总监	阳光股份监事会主席	跳槽	
545	刘森峰	实地集团副董事长、总裁	——	辞任	

（续）

序号	姓名	原职位	现职位	原因	时间
546	许汉平	中粮置业董事	——	辞任	9月
547	张建国	大悦城地产财务总监	大悦城地产财务总监、中粮置业董事	委任	
548	李刚	高力地产集团董事长	——	辞任	
549	张泽林	协信地产总裁	南通三建总裁	跳槽	
550	翁昊	佳兆业执行总裁	金地商置东部区域副总裁、江苏公司总经理	跳槽	
551	鲍轶群	龙光上海区域总经理	金地商置华东区域副总裁、环沪公司总经理	跳槽	
552	刘翔	祥生地产集团副总裁、华中区域总裁	新力控股常务副总裁	跳槽	
553	李英军	中海助理总裁兼总部职能负责人、南京城市总经理	中海西部区各地区公司董事长兼西部区总经理	调任	
554	罗亮	中海发展董事局副主席、执行董事、执行副总裁、运营总监、总设计师，中海商业公司董事长	中海发展董事局副主席、执行董事、执行副总裁、运营总监、总设计师	卸任	
555	刘慧明	中海发展安全总监、中建国际董事长、天山公司董事长、供应链公司副董事长	中海地产华东区域总经理	调任	
556	郭磊	中海雄安总经理	中海发展安全总监、中建国际董事长，天山公司董事长、供应链公司副董事长	调任	
557	郑勇强	云南城投副总经理	——	辞任	
558	刘长胜	中海成都公司总经理	中海助理总裁、北方区域总裁	调任	10月
559	王林林	中海商业总经理	中海助理总裁（分管商业公司、创新业务发展部）	升任	
560	刘显勇	中海发展副总裁、总部职能负责人	中海发展副总裁（分管华南区域）	调任	
561	徐丰	中海纪委书记、中海发展人力资源部总经理、中海发展人力资源部（香港）总经理	中海纪委书记	卸任	
562	曹文扬	——	中海发展人力资源部总经理、中海发展人力资源部（香港）总经理	获任	
563	甄立涛	恒大地产集团总裁	——	辞任	
564	柯鹏	恒大珠三角公司董事长	恒大地产集团总裁兼深圳公司董事长	委任	
565	李丹俊	碧桂园豫南区域总裁	碧桂园重庆区域总裁	调任	
566	朱磊	碧桂园重庆区域总裁	碧桂园重庆区域副总裁	降职	
567	郭伟	碧桂园长哈区域营销总经理	碧桂园吉林区域总裁	升任	
568	齐大鹏	中海地产华东区域总经理	中海地产集团投资总监	调任	
569	崔帅	中海地产上海公司总经理	中海地产华南区域设计总监	调任	
570	姚笛	碧桂园长哈区域总裁	碧桂园北京区域总裁	调任	
571	李辉	碧桂园北京区域总裁	碧桂园北京区域副总裁	调任	
572	王少军	碧桂园集团副总裁、运营中心总经理、大运营工作小组组长、安全生产委员会副主席	碧桂园集团副总裁	卸任	
573	黎晓林	碧桂园集团副总裁、人力资源管理中心总经理	碧桂园运营中心总经理、大运营工作小组组长、安全生产委员会副主席	升任	
574	李勤	融创中国非执行董事	——	辞任	

序号	姓名	原职位	现职位	原因	时间
575	陈刚	华润置地华东大区总经理	华润置地副总裁	升任	10月
576	王昕秩	华润置地深圳公司经理	华润置地华东大区副总经理	升任	
577	蒋慕川	华润置地华南大区总经理	华润置地深圳公司经理	调任	
578	张海民	易居企业集团执行总裁	升龙地产集团总裁	跳槽	
579	何金钢	葛洲坝总经理助理	——	辞任	
580	周鹏	大悦城地产总经理	——	辞任	
581	曹荣根	大悦城控股董事、总经理	大悦城地产总经理	委任	
582	马德伟	——	大悦城地产非执行董事	获任	
583	徐巍	奥园健康高级副总裁	奥园健康高级副总裁、京汉股份执行总裁	升任	
584	王旭东	弘阳集团助理总裁	正中集团助理总裁	跳槽	
585	雷德超	上置集团董事会主席、执行董事	——	辞任	11月
586	洪志华	——	中民嘉业投资常务副总裁，上置集团执行董事、董事会主席	获任	
587	杨磊	大连顺和集团董事长助理、集团副总裁	上置集团首席财务官	跳槽	
588	郭京生	国锐地产执行董事	——	辞任	
589	雷志鑫	当代置业总裁助理、华东区域董事长、总裁	当代置业副总裁、华东区域董事长、总裁	升任	
590	吴向东	阳光城独立董事	——	辞任	
591	夏大慰	——	阳光城独立董事	获任	
592	李光	正荣营销管理中心负责人	中奥集团副总裁	跳槽	
593	陈凯	——	卓越集团执行董事长	获任	
594	王家羲	中南置地成渝区域总裁	卓越集团副总裁、重庆公司总经理、成都公司董事长	跳槽	
595	王庆	——	卓越集团重庆公司执行董事	获任	
596	刘敬杰	高力地产集团总裁	——	辞任	
597	柳健	高力地产集团设计总监	——	辞任	
598	吴庆	高力地产集团助理总裁	——	辞任	
599	夏阳	高力地产集团助理总裁	——	辞任	
600	李骏	融侨集团品牌营销中心项目管理负责人	——	辞任	
601	麦帆	佳兆业集团执行董事、总裁、CEO	佳兆业集团董事局副主席、执行董事、CEO	升任	
602	李海鸣	佳兆业集团执行董事、COO	佳兆业集团执行董事、联席总裁、COO	升任	
603	郭晓群	佳兆业集团执行董事，上海地区主席、总裁	佳兆业集团执行董事、联席总裁，上海地区主席、总裁	升任	
604	翟贵君	中南环沪区域公司总经理	珠江投资、合生创展上海区域公司联席总裁	跳槽	
605	沈宇嵩	珠江投资、合生创展上海区域公司总经理	珠江投资、合生创展上海区域公司董事长	升任	
606	章帆	金地集团CIO	康桥集团副总裁、数字科技中心负责人	跳槽	

（续）

序号	姓名	原职位	现职位	原因	时间
607	孟宏伟	蓝光发展董事、CAO	——	辞任	
608	吕正韬	——	山东儒辰集团执行总裁	跳槽	
609	王信琦	雪松控股集团副总裁、雪松产业投资集团董事长	雨润地产董事长	跳槽	
610	郭晓亭	佳兆业美好执行董事、佳兆业集团投资银行部副经理	佳兆业美好执行董事、董事会副主席，佳兆业集团投资银行部副经理	升任	
610	张良	弘阳集团执行总裁	弘阳首席顾问、思路迪生物医药公司合伙人	创业	
612	张博	泛海控股副董事长、总裁、董事	——	辞任	
613	吴韵璇	厦门国贸经营财务部总经理、财务副总监	厦门国贸经营财务部总经理、财务总监	升任	
614	张喜芳	泛海集团执行董事、执行副总裁，泛海投资集团董事长，泛海控股董事、副董事长	泛海集团执行董事、执行副总裁，泛海投资集团董事长，泛海控股董事、副董事长、总裁	升任	
615	方舟	泛海控股副总裁	泛海控股董事、副总裁	升任	
616	胡冉	奥园集团副总裁、奥园科技集团总裁	京汉股份总裁	获任	
617	张林	招商蛇口副总经理	招商蛇口高级顾问	退任	11月
618	林冬娜	美的置业控股执行董事、产业发展事业部总经理	美的置业控股产业发展事业部总经理	卸任	
619	徐传甫	美的置业集团高级副总裁	美的置业控股集团执行董事、高级副总裁	升任	
620	行竹梅	正商集团总会计师	正商实业首席财务总监	升任	
621	张峰	新城发展联席公司秘书	——	辞任	
622	张宛玲	新城发展资本市场部总经理	新城发展联席公司秘书	委任	
623	涂晓莉	南国置业副总经理、财务总监	——	辞任	
624	潘春雨	南国置业副总经理	——	辞任	
625	鄢浩文	——	南国置业财务总监	获任	
626	邓圣春	——	南国置业副总经理	获任	
627	席荣贵	合生创展执行董事、执行总裁	——	辞任	
628	张帆	合生创展联席总裁	合生创展执行董事、联席总裁	升任	
629	颜建国	中海发展董事局主席，中建国际董事局主席、非执行董事，中海宏洋非执行董事，中信房地产董事长、总经理	中海发展董事局主席，中建国际董事局主席、非执行董事，中海宏洋非执行董事	卸任	
630	张智超	中海发展执行董事、行政总裁，中海企业发展董事长、总经理	中海发展执行董事、行政总裁，中海企业发展董事长、总经理，中信房地产董事长、总经理	升任	
631	方旭东	——	龙湖集团副总裁	获任	12月
632	崔恒忠	龙湖集团重庆公司总经理	——	退任	
633	高巍	龙湖福州公司总经理	龙湖重庆公司总经理	调任	
634	余驰	蓝光发展董事、常务副总裁兼COO	蓝光发展董事	卸任	
635	杨武正	蓝光发展董事、董事长助理、投资发展中心副总经理、股权投资部总经理	蓝光发展董事、常务副总裁兼COO	升任	

序号	姓名	原职位	现职位	原因	时间
636	张亚东	绿城中国董事会主席、执行董事、行政总裁	绿城中国董事会主席、执行董事	卸任	
637	郭佳峰	——	绿城中国执行董事、行政总裁	获任	
638	张巧龙	彰泰集团董事长、总裁	彰泰事业合伙人、执行董事	调任	
639	韩继涛	新希望副总裁	——	辞任	
640	王维勇	新希望副总裁	——	辞任	
641	杨守海	新希望首席战略投资官	——	辞任	
642	陈伟	远洋集团副总裁	——	辞任	
643	陈芃霏	宝龙地产公司秘书、宝龙商业联席公司秘书	——	辞任	
644	孙佩真	——	宝龙地产联席公司秘书、宝龙商业联席公司秘书	获任	
645	赵立民	中国信达资产管理公司总裁助理	信达地产董事长、董事	升任	
646	丁晓杰	信达地产董事长、董事、总经理	——	辞任	
647	武磊	和昌集团董事长	力高地产控股集团总裁	跳槽	
648	张向辉	中瑞实业基金板块负责人、和昌集团副总裁	和昌集团 CEO	升任	12月
649	杜胜	云南城投董事、总经理	——	辞任	
650	谭正良	云南城投副总经理	——	辞任	
651	吴涛	云南城投副总经理	——	辞任	
652	海蒂	瑞安房地产公司秘书团队经理	宝龙地产联席公司秘书	跳槽	
653	许晓军	领地集团总裁	领地集团外部事业合伙人、领地发展董事长	调任	
654	鄂宇	荣和集团副总裁	——	辞任	
655	沈彤	华润置地执行董事	——	辞任	
656	郭世清	华润置地助理总裁、CFO	华润置地执行董事	委任	
657	王本龙	三巽集团总裁	——	辞任	
658	单伟彪	路劲联席主席	路劲主席、提名委员会主席	调任	
659	单伟豹	路劲联席主席、提名委员会主席、薪酬委员会委员	——	辞任	
660	谢赐安	路劲独立非执行董事	路劲独立非执行董事、提名委员会委员	升任	

说明：信息来自公开资料，最终解释权归属乐居财经。

结语

在 2000 年与房地产高管面对面访谈过程中，乐居财经了解到，房地产行业总体进入下半场。市场总量仍然巨大，但区域分化严重，企业集中度不断提高，转型升级成为房企发展的主旋律。

正如旭辉集团创始人林中所言："今天，如果一家房企不能推动数字化转型，未来一两年没有问题，三五年就有大问题，十年后就会遇到生存问题。"

就整个行业而言，无论当下还是未来 10 年，甚至更长远，房地产依旧是中国的支柱产业。"三道红线"后，行业的整体安全性提升，房企百强榜换座率变低，只有把握企业数字化，做好优化转型，才能成为行业的领军者。毕竟能力制胜的规律不会改变。

免责声明

本报告仅反映作者的观点、见解及分析方法，仅供参考。乐居财经研究院不保证本报告资料和观点的准确性和完整性，拒绝对因使用此报告材料造成的影响负任何责任。

附录
APPENDIX

附录 A

2020 年中国十大物业年度 CEO 榜单

姓名	职位
薛 荣	圆方集团党委书记、总裁
李长江	碧桂园服务执行董事、总裁
叶明杰	世茂服务执行董事、总裁
田 野	亿达服务集团董事长
夏冠明	合生活科技集团总裁、康景物业集团董事长
汪维清	建业新生活副总裁、物业集团总裁
王 萌	时代邻里执行董事、行政总裁
杨 光	弘阳服务集团执行董事、执行总裁
闭 涛	新力集团副总裁，新力物业集团董事长、总裁
陈耀辉	海伦堡物业 CEO

薛荣

2020 年中国十大物业

年度 CEO

薛荣 圆方集团党委书记、总裁

女，1958 年生，2002 年 12 月入党，2016 年 7 月被中组部授予"全国优秀党务工作者"荣誉称号。现任郑州圆方集团党委书记，总裁。

教育经历

毕业于重庆大学。

工作经历

1994 年带领 16 名下岗职工创办圆方公司。

发展理念

在企业发展过程中，薛荣注重发挥党建引领作用，把党支部建在分、子公司，把党小组建在项目部，选派分、子公司总经理的条件首先是党员，做到业务发展到哪里，党组织就建到哪里，党员作用就发挥到哪里。

她积极探索开放式大党建格局，实施党建工作"四个联系、四个延伸"：联系邻近商户，安排优秀党员与往来频繁的商户"一对一"联系，延伸覆盖；联系合作企业，吸纳供应商、业主参加企业党组织活动，拓宽业主入党渠道，延伸链条；联系特殊群体，建立流动党员管理服务中心、圆方残障人发展促进会党支部，延伸服务；联系服务对象，委托服务单位对公司党员和入党积极分子进行监督，延伸培养。

此外，她创办了非公党建"薛书记有约"工作室，开通了"薛书记今日播报"语音公众平台，并在抖音上宣讲党史，深受企业党员和社会公众欢迎。

荣誉成就

先后评为河南省"十大女杰""十大创业之星""劳动模范""三八红旗手""优秀党务工作者""优秀共产党员""全国巾帼建功标兵"省第八次党代会代表，全国优秀党务工作者等。

中国共产党第十九次全国代表大会代表

第五届全国非公有制经济人士优秀中国特色社会主义事业建设者。

改革开放 40 年全国百名杰出民营企业家。

全国非公有制经济人士优秀中国特色社会主义事业建设者（共 100 名）。

2019 年 10 月 1 号，登上"从严治党"彩车。

2020 年 5 月，入选河南省 2020 年"全国劳动模范"推荐人选名单。

人物评价

她，是劳动模范，是全国抗疫先锋，受到总书记的接见和表彰，她还收到了来自总书记的回信；她，是网红书记，是党课宣讲主播，7 年时间笔耕不辍，奔走在党建宣传的第一线；她，是物业英雄，是获总书记回信的抗疫标兵，以 63 岁的高龄带领数万圆方人奋战在抗击新冠肺炎疫情的最前沿。

李长江

2020 年中国十大物业
年度 CEO

李长江　碧桂园服务执行董事、总裁

男，现任碧桂园服务执行董事、总裁，中国物业管理协会名誉副会长、中国房地产与物业管理创新联盟创新导师、中国社区扶贫联盟第一届副主席、广东省物业管理行业协会副会长。

教育经历

毕业于西南农业大学（现西南大学）。

工作经历

1997 年 3 月—1999 年 4 月，于广州市光大花园物业管理有限公司任行政总监。

1999 年 5 月—2002 年 3 月，于深圳市城建物业管理有限公司任物业经理。

2002 年 4 月—2006 年 8 月，于深圳市金地物业管理有限公司任物业经理及总经理助理。

2006 年 9 月—2011 年 11 月，任职于雅居乐雅生活服务股份有限公司集团，主要负责华南地区物业管理的整体运营及管理。

自 2011 年 12 月起，任碧桂园服务总经理。

2018 年 3 月 9 日，任碧桂园服务控股有限公司执行董事、总裁。

发展理念

升级服务体系并严控品质管理，推行 SOP 标准化、服务产品创新，通过精益化的管理模式，为 230 万个家庭提供高标准、有温度的社区服务，坚持把服务做到极致；业内率先布局智能化建设，研发核心技术，组建人才团队，落地社区智能化应用管理，实现管理效能与服务体验的双重提升；创新搭建社区生活服务职能，整合增值业务，放大全链条业务优势，2019 年社区增值服务收入增幅创新高；带领业务团队拓展多元新业态，率先切入城市服务领域，并试水"三供一业"改革，与各方客户共同创造长远价值。

人物评价

他，专注物业管理服务实践 20 余年，立志将碧桂园服务打造成国际领先的新物业服务集团；他，善于打破惯性思维，以前瞻性的目光率先在全国范围内推行"新物业"，通过新科技、新生态、新服务，持续开创新价值，最终实现碧桂园服务"服务成就美好生活"的品牌使命。

叶明杰

2020 年中国十大物业

年度 CEO

叶明杰 世茂服务执行董事、总裁

男，世茂服务控股有限公司执行董事、总裁。

教育经历

毕业于同济大学工程管理专业。

工作经历

2004 年 2 月加盟世茂集团，先后出任集团助理总裁及集团工程管理中心负责人。

2018 年 1 月晋升为集团副总裁，负责监督集团的工程管理及世茂服务的业务营运。

2020 年 4 月及 2020 年 6 月分别获任为世茂服务控股有限公司总裁及执行董事。

发展理念

以"美好生活智造者"为品牌理念，重点布局长三角、环渤海、海峡与中西部四大核心高能级城市群，截至 2020 年 10 月，公司在管面积超 1 亿平方米，在管物业近 400 项，合约面积 1.4 亿平方米，合约物业 610 余项，涵盖住宅、学校、政府及公共设施、康养中心和医院、候机室贵宾厅等业态，为近 240 万个业主和用户提供综合物业管理、社区生活服务及非业主增值服务。

以用户为先，以品质为核，以数智化驱动，打造"OCEAN X 深蓝服务系统"及"OCEAN OS 深蓝管理系统"。围绕"用户"与"资产"缔造增值服务生态系统，以"线上平台＋线下空间"相融合的服务模式，创新构建"0~2km 世茂社区新生态"，致力成为提供高品质服务的城市服务商，推动行业数智化发展与智慧城市服务新未来。

人物评价

他，始终秉持"美好生活智造者"的核心理念，坚持为业主提供更有温度、更有深度的世茂社区生活；他，与时俱进，不断开拓，在他的带领下，世茂服务在企业综合实力各个方面都实现了高增长发展。

田野

2020 年中国十大物业
年度 CEO

田野　亿达服务集团董事长

亿达服务集团有限公司董事长，中国物业管理协会副会长，2019 产业园区物业服务企业联盟轮值主席。

教育经历

毕业于大连海事大学，曾在美国斯坦福大学进修。

发展理念

一直致力做企业变更的引导者，引领公司由以提供基础物业服务为主的传统物业企业向信息化、智能化、传统物业服务与新兴社区经营并举的现代物业企业转变。

人物评价

他，是亿达服务集团最年轻的董事，通过积极整合行业资源，让公司一跃成为东北地区规模最大的物业服务企业之一；他，始终致力成为公司改革的引导者，在他的带领下，亿达服务集团转型成为一家集信息化、智能化、传统物业服务与新兴社区经营并举的现代物业服务企业。

夏冠明

2020 年中国十大物业

年度 CEO

夏冠明 合生活科技集团总裁、康景物业集团董事长

合生活科技集团总裁、康景物业集团董事长，中国物业管理协会常务理事、广东省物业管理行业协会副会长、广东省电商协会副会长、广东省互联网协会副会长。

发展理念

带领合生活快速精准地找到了制胜的赛道，开拓了合生活生态体系联盟，形成以科技赋能为核，社区运营为驱动力，物业服务管理为基底的三位一体发展策略，并提出例如蚂蚁雄兵、社区合作人、前置仓等创新发展理念，为合生活加速发展不断注入新的思路与动力。

同时，以稳固的发展方针以及创新的理念带领合生活飞速发展，合生活 2020 年各项指标数据均处于行业领先地位，得到行业内机构和媒体的高度认可，2019 年至今，共斩获了 25 项大奖，一跃成为物业服务百强企业 TOP14，成为行业内一匹黑马。

荣誉成就

曾获《中国物业管理》15 周年（2001—2016）杰出人物、广东省物业管理行业 2014—2016 年领军人物、乐居财经 2018—2019 年中国十大物业年度 CEO 等多项国内外荣誉。

人物评价

他，是合生活快速发展背后的掌舵人，凭借自身丰富的行业经验和敏锐嗅觉，为合生活规划出一条独特的发展道路；他，是智慧物业转型及社区新经济市场中新一代领军人物，以前瞻的战略视野及新锐的发展思维，在坚守品质服务的同时，致力推进物业科技化进程，推动合生活科技创新与服务的深度融合。

汪维清
2020 年中国十大物业
年度 CEO

汪维清 建业新生活副总裁、物业集团总裁

1987 年出生，男，建业新生活副总裁、物业集团总裁，国家一级人力资源管理师，国家一级企业培训师，兼任中国物业管理协会名誉副会长、中国物业管理协会产业发展研究委员会副主任。

教育经历

毕业于广西大学，拥有博士学位。

工作经历

2018 年加入建业新生活任集团副总裁，兼任物业集团总裁，主要负责集团物业管理业务及创新物业管理服务体系的开发与执行。

在加入建业新生活前，先后在恒大、碧桂园、龙湖等多家行业标杆企业任职，在物业管理行业拥有逾 10 年经验。

发展理念

带领物业团队紧紧围绕人民的消费升级和多元需求，从组织变革到科技赋能，高标准，强运营，致力打造有建业特色的创新型物业服务体系，实现管理规模和经营效益的跨越式发展，推动社会全面进步和人民美好生活的实现。

荣誉成就

2008 年，获共青团中央、全国学联"中国大学生自强之星"称号。

2015 年，获"2014—2015 年度肇庆市十大优秀企业家"称号。

2017 年，获"2017 年度湖南省物业管理先进个人"称号。

2019 年，获"2019 中国十大物业年度 CEO"称号。

2020 年，获全国智标委"标准贡献奖"。

人物评价

他，是 85 后物业人，从业多年，凭借自身丰富的理论知识和实践经验，始终致力打造有建业特色的创新型物业服务体系，助力建业集团向新型生活方式服务商转型；他，高度重视理论和实践相结合，拥有博士学位的他，聚焦物业管理行业，深耕智慧物业领域，积极探索新技术在智慧物业中的应用，先后发表学术论文 20 余篇，获得国家专利 10 余项，为提升全行业理论水平做出了不可磨灭的贡献。

王萌

2020 年中国十大物业
年度 CEO

王萌 时代邻里执行董事、行政总裁

时代邻里控股有限公司执行董事、行政总裁，负责执行董事会决策，统筹管控集团整体运营及管理。

教育经历

2006 年 6 月获得广州大学文学学士学位，并于 2014 年 12 月获得暨南大学公共管理硕士学位。

工作经历

2006 年 7 月—2016 年 8 月，于广州市重点公共建设项目管理办公室（一个政府部门）任职，最后职位为综合管理部部长，主要负责人力资源、行政后勤及物业管理。

2016 年 9 月—2018 年 3 月，任广州市廉政教育管理中心（一个政府部门）副主任，主要负责人力资源、行政后勤及物业管理。

2018 年 4 月—2018 年 9 月，任职于广州航天海特系统工程有限公司（一家主要从事信息技术的公司），主要负责探索市场机会。

2018 年 10 月—2019 年 1 月，任广州市耀杰房地产开发有限公司（时代中国的附属公司）副总经理及公共关系总经理，负责公共事务和广州南部房地产项目的物业管理。

2019 年 2 月—2019 年 6 月，任时代邻里副总经理，主要负责业务及技术开发、市场扩展、中长期项目开发及若干附属公司的管理。

2019 年 7 月，任时代邻里执行董事、行政总裁，负责其整体运营及管理。

人物评价

她，锐意进取，变革创新，在保证服务品质的基础上，引领时代邻里不断进行专业化、标准化、精细化的服务创新，首创行业"美学 + 服务"的理念，以美学加持社区服务品质；她，积极响应党和国家"加快新基建"的号召，立足科技创新融合物业管理发展，以智慧社区建设加持社会治理责任落实，让时代邻里成功跻身行业创新发展前沿。

杨光

2020 年中国十大物业
年度 CEO

杨光 弘阳服务集团执行董事、执行总裁

弘阳服务集团有限公司执行董事、执行总裁，拥有逾 21 年物业管理服务经验，全面负责弘阳服务集团的管理。

教育经历

毕业于南京师范大学旅游管理专业。

工作经历

1999 年 7 月—2005 年 5 月，任南京招商局物业管理有限公司经理。

2007 年 9 月，任南京红星国际家具装饰城有限公司物业管理部门主管。

2013 年 6 月—2014 年 6 月，任泰州万达广场商业管理有限公司副总经理。

2014 年 7 月—2015 年 4 月，任西藏新城悦物业服务股份有限公司（前江苏新城物业服务有限公司）副总经理。

2015 年 5 月—2016 年 1 月，任西藏新城悦物业服务股份有限公司副总经理兼常州分公司总经理。

2016 年 2 月—2016 年 8 月，任西藏新城悦物业服务股份有限公司副总经理兼南京分公司总经理。

2016 年 9 月—2017 年 1 月，任龙湖物业服务集团有限公司北京分公司总经理。

2017 年 2 月—2017 年 7 月，任龙湖物业服务集团有限公司苏南分公司副总经理。

2017 年 8 月—2019 年 1 月，任龙湖物业服务集团有限公司南京分公司、合肥分公司及徐州分公司总经理。

2019 年 12 月，任弘阳服务集团有限公司执行总裁。

2020 年 3 月 16 日，获任弘阳服务集团有限公司执行董事。

发展理念

作为弘阳服务集团的领头人，杨光极富创新精神与开拓精神，积极推动组织变革、运营提效及服务体系和经营体系升级，带领企业走向更美好的未来。

作为南京江北新区的服务者，杨光带领团队，聚焦新区城市化运转，积极推进街镇治理和美好生活落地，参与老旧小区的治理与服务，先后对铁桥小区、毛纺厂小区、金城丽景等多个老小区进行了文明城市服务建设工作，全力打造南京江北服务新名片。

作为行业发展的参与者，杨光积极为物业管理行业的创新发展奉献智慧与经验，在他的带领下，弘阳服务集团近年来荣获多项荣誉，成为业内新秀。

人物评价

他，深耕行业 21 年，致力将弘阳服务打造成"受人尊敬的美好生活运营服务商"，在他的带领下，弘阳服务集团实现跨越式发展；他，聚焦新区城市化运转，积极推进街镇治理和美好生活落地，参与老旧小区的治理与服务，把弘阳服务集团打造成南京江北服务新名片。

闭涛
2020 年中国十大物业
年度 CEO

闭涛 新力集团副总裁，新力物业集团董事长、总裁

新力集团副总裁，新力物业集团董事长、总裁，兼任江西省物业管理协会副会长、江西省物业管理专家库成员等职。

教育经历

1990 年毕业于华中师范大学中文系，2019 年毕业于上海交通大学房地产总裁班，易居沃顿商学院第 8 期 PMBA 学员。

工作经历

曾先后任职于华侨城、泰禾、融创、花样年、恒大等多家上市房企旗下的物业公司。

人物评价

他，深耕高端物业服务领域 24 年，致力将新力物业集团打造成国内新锐高端精细化物业管理服务提供商; 他，始终秉持"永远比对手多走一步"的服务原则，在服务上注重细节，竭尽全力为每一个业主提供最好的服务。

陈耀辉

2020 年中国十大物业
年度 CEO

陈耀辉　海伦堡物业 CEO

广州海伦堡物业管理有限公司 CEO。

工作经历

履职全国性标杆企业、大型国有企业、港资企业集团物业管理 CEO12 年。

发展理念

从公司治理、管理体系建设、企业文化建设等多个方面提高企业治理水平、强化服务能力，完成集团化服务企业及团队的建立并持续改进，形成优秀的服务品牌与服务能力，不断推动企业从传统物业向智慧物业转型升级。

人物评价

他，从业 20 载，拥有 12 年大型物管企业 CEO 履职经历，积累了深厚的企业治理经验，具有较强的业务操控能力；他，务实创新，以国际化视野和战略思维，带领海伦堡物业从传统物业向智慧物业转型升级，实现规模盈利双增长的同时，推动企业实现价值蜕变。

2020 年中国物业经理人 100 强

姓名	职位
白 胜	重庆新隆信物业管理有限公司区域总经理
曹立新	鸿坤物业助理总经理
曹士扬	世茂服务执行董事、副总裁、长三角区域总经理
陈成玉	奥园集团健康生活集团物业公司数信中心副总经理
陈 翀	上海复医天健医疗服务产业有限公司董事、总经理
陈春明	广州海伦堡物业管理有限公司副总经理、广佛区域总经理
陈景超	成都嘉诚新悦物业管理集团有限公司执行副总裁
陈俊如	珠海华发物业保十琴区域总经理
陈留杭	永旺永乐（江苏）物业服务有限公司副董事长、总经理
陈明艳	华润置地（成都）物业服务有限公司党总支书记、总经理
陈 楠	中天城投集团物业管理有限公司董事长、总经理
陈日群	合生活副总裁、华北区域总经理
陈晓丽	天鸿宝地副总经理、第一、第七分公司总经理
成 健	弘阳服务集团有限公司副总裁
成学荣	湖北中楚物业股份有限公司总经理
储 立	雅生活智慧城市服务股份有限公司华东区域总裁
崔 洋	昆明鸿基恒泰物业服务有限公司董事长
戴帮勇	祥源物业服务有限公司总经理
邓永红	蓝泰物业集团有限公司董事长、总经理
董海亮	天津天孚物业管理有限公司总经理
董汉军	海尔地产集团副总裁、海尚海服务董事长
杜 慧	武汉市万吉物业管理有限公司总经理
房 凯	郑州浩创房地产集团副总裁、物业负责人
干锦明	绿城服务集团海南、广东公司总经理
高冬星	江西嘉福物业集团有限公司董事长
高建菊	上海上坤物业管理有限公司商业及案场管理部总监
高 敏	南昌红谷物业管理有限公司总经理

姓名	职位
高 燕	安徽省鹏徽市场管理服务集团有限公司总经理
古 鑫	北京中铁第一太平物业服务有限公司总经理
郭秀芳	河南六合物业管理服务有限公司总经理
郭艳斌	金世纪物业发展有限公司总经理
韩秉江	招商局物业管理有限公司昆明分公司总经理
洪燕波	绿城服务集团福建公司总经理
胡中华	成都金房物业集团有限责任公司德阳分公司总经理
黄国辉	长沙城市物业发展有限公司总经理
黄 琳	湖南中建物业公司总经理
贾 玫	西安高科物业管理有限责任公司董事长
姜英宝	和生活智慧物业集团有限公司董事长
金纯刚	第一服务控股有限公司副总经理、西北地区总经理
金志强	无锡明泰物业管理有限公司总经理
康卫国	康桥悦生活服务集团有限公司常务副总经理
柯亚辉	江西保利物业管理有限公司总经理
李 斌	北京晟邦物业副总经理
李家特	保利物业北京公司总经理
李建强	河南正美物业服务有限公司总裁
李孔会	卓达物业服务副总经理
李林子	亿达物业服务集团长沙城市公司总经理
李留根	河南庭瑞物业管理有限公司总经理
李 庆	保利物业东北片区董事长
李 婷	重庆市铱佳物业管理有限公司总经理
李兴成	新城悦服务集团有限公司副总经理
李亚丽	河南楷林物业管理有限公司董事总经理
李亚萍	武汉同济物业管理有限公司董事长、总经理
梁红刚	云南澜沧江物业服务有限公司丽江分公司总经理

（续）

姓名	职位
梁伟泉	珠海华发物业总经理助理、沈阳分公司总经理
林于忠	联发物业总经理助理、福建区域总经理
刘宏才	彩生活副总裁、西部区域总裁
刘 萍	安徽乐富强物业管理有限公司总经理
刘 颖	彰泰实业集团高级副总裁、彰泰物业服务集团董事长
刘志国	三亚金的物业服务集团有限公司董事长
陆建军	上实服务集团事业一部总经理
罗明昊	大悦城控股物业事业部华南区域公司副总经理
罗庆秋	合肥市新华物业管理有限公司总经理
骆信国	旭辉永升服务副总裁、江苏区域事业部总经理
马 薇	新力物业集团副总裁、综合管理事业部总经理
梅志汉	珠海恒隆物业总经理
孟 君	河南正弘物业管理有限公司董事长
倪凯峰	浙江祥生物业服务有限公司总经理
庞亚平	银丰物业集团总裁
钱登丰	合生活科技集团副总裁
钱思敏	江苏中南服务苏中商业区域总经理
邱访骄	鸿运物业湖南片区总经理
沈焕明	合肥湖滨物业管理有限公司总经理
任喜杰	长春房地集团副总经理兼长春房地物业总经理、党委书记
史建龙	华侨城物业副总经理、华南分公司总经理
司 荣	辽宁泓达物业服务有限公司总经理
孙东磊	南京朗诗物业管理有限公司杭州城市公司总经理
孙欣敏	安徽新亚物业管理发展有限公司副总经理
谭 芳	山东诚信行物业有限公司山东事业群总经理
唐俊杰	德信盛全物业服务有限公司董事长、总经理
唐盛勇	浙江浙大求是物业运营中心总经理
唐卫民	浙江大家物业服务集团有限公司常务副总经理
滕永刚	浙江颐景园物业有限公司沈阳分公司总经理

姓名	职位
田家勋	合肥阡陌物业服务有限公司总经理
田维正	重庆新大正物业集团助理总裁兼市场营销中心总经理
田小德	长沙市万厦园丁物业管理有限公司董事长
万 红	武汉新城物业管理有限公司董事长
万 坤	远洋亿家中山公司总经理
汪长明	禹洲物业合肥城市公司总经理
王 成	四川悦华置地物业管理有限公司副总裁、分公司总经理
王飞宇	天津国商人集团西青区域总经理
王 卉	郑州市永威物业服务有限公司总经理
王利军	沈阳安腾物业服务有限公司董事长
王清梅	四川蓝光嘉宝服务集团股份有限公司贵州分公司总经理
王双亮	山西田森物业管理股份有限公司总经理
王素平	恒辉物业服务集团品质运营部总经理
王 伟	西安沣东物业管理有限公司董事长
王晓梁	家趣集团副总裁、福建区域总经理
王学习	安徽省高速地产物业管理服务有限公司党支部书记、总经理
王友香	山西晋通物业服务有限公司总经理
王玉志	合肥美而特物业服务有限公司总经理
王云峰	无锡永基物业股份有限公司董事长
王泽峰	长城物业华北大区首席市场官
吴 刚	华润物业科技重庆公司总经理
吴 鹏	天津华厦物业管理发展有限公司董事长
吴上鲍	浙江亚太酒店物业十二公司副总经理、台州温州区域总经理
吴锁正	西安经发物业管理有限责任公司董事长
吴长霞	彩生活副总裁兼南部区域总裁
吴周武	福建永安物业管理有限公司福清分公司总经理
席得帅	正荣服务福建区域总经理
肖金华	之平管理副总裁
肖 昕	弘阳服务集团有限公司运营管理部总经理

姓名	职位
谢东辉	辽宁中城物业管理有限公司总经理
谢娆	时代邻里控股有限公司执行董事、副总裁
辛长德	哈尔滨中润房产经营物业管理有限公司党委书记、董事长
邢龙	万联城市服务科技集团副总经理、辽宁区域总经理
熊潮军	上海景瑞物业管理有限公司杭州公司总经理
徐彬淮	碧桂园服务副总裁、首席战略官、社区生活服务事业群总经理
徐继祥	滕州市翔宇物业管理有限公司董事长
徐静	南都物业服务集团股份有限公司副总裁
徐淑荣	鑫苑科技服务集团有限公司川陕区域总经理
徐正海	海伦堡物业珠江肇区域总经理
闫佩伦	世茂服务董事、海峡区域总经理
杨帅	中南服务苏北区域公司总经理
姚旭升	时代邻里控股有限公司执行董事、副总裁
于虹	兰州国资利民物业管理有限公司总经理
于洋	阳光城物业江西区域总经理
袁超	中铁建物业华南区域党支部书记、南宁分公司副总经理
曾恒利	深圳市金地物业管理有限公司东莞物业公司总经理
曾英	重庆宏声物业管理有限责任公司执行董事
曾涌波	湖南逸欣物业管理有限公司董事长
张国栋	正荣服务南京区域总经理

姓名	职位
张慧	远洋亿家物业服务股份有限公司大连分公司总经理
张继	金科智慧服务集团股份有限公司重庆分公司董事长
张健	荣万家生活服务沧州分公司总经理
张金文	云南华夏物业服务有限公司总经理
张柯	重庆天骄爱生活服务股份有限公司片区负责人
张莉	重庆新东原物业管理服务有限公司集团运营品质总监
张梁勇	乐奥生活服务集团有限公司总经理
张润生	凯德世家股份有限公司副总裁
张琰	重庆融创物业管理有限公司集团总经理助理、西南区域总经理
张永磊	青岛新时代物业服务有限公司总经理
张远超	大连万景物业服务有限公司总经理
赵明曦	均豪不动产商用有限公司北区总经理
赵仕军	润江物业公司总经理
赵玉	江苏中南服务山东区域公司总经理
郑涛	彩生活副总裁兼东部区域总裁
钟建成	合肥顺昌物业管理有限公司总经理
周平珍	安徽创源物业管理有限公司董事长、总经理
周鑫	荣万家生活服务廊坊分公司总经理
邹福顺	保利物业服务股份有限公司副总经理、保利商业物业董事长
邹志强	河南建业新生活服务有限公司商业物业总经理

附录 B

2020 年中国十大家居年度 CEO 榜单

姓名	职位
佘嘉浚	大自然家居地板集团总裁
周建平	CBD 家居集团董事、执行总裁
殷慷	惠达卫浴执行总裁
林良琦	雷士照明董事、CEO
陈航	群核科技（酷家乐）联合创始人、CEO
姚红鹏	德尔地面材料产业总裁
杨刚	喜临门总裁
朱家桂	红星美凯龙家居集团执行总裁
龚志云	东鹏控股总裁
卢宇聪	万和新电气总裁

佘嘉浚
2020 年中国十大家居
年度 CEO

佘嘉浚 　大自然家居地板集团总裁

男，1990 年 9 月生，大自然家居地板集团总裁。

教育经历

以一级荣誉资格生毕业于伦敦大学，获数学系学士学位。

工作经历

曾在摩根士丹利、汇丰环球银行、东亚银行等知名金融机构工作。具有丰富的品牌营销、企业战略制定、商业模式革新的实施经验。现任地板集团总裁，负责集团地板业务的日常运营管理。

社会职务

顺德区政协委员

广东省地产商会（青委会）副会长

顺德区青年企业家（青商）协会执行会长

顺德青企协青骏会创会主席

香港顺德联谊总会（青年部）部长

澳门大良同乡联谊会副会长

澳门室内设计商会副会长

澳门顺德留学生协会执行会长

荣誉成就

2020 年泛家居私域流量营销领军人物

2020 年中国家居品牌力量榜——追光领袖

人物评价

他，年轻果敢，勇于创新，在他的世界里，敬畏自然是万物生存的不变法则；果敢创变是让自我、让企业时刻保持年轻有力的唯一途径！纵然 2020 年局势多变，挑战重重，但他以"创变"思维，带领大自然地板团队勇往直前，对内深耕产品技术、对外积极拥抱时代趋势，在机遇与挑战中碰撞出 2020 年精彩的火花！

周建平

2020 年中国十大家居
年度 CEO

周建平　CBD 家居集团董事、执行总裁

男，1979 年 2 月生，现居深圳，CBD 家居（深圳远超智慧生活股份有限公司）集团董事、执行总裁。

教育经历

1999 年毕业于江西师范大学，获工业与民用建筑专业学士学位。

工作经历

2000 年加入香港兴利集团，历任仓储管理、生产管理、采购管理、计划管理、业务管理、市场管理、营销管理等多个管理职务。

2006 年加入深圳 CBD 集团，历任市场总监、业务总监、营销总监、营销总经理、董事、执行总裁。

社会职务

中国家居品牌联盟执行主席

深圳家具行业协会副会长

TOP 家居联盟副会长

荣誉成就

2016 年红星美凯龙十大创业精英

2017 年居然之家中国家居产业杰出 CEO

2018 年中国特色社会主义事业家居行业优秀建设者

2019 年央视"相信品牌的力量"新闻人物

人物评价

他，以诚信为本、仁义为根，专注家具行业 20 年，践行 CBD 人之精神，即迅猛、果敢、神秘、自信，坚持"只许成功，不许失败"的经营理念，带领营销团队，从当年的几十人发展到如今近千人，拥有国内外经销门店几千家。

殷慷
2020 年中国十大家居
年度 CEO

殷慷 惠达卫浴执行总裁

男，1968 年 8 月生，惠达卫浴执行总裁。

教育经历

毕业于复旦大学，获理科学士、硕士及"复旦大学－美国麻省理工学院"工商管理硕士。

工作经历

1992 年 7 月—1995 年 2 月任复旦大学教师。

1995 年 3 月—2007 年 2 月任飞利浦（中国）投资有限公司销售总监。

2007 年 3 月—2012 年 5 月任惠州雷士光电科技有限公司常务副总裁。

2012 年 8 月—2016 年 6 月任特优仕光电科技（上海）有限公司总经理。

2016 年 7 月—2017 年 4 月任惠达卫浴股份有限公司高级顾问。

2017 年 5 月，任惠达卫浴股份有限公司执行总裁。

荣誉成就

由大学教师转为职业经理人，从事营销工作 25 年，从外企到头部民营企业，均带领所属企业成为行业领导品牌，倍受行业肯定与关注，多次荣获行业殊荣，在企业管理、经营战略、品牌营销等方面拥有非常丰富且独到的实战经验。

人物评价

他，突破创新，不断推动整体浴室技术革新；他，开拓进取，重新定义整体卫浴；他，带着"女排精神"，不忘初心，推动整体卫浴行业朝着规范化、标准化、规模化发展，为实现百亿惠达砥砺前行。

林良琦
2020 年中国十大家居
年度 CEO

林良琦 　雷士照明董事、CEO

男，1962 年 1 月生，雷士照明董事、CEO。

教育经历

本科毕业于厦门大学，获经济学学士学位，拥有比利时天主教鲁汶大学应用经济学博士学位和工商管理学硕士学位。

工作经历

1994 年加入飞利浦公司，并于 2009 年 1 月被任命为荷兰皇家飞利浦电子公司高级副总裁、照明事业部大中华区首席执行官。现任雷士照明董事、CEO，中国照明电器协会副理事长，中国照明学会理事，拥有 30 多年的商业经营和公司管理的经验。

荣誉成就

2020 年 8 月 18 日受邀出席 "2020 全球灯饰照明产业高峰论坛"，首次向外界披露其带领雷士照明的十六字经营方针：品质至上、顺"势"而为、"上下"融合、内外同"心"。在 2020 年 8 月 31 日的员工大会上，林良琦宣布全新的十六字企业文化价值观：客户至上、结果导向、团队协作、正直诚信。

林良琦的加入，使雷士照明管理团队基本实现了全职业经理人化。雷士照明进行了大中台战略的组织结构调整，其经营管理第一次完全由职业经理人团队负责，更强调市场导向的经营方针，更关注持续、良性的企业发展。

入职雷士照明以来，林良琦在各大媒体的报道超 500 篇次，曝光量超 200 万人次。

人物评价

他，肩负雷士照明涅槃重生重任；他，破局创新，开启雷士照明全职业经理人化的新时代，重整组织架构，狠抓产品设计研发，以全新的十六字经营方针，奋力推动雷士照明角逐中国照明领域第一民族品牌。

陈航
2020 年中国十大家居
年度 CEO

陈航 群核科技（酷家乐）联合创始人、CEO

男，1986 年 8 月生，群核科技（酷家乐）联合创始人、CEO。

教育经历

2007 年毕业于浙江大学竺可桢学院混合班 / 计算机学院。

2010 年毕业于美国伊利诺伊大学香槟分校（UIUC），获计算机硕士学位。

荣誉成就

2019 年，荣获"创业领军人物 TOP10"。

2018 年，荣获"大雁奖"家居产业青年领军企业家。

人物评价

他，不忘初心、毕力躬行，通过众核计算的科技力量，赋能全空间企业客户实现"所见即所得"数字化升级；他，开放合作、博采众长，以设计为入口，构建了家居行业全链路繁茂的生态体系；他，顺势而为、驾"云"而上，成立群核科技（酷家乐）9 年，打造全球领先的云设计软件平台和 SaaS 服务提供商，助力企业、商家取得成功。

姚红鹏

2020 年中国十大家居
年度 CEO

姚红鹏 德尔地面材料产业总裁

男，1978 年 11 月生，德尔地面材料产业总裁。

教育经历

大学本科学历，获工学学士学位。

工作经历

2001—2005 年任海尔集团厨电市场部片长、北京公司产品经理、天津公司产品经理。

2005 年加入德尔集团，先后任德尔大区经理、工程部总监、营运中心副总经理、董事会秘书兼副总经理、董事长特别助理等职务。

社会职务

中国林产工业协会地板委员会副理事长。

中国建筑装饰协会住宅装饰装修和部品产业分会副会长。

中国木材与木制品流通协会副会长。

《中国人造板》编委。

苏州市商标协会副会长。

苏州市吴江区智能制造协会副会长。

荣誉成就

2015 年荣获"中国木业 30 年功勋人物"。

2016 年荣获"中国地板行业功勋奖"。

2017 年荣获"腾讯家居年度人物奖影响力人物"。

2018 年荣获"居然之家杯"中国家居产业杰出 CEO。

2019 年荣获"新时代中国特色社会主义地板行业楷模"。

2020 年荣获"世界木地板工商峰会－绿色领袖企业家"、苏州市吴江区"太湖新城创新先锋优秀党员"。

人物评价

他，坚守匠心，精益求精，视品质如生命，十六年见证德尔国际化的华丽蜕变；他，笃行实干，凝智聚势，变革飞跃，坚决打响德尔转型升级之战；他，正本清源，从容应对，谋远拓新程，誓把德尔发展推向更高峰。

杨刚

2020 年中国十大家居

年度 CEO

杨刚 喜临门总裁

男，1978 年 5 月生，喜临门总裁。

教育经历

研究生学历，中欧国际工商学院 EMBA。

工作经历

历任喜临门北方销售总监、董事会秘书、常务副总裁等职务。曾从事民营企业集团战略管理以及企业管理咨询等工作。

荣誉成就

推进企业"从品质领先向品牌领先"的战略全面落地，并通过品牌新定位、体育营销、跨行业合作等持续增加品牌曝光量、推动品牌年轻化建设；通过薪资体系改革推动事业部改革落地和解放激励约束，并配套打造矩阵化管理体系，从内部管理维度打开增长空间；主导实施多项重要资产并购和再融资项目；在家具行业内率先引入智能化产品创新，建设跨行业的软硬件团队，在研发和品牌领域积极推进床垫行业向大健康领域转变；通过内部各管理领域的信息化推动公司数字化建设，保持持续的降本增效。

人物评价

他，不断突破，埋头钻研，引领喜临门从品质领先向品牌领先转变；他，开拓创新，慎思勤勉，带动床垫行业向大健康领域转变；他，勇挑重担，追求卓越，打造护脊床垫，重新定义健康睡眠。作为新一代领军人物，他正引领行业不断向未来挺进！

朱家桂
2020 年中国十大家居
年度 CEO

朱家桂　红星美凯龙家居集团执行总裁

男，1978 年 9 月生，红星美凯龙家居集团股份有限公司执行总裁。

教育经历

2001 年毕业于苏州大学传媒学院，获文学学士学位。

工作经历

2001 年加入苏宁电器集团有限公司，历任上海地区管理中心副总经理、苏宁电器集团市场中心总经理等职务。

2013 年加入红星美凯龙，先后主持红星美凯龙商务咨询有限公司、红星美凯龙国际贸易有限公司、上海红星美凯龙展览服务有限公司等经营管理工作。

2018 年起，历任红星美凯龙家居集团联席董事长助理、招商管理中心总经理、助理总裁、执行总裁兼大营运中心总经理。

人物评价

他，无惧挑战、首创"展店联盟"新模式，全链协同，助推家居产业提质升级；他，危中寻机、创新联合营销，赋能品类品牌升级，协同增效，共赢未来；他，逆势突围，加速集团线上线下一体化、家装家居一体化，推动家居行业"全域流量运营"时代的到来。

龚志云 2020 年中国十大家居 年度 CEO

龚志云　东鹏控股总裁

男，1969 年 6 月生，广东东鹏控股股份有限公司总裁。

教育经历

2016 年毕业于北京大学光华管理学院，获高级工商管理硕士学位。

工作经历

1996 年加入马可波罗陶瓷，曾先后担任市场总监、马可波罗总经理、唯美集团总裁助理等多个高级管理职务。

2016 年 7 月加入广东东鹏控股股份有限公司，担任东鹏瓷砖常务副总裁。

2017 年 3 月起担任东鹏控股总裁。

荣誉成就

2016 年荣获"腾讯家居年度人物大奖—创新人物"称号。

人物评价

他说，"以此为生 精于此道"。他躬身入局，深耕行业 28 年，筑建陶行业铁军，立企业理念标杆。2020 年，他领导东鹏率先推出"健康系统解决方案"，掀起建陶行业"健康保卫"热潮。他坚信以"用户为中心"的"变革创新"才能实现企业价值。

卢宇聪

2020 年中国十大家居
年度 CEO

卢宇聪 万和新电气总裁

男，1979 年 12 月生，广东万和新电气股份有限公司总裁。

教育经历

2003 年毕业于加拿大维多利亚大学。

工作经历

2007 年至 2010 年从事家电进出口贸易的相关工作；2010 年至今在万和历任市场部长、小家电事业部总经理、品牌部部长、国内营销中心副总经理、总裁助理等职务。此外，他还担任过万和集团监事、鸿特精密董事、中宝电缆董事、万和热能科技执行董事等职务，2015 年底任万和新电气总裁。

社会职务

广东省家电商会水家电分会会长。

荣誉成就

广东省台山市"荣誉市民"。

2016 年被评为领袖中国商业盛典"十大影响力人物"。

2018 年被评为"广东家电行业改革开放 40 周年杰出企业家"。

2019 年 2 月被评为顺德区"新时代创业先进人物"。

2019 年 11 月入选中国燃气具行业"行业新锐人物"榜单。

2019 年 12 月被评为"新时代中国经济优秀人物"。

人物评价

他，积极创新，兼具国际化的学识和全球视野；他，注重企业的变革与创新，更不忘传承父辈精神；他，大力推动智能产品、系统和生态链的建设，推进生产自动化、智能化，拓展新时代大健康产业。

2020 年中国家居经理人 100 强

姓名	职位
陈道品	欧铂尼门窗营销总经理
陈 刚	飞宇门窗品牌创始人、总经理
陈汉衡	森美定制事业部总监
陈乐新	大卫木业品牌总监
陈小庭	圣堡罗整体门窗营销培训总监
陈 卓	群核科技（酷家乐）资深副总裁
程 蔚	锦华建筑装饰外拓管理中心总经理
戴宣贵	东鹏 art+ 瓷砖总经理
邓 辰	森德（中国）市场部总监
范泽金	金致尚品门窗董事长
冯 博	三禾门窗常务副总
傅立军	方太家装事业部经理
高银楠	亚振家居上海公司总经理
高远胜	欧路莎卫浴品牌总监
葛烨明	靓家居营销总经理
顾 环	书香门地集团副总裁
郭怀明	百安居副总裁
郭云义	轩尼斯门窗营销总监
和子桢	恒洁卫浴品牌总监
胡 超	亿合门窗总经理
胡人尹	亚细亚集团副总裁、市场总经理
黄东华	华帝股份品牌总监
黄根茂	航标卫浴品牌总监
黄世学	七彩人生运营总监
黄艳芳	尚品宅配全屋定制品牌总监
贾唯甄	3D 家居品牌总监
金日昂	大王椰集团产品中心副总经理

姓名	职位
孔 鹏	尚品本色木门营销副总经理
库 腾	好莱客营销中心总经理
雷少军	德技优品总经理
李攀登	生活家地板营销总经理
李彭涛	久盛地板营销副总经理
李庆贺	童话森林品牌总监
李天涯	名雕装饰股份营销中心总经理
李志华	欧神诺瓷砖销售经营管理中心总经理
林丽妮	好莱客营销中心副总经理
林学舟	浪鲸卫浴品牌管理中心总监
刘开明	益圆木门营销总监
刘克锋	北京生态家园集团副总经理
刘兴奋	金牌厨柜品牌中心总监
龙治宇	鹰卫浴市场总监
楼俊鹏	皮阿诺家居新零售总监
卢斌峰	品格高端顶墙副总经理
卢奕开	安信地板副总裁
骆柏韬	千川木门总经理
吕 斌	今朝装饰副总经理
马文博	荣麟家居营销副总经理
牟春梅	城外诚家居家具市场总经理
牟 杰	爱康企业集团品牌公关总监
潘树彬	凤铝高端系统门窗总经理助理
庞亮涛	土猫网营销总监
邱文胜	皇派门窗营销总经理
瞿 亮	美亚 MPE 副总经理
全伟杰	精卫厨余净化总经理

姓名	职位
邵 钢	红星美凯龙家居集团公关总监
邵堰南	泰普尔（中国）副总裁
沈铮雯	法迪奥营销总经理
粟 凡	曲美家居品牌公关部总经理
唐艳荣	梦天木门营销总裁助理、精装事业部总监
田力丹	IMOLA 营销中心总经理
王 东	维意定制市场部经理
王华利	皮阿诺家居总经理
王楠楠	TATA 木门品牌中心总经理
王晓宇	圣象地板市场部总经理
文 军	华耐家居首席战略官
吴建麟	博美商业连锁总经理
吴远炽	蒙娜丽莎瓷砖市场总监
冼炳淳	联塑集团市场与品牌管理中心总监
肖 菁	第六空间国际事业部总裁

姓名	职位
徐琦凤	三棵树品牌总监
徐 勇	星月门业市场总监
严 桢	九牧厨卫副总裁
严子东	掌上明珠家居品牌总监
杨红平	惠达卫浴品牌总监
袁 涛	泰普尔（中国）董事总经理
张 晨	老板电器市场总监
张春畅	蓝景丽家企划经理、策划总监
张彧豪	柯尚木门武汉市场总经理
张志会	KD 定制家居大区经理
郑 伟	雅之轩门窗董事长
周 超	东易日盛集团品牌中心总经理
朱 斌	德尔地板品牌总监
朱振超	飞雕电器品牌总监

附录 C

2019 年中国地产人物评选榜单

· 2019 年中国十大地产年度 CEO

姓名	职位
张玉良	绿地控股集团股份有限公司董事长、总裁
李从瑞	中国金茂控股集团有限公司执行董事、首席执行官
许世坛	世茂集团董事局副主席、总裁
张亚东	绿城中国董事会主席、行政总裁
蒋思海	金科股份董事长
朱荣斌	阳光城执行董事长、总裁
王海洋	雅居乐地产集团总裁
甄立涛	恒大地产集团总裁
何金钢	中国葛洲坝地产党委书记、董事长
袁旭俊	建业地产首席执行官

· 2019 年中国地产经理人 100 强

姓名	职位	姓名	职位
薄禄伟	中骏集团重庆公司总经理	况进林	金科地产集团股份有限公司湖南区域公司董事长
毕兴矿	中南置地苏北区域公司总裁	李 斌	银丰地产集团董事长
蔡亦忠	中骏集团福建公司总经理	李 存	三盛集团福建区域总裁
曾标志	雅居乐地产集团海南区域总裁	李 非	四川蓝光发展股份有限公司重庆区域总裁
陈德龙	北京嘉德集团董事、嘉都项目总经理	李建军	碧桂园集团鲁东区域执行总裁
陈洁生	华侨城西部投资有限公司党委委员、副总经理	李 江	海伦堡中国控股有限公司华东区域总裁
陈晓东	富力集团副总经理、东北区董事长	李 捷	星河湾集团西安公司总经理
陈一平	海南南国控股集团总裁	李军辉	力高集团济南城市公司总经理
丁宇星	无锡红豆置业有限公司苏南事业部部长、无锡公司总经理	李 明	富力集团副总经理、江苏公司董事长
董建民	哈尔滨鲁商置业有限公司总经理、书记	李尚明	富力集团副总经理、浙江公司董事长
董 毅	旭辉集团北京公司总经理	李双江	沈阳百益龙置业有限公司总经理
鄂 宇	弘阳地产集团助理总裁	李 扬	山东旭辉银盛泰集团有限公司总裁
方力斌	碧桂园集团川西南区域总裁	梁 俊	保利集团江苏无锡公司总经理
伏云鹏	禹洲地产苏州公司总经理	林 曈	万科集团东北管理中心总经理、长春万科地产总经理
高震极	中海地产长春公司总经理	刘全乐	太原华侨城房地产开发有限公司总经理
郭浩淼	龙光地产肇庆公司总经理	卢国鹏	泰禾集团总裁助理、上海区域总裁
郭 力	复地产业发展集团济南公司总经理	卢迅斌	龙光地产广西区域总裁
郭 伟	新城控股集团苏州区域公司总经理	罗红军	华宇地产集团重庆公司总经理
韩 杰	中南置地西安区域总裁、郑州区域总裁	马 健	辽宁白沙岛实业发展有限公司总经理
胡 进	越秀地产华中区域副总经理、长沙公司总经理	麦丽华	合景泰富城市更新集团总经理
黄春梅	富力集团珠中江公司董事长	梅 霖	四川蓝光发展股份有限公司海西区域董事长
黄 晖	旭辉控股（集团）福建区域公司总经理	潘永卓	碧桂园集团云南区域总裁
黄小达	阳光城集团广西区域总裁	沈 仑	弘阳地产集团副总裁、苏南区域总经理
贾 媛	金科股份陕西公司总经理	沈 杨	嘉福地产集团营销商管中心总经理
姜本鑫	华宇集团东北区域公司总经理	沈宇嵩	合生创展集团有限公司上海区域公司总经理
蒋必强	阳光城集团安徽区域总裁	苏萧龙	锦艺集团助理总裁、城市公司总经理
解 嘉	苏州天地源房地产开发有限公司董事长	苏 新	首开股份福州城市公司党支部书记、总经理
金定华	碧桂园集团广州区域总裁	孙祥军	路劲地产集团有限公司副总裁、北京公司总经理

姓名	职位
孙小烈	星河湾集团上海区域副总裁
唐俊飞	中南置地有限公司云贵区域总裁
涂俊涛	四川新希望地产开发有限公司成都公司总经理
屠俊良	珠海华发实业股份有限公司北方区域公司副总经理
王敬伟	新力地产集团赣越城市公司总经理
王俊秀	山西文旅集团山投高新总经理
王 鹏	金科地产集团华东区域苏州城市公司总经理
王 强	新力地产集团赣西城市公司总经理
王 卫	融信集团第三事业部总裁
王晓艳	实力文旅地产集团总经理
温周平	江苏吴中地产集团有限公司长春公司总经理
吴 乐	阳光城集团江西区域公司总裁
吴圣鹏	阳光城集团四川区域公司总裁
徐 春	卓越集团副总裁、深圳地产公司总经理
徐国宏	阳光城集团副总裁、福州区域公司总裁
徐玉军	星河湾集团太原城市公司总经理
严惠雄	海伦堡地产集团深圳区域总裁
晏 军	珠海华发实业股份有限公司华南区域中山公司总经理
杨昌仁	黑龙江宏仁实业控股集团有限公司董事长
杨峻伟	华发股份上海公司总经理、华东资管公司总经理
姚 健	中铁建地产集团有限公司华中公司执行董事、党委书记
姚永茂	富力（大连）房地产开发有限公司总经理

姓名	职位
翟朝锋	雅居乐地产集团云南区域总裁
张 播	旭辉集团副总裁、西南区域总裁
张 东	海南龙栖祥湾置业有限公司总经理
张海明	雅居乐地产集团广州区域总裁
张 宏	星河华南城市更新集团董事副总裁
张能迪	阳光城集团副总裁、湖北区域总裁
张 涛	招商蛇口江南区域副总经理、苏南公司总经理
张文硕	富力集团辽宁公司副董事长
张习军	河北润江投资集团有限公司执行总裁
赵 波	金科地产集团股份有限公司江西区域公司董事长
赵 磊	雅居乐地产集团南京区域总裁
钟百灵	华发股份珠海区域总经理
周 成	仁恒置地集团苏州公司总经理
周 达	金科地产集团股份有限公司重庆区域公司总经理
周双杰	九龙仓集团有限公司北京总经理
周长亮	金辉集团西北区域总裁
朱国刚	花样年地产成都区域公司区域总裁
朱 剑	富力集团贵州公司副董事长
朱永飞	珠海西部铁建开发有限公司总经理
祝 娜	德商地产川渝区域公司总经理
宗慧杰	碧桂园集团山西区域总裁
邹恩鹏	星河湾集团沈阳公司总经理

2018 年中国地产人物评选榜单

·2018 年中国十大地产年度 CEO

姓名	职位
夏海钧	恒大集团董事局副主席、总裁
莫 斌	碧桂园控股有限公司执行董事、总裁
李从瑞	中国金茂控股集团有限公司执行董事、首席执行官
林 峰	旭辉控股集团总裁
孟 惊	华夏幸福基业股份有限公司董事、总裁
朱荣斌	阳光城执行董事长、总裁
蒋思海	金科股份董事长、总裁
黄仙枝	正荣集团总裁，正荣地产董事长、总裁
王海洋	雅居乐地产集团总裁
麦 帆	佳兆业集团行政总裁

·2018 年中国地产经理人 100 强

姓名	职位
薄禄伟	中骏集团重庆公司总经理
曹永忠	中南置地苏中区域公司总裁
陈德才	龙光地产集团珠中江区域总裁
陈 葛	蓝光地产浙江区域总经理
陈 亮	卓越置业集团（长沙）有限公司总经理
陈晓东	富力集团副总经理，富力集团北京公司董事、副总经理，哈尔滨公司、辽宁公司董事长
程 璞	保利发展福建公司总经理
崔金兆	中梁控股广佛区域董事长
崔 伟	富力集团辽宁公司总经理
邓 历	孔雀城住宅集团七分公司总经理
刁 露	路劲地产华北区域总裁
杜 洋	旭辉集团东北区域事业部总经理
范 炜	陕西保利房地产开发有限公司总经理
方轶群	旭辉集团副总裁、上海区域事业部总裁
冯 威	华发股份中山公司总经理
高大鹏	路劲地产高级副总裁、沪浙区域公司总经理
高继红	中铁房地产集团北方有限公司大连事业部总经理
高 山	远洋集团北方区域事业部副总经理、天津公司总经理
高小帆	万达地产集团西安城市公司总经理
高震极	长春中海地产有限公司总经理
葛春华	弘阳地产集团副总裁、南京区域公司总经理
耿旻黎	中南置地苏南区域公司总裁
龚 伟	华鸿嘉信执行总裁
郭京愔	阳光城集团河南区域总裁
韩 杰	中南置地西安区域公司总裁、陕西省房地产商会副会长
何 涛	中梁地产集团成都区域董事长
贺 明	华侨城西部投资有限公司党委副书记、副总经理，重庆华侨城实业发展有限公司党委书记、总经理
胡飞武	美的置业川渝区域成都公司总经理

姓名	职位
黄鹏森	金茂无锡总经理
黄晓岚	蓝城地产北京桃李春风小镇镇长
贾鹏翔	远洋集团华东华中事业部总裁
简毓萍	雅居乐地产集团海南区域总裁
江 河	阳光城集团副总裁、上海区域总裁
江 凯	蓝光地产金融集团江西区域总裁
蒋必强	阳光城集团安徽区域总裁
金艳龙	合景泰富华北总经理、江苏区域总经理
雷若冰	凯盈房地产顾问集团有限公司董事长
李 斌	阳光城集团山西区域总裁
李 刚	旭辉集团南京区域事业部总经理
李宏耕	融信第二事业部总裁
李景文	万达地产集团沈阳城市公司总经理
李 明	富力集团副总经理、江苏公司总经理
李 强	广州葛洲坝房地产开发有限公司总经理
李心原	中南置地青岛区域公司总裁
李 扬	山东旭辉银盛泰集团有限公司总裁
李毅峰	阳光城集团江苏区域公司总裁
梁天辉	亿达中国大连公司总经理
梁延虎	和昌集团郑州公司总经理
刘 龙	珠海铁建大厦置业有限公司总经理
刘满军	金科集团南昌公司总经理
刘 岷	山东绿地泉控股集团董事长、总裁
刘 明	新力地产长沙城市公司总经理
刘书健	绿地集团哈尔滨城市公司总经理
刘 煜	阳光城集团广州公司总裁
罗 毅	新力地产集团成都城市公司总经理
罗泳杰	贵阳富力地产开发有限公司董事长

附录
APPENDIX

姓名	职位
吕 翼	世茂集团副总裁、福建地区公司董事长、总裁
乔晓建	雅居乐地产集团武汉区域总裁
屈国明	三盛宏业上海区域公司总经理
汝海林	旭辉集团浙江区域事业部总裁
沈 仑	弘阳地产无锡公司总经理
沈宇嵩	合生创展上海公司总经理
盛淑君	蓝光烟台公司总经理
石 御	福晟地产集团副总裁、福州区域集团总裁
苏萧龙	锦艺集团郑州地产事业部总经理
苏 新	北京首都开发股份有限公司福州城市公司总经理
孙赫笛	北京中科俊泰投资有限公司执行董事
孙 煜	珠海华发实业股份有限公司沈阳公司总经理
孙正军	碧桂园武汉区域总裁
谭 琪	路劲地产集团中南区域总裁
汤基军	华发股份珠海区域总经理助理兼市场营销管理部总经理
汪 斌	四川中德世纪置业有限公司总经理
王安竹	富力集团唐山公司总经理
王家羲	中南置地成渝区域公司总裁
王坤鹏	海伦堡控股集团昆明公司总经理
王 勇	深圳香江控股股份有限公司华中区域总经理
温 鑫	富力（辽宁）房地产开发有限公司副总经理、鞍山公司总经理，鞍山房地产协会常务理事
吴 乐	阳光城集团江西区域公司总裁

姓名	职位
吴晓龙	天山集团总裁助理
谢伟洲	碧桂园控股广西区域总裁
谢 怡	五矿地产湖南开发有限公司总经理
徐国宏	阳光城集团副总裁、福州区域公司总裁
徐小兵	中南置地南京区域公司总裁
杨 冬	贵阳北大资源产业开发有限公司 CEO
杨建新	内蒙古育强房地产开发有限责任公司总经理
杨淑华	黑龙江汇龙房地产开发有限责任公司总经理
于胜利	祥隆地产总裁
俞能江	旭辉集团皖赣区域总裁
翟朝锋	雅居乐地产集团云南区域总裁
张 播	旭辉集团副总裁、重贵事业部区域总裁
张道龙	绿城管理集团海南公司总经理
张金玉	中建信和地产有限公司党委书记、总经理、中建物业董事长
赵成涛	宇宏集团营销总经理
郑 重	雅居乐地产集团广州区域总裁
周文韬	中山市深中房地产开发有限公司董事总经理
周 兴	天恒集团地产运营事业部总经理
周轶群	仁恒置地上海公司总经理
朱 雷	碧桂园控股重庆区域总裁
朱 锐	江河地产总裁
祝 强	中骏集团南京公司总经理

2017 年中国地产人物评选榜单

·2017 年中国十大地产年度 CEO

姓名	职位
夏海钧	恒大集团董事局副主席、总裁
莫 斌	碧桂园控股有限公司执行董事、总裁
郁 亮	万科集团董事会主席
汪孟德	融创中国执行董事、行政总裁
刘 平	保利发展总经理
颜建国	中海董事局主席、行政总裁
邵明晓	龙湖集团执行董事、首席执行官
林 峰	旭辉控股执行董事、行政总裁
周 政	中粮集团党组成员、副总裁，大悦城控股董事长，大悦城地产董事会主席、执行董事
李从瑞	中国金茂控股集团有限公司执行董事、首席执行官

·2017 年中国地产经理人 100 强

姓名	职位
蔡小鹏	雅居乐地产广州区域副总裁
曹永忠	中南置地苏中区域公司董事长、总经理
曾 巍	烟台万科企业有限公司总经理
陈德全	阳光城集团陕甘区域公司总裁
陈铁身	汉京集团总裁
陈 伟	远洋集团总裁助理兼开发事业一部总经理
陈 喆	金地集团华东区域副总经理
刁 露	路劲地产集团华北区域总裁
丁国民	碧桂园集团广清区域执行总裁、广州城市公司总经理
段胜利	恒大集团北京（京津冀）、广西、内蒙古公司董事长
范成东	金地集团华北区域副总经理
范雪梅	美的地产辽宁区域公司总经理
方轶群	旭辉集团副总裁、皖赣区域事业部区域总裁
高大鹏	路劲地产集团有限公司上海及浙江区域总经理
贡 明	中锐控股集团常务副总裁、苏州中锐投资集团总经理
顾国华	融创中国控股有限公司无锡公司总经理
管庆华	融侨集团助理总裁、福州区域总裁
何 建	福晟集团董事、常务副总裁、福州区域、天津区域董事长
何智韬	保利地产大连公司总经理
贺 明	重庆华侨城实业发展有限公司党委书记、总经理
胡 俊	中南置地苏南区域总经理
胡雨波	世茂集团助理总裁兼南京区域总裁
黄祖武	中弘集团三亚区域总经理
简毓萍	雅居乐地产集团海南云南区域副总裁
姜 晗	绿城集团北京区域公司副总经理、绿城集团东北项目组总经理
蒋达强	旭辉集团副总裁、上海区域事业部总裁
蒋智生	华润置地副总裁、北京大区总经理
孔 鹏	旭辉集团副总裁、北京区域事业部总裁

姓名	职位
黎晓林	碧桂园集团副总裁、湖南区域总裁
李 军	绿城管理集团董事、总经理
李 军	阳光城集团北京区域公司总裁
李 俊	和记黄埔地产集团武汉公司总经理
李 亮	金融街控股公司副总经理，金融街北京置业、天津置业执行董事、总经理
李 明	富力地产集团副总经理、江苏公司总经理
李 伟	金地集团东南区域总经理
李卫锋	旭辉集团副总裁、北京区域事业部总裁
李晓冬	阳光城集团厦门区域总裁
李心原	中南置地青岛区域总经理
林 盛	海南恒迅地产集团的副总裁
林 曈	长春万科房地产开发有限公司总经理
刘满军	力高集团江西区域总经理
刘森峰	碧桂园集团副总裁、江苏区域总裁
刘 肖	万科集团高级副总裁、万科北方区域首席执行官
刘 雨	保利置业黑龙江董事总经理
刘 煜	阳光城集团广州区域公司总裁
刘渊涛	碧桂园集团广清区域执行总裁、广州南城市公司总经理
刘 臻	富力地产集团副总裁、华南区域总裁
娄文华	远洋地产武汉公司总经理
罗 锟	雅居乐地产集团中山区域副总裁、营销管理部总监
罗泳杰	贵阳富力地产开发有限公司
马保华	银城地产集团股份有限公司总经理
屈国明	三盛宏业上海公司总经理
任 强	路劲地产集团副总裁、南京常州区域总经理
汝海林	旭辉集团副总裁、浙江区域事业部区域总裁
商 羽	融创中国控股有限公司执行董事、执行总裁、西南区域公司总裁
宋海林	龙湖集团控股有限公司北京业务总经理

姓名	职位
宋 雨	海伦堡地产成都公司总经理
苏 新	北京首都开发股份有限公司福州城市公司总经理
孙小烈	星河湾上海公司总经理
童 渊	凯盈房地产建设服务集团总裁
王凤友	旭辉集团副总裁、苏南区域事业部区域总裁
王 鹏	融创中国控股有限公司执行总裁、融创中国东南区域公司总裁
王 晓	万达集团南京城市公司总经理
魏 浙	中国金茂控股集团有限公司高级副总裁
吴光明	保利置业集团副总经理、广西保利置业集团公司董事长
吴立峰	武汉中央商务区建设投资股份有限公司总裁
吴守状	华地置业集团执行总裁
夏 溧	禹洲地产助理总裁、上海公司总经理
肖春和	正荣地产控股股份有限公司副总裁、南京公司总经理
谢伟洲	碧桂园集团广西区域总裁
谢 鑫	当代置业（中国）山西地区公司、山西当代红华置业有限公司总经理
徐 春	卓越集团助理总裁、深圳地产总经理
徐 刚	新城控股苏州总经理
许智来	华远地产副总经理、长沙城市公司总经理
薛欣雨	保利贵州置业集团有限公司总经理助理
闫冲理	中铁房地产集团宁波京平置业有限公司董事长
严家荣	金地（集团）股份有限公司高级副总裁、华中区域公司董事长、总经理
杨 斌	中国重汽集团房地产开发有限公司党委书记、董事长

姓名	职位
杨程钧	金科地产西部区域公司执行总经理
杨海波	碧桂园集团河南区域总裁
杨 华	重庆华宇集团地产集团总裁助理
杨 健	宝华企业集团副总裁
杨瑞峰	北大资源集团湖南地产有限公司兼开封投资有限公司总裁
杨绍锋	哈尔滨汇智成功房地产开发有限公司总经理
杨 瑛	恒威集团副总裁
易平安	东莞万科房地产公司营销管理中心总经理
余安定	凤岗天安数码城总经理
喻林强	金科股份重庆区域公司董事长兼总经理
张安民	中铁置业集团副总工程师、上海公司总经理
张 俊	奥园集团副总裁、奥园商业地产集团总裁
张旭忠	龙湖集团副总裁、龙湖集团浙江区域总裁
张 毅	唐山新华联置地有限公司总经理
张智涛	湖南福晟集团总经理
赵 敏	路劲地产天津区域总裁
郑长胜	金辉集团董事、东南区域总裁
周山洪	深圳市时代财富集团副总裁
周轶群	仁恒置地上海公司总经理
周长亮	金辉集团西北区域总裁
朱庆丰	北大资源集团成都地产有限公司副总裁
庄青峰	碧桂园集团助理总裁、山东区域总裁

索引
INDEXES

企业索引

M

N

P

Q

R

S

人物索引